生涯教育

宇宙時代―不易の価値への覚醒

未来への責任

〔第十一回 生涯教育国際フォーラムin２０１４ 記録集〕

（公財）野村生涯教育センター編

第 11 回生涯教育国際フォーラム in 2014
野村生涯教育集中セミナー

生涯教育
宇宙時代―不易の価値への覚醒
未来への責任

開　会　式

議長
野口昇氏
（公社）日本ユネスコ協会連盟理事長

開会挨拶

前川喜平氏
文部科学審議官

ンマンツェツァ・マロペ女史
ユネスコ国際教育局局長

金子由美子理事長
主催者挨拶

テーマ
「21 世紀の課題から未来への責任を考える」

コーディネーター
千葉杲弘氏
国際基督教大学教育研究所顧問

パネリスト

修　剛氏
天津外国語大学 学長 大学院教授
中国教育省日本語教育指導委員会委員長
中国日本語教育研究会名誉会長

ナスリーン・アジミ女史
グリーン・レガシー・ヒロシマ・イニシアティブ
共同創設者並びにコーディネーター
国連訓練調査研究所（ユニタール）
シニア・アドバイザー

今田高俊氏
東京工業大学名誉教授
日本学術会議連携会員
高レベル放射性廃棄物の処分に関する
フォローアップ検討委員会委員長

nature
verbal
cause
condition
effect
trace
body
onsciousness
physical deed
enviro
individual
environment
circulation
金子由美子
Y. Kaneko

質疑応答

金子由美子

ンドング＝ジャッタ女史 乾杯挨拶

1日目

第11回生涯教育国際フォーラム in 2014
野村生涯教育セミナー
The 11th International Forum on Lifelong Integrated Education 2014
Seminar on Nomura Lifelong Integrated Education
Nomura Center for Lifelong Integrated Education
ENGLISH
JAPANESE
ARABIC

2日目

プレゼンテーション

International Forum on Lifelong Integrated Education 2014
on Nomura Lifelong Integrated Education
Nomura Center for Lifelong Integrated Education

白熱する議論

和やかなランチタイム

3日目

講義

講義をもとに

4日目

講義を行う金子理事長

プレゼンテーション

フェアウェルパーティー

千葉杲弘顧問　挨拶

アダマ・ウワン氏　乾杯挨拶

玉谷専務理事とパレスチナ支部
エマラ、ライラ親子

レバノンからの通訳者と

はじめに

ようやく、第十一回生涯教育国際フォーラム in ２０１４の記録集上梓に至りましたこと、大変嬉しく存じます。

この十一回フォーラムは、一九七七年に第一回を東京で、翌年の第二回以後四年に一度、主にパリ・ユネスコ本部他をお借りして会期三日間をほぼ同じ形式で三十三年の間主催してきた国際会議の持ち方を大きく変えた、という意味において、大きな意義をもつフォーラムとなりました。

なぜ、十一回で形を変えたのか。

それは、回を重ねる中で海外参加者から「野村生涯教育の実践化、教育化について深く知りたい」との強い要請を受けたこと、また、一般庶民が国際会議に触れるチャンスが稀であり、しかし社会、世界の問題を、誰かに任せるのではなく、一人ひとりが考えていかなければならない時代にあるなかで、共に考え合う機会になることが願いとなったことから、初日を国内外に一般公開として広く呼びかけ、二日目からの四日間を海外参加者中心に「野村生涯教育集中セミナー」として東京で開催することとしました。

創設者が第二回を開催した一九七〇年代当時は、まだ一般庶民が海外に出ることさえ珍しかった時代でした。その時代に日本の家庭人が国際会議を主催し、数十名の志を同じくするメンバーとユネスコ本部会議場を舞台に、世界の専門家や官の方々を相手に議論することは、筆舌に尽くしがたい困難を極めたものであったことを、その頃の記録から感じとることができます。

しかし、創設者は一九六〇年代に多発しだした青少年の不幸の問題から感じとった未来への危惧、そして未来をつくる人間を育てる「教育の目的は何か」の探究から「人間とは何か、どういう存在か」ということを、ご自身の体質に息づいていた東洋の自然観に求め、西洋思想から生まれた科学文明の行き詰まりに対して発信していくことこそが、共に生き合う人類にとって必要であり急務であることを強く思われ、国際会議主催、そしてその後の継続となっていきました。

後継者である私の最初の国際フォーラム出席は、一九八二年に行われた第三回になります。

正直、その時の会議二日目の分科会での印象は〝話が噛みあわない〟というものでした。その後も毎回フォーラムに出席していますが、その印象はしばらく続きました。しかし、その間創設者は諦めることなく国内外に出向き、目に見える物や金、そして効率や便利さを価値としている現代を生きる人間に、本当の価値とは何かを説き続けてまいりました。

そしていつしか、噛みあわなかった議論が「野村生涯教育をもっと深く知りたい」との要請に変わっていきました。

これはひとえに、創設者の未来への思いがいかに強かったか、その信念がどんな障壁をも越えさせ、次世代を育て、次の段階を生み出していったことを思います。

今年は、第十二回のフォーラムを開催いたします。この開催の年に、前回の記録集出版はあまりにも遅きに失しています。この出版にあたっては、もっと早い段階での企画でありました。

しかし、この時代の変化のスピードの速さのなか、目をみはる機器の進化は、それを扱う人間の変化、世代間の距離を、当センター内でも外でも生み出しています。

例えば、この記録集を出版するにあたり、新しいご縁となった出版社との関係構築に時間を要しました。しかしこのことから、創設者が活動を続ける途上、生涯教育の概念が曖昧ななかで、わかってもらう努力と相手を理解しようとする努力を諦めなかったなかに今がある、ということに思いが至り、今回のフォーラム前の出版を諦めずに進めてまいりました。

数度の校正を通り、今改めて思いますことは、その時のその人の思い、感じたものを受け止めることを、資料として残すことの貴重さを痛感するとともに、私たちの歩みの確認が次の歩みを生むことを思うとき、十二回フォーラム直前のこの時期に、前回を振り返ることになった計らいに感謝の念が湧いてまいりました。

この時代のスピードの速さのなか、〝変えてはならないもの、そして変えなくてはならないもの〟その取捨選択は、とても難しいことです。

今回出版に至る経緯は、特に凄まじい変化のなか、変えてはならない価値を四十年以上に亘り、言い続けてくださった創設者の思いを受けて継承し、さらに変化する時代に言い続けていく難しさから生み出された、形を大きく変えた第十一回フォーラムが大きな実りを持って開催できたことの確認となりました。

この貴重な記録を発刊するに至ったことを深く感謝し、半世紀以上を継続していくことを可能にしてくださった創設者をはじめとする先人方に感謝を捧げたいと存じます。

二〇一八年　六月

公益財団法人野村生涯教育センター
理事長　金子由美子

［第十一回生涯教育国際フォーラム in ２０１４記録集］

生涯教育
宇宙時代——不易の価値への覚醒
未来への責任

会期／２０１４年11月15日（土）・16日（日）・17日（月）・18日（火）・19日（水）
会場／東京ビッグサイト　レセプションホール（15日）
東京国際交流館プラザ平成　メディアホール（16日〜19日）
主催／公益財団法人野村生涯教育センター
後援／外務省　文部科学省　ユネスコ　ＯＥＣＤ

開催の願い

二十一世紀、科学文明の進展は、気がつけば加速度を増して、時代（生活）を変えてゆく。

留守の間に部屋をきれいにしてくれるお掃除ロボット。立体のものを簡単に複製してしまう３Ｄプリンター。歩きながらでもいつでもメール、情報、ゲームを提供してくれるスマートフォン。

子どもの頃、家族で分担、協力していたお手伝いや、物を大切に、無駄遣いはしないように、と教えてもらってきたことが、いつしか遠い記憶になり、日々刻々真新しく進化をとげた物や情報との出会いに刺激を受け、その挙句、新しい機能や情報についていくのに必死な状況に人間は陥っている。

こんなに便利になったのは、いつからだっただろう?

便利に不特定多数の人や物と交流できる時代、そしてひとりでなんでもできる錯覚がもてる時代。

しかし、その簡便さと反比例するように、科学文明はもっとも身近な家族や仲間、近隣同士のコミュニケーションを希薄にし、そして孤立、対立をも生み出している。

二十一世紀、便利さ快適さとは裏腹に、人間性を失った様々な悲惨な事件から、国家間の紛争、抗争、そして環境破壊の問題に至る、人類の生存を危ぶませる社会へと突き進む。

人間同士の信頼関係をも経済価値で計り、驚くほどの科学の進歩を遂げてもいまなお、国家間の関係は、領土、領海、エネルギーをめぐって、あるいは宗教、民族の対立で緊張関係は強まり、グローバル化と言いながらその意識とはほど遠く、目前の危機への対応を重視するあまり、本当に大事なものが見えなくなっているのではないか。

人類は原始生命発生以来、数々の対立、抗争等の試練を乗り越えて現代に繋がってきた。
この永遠の時を生き続けてきた生命は、二十一世紀という有史以来未だかつて経験したことのないスピードで、めまぐるしく変貌をとげている社会、時代の中で、それに追いつき適応しようとし、その時代に流され、主体性を失っていないか。

あまりにも早い流れの中に、明日には古くなるであろう情報をやっきになって手に入れようとする人間。
本当に人間がこわれてしまいそう…。

人類は原始生命発生以来、長い進化の過程を経て、連綿と繋がり、私たちは今を生きています。
どんなに世の中が変わろうと、時代が変わろうと、変わらないもの、変えてはならないものがあったから、その歴史はこれまで繋がり進化を続けてきたはずです。

それは一体何か?

宇宙時代―この変貌するスピードにのみ込まれることなく、流されることなく、時代が変わっても変わらない不変の価値、つまり不易の価値への覚醒　そのことこそが、私たちに課せられた未来への責任ではないでしょうか。

不易の価値とは?
未来を子どもたちに残すために、私たちはどうあったらいいのか?
皆さんとご一緒に考え合い、話し合いたく、テーマのもとに第十一回生涯教育国際フォーラム in 2014を開催いたします。

二〇一四年六月　東京

公益財団法人野村生涯教育センター
理事長　金子由美子

［第十一回生涯教育国際フォーラム in 2014記録集］

生涯教育

宇宙時代――不易の価値への覚醒

未来への責任

プログラム・目次

はじめに　（公財）野村生涯教育センター理事長　金子由美子　1

開催の願い　（公財）野村生涯教育センター理事長　金子由美子　6

【第1日】２０１４年11月15日（土）東京ビッグサイト　レセプションホール

全体会　議長　（公社）日本ユネスコ協会連盟理事長　野口　昇　13

開会式

挨拶　文部科学審議官　前川喜平　19

ユネスコ国際教育局局長　ンマンツェツァ・マロペ　22

主催者挨拶　（公財）野村生涯教育センター理事長　金子由美子　27

ＤＶＤ上映　「公益財団法人　野村生涯教育センターのあゆみ」

シンポジウム　「21世紀の課題から未来への責任を考える」

コーディネーター

国際基督教大学教育研究所顧問　千葉杲弘　30

パネリスト

天津外国語大学学長・大学院教授／中国教育省日本語教育指導委員会委員長／中国日本語教育研究会名誉会長　修　剛　31

グリーン・レガシー・ヒロシマ・イニシアティブ共同創設者並びにコーディネーター／国連訓練調査研究所（ユニタール）シニア・アドバイザー　ナスリーン・アジミ　36

東京工業大学名誉教授／日本学術会議連携会員／高レベル放射性廃棄物の処分に関するフォローアップ検討委員会委員長　今田高俊　43

基調講演　「生涯教育　宇宙時代―不易の価値への覚醒　未来への責任」

（公財）野村生涯教育センター理事長　金子由美子　57

質疑応答　100

［第1日］２０１４年11月15日（土）／東京ビッグサイト レセプションホール

全体会

議長

（公社）日本ユネスコ協会連盟理事長 野口 昇

開会式

●挨拶

文部科学審議官　前川　喜平

ユネスコ国際教育局局長　ンマンツェツァ・マロペ

●主催者挨拶

（公財）野村生涯教育センター理事長　金子由美子

●開会宣言

酒井小百合（公益財団法人野村生涯教育センター国際部責任者）

ただ今より第十一回生涯教育国際フォーラム in ２０１４を、テーマ「生涯教育　宇宙時代―不易の価値への覚醒　未来への責任」の下に開催します。日本全国、また世界から多くの皆さまをお迎えしてここに開催できますことを心より感謝申し上げます。

開会式の議長を公益社団法人日本ユネスコ協会連盟理事長の野口昇氏にお願いします。

野口　昇　議長（公益社団法人日本ユネスコ協会連盟理事長）

皆さまおはようございます。ただ今ご紹介いただきました野口でございます。

公益財団法人野村生涯教育センターが主催する国際フォーラムも十一回を迎えることになりました。今回の国際フォーラムも、金子理事長はじめ、役員、会員の方々すべて主婦の皆さまの献身的な努力によって実現したものです。改めて皆さま方の並はずれた能力と献身に心から敬意を表します。

本日の開会式には大勢の方々にご参加いただいています。国内外から多数のご来賓にも参列賜っております。壇上にお並びの文部科学審議官の前川喜平氏、ユネスコ国際教育局（ＩＢＥ）局長のマロペ氏、金子理事長には、このあとご挨拶をいただきます。海外から野村センターの活動を支援し、ご指導いただいている多数の学者ならびに専門家にもご参加いただいています。

後ほど、野村生涯教育センターの歩みを記録したＤＶＤをご覧いただきます。参加者の皆さまはご承知かと存じますが、創設者の野村佳子初代理事長は一九六〇年代のはじめ、高度成長期の日本が直面した青少年の問題に心を痛め、民間ボランティア活動を開始し、東洋の自然観に基づく生命の尊さを基調とする野村生涯教育論を構築されました。センターの活動は日本全土で展開し、海外ではドイツ、インド、エジプト、パレスチナ、ブルガリアに支部を開設し、国際的にも活動の輪を広げてきました。野村先生がお亡くなりになった後は金子現理事長が同センターの活動を継承して発展させ、今日に至っております。二〇一二年には、センター創立五十周年記念式典と祝賀行事が盛大に行われました。翌二〇一三年四月には、内閣府により公益財団法人として認定されています。

民族・文化・宗教などの違いを乗り越え、世界の人々が相互理解を深め、人類の知的精神的連帯の上に平和を築く。これはユネスコ創設の理念です。野村生涯教育センターの活動は、ユネスコの理念と軌を一にするものと考えています。特にパレスチナ支部を通したセンターの平和共存を目指した活動には深い感銘を覚えます。二〇一四年は、国連が定めたパレスチナ人民連帯の国際年でもあります。国際フォーラムもこれまでと同様、素晴らしい成果を収めますことを祈念します。

それではご来賓より祝辞を賜りたいと存じます。

お一人めは前川喜平文部科学省文部科学審議官です。前川様は、一九九〇年に野村生涯教育センターがフォーラムの活動で渡仏した際に、駐仏日本ユネスコ代表部でご活躍されていました。それ以来、縁あって、二〇一二年に同センター創立五十周年記念式典開催時には文部科学省の官房長としてご臨席いただき祝辞を賜りました。また、今年文部科学審議官に栄進されています。前川様にはご多忙の中ご出席いただきました。それでは前川文部科学審議官にご祝辞を賜りたいと思います。

●挨拶

前川喜平（文部科学審議官）

ただ今ご紹介いただきました文部科学審議官の前川でございます。第十一回生涯教育国際フォーラム in 2014がこのように盛大に開催されますことを心よりお喜び申し上げます。本日はこのような栄えある機会にお招きいただきありがとうございます。大変光栄に存じます。

野村生涯教育センターは、創設者、野村先生の深い教育思想に基づいて五十年以上の長きにわたりその活動を続けてこられました。このことについて深く敬意を表させていただきます。ただ今、野口氏よりご紹介いただきましたように、私と野村センターとのご縁は一九九〇年まで遡り、およそ四半世紀を経過していきます。野村センターがパリのユネスコ本部で「宇宙時代の今日的課題」というテーマで第五回国際フォーラムを開催した当時、ユネスコ常駐代表部の一等書記官だった私はご招待に預かりました。それが私と野村センターとのご縁の始まりです。野村先生の東洋的な人間観、世界観、宇宙観に裏付けられた教育思想ならびに教育の実践、これらが国内外問わず教育界で独自の光彩を放つ貴重なものであると考えております。

十一月三十日にはハヤブサ2という衛星が打ち上げられます。ハヤブサ2の先代であるハヤブサについてはご記憶にあるかもしれません。ハヤブサは小惑星イトカワから鉱物を採取し、途中、行方不明になるというアクシデントを乗り越えて日本に帰還しました。帰還した際にそのカプセルは日本に到達しましたが、本体は大気圏で燃え尽きてしまいました。近年は、インドで火星探査機の打ち上げに成功したというニュースもありました。人間、人類が次々と宇宙へ行き、宇宙から地球を見る時代になりました。大宇宙の中の小惑星である地球では、人類があちらこちらで問題を起こしていますが、宇宙から見ればほんの些細なことのように思えます。

近年、日本の教育政策の中でも、グローバル人材の育成が声高に叫ばれています。「グローバル人材」は国際的な経済競争で勝ちぬく人材と解釈されがちです。端的に「世界で勝つ人材」ともいいますが、「世界に勝つ」とは、裏を返せば「世界が負ける」ということです。私は、そんな人材はいない方がいいと思います。もちろん市場経済は競争原理で成り立っていますから、たくましく経済活動を繰り広げる人材は必要でしょう。市場経済は、地球市民社会、地球社会の一部でしかなく、地球社会には地球社会全体を考える人間がいなければならない。市場で競争できる人材もその基盤としては地球市民でなければならないと思っています。そういった意味で、大量生産ならびに消費、または市場において金銭で計ることができるものだけが価値あるものと考えるような世の中であってはいけない。人と人との絆や自然との調和、足るを知ることの大切さ、助け合うことの喜びなど、心の豊かさが求められているのであろうと考えています。

このような時代における野村センターの役割は大きくなりつつあります。今述べたような思想に支えられた生涯学習の思想や実践がますます見直されなければならないと考えます。金子理事長をはじめとする野村センターの皆さま方のご活躍に期待するとともに、今回の国際フォーラムの成功をお祈り申上げます。

ご静聴ありがとうございました。

野口　議長

前川文部科学審議官、大変示唆に富む素晴らしいご挨拶をありがとうございました。

次は、ユネスコの国際教育局局長マロペ氏にご挨拶をいただきます。マロペ氏は、ユネスコ本部で基礎教育推進部長をはじめ複数の要職のご経験があります。最近ではＩＢＥ国際教育局局長にご栄転されています。ＩＢＥは第二次世界大戦前からの機関で、その歴史はユネスコよりも古いです。現在はユネスコの中に組み込まれていて、大変歴史と伝統のある組織です。マロペ氏は今年七月より同機関の局長に就任されています。

ンマンツェツァ・マロペ（ユネスコ国際教育局局長）

議長、前川審議官、金子理事長、ご列席の皆さま、野村生涯教育センターのフォーラムに参加し、財団への支持のみならず連帯を表明できることは、ユネスコにとって常に喜びとするところです。本日は第十一回生涯教育国際フォーラムにて開会のご挨拶を述べることができ、大変嬉しく思います。なぜなら教育はユネスコに負託された職務であるだけでなく、二十一世紀において、世界中の市民一人ひとりがより効果的に役割を果たすために必要な手段の一つでもあるからです。

ご周知のとおり、ユネスコは教育分野に特化した国連専門機関で、教育におけるさまざまな分野を扱う専門の組織を有しています。それぞれの組織は卓越した責務を果たし、我々が直面する課題に取り組むにあたって活かされるグローバルな公共の利益を生み出しています。ユネスコ国際教育局（ＩＢＥ）はそうした組織の一つであり、カリキュラム、学習、評価の向上を通してすべての人々への包摂的かつ公正な質の高い教育を提供し、生涯学習の機会を促進することに尽力しています。だからこそ、二〇一一年のユネスコ総会において、ＩＢＥはカリキュラムと学習に関する卓越した研究拠点として正式に認定されました。

先ほど議長が仰った通り、ＩＢＥの設立は一九二五年です。ユネスコの設立よりも早くから教育に特化した初めての政府間組織として加盟国の教育制度開発支援に努めています。ユネスコに統合されたのはかなり後の一九六九年です。統合後も継続して加盟国の支援に尽力し、また野村センターをはじめ、加盟国の各機関とも協力し、共通の価値観ならびに目標と目的の追求をしてきました。ＩＢＥは政府間組織で、グローバルな当事者意識、正当性、信頼性、政治的資本を教育に注入し得ない国々に対し、方向性を与えられる特異な立場にあります。そのためユネスコとＩＢＥは、加盟各国からの期待に誠実にかつ卓越性を持って応えるという非常に高度な道徳的責任を負っています。

ユネスコは創設以来、常に教育、学習において、生涯を見据えた視点を持ち続けてきました。これは野村センターの理念と合致します。ユネスコの視点は、一九七二年のフォール報告書、一九九六年のドロール報告書など、ユネスコの主だった報告書で表明されています。ここから先は、十八日の集中セミナーでのプレゼンテーションで詳しく申し上げますが、ＩＢＥは、カリキュラムの考案や設計、そして政策面だけではなく、生涯を通して学習しようとする市民の意欲を把握し、すべての人が効果的な機会を確実に得られるような方法により学習を促進することを通して、加盟国の生涯学習政策の実現に心血を注いできました。

ユネスコ、特にＩＢＥでは、生涯を通して学ぶ期間を胎内から墓場までとしています。つまり教育は、常に「存在していること」の中にありますから「教育が終わった」と言える人は一人もいないわけです。我々は常に教育を受けて学んでいます。そもそも人間は生来、生涯を通して学んでいますから、近年の教育のルネサンスである生涯学習は、あらゆる生物が内在的に持っている本質を復活させることであると強調したいのです。人類が学び続けていなければ、食用植物を見分け、毒性のあるものを避け、到来する冬の寒さを予測し、食べ物を保存し、赤ちゃんを安全に取り上げ、大人になるまでどのように栄養価の高い食事を与えたらよいのか、こうしたことを知りえることはなかったはずです。そして、現代の我々が言う公教育なしにガバナンス、保健、栄養、家族計画、環境管理においてすぐれたシステムを作り上げました。先人が構築した環境管理のシステムは、現代において高い教育を受けているはずの我々の世代が恥ずかしくなるほど優れたものです。そしてさらに重要なこととして、先人たちは、これらのシステムを継続的に変化、適用させることで利他的あるいは自己の目的にかなうようにしてきました。つまり、我々は常に学び続けていて、すべての生物種はその一生を通して学んでいるがゆえに、生涯を通じた学習を人々に推奨することは、もはや我々の取り組むべきグローバルな課題ではないのです。いかにして効果的かつ効率的に、すべての人に行きわたるように無理のない費用で、制度的で統合された教育と生涯学習の機会を提供するのかが我々の世界的な課題です。こうした機会を通して、特定の目的、つまり状況の中から生み出される目的のために学習を最適化しようとしています。

ここが挑戦になるわけですが、質の高い学習を生涯通じて受けることができる市民は、今の世界ではほんの一握りです。生涯を通じた学習の機会を得ようとすると、その促進よりもむしろ障壁に出くわすことがほとんどです。だからこそユネスコやIBEならびに野村センターのような組織が、学習の機会を阻むものを取り除くことに焦点を当てて活動をしてきました。

もう一つの明確な課題は、教育の機会はあってもそれが断片的になる傾向にあることです。我々がいわゆる公教育と呼ぶ制度的学習の課題は、その教育が平等で、質が高く、将来的に、長期的な発展に資するものとすることですが、一方で、他の学習形式から切り離されているという課題もあります。私は先ほど、すべての人間は生涯学習者であることを強調しました。この学習は、我々がインフォーマルな環境と呼ぶなかで行われています。家庭や公園で美術館や博物館で、毎日通り過ぎる道すがらに、絶えず我々が拾い上げる学びの種があります。公教育で学ぶことが、インフォーマルな学びと断絶しているとすると、我々は矛盾するメッセージと情報を学習者に伝えることになります。それは耳障りな騒音の中にいる学習者に、自ら調和を生み出していかねばならないような困難な状況に追い込むことになります。また、公的な環境で学ぶ機会を得ることができない人々はノンフォーマルな環境で学ぶことになり、再び、彼らの教育は三つの異なる環境（フォーマル、ノンフォーマル、インフォーマル）をまたいで断片化されていきます。ですから、この三つの環境で行われる教育が互いに補完し合うことが確実にできるようなやり方で教育機会を統合していく努力が必要です。まさにこれが、我々が世界で直面する挑戦です。ユネスコとＩＢＥならびに野村センターもこの挑戦に取り組もうと心血を注いでいます。

議長、私は特に申し上げたいことがあります。この謙虚な組織である野村センターの活動と業績は、主婦たちの地道な活動に始まり、ここまで発展を遂げています。そしてまた、世界中のいわゆる成功した組織とは、主婦たちによって運営されているのではないかと私は思います。私も主婦の一人として、連帯感を持って最大限の賛辞を送ります。第十一回フォーラムが、単に統合教育ならびに生涯学習に関する話し合いに留まらず、教育者として常に直面する課題について、実際に付加価値を見出し、審議された内容が実践できるような指針ならびに生涯学習や教育機会を奪う障害を確実に取り除くための方策が生み出されることを期待します。

今回のフォーラムが話し合うだけに留まれば、「約束は風にすぎない」ということわざのように、言葉だけでしたら、それはむなしく風のように過ぎ去ってしまうことは皆さまご承知のとおりです。このフォーラムでは、有言実行につながることを期待します。野村センターは素晴らしい活動をしていますし、本フォーラムがその価値を高めることになると思います。このたびのフォーラムが単体としてではなく、これまでに積み重ねてきたすべての行事ならびに野村センターの行う活動と呼応して、さらに大きな影響を与えることを期待します。

議長、審議官、金子理事長、そしてご参集の皆さま、第十一回フォーラムが成功し、我々の集合的な努力をもって、我々の果たす役割の先にいる、質の高い教育と生涯学習の機会を持ちえない世界市民が、その権利を着実に行使できるようになることを祈念して挨拶とします。

皆さまご清聴ありがとうございました。

野口　議長

ユネスコやＩＢＥが促進している生涯教育についてお言葉をいただきました。ありがとうございます。

それでは最後に主催者を代表して、公益財団法人野村生涯教育センター金子由美子理事長よりご挨拶をいただきます。よろしくお願いいたします。

●主催者挨拶

金子由美子（公益財団法人野村生涯教育センター理事長）

皆さまおはようございます。ようこそお越しくださいました。日本全国各地はもとより、海外からも大勢の皆さまにご出席を賜り、本フォーラムを日本で開催できますことを大変嬉しく存じます。

私ども野村センターは一九七八年に第二回国際フォーラムを開催以来第十回まで、四年に一度パリ・ユネスコ本部他をお借りしてフォーラムを開催してまいりました。前回の第十回国際フォーラムという節目を通り、今回は、国際フォーラムとして新たな段階に入っていると感じております。

このたびのフォーラムは、前回までのプログラムとは内容を大きく変えて開催することになりました。それは一つには、海外でのフォーラム開催は、どうしてもごく一部の日本人の参加に留まるという点で広く大勢の方々と国際的な視野に立って課題を共有したいという思いから、開催地に日本を選びました。そしてまた、前回のフォーラムで、野村生涯教育が生活の中でどのように教育化されているかを学んでみたい、という海外参加者の要望が多く寄せられたことから、明日から四日間の日程で、全五章から成る「野村佳子生涯教育論」の集中セミナーを海外参加者向けに企画いたしました。このセミナーの形式は、本部講座そして日本の全国各地で行っている地域講座と基本的に同じ形での勉強会となります。このたびは、広く皆さまと共有し、海外からの参加者には一歩踏み込んだ学びの場を、との願いの下に、本日と、明日からの四日、計五日を会期としました。

二十一世紀に入り十数年が過ぎました。当センター創設者が亡くなってから今月二十九日で丸十年となります。ますます社会は行き詰まり、創設者が五十数年前から危惧していた方向へ世界が向かっているように思います。これほどの行き詰まる社会だからこそ、創設者が言い続けてきた「時代によって変わることのない、変えてはならない価値、人間にとって最も大事な価値を取り戻すこと」がいかに重要であるかを痛感しています。変化が速く、新しい情報や刺激が多い世の中にあって、同じことを言い続けるのは難しいことです。しかし、創設者が繰り返し言い続けてきたからこそ、私たちの今があり、創設の精神を継承することができています。その感謝をもって、今後大事な価値が次に繋がることを願いとし、開催の挨拶といたします。

シンポジウム

●コーディネーター

国際基督教大学教育研究所顧問　千葉杲弘

●パネリスト

天津外国語大学学長・大学院教授／中国教育省日本語教育指導委員会委員長／中国日本語教育研究会名誉会長　修剛

グリーン・レガシー・ヒロシマ・イニシアティブ共同創設者並びにコーディネーター／国連訓練調査研究所（ユニタール）シニア・アドバイザー　ナスリーン・アジミ

東京工業大学名誉教授／日本学術会議連携会員／高レベル放射性廃棄物の処分に関するフォローアップ検討委員会委員長　今田高俊

千葉杲弘　コーディネーター（国際基督教大学教育研究所顧問）

皆さんおはようございます。本日は大変素晴らしいお天気に恵まれて、ここに皆さんと集い、いろいろな問題について、解決の方法等について学び合う、そういう貴重な機会を得たことを大変幸せに思います。

本日は三人の素晴らしいパネリストをお迎えしていますので、各先生から貴重なことを学んでいただきたいと思います。「二十一世紀の課題から、未来への責任を考える」をテーマに掲げ、シンポジウムを行います。

「二十一世紀の課題」といっても、二十一世紀はまだ十数年しか経っていません。その多くは二十世紀に私たちの世代が解決しきれなかった問題です。二十世紀に生きた人間として、二〇〇〇年までに十分に解決できなかった多くの問題を若い人たちに引き継いでいただかなくてはならないことを本当に申し訳なく思います。二十世紀に活躍した多くの人々と共に、新しい世紀が二十世紀よりも良くなることを心から祈って、本日のシンポジウムの司会を務めます。

それでは最初のパネリストは、野村センターとは長いお付き合いで、皆さまもよくご存じの中国の修剛先生です。

修先生は天津の外国語大学の学長で、中国において日本語教育のために大変尽力されています。それでは修先生お願いいたします。

修　剛（天津外国語大学学長・大学院教授／中国教育省日本語教育指導委員会委員長／中国日本語教育研究会名誉会長）

ただ今ご紹介に預かりました、天津外国語大学の修と申します。実は昨日遅く東京に着きました。北京で開催されたＡＰＥＣのために、日本大使館も中国の外交部も一週間休みということになり、ビザがなかなか下りなかったのです。昨日十一時に下りまして、午後の便でこちらに参りました。本フォーラムにお招きいただきましたことにお礼を申し上げます。

このたびは、再び生涯教育国際フォーラムに参加できたことを大変嬉しく思うとともに、大変懐かしく感じています。野村生涯教育の理念に接してから二十数年になります。この間、私自身も、周りの世界も大きく変わりました。しかしどれだけ変わろうとも、人間の原点に立ち戻ってこの世を良くしていこうという、野村生涯教育の基本理念の正確さや誠実さは変わっていません。世界が変わるほど、そのことは、より鮮明になっていると私は思います。

家庭の幸せ、社会の安定、世界の平和は、科学技術発展、物質が豊富になることによって、そのまま形成されるものではありません。人間自身の価値観、人間らしさを保持しなければ、社会技術の発展は人類自身の崩壊にさえ繋がるものとなるのです。

「女性から男性へ、東洋から西洋へ、周辺から中央へ、国民から政府へと、こころの平和理念を発信しなければならない」というのは創設者野村初代理事長がよくよく強調された基本理念の一つです。この基本理念の一つである国民目線をもって、現在の中日関係を見ていきたいと思います。

二〇一四年九月九日、日本の言論ＮＰＯと中国のチャイナデイリー（英字新聞）が共同で第十回中日関係世論調査を行い、その結果を発表しました。中日関係が重要であることは認識されているものの、日本人の九三％、中国人の八六・八％と、両国とも九割前後が相手国に良くない印象をもっていると回答したことがわかりました。

さらに「中日間で軍事紛争は起きるのか」という質問に対して、日本人の二九％、中国人の五三・四％が「数年以内に起きる」または「将来的には起きると思う」と回答しています。当事者国の機関による調査ですから信憑性が疑われても仕方がないですが、第三者機関の調査として、ＢＢＣワールドサービスが世界世論調査会社のグローバルスキャンに委託して、二〇一三年十二月十七日から二〇一四年四月二十八日まで、世界二十四ヵ国、二万四千五百四十二人を対象に行った調査では、日本人の調査対象のうち、中国に対するイメージはマイナスが七三％、中国人の調査対象者の日本に対するマイナスイメージは九〇％と圧倒的多数を占めています。対立する政治、譲歩できぬ国益、国家間の関係悪化は、これほどまでに両国民間の相互憎悪を醸し出しているのです。これでよいのでしょうか。

中日関係についてよく使われる四字漢語があります。一九七二年九月に中日国交正常化が実現しました。政治面、経済面ともに活発な交流が図られ、「政熱経熱」（政治も熱い、経済も熱い）と紹介されました。

小泉元首相の度重なる靖国神社参拝などにより、政治的な対立が浮き彫りになり、経済交流の勢いは衰えることなく「政冷経熱」の時代が続きました。

そして今年はどうかといえば、二〇一二年以降、政治ならびに経済交流がスムーズではない「政冷経冷」の時代を迎えていると言われています。果たして国民不在の政治や経済交流だけで考えてよいのでしょうか。

中日関係の悪化にはさまざまな原因があるかと思いますが、その一つに国民不在の中日関係構築にも原因があるのではないかと私は思います。「政冷経冷」よりも恐れるべきは「民冷」つまり国民同士がお互いに憎悪の念を持つことではないでしょうか。

「戦争は人の心の中で生まれるものであるから、人の心の中に平和のとりでを築かなければならない」とユネスコの平和憲章で謳っていますが、「民冷」つまり国民同士の憎悪を乗り越えなければ、両国民間の友好ならびに信頼関係を築くことはできず、「政冷経冷」の状態を根本的に変えることはできないだろうと私は思います。だから政府や政治の目線だけではなく、国民の目線で中日両国の関係をよく見て、中日両国民同士の友好を築かなければならないと思います。そのためにはまずお互いが等身大の自国の姿を見せなければなりません。簡単なようですが、案外難しいです。マスメディアを批判する意味ではないのですが、お互いにメディアの目線で見ていないでしょうか。相手の失敗、暗い面、マイナス面ばかりに目を向けるようになります。メディアはごく普通な日本人、ごく普通な中国人、明るい日本、明るい中国に目を向けているのでしょうか。メディアの目線ではなく、自分自身の目で相手を見てはじめて客観的に物事を見ることや正しい判断を下すことができるのです。国民同士の会話、交流が何よりも必要です。それから、相手がなぜそれに拘るのか、どうしてもっとこちらを理解してもらえないのか、と問いかける前に、相手を理解しようとしているのかをまず自分に確かめなければならないと思います。

一九九一年に、創設者が初めて天津を訪問された時のことが思い出されます。天津市の教育研究者を前に、共働きが主流の中国で、かつて敵国だった日本の主婦の立場から教育理念を語るというのでいささか心配していました。ところが創設者は、冒頭に「一人の日本人として、あの不幸な歴史についてお詫びします」と言いました。先ほどのＤＶＤ「公益財団法人野村生涯教育センターのあゆみ」からもわかるように、第二次世界大戦どころか、あらゆる戦争に反対しきる創設者がそのように言ったとき、会場の空気が一変しました。この一言から相手を理解しようとする姿勢がわかり、相手から理解を得たのです。私自身、敬服の念でいっぱいでした。中国の諺に「己の欲せざるところは、人に施すなかれ」とあります。他人に配慮すること、他国の国民を理解しようとする姿勢を強調するものです。

最後に、文化の多様性を認め、共存世界をつくらなければなりません。「十人十色」という言葉がありますが、民族、国家となると、百民族百色となるでしょう。相手が自国、自民族と違うからといって、それが悪いとは限りません。文化には共通性がありますが、それぞれの個性も貴重です。

孔子の言葉に「君子和して同せず」とあります。文化の違いを乗り越えて、異文化コミュニケーションを実現することが肝心ではないかと思います。

客観的にものを見、理解しようとする姿勢を持ち、多様性を認めた上で異文化コミュニケーションを図ることは、野村生涯教育の平和理念から出発したもので、中日国民同士の平和友好を築くのに不可欠なものだと思います。

変化しつつある世界において、人間としての不変の価値を取り戻して、平和な世界と社会、幸せな家庭を築こうとする野村生涯教育の理論とその実践に、改めて敬意を表して、私の話を終えることにします。

ご静聴ありがとうございました。

千葉　コーディネーター

修先生ありがとうございました。

現在緊張している中国と日本の関係ですが、かつてヨーロッパでナチスが台頭した時に、多くの知識人、国民のことばに、あまり反対が見られなかった。それがナチスの勢力の拡大を増長させたと言われています。サイレント・マジョリティが今いちばん危険だと言われています。勇気を持って、普遍的な価値観に基づいて発言と行動をすることが我々に求められています。すべての国と平和に暮らすという基本的な価値観を持ち、国民的な立場に立った対話が、これからの世界にはさらに必要になるという示唆をいただきました。

続きまして、ドクター・ナスリーン・アジミを紹介します。アジミ先生は、グリーン・レガシー・ヒロシマ・イニシアティブという組織を共同創設者として立ち上げ、現在そのコーディネーターを務めていらっしゃいます。また、国連のユニタールという機関の広島の所長を務め、現在も同機関のシニアコーディネーターとしてご活躍中です。

ナスリーン・アジミ（グリーン・レガシー・ヒロシマ・イニシアティブ共同創設者並びにコーディネーター／国連訓練調査研究所（ユニタール）シニア・アドバイザー）

議長をはじめご列席の皆さま、本日はお招きいただきありがとうございます。また、フォーラムの実現に多大なご尽力を重ねられました皆さまに御礼申し上げます。野村センターと金子理事長から課題を頂戴しました。本日は、このパネル、そして皆さま全員とその課題について検討できることを楽しみにしています。フォーラムのテーマと開催の願いには考えさせられるものがありました。その一部をここに引用します。「宇宙時代―この変貌するスピードにのみ込まれることなく、流されることなく、時代が変わっても変わらない不変の価値、つまり不易の価値への覚醒」

ここに述べられている価値のいくつかについて考えてみたいと思います。このたびは生涯教育を推進する野村センターの主催ですので、学習と変化についての個人的な話から始めさせていただきます。私は国連で働き始めた当初から国連訓練調査研修所（ＵＮＩＴＡＲ）におります。ＵＮＩＴＡＲの仕事は発展途上国の専門職に訓練を実施することです。かれこれ二十年以上ジュネーブやニューヨーク、広島でのプログラムや事務所の責任者を務め、アジアや南アメリカ、アフリカで専門職員の訓練活動を―まさに生涯にわたって、実施していますが、そのなかで、平等な機会を与えられれば誰もが卓越したものを求めることを私は悟りました。これは人種、性別、肌の色、宗教、年齢とは関係なく人間が生まれながらに持つものなのです。

学習と多様性は私自身の生活に現実にある側面でもあります。私はイランで生まれ、スイス国籍を持ち、家族はカリフォルニアに定住し、第二の故郷は広島です。また、イスラム教徒の家に生まれ、キリスト教とユダヤ教の学校で教育を受け、仏教と神道哲学に大きな精神的、知的な安らぎを得て関心を持っています。しかし結局のところ、一日の終わりにふと顔をあげて広い空を見上げると、こうしたアイデンティティは私の人間性にも、そして、野村センターの仰るこの「宇宙時代」にとてつもなく美しいこの小惑星のこの場所に私たちがいるという大きな神秘にはかなわないように思われます。

しかし、私が一つの場所との繋がりを最も強く感じたのはおそらく日本です。こうした気持ちはなかなかうまく表現できないので、私よりも博識な優れた歴史家マリウス・B・ジャンセンの著書『The Making of Modern Japan』（二〇〇〇年）の言葉をそのまま引用させていただきます。彼の深い言葉は、今日私が触れたいと思っている二つのテーマ、すなわち、日本国憲法第九条に対する普遍的共感、そして福島原子力発電所事故の意味するものとも無関係ではないのです。

ジャンセンは、少壮の学者だった彼がなぜ日本について研究することを選んだかを序文に書いています。（彼は欧州ルネッサンスを専攻する予定でしたが、太平洋戦争でそれが変わりました）米軍に従軍して沖縄に到着したジャンセンは沖縄島民について、そして日本と日本人に、知的にも人間的にも恋に落ちたことを次のように書いています。

「島民の四分の一が虐殺された戦闘を生き延びて茫然自失の中にあり、自らの尊厳以外すべてを失っていながらも、人々は優しく、暖かく、心が広い(1)」

ある意味、私は友人のベアテ・シロタ・ゴードンのおかげで第九条と恋に落ちたのです。ご存じの方もいらっしゃると思いますが、ベアテさんは、若干二十二歳でマッカーサー連合軍最高司令官のスタッフとして、女性の権利をはじめとする市民権に関する条項を起草した人物です。私はベアテさんと緊密に仕事をする機会に恵まれ、二〇一二年に他界される直前に、彼女と彼女の父親に捧げられた本を（ワッサーマン教授と共に）上梓しました。ベアテさんは、臨終の時まで「日本国憲法は『歴史の知恵』を具現化したもの」と言って譲りませんでした。彼女は、起草の具体的事情および第九条の普遍的な共感とパワーがあるがゆえに「第九条は他国が見習うべき説得力のある手本であり続ける」と信じていました。それは私も同じです。

第二次世界大戦中の死亡者は世界で合計七千万人と推定されています。日本にとってもその戦争はかつて経験したことのない大惨事でした。民間人と軍人二百十万人以上が死亡し、数百万人が負傷したり病に冒されたりして帰国しました。日本は戦争には負けたかもしれませんが、しかし、平和を勝ち取ることができたと言えるのではないでしょうか。今日でも日本の平和の実績は素晴らしく、六十七年間第九条の精神を尊重してきました。軍国主義的な愚行や制度を払拭した日本の戦後の経済復興、ソフトパワーそしてまさに今日の世界に轟く名声は、直接的、間接的な第九条の賜です。

数週間前、私は広島県の瀬戸内海にある江田島に行きました。ご存じのように江田島は海上自衛隊幹部候補生学校があるところです。公式な見学が終了すると、丸坊主の若手将校が案内を申し出てくれました。彼は、幹部候補生学校を卒業したばかりで、鹿児島県にある知覧からさほど遠くない基地に向かおうとしているところでした。知覧は美しい茶畑が広がり格調高い古い武家屋敷が残っているところ、そして大勢の神風特攻隊員が最後に立ち寄ったところです。たまたま私を案内してくれたこの将校は、自衛隊幹部になる動機、夢、そして心配になっていることをとうとうと語ってくれました。彼は、自国のために尽くすことについて、静かに誇りに思っているように見えました。

「日本の憲法はなんと素晴らしいのだろう」というのはその時にも思いましたし、今日このフォーラムでも感じています。皆さんは幸せです。日本が意味のあるところで力を付けることができるのは平和憲法のおかげです。私は日本が弱い国だという人々に同意することはできません。少なくとも日本の軍事力は弱いとは言えません。結局のところ軍事力でいえば日本の総軍事力は世界第十位、軍事費は第六位、空軍は第五位です。[2]日本ができないのは、侵略戦争と武器輸出の二つ。完璧ではありませんか。しかしその二つは今試されています。

それゆえに日本は、自衛隊を間違いなく誇りに思うことができます。「最大限制約されて行使される兵力」という独自のモデルを具体化している、他国が注目すべきものです。強いけれども平和主義を貫く安全保障政策が必ずしも矛盾するものではないということは一条の光です。

日本の例は極めて特異ですが、日本は私にもう一つの故郷スイスを思い出させ、その良さを再認識させてくれることがよくあります。スイスは、一八一五年のウィーン会議で永世中立が認められて以来戦争をしていませんが、その一方で徴兵制による強力な軍隊を所有しています。今日、心あるスイスの政治家で、連邦憲法の永世中立条項に異議を唱えようなどと考える人はいません。また、つい先だって二〇一三年にスイスは徴兵制廃止を棄却しました。決して簡単なことばかりではありませんでしたが、小国スイスが独立路線を貫き、平和という理想と安全保障の必要性をうまく両立させることができているのだったら、日本にできないはずがありません。

最後に、日本が第二次世界大戦後に平和を勝ち取ったとしても、アメリカについても同じことが言えるとは私は思いません。アメリカは、戦争には勝ちましたが、あえなく平和を失ったように見えます。ベトナム戦争からイランやチリでのクーデター、その後のアフガニスタンとイラクの戦争まで、米国の軍産複合体、ひいては世界の軍需産業界が世界の政治、政策、経済をますます支配するようになっています。二〇一二年の軍需産業は年間一兆七千五百億ドル（老若男女一人当たり年間ほぼ二百五十米ドル）でした(3)。多くの国が軍備に依存し、それが重荷になっており、特にこの傾向は貧国で顕著です。そして、安全保障理事会の常任理事国でさえ武器輸出国の上位に名を連ねているのです。

主催者のご要望にお応えして、福島について少しお話して、私の短い話を終えたいと思います。私は、二〇一二年、そして今年九月に再び福島を訪問しました。「福島で起きたことを私たち全員が理解しなければならない」と考えているからです。原子力災害が明るみに出て、人類が自然界の基本法則について無知だったことが明白になりました。

既に二〇一一年以降ドイツ、イタリア、スイスで展開されていることですが、原子力エネルギーからの心理的離脱が新しい幕開けに火を付け、日本の若手研究者やエンジニアの活力と創造性を解き放つのではないかと私は考えています。その人材には、日本の地理や地質の現実を無視して原子力エネルギー産業の存続や安全の維持に才能が使われている人々が含まれます。いかんせん、日本列島は四つの大プレートにまたがっており、世界の地震の一〇％は日本列島で起き、絶えず火山噴火や台風、津波があります。日本の原子力発電所のリスクファクターは、例えば（あまりにも頻繁に、誤って比較されていますが）フランスとは比較になりません。

近代史で三度恐ろしい原子兵器と原子力災害に直面した国である日本は、悲しいことではありますが、この独自の分野で誰もが認める世界のリーダーであることは間違いありません。日本には、他国を主導するために必要な道徳的権威、清潔で安全なエネルギーに向けた世界ルネッサンスを実現する技術力、歴史的に自然と美しさを深く愛でる心と理解がすべて揃っています。

ここで日本の優れた建築家安藤忠雄氏の言葉を引用させていただきます。「過去は現在に影響を与え、現在は未来を作る力になる。こうして時間は流れていく」[4]「環境問題や国際的経済・政治構造のアンバランスは、二〇世紀に資本主義の下で次々と建物を建て続けてきたことに対して私たちが支払っている代価である」

課題は山積みですが、私は日本の未来に希望を持っています。私は、この素晴らしいけれども、あまりにも低迷が多いアジア大陸の出身者として、「日本にはこのアジアの世紀に果たすべき偉大な役割がある」と心から信じています。最後に再びマリウス・ジャンセンの言葉を引用いたします。ジャンセン教授は自身の著作の最後で激動の千年を総括して次のように結んでいます。「日本史を学ぶ学生の中で、これほど才能と知恵に恵まれた勇敢な国が、始まったばかりの千年紀で大きな役割を果たす運命にあることを疑う者はいなかった」

私も同感です。

ご静聴ありがとうございました。

註

（１）Marius B. Jansen, 'The Making of Modern Japan', Harvard University Press, 2000, p xiii

（２）http://www.businessinsider.com/11-most-powerful-militaries-in-the-world-2014-4 (retrieved 11Nov 2014)

（３）Stockholm International Peace Research Institute (SIPRI), 2013 Yearbook

（４）Tadao Ando O, 'Process and Idea' Toto Publishing, 2010

千葉　コーディネーター

今、日本が抱えている深刻な問題についてのご指摘がありました。日本は長きにわたり憲法第九条のお陰で平和を守ってきました。我々の家族を戦場に送ることも、戦場で失うこともなく済んだのは第九条のお陰だというのはまさにその通りです。果たしてこれを維持することができるかどうかについてはさまざまな議論があります。昨今のニュースによれば、国会も少しずつ紛糾し始め、選挙の有無が取り沙汰されています。むしろこれを好機ととらえて、日本が抱える根本的な問題を日本国民全体が理解して、どのように日本の将来を見つめていくか、日本は世界各国との関係をどのように調和していくかを、国民一人ひとりの目線で考えればよいと思います。こういうことを各人が考えた上でご自分のしっかりした国民の目線というものを確立していただきたいと思います。

アジミ先生の仰る原発問題、福島で被災した人々の苦しみ、そして日本が抱える複雑な問題について、このあと、日本学術会議連携会員であり、高レベル放射性廃棄物の処分に関するフォローアップ検討委員会委員長の今田高俊先生にお話をいただきます。今田先生は、原子力の将来またはこれまでに原発の被害を被った人たちの苦悩について、国民的な目線と科学的な目線の両方向から最前線で研究されています。

今田高俊（東京工業大学名誉教授／日本学術会議連携会員／高レベル放射性廃棄物の処分に関するフォローアップ検討委員会委員長）

アジミ先生が本日の講演の後半で福島第一原子力発電所の事故に触れておられましたが、私の話はそのテーマにかなり関連します。原発では高レベル放射性廃棄物、いわゆる核のゴミが排出されます。日本では使用済み核燃料を再処理してウランとプルトニウムを取り出し再利用する政策がとられており、再処理後に残った廃棄物をガラスで固めて固化体にします。ガラス固化体は依然として強い放射線を出し、人間がその前に立つと約二十秒で死亡します。日本では核のゴミが溜まりに溜まっていって、あと三、四年ほどで飽和状態になる原発が六割近くあります。この核のゴミをどう処分するか、将来の世代に対してどう責任を取るかということが大きな問題になっています。

二〇一〇年九月、内閣府の原子力委員会から日本学術会議に、高レベル放射性廃棄物の処分について国民の理解を得るにはどうすればよいか考えてほしいという審議依頼がありました。技術的な問題解決というよりは、核のゴミ処分について住民の理解が得られないことへの対応方法の審議です。核のゴミを処分するには、地下三百メートル以深まで掘削して、しっかりとした岩盤の中に埋めるのですが、二〇〇〇年に特定放射性廃棄物の最終処分に関する法律（最終処分法）が制定され、これに対応する組織、原子力発電環境整備機構（ＮＵＭＯ）が設置されました。しかし、二〇〇七年に高知県の東洋町の町長が独断で処分候補地の意向を示して町民によりリコールされて以来、どこも手をあげていない。この状況を何とか打開しなければということで二〇一〇年に日本学術会議に審議依頼がありました。その二年後の二〇一二年九月に回答を出しましたが、その間に二〇一一年三月十一日の福島第一原発事故がありました。回答はマスコミでも話題になりましたが、もう少し具体的な政策提言にまで持っていってはどうかということになり、回答の中心概念であった「暫定保管」と「総量管理」を中心にさらに議論を進めることにしました。ここまでは前置きです。

どのように回答するかを考えて議論している際に、エネルギー政策、特に原子力政策について国民的議論をしてこなかったことが問題になりました。合意形成も得られないまま日本各地に原発が作られて、その結果、使用済み核燃料が増えてきた。もう何とかしないと大変なことになるということで、急ぎ国民に理解ならびに了解を得て合意を取りつける必要がある。そういう経緯での「依頼」だったのです。本来ならば「こういう方針でエネルギー（電気）を供給するのだが皆さんどうでしょうか」という議論をして納得を得てから原発を建設するべきところが、十分な議論もされないまま原発が建設されて、ゴミが出たから何とかしてほしいというのは本末転倒です。しかも、燃やせば済むような一般的なゴミではない。放射線（放射能）が人体に影響のない自然値に戻るまでに一万年から十万年かかるのだそうです。「一万年」とはどのくらいか見当がつきますか。例えば一万年前といったら早期の縄文時代です。時代が変われば語彙や文法、ライフスタイル、文化も変わっているでしょう。そもそも核のゴミが地中深くに埋めてあることなどわからなくなるでしょうから、誰かが掘り返してもしたらどうなりますか。技術的な問題はもちろんですが、そうした社会文化的な問題もあるのです。

放射線が漏れたとしても、地中に染み込んだ放射能が地下水を介して地表まで上がって来るまでには約十万年かかるから問題はないという人もいますが、先ほどアジミ先生が仰ったように、日本は活火山が多数ある火山国であると同時に地震大国であることを考えると、核のゴミを埋めることをそう簡単に同意することはできません。そうこうしているうちに福島で原発事故が起きて、原発の安全神話は崩壊しました。そればかりか、政府ならびに科学者に対する信頼も損なわれました。失った信頼をどう取り戻すかを念頭に置いて今後の対応を考えなければなりません。

「暫定保管」をしながら最終処分の方法を全国民で考える。エネルギー原子力政策について、国民的な合意を得るとともに、処分地の選定についてきちんと精査して、処分地に居住する住民に十分な理解を得ることが重要です。そのための暫定保管です。

暫定保管は、最終処分に至るための中間貯蔵とは異なるものです。保管終了後の地層処分を安全に、しかも安心して行うために、一時的に保管期間を設け、現世代の責任としての役割を果たすことが暫定保管の目的です。

中間貯蔵とは、核のゴミを最終処分するまでに、貯蔵・管理することです。使用済み核燃料を再処理したガラス固化体の温度は約二百度以上あり、三十〜五十年かけて百度程度に冷却することが目的です。先ほど説明した暫定保管の主旨とは一致しません。

もう一つのキーワードは「総量管理」です。これは、核廃棄物（核のゴミ）の総量を管理ならびにコントロールすべきだということで、上限を決める方法と、単位発電量当たりの核廃棄物の量を抑える方法があります。廃棄物はガラス固化体にして溜まっていきますが、それが二〇一四年四月時点でおよそ二万五千本分あります。再稼働すれば核廃棄物はさらに増えます。総量管理の方法を採用すれば「何本までは引き受けるけれども、それ以上は駄目だ」という議論が可能になる。具体的な量が話題になれば、原発賛成派も反対派も議論のテーブルにつきやすくなるので、総量管理を国民的なレベルで考えることを提案しました。二〇一四年時点で一万七千トンの使用済み核燃料が原発のプールに貯蔵されています。これをどうするかを国民的なレベルで議論することです。

原子力委員会への回答を提出した後、技術的な分科会ならびに社会的な合意形成の分科会を立ち上げて、さらに詳しく具体的に政策のレベルに落とし込むことにしました。技術的な案はかなりできています。プールに貯蔵するのは危険なので、乾式で、空気で冷却しながら暫定保管するという案です。この方法であれば安全性を見込んで五十年くらいは保管できる。保管する年数を延ばすことも可能ですが、まずは一区切りとして五十年に設定する。五十年の期間にどれだけのことをやらなければいけないかを考えるのが社会的な分科会です。この分科会でのキーワードは「責任倫理」と「公平原理」です。責任倫理とは、誰がこの廃棄物を生み出し、処分する責任を負うか、ということです。つまり電気を作った電力会社ならびに電力事業者に発生責任が問われるべきであって、暫定保管場所は各電力会社の配電圏域に少なくとも一ヵ所は作るのが筋だということです。それから「公平性の原理」とは、たいがい原発関係の施設は過疎地域などの弱者に押しつける傾向がある。このままいくとさらにこの傾向は強まる。だから核のゴミについては原発のある県以外で負担すれば最低限の公平性が保たれるはずだというものです。ただし、当該県以外で負担することになっても、県のどの自治体で負担するかで揉めるのは必至ですから、別途検討しなければなりません。

以上を含めた諸課題を検討するために、科学的問題を検討する専門分科会と、社会的な政策を考える分科会の設置を提案しました。そして、できるだけ多くの人が参加できるように国民会議のような組織を設けて、核のゴミの量をどのように管理するかを議論することを提案しました。

社会的な分科会から出た案は、一世代三十年を目安として、世代責任を取るべきだというものです。技術面では保管期間として一区切りである五十年を掲げつつ、三十年のうちにエネルギー政策や原子力政策に関する国民的合意が得られるように議論をし、かつ地層処分のための国民的合意形成ならびに最終処分地の選定を行う。仮に原発を廃止するにしても、既にある二万五千本の核のゴミはどうにかしなければならない。原発に賛否を唱えるだけの話では済まない。そして残り二十年をかけて処分場の建設を行うのがよいと考えたのです。

これは私見ですが、そのようにやるしか無いだろうと思います。再稼働に向けての安全審査を通過した川内原発は稼働させてよいと判断されましたが、我々の論点からするとこの判断は支持できません。つまり、原発を稼働させ続ける限り核のゴミは出ますから、最低限でも電力事業者が暫定保管施設を事業主の責任で確保する計画案の提出を条件にすべきです。そうでないと動かすべきではないと思います。

消費者である我々は、原発によって作られた電気を安価に利用できるようになり、それにより便利で豊かな生活ができるようになりました。一方で、核廃棄物の処理問題というリスクと隣り合わせだということも事実です。持続可能な社会をつくるためにも、こうしたテーマをきっかけに、国のエネルギー源である原子力発電について皆で議論ができるようにすべきでしょう。二〇一五年四月には最終案を提示する予定です（政策提言）。その際にはご覧いただければと思います。

千葉　コーディネーター

日本国民の誰しもが、自分の身近に核のゴミがあるのではないかという不安もあります。被災地では、居住地域に戻れない人々がたくさんいるという現実があるにも拘らず、原発を再稼働しようという動きがあります。どうしても再稼働させたいというなら、二万五千本もの核のゴミを永田町の地下にでも埋めてみればいいと思うのです。もちろんこれは冗談ですが、それくらいの危機感と責任を持って、政府、原子力委員会など、政策決定に関わる人たちには議論をしてほしい。大臣が核廃棄物受け入れ先を求めて各地で頭を下げても、原発事故が起こったときに犠牲になるのは、そこに住んでいる人たちです。処理されていない核のゴミがあるのに、この先もっと増える廃棄物の処理はどうするのか。

二十一世紀以降も視野に入れて「現在」を考えなければならない。ぜひ皆さんも一人ひとりの自分の目線で、どのようにこの問題を考えるのか、またこの問題について悩みを持つ人にはどのような愛の手を差し伸べるのかということもお考えいただきたいと思います。なかなか解決しにくい問題に勇気を持って取り組んでいらっしゃる今田先生に感服します。皆さんもおそらく同じようにお考えのことと思います。

＊

千葉　コーディネーター　それでは、ここで会場の皆さまからパネリストの先生方に対するご質問、コメントをお受けしたいと思います。

ハンス・ケッヒラー（ＩＰＯ国際進歩機構会長／オーストリア）　原子力の平和利用について私の経験をお話します。皆さんにも考えていただきたいと思います。

オーストリアでは、原子力の技術を使ってエネルギーを作るのは違法です。長年かけてこの問題を国内で議論しました。政府はすでに原子力発電所を建設して稼働させる直前まで進めていましたが、国民の間で論争が激しくなり、この件についての国民の意思を問うべく国民投票が行われました。その結果、オーストリア国民は、原子力エネルギーを使うべきではないという結論を出し、それに関する法律を制定しました。その理由は、今田先生が仰った核のゴミ問題にあります。

核廃棄物の問題に関して、未来の世代に対して我々は無責任なことをしてはならない。破滅的な事故に伴うリスクに関して責任を取れないことが理由にあげられます。民主主義国家において、このような問題に最終的な決断を下すのは市民であって、経済的な利害関係にある者にその判断を任せてはいけません。まちがいなく原子力ロビーにも任せることはできません。原子力ロビーが、その影響力をもって政治的プロセスを左右してはいけないのです。原子力の平和利用を行っている国は日本だけではありません。ですから、日本の市民社会は、原子力発電所の運転再開の是非の判断を政府に委ねないように積極的に関わることを考えてもよいのではないでしょうか。

オーストリアでの経験からすると、代替エネルギーの可能性は常にあります。最も重要なのは、安全なエネルギーをより効率的に得ることです。オーストリアでは水力発電が普及しています。近年では風力発電の可能性も模索しています。
日本では他に多くの可能性があると思います。この三年余り、日本は原子力発電を使わずに十分にやってきているように思います。この状態を続けていくことをなぜ考えないのでしょうか。
千葉　コーディネーター　ありがとうございました。オーストリアでは国民的な合意により、原子力を使わないことを決議しています。また、法律でも原子力の発電が違法とされています。すばらしいニュースです。他にどなたか発言をされる方はいらっしゃいますか。
河本英敏（岡山県）　私は、地方の政治に関わってみて初めてわかったことがあります。日本の社会の政治のあり方や仕組みは、市民から始まったものではない。第二次世界大戦敗戦から日本国民は立ち上がったと言われていますが、言葉は悪いですけれども、官僚がつくり出した政治体制や、そこに関わってきた資本という大きな流れが日本をつくってきたのだと私は思います。日本の政治状況の混乱が今日の間違いの原因ではないでしょうか。制定から七十年も経たないうちに平和憲法を改正しようとする勢力が、明らかに水面下で大きく動いています。そのように感じている最中に、パネリストの皆さんの話を伺い、国民自らが決めてきた問題だという意識をもって真剣にもう一度考え直すという、決意が必要だと思います。
これまでさまざまな指摘をいただいたなかに、今、私たちにどんな思いで考えてほしいかという示唆がありました。今できること、してほしいことについて私も納得したいので、もし示唆していただければありがたく思います。
千葉　コーディネーター　ありがとうございます。三名のパネリストに一人ずつ話していただきます。質問は、このへんで打ち切ってよろしいですか。次の方の質問で打ち切りますので、よろしくお願いします。

長谷川明美（静岡県）　静岡県から参りました長谷川明美と申します。修先生が、中日関係の話の中で「普遍的な価値観」と仰っていましたが、どのようなことなのかよく理解できなかったので、もう一度ご説明いただけますでしょうか。

千葉　コーディネーター　ありがとうございます。大変申し訳ありませんが、質問はこれで打ち切らせていただきます。まずは修先生に簡単にご説明いただいた後、三人の先生方に、オーストリアの方、岡山の方からの発言について感想を述べていただきます。また、それについて提案もいただければと思います。それでは修先生お願いいします。

修　剛　普遍的な価値観とは、自然との調和、人と人、国家間、民族間の調和を大切に考えてできるものではないかと思います。目先のことだけではなく、今田先生の仰るように、持続可能な社会を考えた上での価値観ではないかと思います。

そのことを強調したかったのです。

千葉　コーディネーター　引き続き修先生から原発による核のゴミ問題や、平和憲法の問題についてお話いただきます。続けてアジミ先生にお話を伺い、今田先生にまとめていただければと思います。

修　剛　ひと言感想を述べたいと思います。

国際会議にあってこれほど大勢の方がパネリストの話に真剣に耳を傾ける光景にとても感激するとともに、皆さんに敬意を表します。おそらくこの三名のパネリストの共通認識は、国民目線、つまり皆さんからの目線で考えることを強調しているという点です。中日関係にしても、憲法第九条の問題にしても、核の問題にしても、国民目線で考えないといけないのではないかと思います。政府や目先のことだけにとらわれていてはいけないのです。

以前は、私も正直に言うと核の問題については一定の理解がありました。しかし先ほどの話を伺って、発電した後の核のゴミ処理問題は深刻であることがわかりました。今は二十一世紀ですが、例えば一万年後に発掘調査で核のゴミが出てきたら大変なことになると思います。今後も持続可能な社会をつくるために、私たち国民がどのように考えなければならないかを、改めて認識することができたと思います。

私が初めてパネリストとしてこのフォーラムに参加したときに受けた質問も、やはり九条についてでした。九条を守り、世界平和を維持しようとする動きがある一方で、九条を改正しようとする動きもあります。

一九九二、三年頃は、日本では環境問題を盛んに議論していて、それは「贅沢な話だ」と、しかし中国では絶対に環境問題は起こらないと言われていましたが、近年の環境は悪化し身に迫った問題となっています。あの頃、持続可能な社会について市民レベルで考えていたら、環境問題はここまで大きくならなかったでしょう。自分の目線で今後のことを考えて、市民の力を結集して、明るく、持続可能な未来の社会、未来の日本、未来の世界をつくることができると私は信じています。「国民目線」を改めて強く訴えます。一人ひとりが具体的にどんなことを起こすことができるのかは別として、まず、私たちの目線でものを見なければならないと思います。

千葉　コーディネーター　ありがとうございました。それではアジミ先生、よろしくお願いします。

ナスリーン・アジミ　河本英敏さんの質問に絞ってお答えします。今、私たちに何ができるかという質問です。

最も権力のある立場の人から、最も謙虚な立場に身を置く人まで、我々はそれぞれの人生を生きるわけですが、その時々で自分に何ができるか、どのような変化をもたらすことができるか、皆で何ができるかを問います。ここでは、私の提起した福島の原発事故と平和憲法についてお話しします。

まず憲法第九条について。医者の倫理観について、「害を及ぼすな」という言葉があります。九条は過去六十七年にわたり、その起草者をはじめ何百万人もの人々が言い続けているように、本当に歴史の英知なのです。日本国憲法ができるまでの過程を見ればわかりますが、スウェーデン、ソヴィエト連邦（現ロシア）など十八から十九ヵ国の憲法や米国の独立宣言などを、ベアテ・シロタさんを含む当初の起草者たちが調べ、憲法の草稿を作りました。約十二の日本の調査組織や憲法研究会他の組織が、現行の憲法の最終確定作業に貢献しています。だからこそ「害を及ぼすな」と言うのです。日本国憲法はアメリカが作った憲法であって、日本の憲法として十分ではないという小さな論争もありますが、議論すべき点はさらに上の地点に高め、広げられなければなりません。これは日本だけでなく、日本を越えた、事実、普遍的なものなのです。だからこそ多くの人々が「日本国憲法第九条には力がある」と言及しているわけです。もしここにスウェーデンからの参加者がいらっしゃったら、ノーベル賞の関係機関に働きかけていただきたい。なぜなら、九条はノーベル平和賞受賞に値すると信じているからです。このような運動こそ私たちができることだと思います。

私はスイス国籍であると申し上げましたが、スイス憲法には永世中立を誓う条項があります。日本国憲法との違いはありますが、精神は同じです。一八一五年のウィーン会議以降、スイスは全く戦争に関わっていません。スイスはヨーロッパの中央に位置する小国です。第一次、第二次世界大戦の間、永世中立を維持するのに非常に難しい時期がありました。とはいえ、スイスは非常に強大な軍事力をなんとか保持してきました。徴兵制度の軍隊（国軍）であり、同時にスイスは平和主義の国だということが世界的に浸透しています。小国スイスが軍事力と平和主義を併せ持つことができるとすれば、日本にできないわけはないと思います。

スイスと日本の比較は今まで議論されませんでしたが、第九条があることで日本国憲法は類い稀なものとなっています。日本がリーダー的立場に立つことを、多くの国が熱望しています。

ここから先は個人的な話です。私はグリーン・レガシー・ヒロシマ・イニシアティブという世界的な運動を立ち上げ、そのコーディネーターを務めています。ボランティアのグループとして、同じような考え方を持つ人々が集まり、広島の爆心地から半径二キロ四方で放射能を浴びても生き残った二十種類百七十本の木を育てる活動をしています。今でもその木々は元気です。三年半前に私と何人かのグループで活動を始め、現在は二十五ヵ国の人々が広島の原爆投下のなかで生き延びた木の種子や苗木を育てています。私たちは自分の時間とお金を拠出して、自らの努力と信念をもって始めました。当初は周りから「素晴らしいけど、本当に小さなことね」と言われました。しかし今ではグローバルな活動になり、二十五ヵ国の首相、閣僚、大統領など多くの人が興味を示しています。それは、この活動がシンプルかつ普遍的な考え方に基づいて人から人へと伝わっていくものだからです。植物園、科学者、地域社会のグループと話をする場を持ち、そういう方向で行こうと思っています。

ここにいる皆さんは正しい方向に向かっていると思います。皆さんもこうした人レベルでの輪を広げていく活動を行っているからです。グリーン・レガシー・ヒロシマ・イニシアティブは千年規模のプロジェクトですが、本日、今田先生の話を聞いて、一万年プロジェクトでなければならないのではないかと思っています。一万年ののち、広島にグリーン・レガシー（緑の遺産）が残されていることを願っています。ありがとうございます。

千葉　コーディネーター　非常に貴重な提案に感謝します。それでは今田先生、よろしくお願いします。

今田高俊　ハンス・ケッヒラー氏に質問したいことがあります。オーストリアは他国から電力を輸入しているのでしょうか。

日本の社会が原子力発電所を否定しないことの背景に、そもそも日本は封建制社会から近代社会への移行期に市民革命を経験していないということがあります。しかしながら、私たちは市民の力をさまざまな場面で発揮できるような社会をつくる努力をしているところです。このフォーラムもまさにその一つです。「原発ゼロ」がいつ実現するかということに関しては、お答えするのが非常に難しい問題だと思います。

提案をということですので、二つあげます。

一つは、例えば「あなたの自治体に、この高レベル放射性廃棄物を埋めることになりそうです（なりつつあります）」と言われたらどうしますか。それをしっかりと考えることが大切です。今は昔と違って、お金で問題を解決する時代ではありません。安全、安心を大事に考えるようになっています。そのうえで、どのような行動をするかを自問してみてください。

もう一つは教育面。我々がこれだけ負の遺産を抱えていたのでは次の世代に申し訳ない。かといって、今後三十年ほどの間に我々が問題を解決できそうにない。それでも次の世代のために、最大限努力をするという謙虚な姿勢で取り組む必要がある。そのためにも、義務教育の課程で、放射性廃棄物がどのくらいあるのか、原子力発電による電力料金に含まれる諸費用（核のゴミ処分や事故の損害賠償含む）、原発の事故の発生頻度等を伝えなければならない。その上で原発は電力を安価に、安全に、安定的に供給できているのかどうかを生徒が議論する機会を設けることです。原子力村の科学者が安易に安全神話を作り上げてしまったことは猛省すべきです。

その他、あげればきりがありませんが、ここまでにします。

千葉　コーディネーター　私が冒頭に古い人間の一人として、二十世紀に解決できなかった多くの問題を若い人たちに引き継がせなければならないことをお詫びしたわけですが、同じように今の世代が次の世代に頭を下げることがないようにするには、これから何をなすべきか皆さんで考えていただきたい。将来にかけて、この先さまざまな問題がたくさん出てくると思います。人間社会は、理想的なものに一歩ずつ近づいているのだと、我々が信じられるような世界に動いていく原動力として、野村生涯教育センターの皆さんに一翼を担っていただきたいというのが我々の切なる願いです。

人類始まって以来の歴史の中で一貫して守らなければならない基礎的な価値観は、人間の尊厳を守ること。生きとし生けるものの生命を尊重することです。そこには動物、自然界も含まれます。人々を戦争に追いやったり、相手を傷つけたり、自分自身を傷つけたりすることのない世界を築くにはこれからどうすればよいのか。共に生きていくという教育原理を、どんな議論をする場合にも頭の片隅に入れて、決議や結論が将来の子どもたちに与える影響を考えてください。そしてできれば幼児教育部やさまざまな場所で子どもたちに楽しい将来に対する夢を与えて、「僕らは生きていてよかった」「これからも頑張りましょう」と笑顔で語る子どもたちをたくさん育てていただきたいと思います。

今はすべての役職から離れて「ドリームじいちゃん」として子どもたちに夢を与えるような話をあちこちでしています。子どもたちが二十一世紀以降をさらに理想に近づけることができるような世紀にするために、また彼らが大きな夢を持って楽しく暮らせるように、皆さんにも活動をしていただければと思います。

これをもちまして、本日のシンポジウムを終了したいと思います。どうもありがとうございました。

基調講演

生涯教育 宇宙時代——不易の価値への覚醒

未来への責任

（公財）野村生涯教育センター理事長

金子由美子

野口　昇　議長

ただ今より午後の部を始めます。

午後の部は金子理事長による基調講演です。

午前のシンポジウムではさまざまなことを考えさせられました。参加者の皆さまも昼食時に意見交換をされたことと思います。

日本国憲法第九条ならびに日中相互理解の問題、また福島原子力発電所の事故を踏まえての核燃料再処理問題の難しさ等々、深く考えさせられる指摘がありました。

「持続可能な社会」についても多くの方々から指摘がありました。国連が定めた「国連持続可能な開発のための教育の十年」は二〇〇五年から始まって今年二〇一四年が最終年です。この十年については、主導機関はユネスコですが、提案国は日本でした。先般、名古屋でこの十年を締めくくり、ユネスコ主催により、今後の方向性を決めるＥＳＤ（持続可能な開発のための教育）世界会議が開かれたばかりです。そうしたこともあり、どのようにして持続可能な社会を構築するのか、本日の指摘はほとんどこの問題に関わっているのではないかと思いながら私も聞かせていただきました。

これより金子理事長には基調講演をいただき、そのあと質疑応答をいたします。

＊

改めましてご挨拶申し上げます。金子由美子でございます。

このように大勢の皆さまがご参集のなかで第十一回生涯教育国際フォーラムを日本で迎えることを大変嬉しく思いますとともに、大変深い意義を感じています。

私たちは日常生活の中で、それぞれ足下にさまざまな問題を抱えていることと思います。しかし視野を広げて見ると、日本の状況や世界の状況と無関係に生きるわけにはいきません。ですから私たちが現在直面する課題を皆さまと共有したく、シンポジウムでは三人の先生方に貴重なお話をいただきました。

私たちの課題、人類の課題

日本とアジアとの関係、憲法問題、原発問題、どれも日本がどのような方向に向おうとしているのか、無関心ではいけないし、政府の動きなどに無関心でいる間に、思いもよらない事態を招く危険性がある今を生きていることを思います。

社会に起こる非人間化した事件は、若いお母さん方が不安になっていると思います。昨今の誘拐事件は、以前とはその質が異なるように思います。昔の誘拐事件は身代金目的の犯行が多かったように思いますが、近年は、殺害して遺体をバラバラにするなど、何を目的にしているのか理解できない。先日の事件では、高学歴の犯人が小さな女の子を自分好みに育てて結婚したかったなどという理由で誘拐している。その報道には大変驚きました。

「無差別に人を殺したかった」「誰でもよかった」などという若者に対しどのように育ってきたのかを思い

ますし、また、自分がいつ被害者になるか、加害者になるかわからない不安があります。

また、高齢化に伴うさまざまな事件も頻発しています。誰もが確実に年を取ることを考えると、こうした事件は他人事ではありません。

環境問題では世界的な異常気象があります。先日ＩＰＣＣ（気候変動に関する政府間パネル）の報告があり、今世紀末までにCO_2をゼロにしなければ、自然界は後戻りできない状況にあるとの報告がありました。

今年に入ってからは、二度の台風が日本列島を縦断しました。

先ほどアジミさんのお話にもありましたように、日本は火山列島です。火山活動が活発化しているのでしょうか、御嶽山が戦後最大の被害をもたらしました。御嶽山が前触れなく噴火したことで、富士山や浅間山も突然噴火するのではないかと危惧されています。火山列島ですから地震も多く頻発しています。

ここ数年来、これまでに経験のない災害が発生するという、誰もが自然災害に遭う危険が迫っています。

本当に予測不能、想定外のことばかりです。このような時代、状況に私たちは生きています。私たちは、どうあったらよいのでしょうか。そのことを本当に考えていかなければならない時を迎えています。この時代に生きる人間として、庶民の、生活人の立場から「宇宙時代―不易の価値への覚醒　未来への責任」のテーマのもと、皆さんと一緒に考えたいと思います。

千葉先生のお話の中で、二十一世紀の課題は二十世紀から起っているとありました。本日このフォーラムに参加された方は全員二十世紀、二十一世紀生まれの方だと思います。私たちが生きる二十世紀から二十一世紀の繋がりのなかで、時代がどう変わってきたのかを見ることがとても重要です。なぜなら、自分たちがどういう時代を生きているのかの認識を持つことと、その上で自己とは何かを知ることがとても大事だからです。

私たちは社会の一員です。時代の中で生きています。時代や社会がこうだからと受動的に受け止めがちですが、時代をつくるのも社会をつくるのも人間です。そして自らのつくった時代や社会から大きく規定を受けるのも人間です。それゆえに己を知る「自己教育」と時代がどうあるかは深く関わっているのです。言うならば最もミクロの人間個人の意識が集結して社会現象や時代がつくられていくのです。

二十世紀　戦いの変遷

まず二十世紀を見てみます。

二十世紀は戦争の世紀、革命の世紀と言われていました。また、戦争を初めて映像で捉えた世紀でもあります。戦争あるいは戦いという観点で見れば、日本においては十九世紀末から日清戦争、日露戦争、第一次世界大戦、第二次世界大戦と、世界中を巻き込んだ戦争に参戦していきました。二十世紀の戦いの特徴は、科学技術の進歩と相俟って大量殺戮を可能にしたことにあります。

もう一つの二十世紀の戦争の特徴は、総力戦だということです。規模の大きさからしても公私がなくなり、軍人と市民、戦闘員と非戦闘員の区別もなくなり、庶民を攻撃対象としてすべての国民を総動員した点だと言われています。

十六世紀以降の戦争での犠牲者数を見てみます。十七世紀、十八世紀、イギリスに産業革命が興り、工業化が進みました。その時代に比べても十九世紀から二十世紀の犠牲者数の増加は著しいものがあります。

第二次世界大戦後、世界は二極化しました。一九八〇年代まで冷戦構造が続き、一九九一年にソ連（当時）崩壊後、世界の構図は一極体制へと変わっていきました。

時を同じくして新たな科学文明のツールとしてインターネットが世界で普及し始めました。二十一世紀を迎える頃には誰もがパソコンを使うようになっていきました。ネット社会が到来して、家族も、国家をも越えて、どことでも関係が持てる存在となったのです。一人のあり様と全世界が繋がる、繋がってしまうツールを持ったのです。

このように二十世紀、それまで国同士、国家間でのイデオロギーの対立や体制、反体制の対立の構図から、二十一世紀に入ってからはテロとの戦いという構図に変質していると思います。

このように変化した二十世紀から二十一世紀でした。

ただ今は戦いの形が変わってきた側面から時代の変化を見てきました。

二十から二十一世紀　科学文明の推移

ここからは日本が抱えている二十一世紀の課題を見ていきます。

二〇一一年以降、私たちが向き合っている大きな課題は原発問題です。東日本大震災から起った福島第一原発事故は震災の規模が千年に一度の、まさに想定外の地震だったため、いまだに収束していない課題を私たちに突きつけています。その上、午前中の今田先生のお話にもありました重大な問題を抱えています。原発は人間が作ったものなのに、もはや人間の手に負えなくなっている。科学が進み過ぎてしまったのでしょうか。

そういった問題と、また別の側面から危惧される問題もあります。科学の進歩は本当に素晴らしいです。ヒトゲノム、遺伝子解読は遺伝子検査を可能にしましたし、ｉＰＳ細胞は今後、難病治療への貢献が期待されます。他にもさまざまな発見がされています。

一九九〇年代のパソコンやインターネットの普及は、これまでの生活の概念を大きく変えました。銀行に行かなくてもお金を動かすことができる。家に居ながらにして買い物をすることができる。紙媒体を介さずに新聞のニュースや書籍を読むことができる。

こうした発達がもたらす社会への貢献は想像をはるかに超える一方で、その発達に人間が追い付かず法整備等がなされないなかに起きる、人間の手には負えない事件や事象があります。例えばパソコンの遠隔操作による事件や、ＤＮＡ鑑定が容易にできるようになったがために起こる争いごとなどが実際に起こっています。

福島第一原発では事故収束のために、今も、核燃料の取り出し作業が行われています。これはかつて経験したことのない難しい作業だと聞きます。そのため、当初の計画の延期が余儀なくされて、大幅に延長されるというニュースがありました。

また一九六〇年代の高度経済成長期に当時の最新技術を駆使して建造した建物や高速道路、原子力発電所を含むさまざまなものの老朽化が進んでいます。そうした課題が私たちにあるわけです。

フォーラムの開催文に記しましたが、いつからこんなに便利になったのだろうと思います。まさに二十世紀から二十一世紀は、歴史上、空前の激変の時代と言えるでしょう。そして、その激変の時代を生きる自覚が、私たちに必要となります。

六〇年代　科学技術が急速に生活、職場に浸透

二十世紀を振り返ると、前半は戦争が長く続き、後半は戦後の混乱を経て復興、高度経済成長期へと向っていった時代でした。今年は一九六四年の東京オリンピックからちょうど五十年ということで、五十年前の映像がよく放映されていますが、一九六〇年代は戦後復興と科学技術が急速に市民の生活に入ってきたという意味で、世界的にも大きな変革期を迎えた時代です。

世界的に生涯教育の概念が台頭してきたのもこの時期で、この状況が新しい教育の概念として生涯教育を生み出したと言えます。

巨大な世界的科学革新が世界にもたらしたものは急速な社会変動です。それは空前の激変の時代であり、歴史的に見てどの時代と比べても、例えばイギリスで興った産業革命の時代と比べても、桁の違った変革期です。そこから現出した社会は、過去の歴史に例を見ない特徴を持っていると創設者は見ています。

日本がたどった歴史の中の、近々の百年である二十世紀を見ていきます。この時代の特徴をあげてみますと一九六〇年代の科学技術の革新によって、過去何百年、何千年にわたる歩みを二十世紀の数十年という僅かな時間でさまざまなものや経験を手にした私たち現代人だということです。

一九六〇年代の機械化ならびにコンピュータの普及により、職場から家庭に至る労働の形態も変化しました。社会の価値は経済優先の傾向が強まり、生産性と効率を上げ、より便利さを求め、スピード化へと、社会が大きく変化していきました。それに伴い情報化社会、余暇社会、高齢化社会、国際化社会を生み出しました。

私たちが子どもの頃は、学校で配布物を作成するときなどは、ガリ版に専用のペンで文字を書いて、藁半紙に印刷をしていました。ラジオからテレビの普及へと急速に移行したのも一九六〇年代です。

かつて洗濯をするときには洗濯板と盥《たらい》を使っていました。今や洗濯板の存在も知らない若者も多いでしょう。先日、子どもの社会の教科書を見たら「昔の暮らし」の中に洗濯板と盥が載っていて「あ、私は昔の人なんだ」と思ったわけです。私が子どもの頃は、洗濯板と盥、そして出はじめの電気洗濯機が井戸水が出る洗濯場にありました。中学生になるとカラーテレビ、クーラー、自家用車が世に出るようになりました。その後、技術の進歩は加速度を増し、タイマーでセットした時間にお風呂の湯張りができたり、小型ロボットが床を掃除してくれるまでになりました。その結果、仕事に充てる時間は短縮され、余暇の時間が生み出されています。

医療の進歩により超高齢化が進み、平均寿命を見ても、一九四七年に男性五十・〇六歳、女性五十三・九六歳だったのが二十一世紀になってからは男性八十・二一歳、女性八十六・六一歳になり、この六十年で三十歳も延びています。

一九六〇年代に庶民が海外へ行くのはとても特別なことでしたが、今や修学旅行でも海外に行く時代になりました。衣食住から政治、経済、社会のすべてが緊密な国際化のなかにあることを意識するようになったのはこの頃です。

一九六〇年代以降、急激に変化する社会現象に直面した人々は当然戸惑い、不安を持ち始めました。当時の人たちはそのことに気づかずにいたと思いますが、創設者はその戸惑う人間を洞察しました。

そこに新しい方途としての教育概念が求められ、そこに生涯教育が発達していったわけです。そうした社会変動に伴い、第三世界など識字率の低い国においては識字教育を中心とした生涯教育、そして失業率が高い先進国においては職業再訓練という形での生涯教育、日本ではカルチャースクールなど余暇文化的ニーズや、時代の変化に適応するための技術や知識習得に重きを置いた生涯教育の模索といったように、世界的に展開していきました。

創設者の社会変動への視点――生涯教育の台頭

こうした急速な社会変動に対し、ハード面での措置や対処といった形のものが多く、ひたすら時代に乗り遅れないために、適応するための努力や制度的措置に重きが置かれる形での生涯教育が普及していきました。しかし、創設者がその頃からあえて強調していたのは、人間の質や価値に関わる視点への配慮です。未曾有の社会変革が招く外的要因によりもたらされる内的要因にこそ、より根源的な対処を必要とするという視点です。

この激変する社会におけるさまざまな要請に対し、時代に遅れないように、取り残されないように絶えず対応を迫られてきた人間。しかし、いつも後追いをし、遅れないようにという生き方からは従属した受け身の立場にしか立てず、今をどうするかの対処しか考えられない人間になってしまうのではないか。

まさに、現代人の多くが今、指示待ちやマニュアルがないと進めない、また、身の回りに起こることにしか関心が持てなくなっている様子を見ても、事を進めることに追われ、出てきたことへの対応にばかり目がいっていることを思います。

今田先生は、核のゴミの問題から、目先の利益だけでなく、約一万年スパンで物事を考えていくというお話をされましたが、今までの教育では、事に対して対処していくという傾向の強い素地があったことを思うと、本当に今と過去との繋がりや、社会や世界、そして未来を見通す目が育ちにくい教育の状況に陥っている社会を見るわけです。

もちろん外的な社会変化への対応は必要です。しかし、さらに重要な課題として、外的な社会変化がもたらす人間の内面に与える影響こそ問題にするべき重要課題として五十年来野村センターは取り組んできました。

内的にも外的にも両面にわたる解答こそ、時代の要請として生まれた生涯教育が受け止めていかなければならない重要な時代的役割であると唱えてきました。

国内的動機

六〇年代、日本に多発した青少年の問題から
教育の根本的欠落
大人社会の反映

こうした時代を通って創設者がなぜこの生涯教育の活動を推進してきたかの動機をお話ししたいと思います。

戦争に敗れ、終戦を迎えた日本の社会において一九六〇年代というのは、戦後十数年を経て、朝鮮動乱や世界の諸情勢のなかで、戦後の飢餓や混乱からの復興へ、そして高度経済成長期へと向かっていった時代です。

経済的には豊かになる一方で、それと反比例するかのように貧しい時代の日本にはなかったさまざまな社会的不安が生じてきました。初めて敗戦を経験した日本に、戦前にあった伝統的精神性が失われ、モラルの低下が招く人間の荒廃が社会状況に現れてきました。青少年のさまざまな問題、不登校、非行、家庭内、校内暴力、麻薬、自殺などが多発するようになりました。

日を追うごとに量も質も低下する問題を抱える社会に心を痛め、放っておけなくなった創設者は、教育とは何かを探究せざるを得なくなりました。数多くの青少年の不幸のケースを一つひとつ扱っていくなかで、二つの要因に辿り着きました。一つは「教育の欠落」であり、一つは「子ども社会は大人社会の反映である」ということです。

まず教育の根本的欠落です。本来、教育は人間が人間らしくあるための作業であるはずです。しかしこれまでの教育は、良い点数、良い成績、良い学校、良い就職といったことばかりが目的になり、人間が手段化しています。先ほど「公益財団法人野村生涯教育センターのあゆみ」のＤＶＤでご覧いただいたように、私の若い頃に「教育ママ」という言葉が聞かれるようになりました。また、良い学校に行けば良い会社に就職することができ、終身雇用社会であった日本では、一生安定した生活が得られると誰もが信じる時代でした。物質偏重、経済志向のなかで教育の産業化が進められ、知能指数や偏差値など、人間を数量化、モノ化していく、そういった状態を見て、創設者はそれをまさしく人間疎外であると捉えたのです。

そして具体的に青少年の問題を扱っていくなかで、前述の「子ども社会は大人社会の反映である」ことが見えてきました。

一つひとつのケースを突き詰めていくと、その背後には、家庭における両親、学校における教師、社会一般の大人たち、その大人たちの意識や価値観、生活行動などがモデルとなって、そこにつくり上げられた大人社会の土壌から芽生えた青少年の問題の一つひとつであることに至りました。そのことから、まず社会をつくっている主体者であり、家庭、学校、社会のモデルとなるべき大人たちの意識や価値観、生活行動の自己点検こそが優先されるべきことであると結論いたしました。

このたびのフォーラムでも全国のメンバーが呼びかけに参りましたが、その時代から社会を構成するすべての階層に呼びかけ、家庭、学校、社会の連携を提唱しながら、全国に広く大人自身の自己学習を主軸とした教育作業を推進してきました。

国際的動機

世界に日本を位置づけて見る
宇宙から地球を見る
初めての国際会議で感じた二つの疑問

このように創設者は、一九六〇年代初頭の日本社会が直面した青少年の不幸の問題を国内的動機として持つと同時に、一九六九年の初めての世界一周旅行と、一九七四年の初めての世界会議出席の折の経験が鮮烈な印象となり、国際的動機を持つに至りました。当時、まだ海外に出ることが一般的ではなかった時代、日本を離れて、初めての世界旅行で見たものは、創設者に鮮烈な印象を与えました。

近年は、テレビでもネットでも海外の様子がわかるようになりましたが、物流も容易ではなかった時代に異文化の地に足を運んでものを見るということが、いかに衝撃的であったことか。そのときに感じた日本と西洋との歴史の違いは、これからの日本が、自分が、どうあったらよいのか、日本人としての役割を強く感じさせました。

国境をライン一本で接する西欧の国々が、民族や国の興亡を繰り返し、血を流した歴史、そういった歴史を見たときに、革命や宗教改革、民族独立、戦争の名において、幸福や自由や尊厳を勝ち取るために、いかに多くの血が流されたことか。こうした幸福や自由や尊厳が血を流して勝ち取ったものならば、血を流さず、そして革命や戦争にも依らずに幸福、自由、尊厳を勝ち取るためには、どれほど多くの平和的手段による努力や犠牲を事前に払わなければならないか。どれほど払ってもその犠牲を犠牲とは言わない、と創設者は思いました。

戦争を経験した創設者は、噴き出る思いで自分の生命を育み、そして愛する両親や、その両親をも育んだ日本の平和を守りたいと思いました。しかしこれは、他国から守るということではなく、人間のエゴや獣性や闘争心から守るということを思ったのです。

そして、この旅のもう一つの衝撃は、最後の旅行地ハワイで出会ったアポロ一一号の壮挙でした。このアポロ一一号の月面着陸は原始生命誕生以来、人類が初めて地球以外の天体に足跡を記したという、二十世紀の偉業です。一九六九年以降に生まれた方は、地球を客観視する映像はごく当たり前に見ているかも知れませんが、地球が客観的に映し出された映像のその衝撃は、創設者に運命を共有する人類を痛感させた出来事でした。

しかしそれと同時に起きた疑問は、科学の進歩により、四十万キロも離れた天体に人類が足跡を残せるようになったにも拘らず、地球上に住み合う人間同士、身近な親子や夫婦、仲間、職場の人間関係がどんどん壊れ、疎外や断絶が進んでいくその矛盾はいったい何だろうということでした。

人知の開発がもたらす科学技術の功績は、それとは裏腹に、人類を破滅させることも可能な核兵器を作りました。二十世紀を人類史上最大の転換期であると受け止めた創設者は、既成の権威や価値観を大きく転換しなければならないと考えました。この経験がグローバルな視野に立たせ、人間そして人間教育の問題を最大関心事とさせる動機づけとなりました。

さらに、一九七四年にベルギーで開催された平和会議に出席した折に創設者が感じた二つの疑問がありま す。一つは、会議がすべて西欧の論理と価値観に基づいて行われ、科学的合理主義、数量主義、自然支配的西洋方式で進行される会議内容であること、もう一つは、男性の理論や発想で会議が進んでいるということでした。

ここに東洋の哲理や思想が加われば、もっと別の視点や見解や違った方向性が見出せるのではないか。さらに西洋合理主義と東洋の精神性の融合は、第三の思想の形成に大きく役立つだろうと創設者は思ったのです。

また、会議の大勢を占める男性理論に対し、そこに女性理論が加わったら、もっと大きな調和が生まれるだろうと考えました。抗争や戦争が今まで男性主導であったことは歴史が物語っています。男性が特徴とする力や競争原理に対して、融和や協調を特徴とする女性の思考や発想が補完の役をなしたとき、より良い創造がなされるだろうと創設者は考えました。

このように、国内的、国際的な二つの動機を同時に持ち、教育の本質を正すことにより人間性復活をめざし、家族ぐるみ、社会ぐるみの教育活動を展開してきました。

教育の探究——人間とは　本質を探ることの意味

さて、一九六〇年代に、子どもたちが病んでいく姿に心を痛め、教育が正しく機能しているのか、との問いを持つなかで、この本質的な問いかけから教育とは何かの探究に入らざるを得なくなりました。

「本質を探る」ことは、現代社会においてすべてのことに失われているのではないかと私は思います。

それは急速にすべてが進み、その本質は何かを考えていたら事は何も進まないのではないかとか、置いていかれるのではないかという不安があり、さまざまな技術が進化するなかで覚えなければならないことがたくさんあり、新しいことを一つ覚えたと思ったらすぐに次の技術を覚えなければならないとの焦りから、そこに立ち止まり、そのことの存在する意味を見出そうとする姿勢、そのものが難しい時代になっています。だからこそ今立ち止まり、考え、物事の本質に立ち返る努力をすることが重要であると私は思います。

教育もそうです。「教育とは何か」を問うことは、「人間とは何か」「生きるとは」「人間の価値とは」を問うことです。現代にあって、この問いを考えること自体、発想にもなくなっています。事を上手く進めるため、例えば就職のため、という発想しかなければ、それが上手くいかなかった時、死ぬしかないと本気で考える若者が大勢います。ここに人間、生きる意味を本気で考える大切さがあります。

教育が、本来人間が人間らしくあるための作業であるならば、教育の原点に立つことはそのまま人間の原点に立つことです。

その「人間」とは単に抽象的概念としての人間論ではなく「私」、「生きている私とは何か」を探究することです。生きた人間をここまで掘り下げない限り、生きた人間の教育は取り戻せないし、ここまで人間性の荒廃や崩壊をもたらした教育の抜本的な解決は成し得ないのです。

「人間とは何か」の問いを、創設者は人間の理知による観念的理論や知識の集積の組み立てに依らず、大自然の一物として生きる人間を、生かしている側、自然界や宇宙の枠組みの中から、ありのままに考察することから始めました。創設者自身の体質に息づいている東洋の自然観を基盤とする生涯教育の構想を打ち立てました。

図1

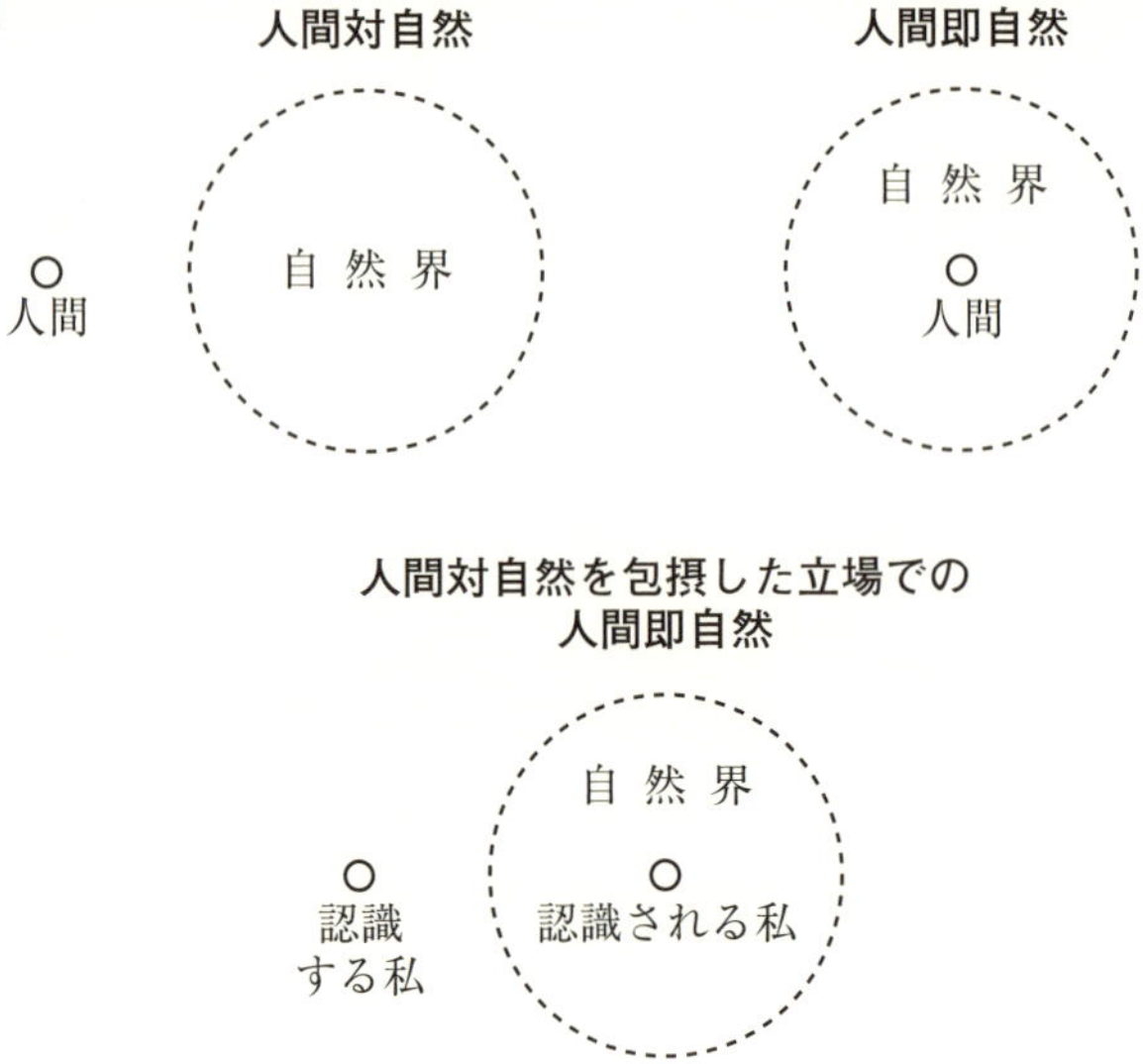

東洋の自然観を基盤に、とお話ししましたが、西洋と東洋の自然観にはどのような違いがあるのでしょうか。本来古代においてはこの相違はなかったと考えられます。しかし、端的にそれぞれの自然観の特徴をあげれば、西洋の自然観は人間対自然、東洋の自然観は人間即自然ということになります。すなわち西洋の自然観が人間と自然を相対するもの、人間が自然を管理、コントロールするものと見るのに対し、東洋の自然観は人間と自然を一体と捉えます。

人間対自然は、人間が自然界の外側にいて自然を人間の向こうに対峙させて把握する見方であり、それに対して人間即自然は、人間はこの宇宙自然の一物として、共に一つの命に貫かれているという見方です。（図1）

私は先ほど、二十世紀は映像の世紀でもあると申し上げました。例えば戦争にしても、地球の裏側で起こっていることにしても、それらを映像で客観的に見られるようになったのは百数十年前くらいです。映像は自分を抜いて客観視できます。しかし、客観視している世界に私たちは自然界の一物として存在します。ここに人間対自然を包摂した立場での人間即自然、つまり、自然界の中に私という人間を認識する私、がいるという見方が重要になります。

日本人は東洋人ですが、二十一世紀の現代に生きている人は皆、ほぼ人間対自然の考え方に基づいているのではないでしょうか。特に先進国に生きる私たちは、自然の中で生きているという意識を持ちにくい生活をしているように思います。自然と人間の関係の中に電気が入り込み、停電になったら水も出ない、トイレで水も流せない。私が子どもの頃は、停電でも蛇口から水が出ましたし、トイレも停電とは関係なく使えました。お風呂は薪を焚いて沸かしていました。私たちは生活の中で、自然の一物として自然界からさまざまな恩恵をいただいて生きていることの自覚を持ちにくい時代を生きているように思います。

ですから改めて創設者が、大自然の中に人間は位置づけられ、その秩序の制約を受けているという自覚を、現代人に促す試みをされたことの大なるを思います。創設者が東洋の自然観の共生思想をもって西洋に橋を架け続けてきた所以がここにあります。

大自然の構造・秩序　自然界はどうなっているか

創設者は「人間とは何か」という大命題を、自然界の一物として生きる人間を自然の仕組みの中にありのままに観ていくことを試みました。人間のあるべき姿、社会のあるべき姿を、大自然のあり方そのものの中から学ぶことを試みたのです。

まず、大自然がどうなっているかをみていきたいと思います。自然界は悠久の時の流れの中に、また無限の空間の中に、万物万象は生成し、流動発展しています。実は、宇宙の運行は私たちの生活にとても密着しています。時の概念も、日や月や年の概念も初めから存在していたわけではありません。

皆さんは、学生時代に科学の時間で、地球が一周自転すると一日になることを学習したと思います。月が自転をしながら公転するのを一月、地球が太陽の周りを一周するのを一年としています。人間が古代から生活の知恵として生み出したものを、全世界の人たちが使っているわけです。

私たち現代人が、何の不思議もなく用いている言葉や時の概念も、すべて大自然の運行の中から、古代人の科学する探究心や好奇心が、直観し、発明し、それが言葉となり、概念となって伝えられてきました。このように人間は、宇宙・自然界の中で生きています。しかし、私たちはそれを意識しないで生活をしています。

東洋の自然観の哲理が教える宇宙間の実相は、万物万象の共生と相関を説いています。人間をはじめ、あらゆる生命体、物質系、エネルギー系に至る万物万象は、相互に依存し合い、関係し合って、共に生き合っています。その相互依存の関係を離れては、すべての存在は成り立たない。

さらに万物万象は絶えず生じたり、滅したり、変化しながら、流動を続けています。このように一刻も固定することなく、一物も孤立することなく、すべて関係しながら変化し、変化しながら関係し、本来大調和している宇宙の実態です。関係するがゆえに変化し、変化するがゆえに関係し合う。そこに一定の秩序立った法則が存在します。そして、この関係と変化は、でたらめに関係し変化しているのではなく、一定の秩序だった法則に従って変化し関係するがゆえに、本来大調和している宇宙・自然界であります。このような自然界の仕組みの中に、人間は存在します。その人間もまた、当然自然の構造の中に一生命体として組み込ま

図２　異時的依存関係

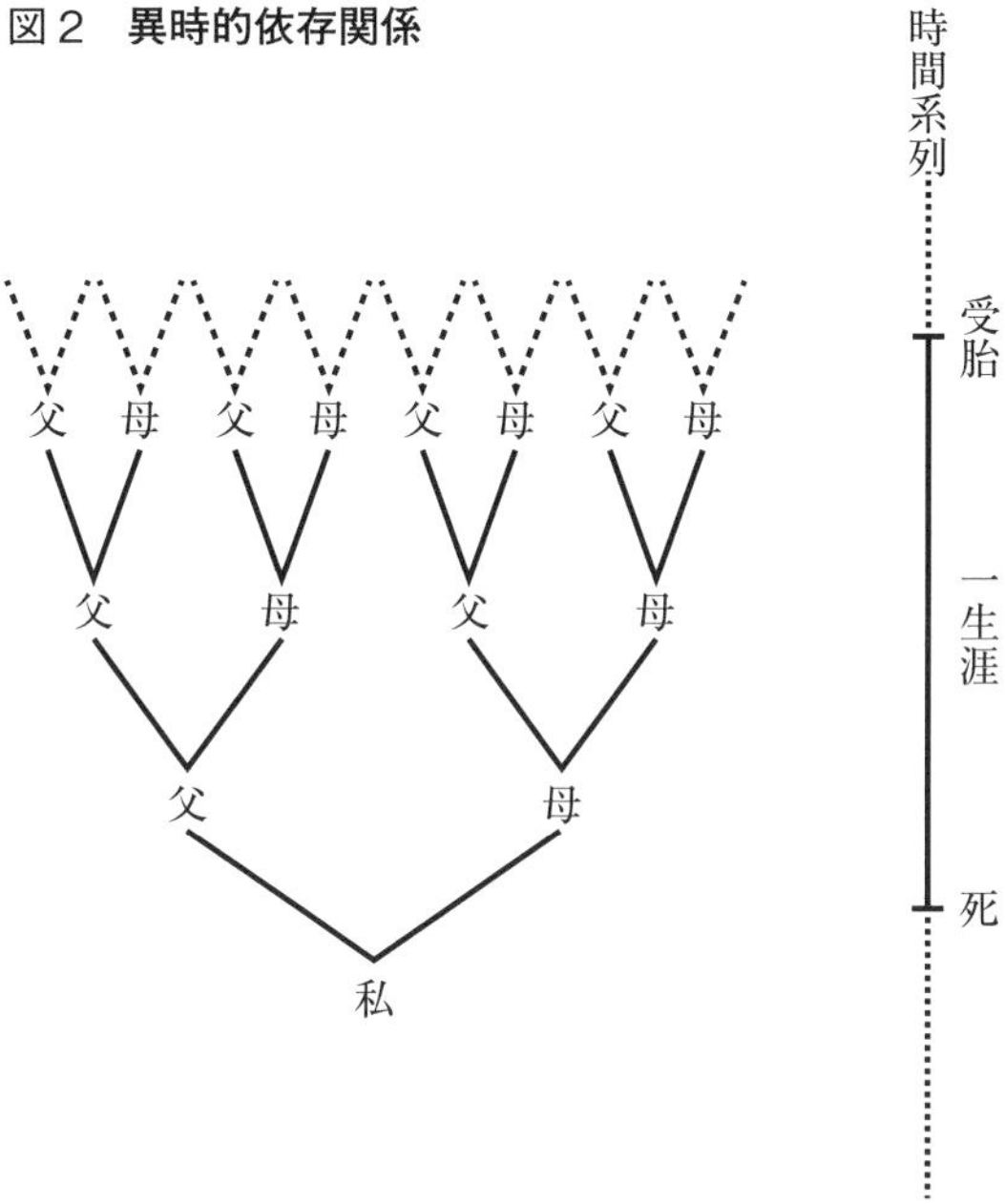

れている存在であり、この自然法則の秩序、掟の中に生かされています。

次に自然界における人間の位置づけを見ていきたいと思います。人間は命あるものとして、時間、空間の中に他の生命体と共に生き合っています。異時的依存関係つまり変化と、同時的依存関係つまり空間的関係の織り成す縦横網の目の関係依存の一点に位置づけられ、一瞬一瞬の今を生き続けています。

まず、時系列をみていきますと、人間は命あるものとして一生を送るわけですが、「私」という存在は必ず命の伝達者を持ちます。「私」には父、母がいて、父、母にもそれぞれの父、母がいて、さらに祖父母にもそれぞれの父、母があり、こういった伝達伝承を続けながら私たちの生命があります。そして、過去、現在、未来を生き続けます。（図２）生命は縦の時系列に沿って、朝から昼、昼から夜へ、昨日から今日、今日から明日へ、去年から今年、そして未来へと、刻々変化する時間的推移の中で同一

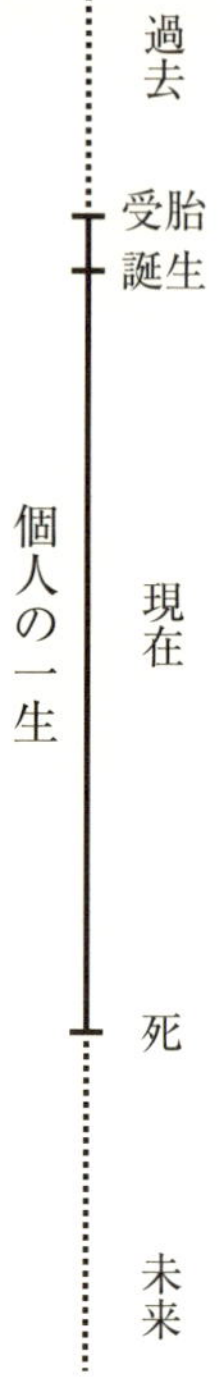

図３　親と子の二代　先祖と子孫　人類の過去・現在・未来の継続

性を保ちながら、胎児から乳幼児期、児童期、青年期、壮年期、老年期を経て、生から死に至る変化の生涯を辿ります。

個人の一生は、親と子の二世代、そして三代、四代と、次々の世代に命を伝達、伝承し、祖先から子孫の世代へと、非連続の連続を続けながら、断滅することなく、生命は永遠の連鎖を続けます。非連続の連続、これはまったく同じものが続くという意味でもありません。つまり、同一性を保ちながら変化していく、例えば「私」という人間は幼児期から「私」であって、壮年期を迎えている時に、子どもの頃から変化はしていますが、「私」という存在は変わらない。これを非連続の連続といい、変化を続けながら、断滅することなく生命は永遠の連鎖を続けています。（図３）これが自然界における人間の実像です。そして人類も過去、現在、未来と、こうした継続の中に生き続けています。ここに人間、個人のアイデンティティが確認されると同時に、人類のアイデンティティが確認されます。

自然界における人間の位置づけ

次に空間系列を見ていきます。人間個人の空間的位置づけは、個人をとりまく環境世界の万物万象と同時

図４　同時的依存関係

人間　即　自然

個人　と　環境世界

空間系列 ――――――――――――

〈同時的依存関係〉

依存関係において捉えられます。（図４）

環境世界は、大別しますと人的環境、物的環境、自然環境に分けられます。人と人とが住み合う家庭や、社会、人類といった人的環境、そして、衣食住から大地に至る物的環境、空気や光や熱といった自然環境とこの三つの環境に表せます。そして人間個人は、有形の肉体と、無形の心や感情や意識を持つ精神的生き物です。この精神と肉体は概念や言葉は違いますが、実存の人間は心と体が分離しようがなく一如です。つまりその心と身体を持つ個人は、環境世界と不可分の関係で切り離すことはできません。空気がなければ、自然環境がなければ私たちは一瞬たりとも生きられないのです。（図５）

このように、人間の存在は、時系列において生命の連鎖を続けながら、空間系列において、心・身・環境の相互依存の関係に繫がり繫がって分離しようがないのです。このように、時間的、空間的縦横無尽の網の目の関わり関わられる依存関係において、万物万象は存在し、その相互依存を離れたら、一物たりとも存在しえないという厳然たる掟のもとに私たち人間の生存は成り立ち、生活は営まれています。

図５　自然界における人間の位置づけ

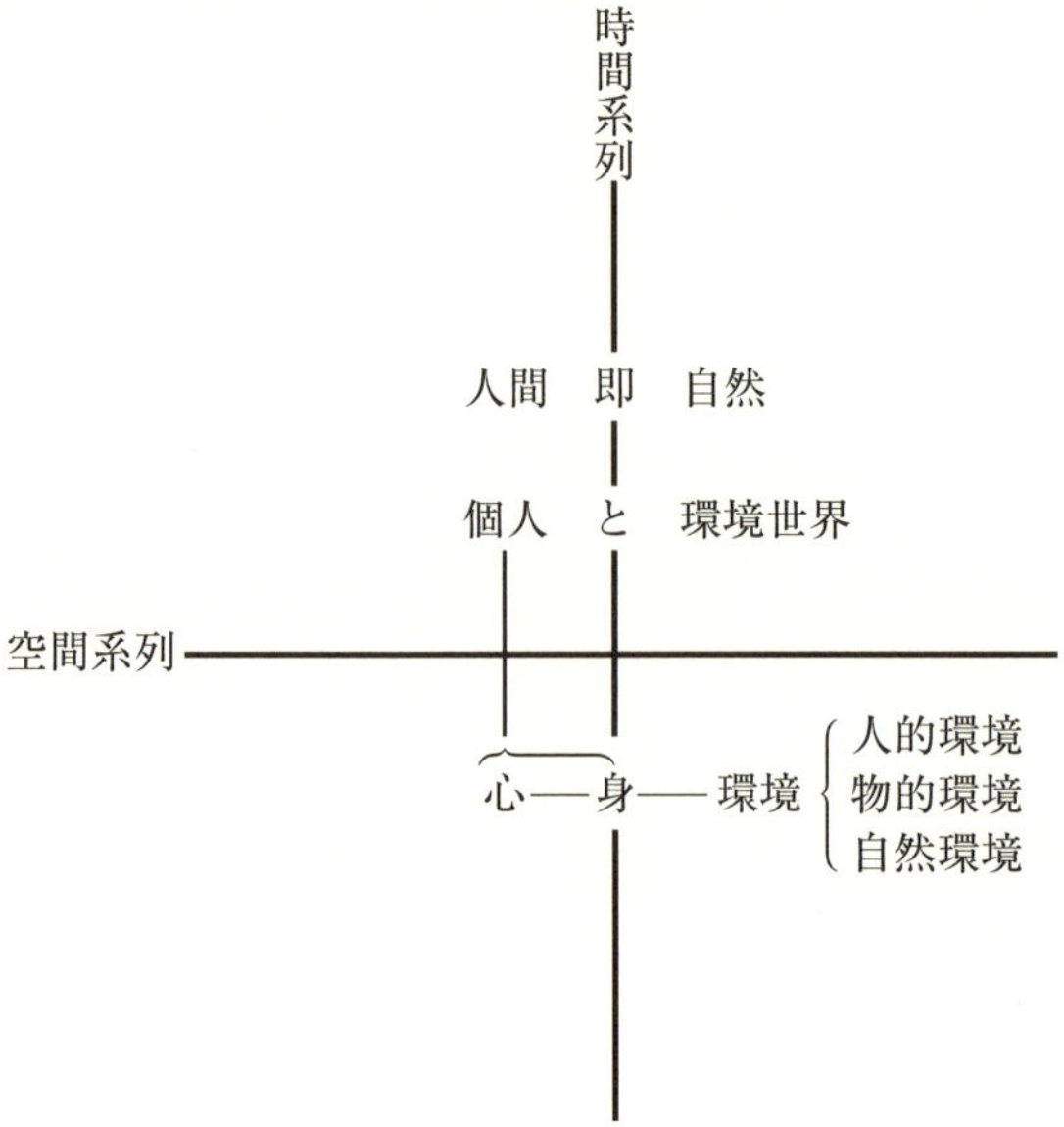

自然と人間の関係において、人間を自然界に位置づけたとき、自ずと我々人間が生きている存在であると同時に、生かされている存在であることの認識に立たざるを得ません。個体生命は全体生命と不可分の関係にあるわけです。こうした関係にある人間が、自分を生かしている自然、宇宙の環境の中で生きながら、もし人的環境において他者との関係を断絶し、疎外し、孤独の状態になったら、生きることが不可能になってしまうでしょう。もし物的環境において衣食住を失ったら、生きることはできなくなります。そして自然環境においても、空気、河川、太陽の光と熱が失われたとしたら、人間をはじめ生命あるものは死滅するでしょう。

人類は科学文明によって大きく発展しました。しかし、自然界からの警鐘、世界の分断、抗争、対立、足下で日常化する非人間化した事件は、この実存の人間を生かすシステム、秩序、法則の存在、それへの認識の欠如によるものではないでしょうか。その人間の無知と暴挙が地球の生態系を破壊に向かわせ、人間の生存や地球の存続をも危ぶませる一因になっていないでしょうか。二十一世紀の今、私たちが抱える重大な課題に対し、この認識を持つことがいかに大切かを思います。

先ほどお話ししたＩＰＣＣの報告には、一九五〇年以降に観測された温暖化の主因は人的要因である可能性が極めて高い（九五％）とあります。また海面上昇など関連する影響の多くは、一九五〇年以降、史上かつてない規模で発生しているとも言われています。このことからしても、一九六〇年代以降の、地球環境に大きく影響しているといえるでしょう。自然界への意識の希薄さも窺えます。例えば、エボラ出血熱の拡大。これは一人の感染が全体世界と切り離してはあり得ないことを教えています。

日本の原発汚染、廃棄物に対しての決定は、先ほどシンポジウムでもお話がありましたけれども、日本だけの問題ではないですし、また、イスラム国（ＩＳ）のことが大きな問題になっています。イスラムという言葉だけで、真のイスラム教を理解せずに、先入観を持つ危険性がありますし、現状だけを切りとって見てしまいがちです。ＩＳが主導するテロの問題の出来《しゅったい》を、時系列の中で検証をする必要があります。ＩＳに参加しようとした日本の大学生は、孤立して行動することが、家族や社会、ひいては日本、世界にどれほどの影響を与えるかという認識がない。世界約八十ヵ国からＩＳに戦闘員として集結した約一万五千人が、いつ自国に戻ってテロ活動をするか、また自国がテロの標的になるのではないかと世界中が恐れています。こうしたことからも、自分の行動がどれだけ他者に関係しているかを認識することが重要です。

人類はここに文明史的転換を急務として迫られています。西洋に起源を持つ心身二元論から科学は発達したと言われています。その科学の恩恵に対し、東洋の人間即自然の観相に基づく心・身・環境の一元論の哲理が、どれだけ今後の世界への貢献となるか。科学は自然を物質的対象として観察、分析をしてきました。しかし自然界に人間は存在します。その人間を自然界に組み入れて、人間の心と身体と環境を一本に貫く自然法則に従って科学したならば、人類社会への貢献は、物の世界への貢献とは比較にならないほど大きなものとなるでしょう。

自ずと導き出される人間生命の価値　生命の特質

自然界における人間の位置づけがわかったとき、自ずと生命の価値づけが導き出されます。永遠の連鎖を続けている生命は、生命の特質として、歴史的永続性を持ち、強靭な復元力を有し、文化的遺産の蓄積を内在させ、そして生命の神秘的メカニズムを持つ。こうした特質、本質価値を有しているといえるのです。ゆえに人間は誰もが平等であり、尊厳なる存在といえます。何人も冒すことのできない人間の尊厳、根源的な人間の平等、そして、人間は本来自由意志の持ち主であります。こうしたすべての人々が最も価値として希求する、尊厳、平等、自由は、人間に本来本質価値としてもともと備わっています。本具の価値は、生命が時間的にも空間的にも繋がってある存在だという客観的事実から明らかになります。私たち一人ひとりが永遠の生命を生き抜いてきたからこそ、平等の本質価値を持つのです。人間生命の本質は宇宙から生み出されているがゆえに、一人ひとりが宇宙エネルギーを持つ存在だといえます。それを創設者は次のように述べています。「冬の凍てついた土の間から、春になると草木が芽を出し、茎や葉を、そして花を咲かせ、実を結ぶ。草木も人間も、生きとし生けるもののたくまぬ生成発展の姿は、それは愛そのもの、創造そのものの営みではないだろうか」と。

本質の開発を阻むもの——教育が不問に付してきた分野

私は中学生の頃、医師から不治の病だと診断を受け、人生に絶望していたときにこの生涯教育の学習を始めました。学びを通して自分の尊厳に目覚めさせていただき、人間の中に強靭な復元力があることを学び、自分の本質価値を啓き出していただいて今があることを思います。この生きとし生けるもののたくまぬ生成発展の姿を自らに確認できたからこそ、だれもが平等に尊厳の価値を持つのだと信じることができます。しかし、そうした本質を持ちながら、その本質の開発を阻むものを持つのも人間です。このことは伝統的教育が今まで不問に付してきた分野であり、長年、理想論を出発としてきた教育が時代を導いてきた、その結果が今日の社会をつくっていることを思います。不可解な、底知れぬ深さを持つ生きた人間のこの分野に光を当てることによって、今噴出する人類社会の諸悪の根源に至ることとなり、新たな黎明を人類が見出す糸口になる、と創設者は説いています。

系統発生による長い生命の歴史から見て、隠された生命としてあったと言われる生命体が、見える生命としてこの地球上に誕生したのが約六億年前と言われます。そして、生命として形を成したときに、そこから我が生まれ、我の自己保存の欲求が生まれたと創設者は見ています。単細胞の微細な生命から多細胞としての人間に至り、気の遠くなるような何十億年もの系統発生の歴史は、水生動物が出現し、海から陸へと生命体は進化し、さらに爬虫類に至り、哺乳類、類人猿へとさまざまな進化の過程を通っています。（図６）ですから、何があっても不思議はなく、この人類社会におけるすべての醜悪で極悪な事象も、言ってみれば、この長い系統発生の中で繰り返された現実なわけです。四十億年とも言われる生命の歴史を持つ人間は系統発生の進化の歴史を経て、意識の中に重層を成す意識の構造を持っています。それゆえ、長い過去の経験の集積は、意識するしないに拘わらず、人間の肉体にも精神にも多大な制約を与えていると考えられます。私たちの出会うすべての経験が蓄積されて痕跡となり、これはＤＮＡが証明していますけれども、そういった全部を私たちの中に内在させています。私たちは、さまざまな出会いの中での経験を通して、その一部は表面的な意識となって、知識や能力として自分の個性をつくり、その一方で、一部は内奥の潜在意識に沈殿していきます。ですから、何かの条件に触れたときに、無自覚な自分が引き出されるわけです。私たちはそうした自分の知らない自分を持つという、厄介な側面を持っています。それを自覚することがいかに大切か。むしろ意識下に沈殿した意識が無意識の動機となって、私たちの一挙手一投足をリモートコントロールするのです。人間関係

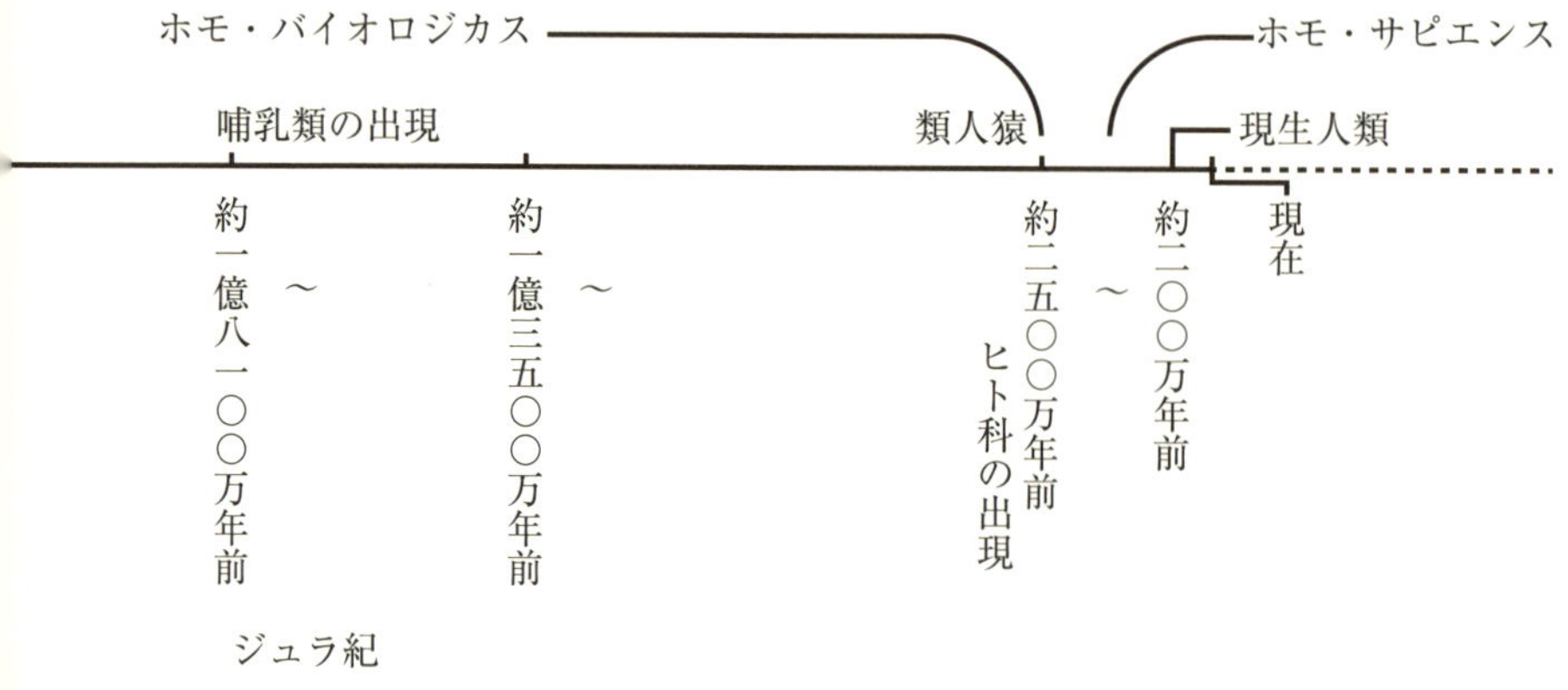

上のトラブルの多くはここに起因します。そこに、人間を知らずして人間を教育してきた無謀さを現代にみます。

人間教育の真のあり方

人間教育において、無意識という、自分の与り知らない未知の分野を持つ人間であることを前提とすることの大切さを痛切に思います。真の人間教育は、善なる可能性の開発への努力と、誰もが内に持つ悪なる可能性への挑戦と克服、この両面からの弛まぬ取り組みのプロセスの中にこそ成り立ちます。

では人間が自らの本質価値に目覚め、その無限の価値創造の能力を引き出すにはどうしたらよいのか。その野村生涯教育の原理についてお話ししたいと思います。

この原理は人間を含めすべての物を生成発展させ、宇宙・自然界を司る秩序や法則はそのまま教育原理であることの、まったく新しい発想のもとに打ち立てた教育原理であります。

図６　人類史略図（生命の長い歴史のなかで、現世人類の歴史がいかに短いか、その比率を表す）

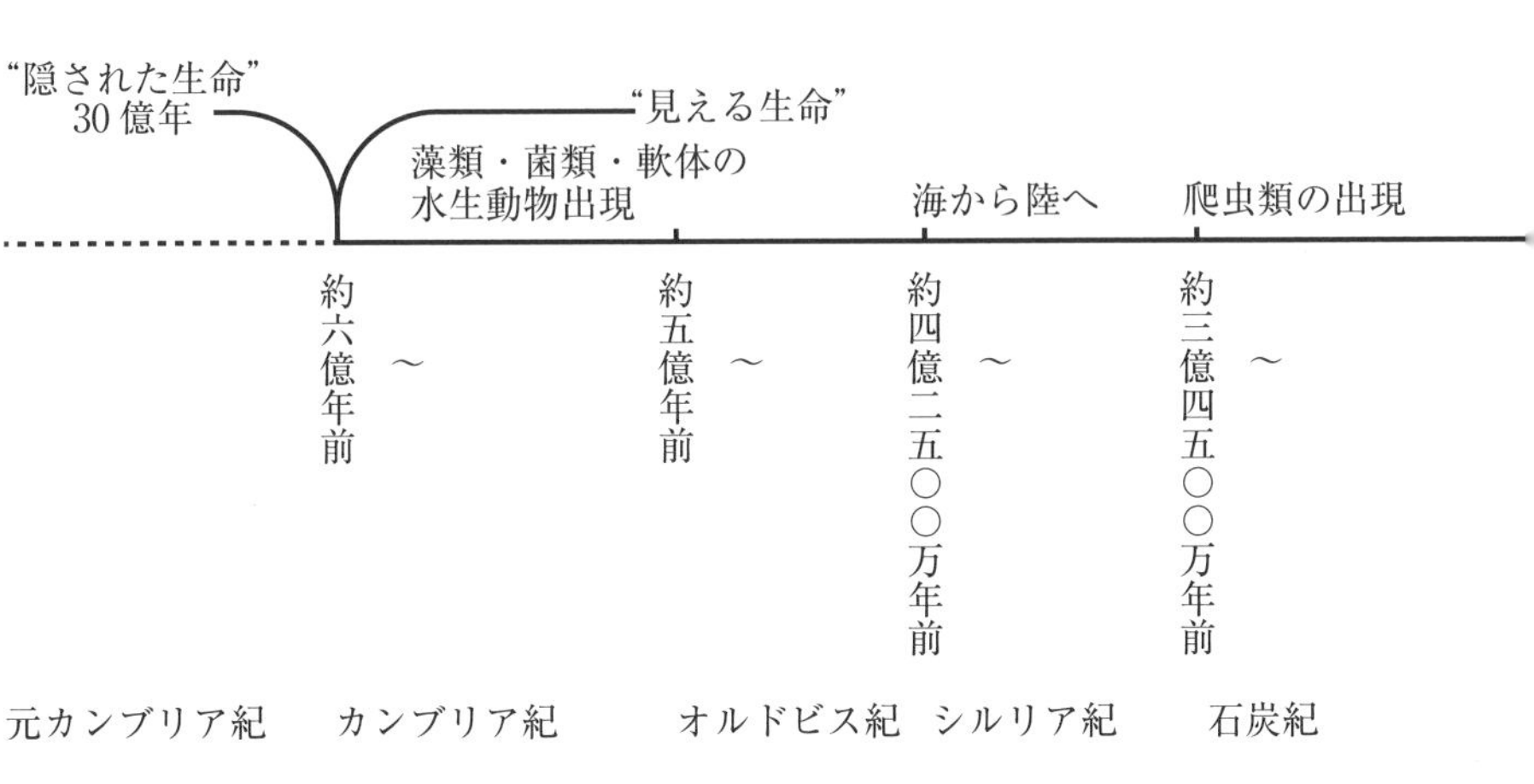

それを、宇宙・自然界のシステムを教育システムとして組み立てた新しい試みとして、五十年来、世に問うてまいりました。創設者の提示したこの原理は、自然法則を物質界のみに応用、活用してきた科学の領域を転換し、自然法則が人間を生かす原理としてどう働いているのか、人間やその生活行動を一瞬一瞬どう律しているのか、その考察から始まりました。人間「私」の主観が自然界を観察するのではなく、自然界から「私」を客観視し、観察し、解剖する新しい試みです。

教育とは、人間が潜在的に持っている価値創造の無限の能力を十全に発揮するための、教え導く営みであると考えます。そして私たちは、日々の生活を常に感覚と経験によって生きています。もし自然界に人間を生かし、律する一定の法則や原理があることを自覚したとき、その原理を教育本来の目的である人間形成に意図的、目的的に活用したならば、その成果は計り知れないものになるでしょう。宇宙・自然界には、引力の法則、慣性の法則、いまだ人智に知覚されていないようなさまざまな法則がたくさんあります。自然の一物である人間を含め、そうした法則性の中にすべての存在は支配されています。そして自然界のすべての法則は、物や人間の肉体にだけ働くのではなく、人間の内面、心や意識にも働き、身体にも働き、環境にも働き、心・身・環境を貫いて働きます。

野村生涯教育の原理

現代科学はデカルトの心身二元論にその源を持ち、心と身体を切り離して自然界を物質的対象として、人間は開発者、観察者として、自然の秩序、法則を測定、計算、そして法則性として応用活用し、科学文明、物質文明を発達させてきました。しかし人間は、観察者であると同時に、観察され、開発される存在として自然界に存在します。ゆえに、自然界に人間を入れて科学してこなかったことが大きな過ちなわけです。人間が自然界の一物であり、自然界の摂理の下にしか生存でき得ない生き物であることを忘れているのです。

自然界の説く宇宙・自然界の実相は、整然たる秩序や法則のもとに万物万象が、絶えず生じたり、滅したりしながら流動を続け、一刻も固定することなく、一物も孤立することなく、すべて関係しながら変化し、変化しながら関係している、そこに一定の秩序だった法則が存在するがゆえに、本来大調和しています。ですから、孤立し、固定してものごとを見ることは、自然法則に反する見方となり、不調和になります。私たちは日常生活において、心の中で、過去の経験に基づいて先入観で人を見ることがよくあります。そして話もしないで思い込みで見て判断します。固定して動かしがたいものとして予測で見る。特に科学文明の中で、インターネット上の関係の情報のみでこの現象は増幅されているように思います。今の時代、予想、予測、仮想で、ありもしない事実を事実としてつくり上げて戦いになる可能性も否定できないのではないか、とさえ思います。生身の人間と直接話もせずに、情報のみで判断することがいかに多いか。パソコン、スマートフォンが普及して、大人だけでなく子どもの間でも、情報のみの世界が広がっているように思います。

本日、三名のパネリストに講演をお願いしたのは、テレビやパソコンではなく、生の、報道とは違った視点からのお話を伺うことを皆さんと共有したいとの思いからでした。また、こうした生きた人間同士の出会いがいかに重要かを思います。関係するから変化が生じる。変化に応じて関係が生じる。その関係において次の変化が生じる。その循環の連鎖が生命体としての人間の生涯となります。人間のこの変化が成長のプロ

図7

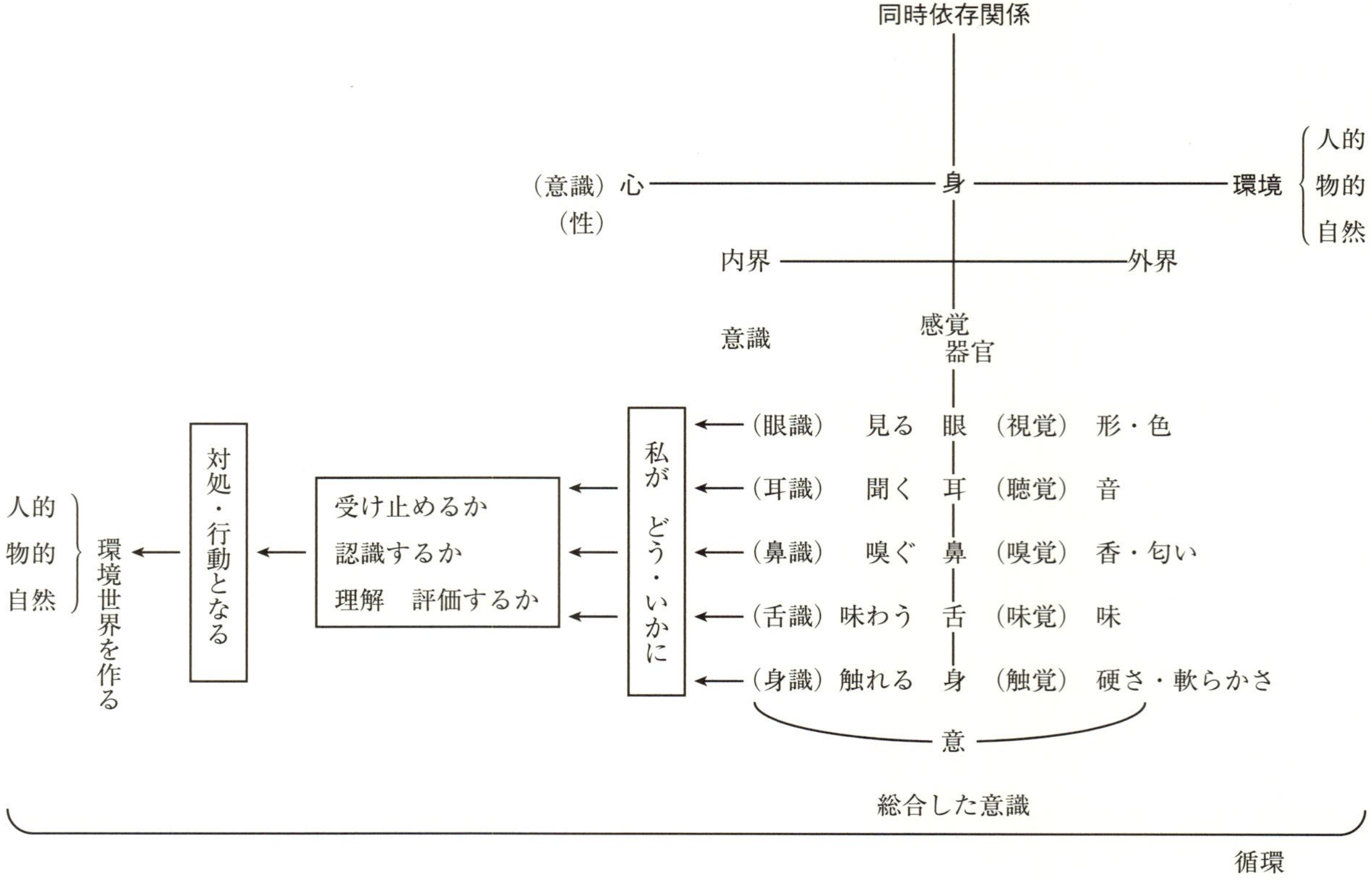

同時依存関係
(意識) 心
(性)
身
環境
人的
物的
自然
内界
外界
意識
感覚器官
(眼識) 見る 眼 (視覚) 形・色
(耳識) 聞く 耳 (聴覚) 音
(鼻識) 嗅ぐ 鼻 (嗅覚) 香・匂い
(舌識) 味わう 舌 (味覚) 味
(身識) 触れる 身 (触覚) 硬さ・軟らかさ
意
私が どう・いかに
受け止めるか
認識するか
理解 評価するか
対処・行動となる
環境世界を作る
人的
物的
自然
総合した意識
循環

セスということになります。

心、身、環境は分けようがありません。私たちは現象物として肉体を持ち、現象界に住みます。一方で、現象を超えた目に見えない性や心、魂といった世界を持ちます。一面に内界という宇宙に属し、一面に外界、肉体的存在として外界という宇宙に属する人間は、肉体に備わる五つの感覚器官、眼、耳、鼻、舌、身と、その総合する意識で内界と外界を繋ぎます。無形の心、意識が、感覚器官を通して外界の環境世界の事象に触れ、それをどう受け止めるか、どう理解、評価するかによって、対処、行動が決まります。（図７）本日ここにいらっしゃる皆さんも、呼びかけたメンバーからの誘い、または奥さまが学んでいるなど、何らかの関わりがあってこの会を知ることになり、認識に上ったのだと思います。しかし、知っただけでは、認識しただけでは、わざわざここまで足を運ばなかったと思います。心、意識に関心があるから行きたいとか、あまり気は進まないけど、誘ってくれた人に悪いからとか、動機になったものはさまざまだと思います。

「誘ってくれる」という条件に自分という原因が触れて、「誘ってくれた人に会ってみよう」という行動になる。例えば、社会のことを憂いたり、子どもの問題で悩んでいるときに誘いを受け、その人に会ってみる。そしてそこにまた心に、「誘ってくれたから行ってみよう」と、そうした意識、動機が言動行動となって「来る」という結果になったわけです。そして実際に来てみて、午前中のお話を聞いて「来てよかった」と思ったり、「基調講演がちょっと期待外れだったな」と感じるような痕跡がまた次の心、意識となる。次回も誘われたら行こうかやめようとかというように、日々の生活レベルで瞬時瞬時にこの法則は働いて、見えない心に常に影響を与え、意識をつくっています。

つまり、関係によって引き出されていく、関係の法則の生活化・教育化とは、自己中心に無自覚に生きる

図８

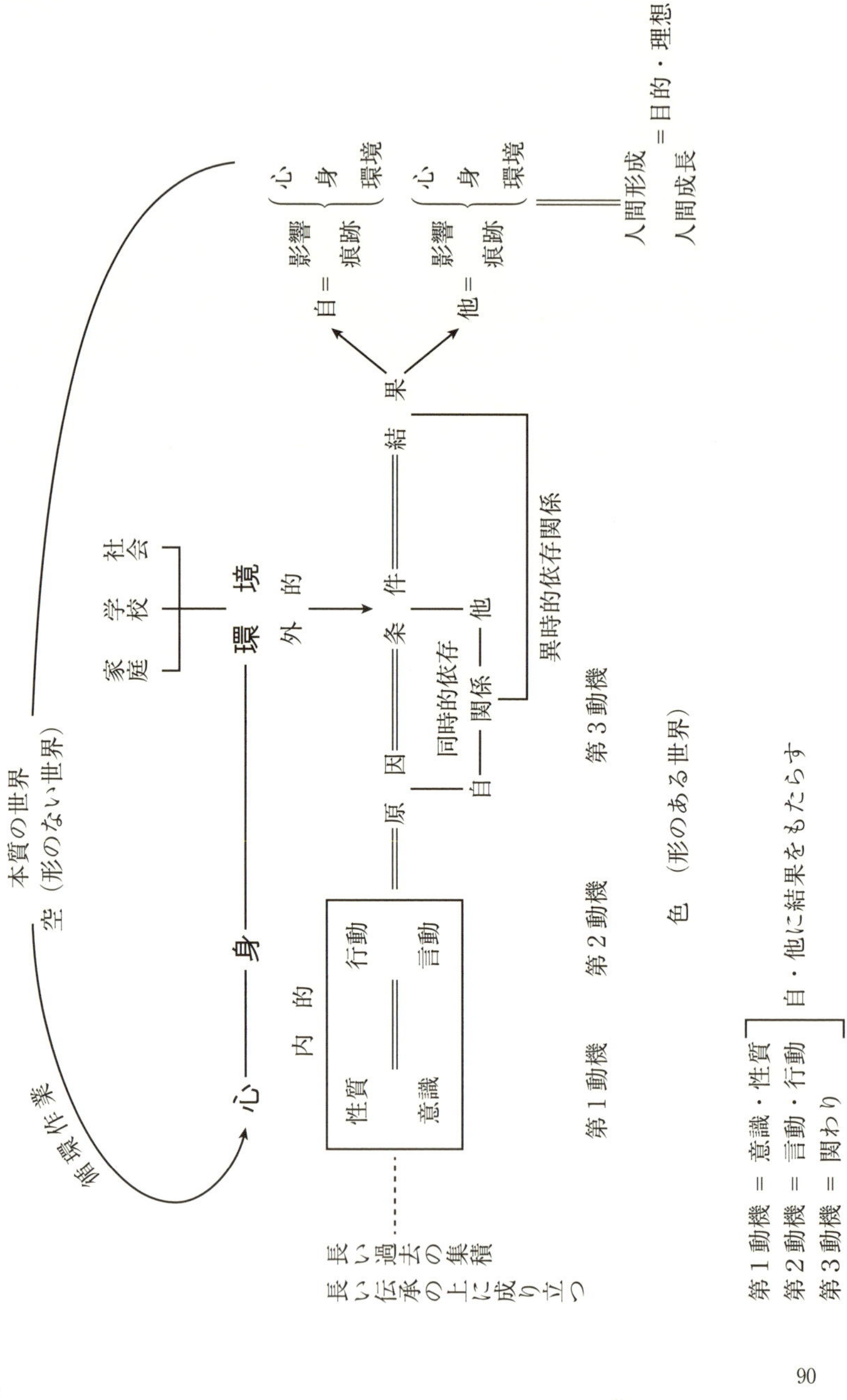

本質の世界
空（形のない世界）
循環作業
心
身
環境
家庭
学校
社会
内的
外的
性質
意識
行動
言動
原因
条件
結果
自
他
同時的依存関係
異時的依存関係
自＝影響 痕跡
他＝影響 痕跡
心
身
環境
人間形成
人間成長
＝目的・理想
第１動機
第２動機
第３動機
色（形のある世界）
長い過去の集積
長い伝承の上に成り立つ
第１動機＝意識・性質
第２動機＝言動・行動
第３動機＝関わり
自・他に結果をもたらす

日々を、関わりによってしか生きられない道理を踏まえ、自己実現のためによりよく関わろうとすることであり、その努力をしたとき、日常生活に秩序が生じ、自他の関係に調和が生まれ、教育の目的が達せられます。（図８）

生活と教育は違います。しかし教育が意図的に自己教育を図る営みだとしたならば、生活は無意図的教育の場と言えますし、その方にむしろ意図的教育の場より大きな教育効果があります。自然法則の中に生かされていることに目覚め、一瞬一瞬、その場、その場が成長の場であり、時であることの自覚に立つ時、どの場においても、人、物、事象などとの関わりを通して、出会う条件を自己学習の教材とすることができます。

普遍的秩序の回復

創設者は一九六〇年代初頭に多発しだした青少年の不幸の問題に心を痛め、荒廃していく人間性が人類の未来を危ぶませることであると受け止め、そこから人間性復活を時代の必至の要請としました。また、運命を共有するグローバル社会を生きながら、分断、分裂、抗争、規範崩壊の様相を呈する人間社会に、普遍的秩序の回復を願いとしました。

普遍的秩序は、イデオロギーでも思想でも、政治的考え方でもありません。民族の文化の違いなどに抵触しない、人間を含めたすべての生命を生かしている普遍的秩序への回帰を意味します。人間である私たちが、命を生かしている自然界の存在を忘れ、自然界の恵みも人との関わりも当たり前にし、もっともっとと飽くなき欲望に翻弄されている現代において、人類が普遍的秩序に目覚めることが、今、いかに喫緊の命題であるか。まさに世界秩序になりうる原理なのではないかと思うのです。

先ほどシンポジウムで、修先生が質問にお答えになったように、野村生涯教育センターでは「命の大切さ」「繋がりによって生きること」このことが世界秩序になりうることであると思うわけです。

不易の価値

人類は原始生命発生以来、長い進化の過程を経て連綿と繋がり、私たちは今を生きています。どんなに世の中や時代が変わろうと、変わらないもの、変えてはならないものがあったからこそ、歴史は現在まで繋がり、進化を遂げてきたはずです。その変わらないもの、変えてはならないものが「不易の価値」です。大切なことは、古いものを古いままにしておくのではなく、中身の本質を変えることなく新しい革袋に入れること。つまり、時代や時代感覚を納得させうる表現を持つことです。宇宙時代、科学技術は目まぐるしい進歩を遂げ、私が子どもの頃に「鉄腕アトム」で見たような、想像もしなかった世界が展開しています。ロボットがペットになったり、介護の手助けをする。３Ｄプリンターで立体物であっても、コピーのようにまったく同じものを作り出す。次々に出現する新しい情報や、刷新される先端技術を追い求めることにやっきになっている、あるいは追いかけられている感の現代人です。情報の氾濫は人間を無感覚に、不感症にしてしまう一面があります。本来ならば痛みに共感し共に手を差し伸べるべき世界の各地に起こる悲惨な出来事や、さまざまな事件のあまりにも多くの情報は、いつしか人間の良心や感性を麻痺させ、感激することも、驚くことも、痛みの共感をも喪失させる危険を持ちます。より多くの知識を得、賢くなったはずの人間は、実は、情報の渦に飲み込まれ、人間として最も大切なものを失いかけている感があります。このような時代だからこそ、何が大事か、何を大切な価値として私たちが受けとめ、未来へ繋げなければならないのか。生命がいかに尊い尊厳なる存在か。そのことを自然界の人間の位置づけからお話ししてきました。

二十一世紀　物質的価値から生命の価値への転換

二十一世紀、経済価値優先の現代社会において、価値基準は一人ひとりが無自覚であるとしても物質的価値に重きが置かれています。しかし、その価値基準を物質的価値や二義的価値から人間生命に転換したとき、すべてにわたって価値観を大きく転換せざるを得ないでしょう。そして、生命の尊厳を基礎に置き、人間を最高の価値としたとき、そこに既成の家庭の概念や価値観がまったくの転換を迫られます。つまりその人間の発生の場である「家庭」の既成概念や価値は大きく変わらざるを得ません。

家庭はグローバル社会の中の家庭である

テレビやインターネットを通じて情報を入手できるようになり、すべてに世界の壁がなくなっています。例えば、同居している我が子が、ＩＳへの勧誘の動画をパソコンで見ているかもしれない。まさに、家庭はグローバル社会の中の家庭であると概念の切り替えが必要ですし、運命を共有する地球家族という認識が本当に必要となります。一人ひとりがグローバル社会を構成する一員であるということ。その人間を生み育てる場としての家庭。人間形成に最も深い関わりを持つがゆえに、基礎教育の場となる家庭、家族がいかに重要な役割を持つかを認識したとき、あらためて次元を変えた新しい価値として家庭が甦ります。

一九七〇年代、家族や家庭、主婦の役割などと言うと、顰蹙を買うくらい時代遅れの言葉として反発された時代から、創設者はこの近代を超える家庭像を訴えてきました。一九七七年に、ドイツ教育大学のアネッタ・クーン女史との論争で、家庭の価値と役割の重要性を説いた際、女史は「日本がまだ後進性の強い国だから、そうした前近代的な考え方をするのであろう」と述べ、それに対して創設者は「もし価値の基準をモノ、カネに置いたとき、一円の収入にもならない家事は無価値ということになるが、人間の尊厳、生命の尊厳を価値の基準に置いたときには、家庭、家族の価値はまったく逆転するはずである。従って、家庭は近代を超えた概念となり、価値となるはずである」と反論しました。これは動機となった青少年の不幸の問題に、経済第一主義になっていく社会の裏で痛んでいく子どもたちの姿から創設者が教育原理に基づき、一つひとつのケースと取り組み、親や大人の意識が変わったときに、確実に子どもが変わっていく実証を得ての発言でした。

家庭——人間をつくる場　乳幼児期の重要性

家庭の重要さは人間をつくる大切な場であるからです。しかも、一生を通じて生きる土台をつくる乳幼児期に深く関わる場であるからです。人間形成は、素質プラス環境と言われます。素質は親が譲り、人間の最初の関係は母親の胎内であり、出生して最初の環境が家庭となります。この胎児期から始まる乳幼児期の教育が、一人の人間の生涯をどれほど大きく規定していくか。私どもセンターで多くの方たちとの取り組みを通してこのことを実感しています。

これはいわゆる人類の系統発生、四十億年という生命の歴史を縮尺したものが人間個人の成長の段階、個体発生との類似があるからです。それゆえ、胎児期から始まる乳幼児期は最も生物的な要素が強く、本能的欲求が強くあります。この生物的要素は人間の基本的生命活動を支える土台となるものであり、個体維持種族維持もこの土台の上に成り立っています。生涯の基礎となるこの時代の生物的欲求を充足させることがいかに大切か、青少年、壮年、老年の問題を扱うなかで痛感するところです。

乳幼児期の欲求不満や屈折がいかに生涯に影を落とすかを多くのケースが物語っています。この最初の出会いとなる家庭、特に母と子の関係は、人間関係の原型となり、その最初の原型において健全な関係が築かれた時、生涯における人間関係もよりよくなります。無償の愛は母と子の間に生得的に備わるもので、物言わぬ乳幼児期に生物的欲求が満たされてこそ、感性を豊かに育み、次に来る知性の開発や創造への意欲も健全に育まれ、青年期の不安定さをも乗り越えることのできるノーマルな人間性の開発がなされるはずです。

家庭は、社会の核をなしている最小単位です。今まで家庭はプライベートな場、社会は公の場のように分けて考えられがちでした。しかし、一人の他人と一人の他人が結婚し、夫婦、親子、嫁姑の家族が生まれます。これは、すでに最小単位の小社会ということになります。そして社会はすでにグローバル社会であってみれば、家庭は、グローバル社会の基礎単位ということになります。その意味でも、家庭がいかに重要かということです。

しかし現代社会の家庭像は大きく変化し、基本的なものが失われがちです。急速な社会変動のなかで新しい形態の家族が生まれてきています。かつて家族は一台のテレビ、電話、車をお互いに譲ったり譲られたりするなかで共有し、分け合い生活してきました。今やスマートフォンに象徴されるように、自分が好きなときに好きなことに時間が使え、一緒に何かをあまりしなくてもよくなった。血の繋がった者同士が一つ屋根の下に住んでいても会話がない、心が通じ合わないなど、家庭とはいえない状態になってきています。ここに家庭がどんな形態になろうとも、人間が生物としてこの世に出生するにあたって、最も深い関係を持つ家庭、家族がどんなに重要な意味を持つか、そのことを改めて確認する必要があります。

基礎単位である家庭の崩壊は、社会、グローバル社会の崩壊に繋がるのです。もう一つ大事なことは、家庭は人間の属性の中で最も不可欠な要素である無償の愛、無条件の信頼、強い絆、連帯が生得的に備わっている場であるということです。親と子の愛とは、本来代償を求めない愛、つまり無償の愛です。しかし、今、親子、家族間でさえ、信頼も脆くなり、人と人との間に信頼や連帯がなくなり、個々人の断絶、疎外が進んでいます。愛と信頼と連帯、この人間に不可欠なものが生得的に備わっているはずの家族、家庭にそれが失われたとき、まさに人間性の崩壊であり、そこに家庭崩壊、社会崩壊の連動が起こりつつあります。

ここに政府が推進しようとしている女性が活躍できる社会という動きに危惧を感じるのです。男女共同参画社会のように、いわゆる社会的不平等を是正することに異論はありませんが、このような家庭の役割の大きさを思ったとき、人間の一生を規定する乳幼児期の大切さがもし観点にないとしたならば、十年後、二十年後、成長した子どもたちがつくる社会は、欲求不満を放出する社会になるのではないか。ＩＳが、社会に不満を持つ全世界の若者にインターネット越しに呼びかけ、その構成員が増え続けている現状は、過去十年前、二十年前の時代の結果を今に見ているのではないかと思うのです。

乳幼児期の充足が、次に来る青少年期をどう越えさせるか。そして、高齢化する時代を生きる人間の長い人生を支える土台となるのです。家庭に対するそうした意識を、私たちが持たずして、方法だけが進んでしまう怖さを危惧します。

日本においても、世界をみても、アメリカの状況、ヘイトスピーチ、ネット上の匿名でのやりとりなど、自分とは異なる考え方や意見に対して、話し合ってわかり合うより、一気に過激に反に出る。あるいは、叩き潰すことしか発想に湧かない傾向があるように思います。しかし、戦い、反は恨みを生み、またその恨みが次の恨みを生みと、悪の連鎖を延々と生み出します。だからこそ、今この自然即人間の共生の原理、この考え方が必要なのです。


日本は敗戦によって未来永劫、武器を捨てる憲法を制定しました。だからこそ、第二次世界大戦後七十年にわたり、日本人は戦争によって誰も殺さず、誰にも殺されもしなかった。しかしこれは、単に憲法があったからではなく、日本人の体質にある東洋の自然観からなる考え方によるものが大きいからだと思うのです。これこそが、世界に貢献できる平和への貢献であると創設者は説いてきました。しかし、今や、十分な論議がされないままに、日本国憲法が改正されようとしています。今本当に平和憲法を持ち得た日本人の体質、共生の原理を、日本人自らの自覚にしていくこと、そして世界に貢献し得るものとして創設者が次の世代に語り続け、世界に訴え続けてきた意味を深く受け止めていかなければならないことを思います。

人間の尊さを両親から感じ、自分が尊い人間であること、共に生きることが自分をも生かすことに通ずることを感じ取れる場、人間の土台を築く場としての家庭。その意識を復活させることを最優先に考えなければならないと思います。

テーマ　生涯教育　宇宙時代―不易の価値への覚醒　未来への責任

原始生命が生まれてから何十億年も続いてきた尊い生命。その生命を育んできた地球において、その尊い生命の価値の重さは、古代も今も変わらないはずです。しかし現実を見ると、生命の価値よりモノ、カネなどの経済価値が優先している社会です。ここに今も昔も変わらない不変の価値に万人が目覚めていくことこそ、未来への責任を取ることになると思います。

目には見えない価値

命を育むこと、教育には時間がかかります。教育は「百年の計」「三代の産物」と申しますが、結果はすぐには出ないものです。成果主義の時代にあって、この価値に気づくことは簡単なことではありません。しかし、過去から学ぶ現状は、経済や成果に徐々に重きを置いてきた時代の流れの中で、人間としての自分の心の痛みさえわからなくなった人間、そして心にあるものはもっともっとの欲望、格差社会から生まれた閉塞感、そして、今ある大事なものが見えなくなり、最も大事なものは何かがわからなくなった人間が増えていることではないでしょうか。そこに何を復活させなければならないかであります。

それは目に見えない、手にも取れない大事な価値です。心の中は見えません。しかし、見えないものの中に実はとても大切なものがあるのです。肝心なものはむしろ見えないものの中にあるのです。現代人は、あまりにも形に表れるものばかりに心を奪われていないでしょうか。見えない価値をわかるのは難しいですが、意識すれば感じるはずです。例えば家族の中で、どんなに思われているか、怒っている理由は心配のあまりだということを。

今回の講演にあたって、私は自分の幼児期を顧みました。昭和三十年代に幼少期を過ごした私。昭和の家庭に育った私は、両親と姉、そして同じ敷地には祖父母、伯父、伯母、四人の従姉の家族が住んでいました。最年少の私は本当に可愛がられ、時にはからかわれて泣いたこと、でもそれは私のことが可愛いからで、今で言う〝いじられていた〟。そうやって育ててもらったことで、「私」がつくられたのだということ。そしてそれは、本当に宝だったのだと思いました。その後、時代の価値の中で思い悩み、病気という条件と出会い、苦しみ、むしろその病気や悩みがあったから、創設者との出会いがあり、夫と出会い、子どもを授かるなど、思ってもみなかった私の人生に、想像外の道が開いていた、続いていたという思いになりました。

共に生き合う社会、世界になっていくには、人間生命に内在する尊厳、無限の価値、その見えない価値に覚醒することが、唯一残されている道であると信じます。

私たちが大事な価値に気づき、子どもたちの未来が少しでも明るくなることを願い、講演を終わりたいと存じます。

ご清聴、ありがとうございました。

野口　議長　金子理事長、素晴らしいご講演をありがとうございました。

私もノートを取りながら拝聴しました。私たちが今、ここにあること、時間的、空間的に壮大な時間軸、空間軸で俯瞰をしていただきました。また、現在、私たちの身の回りで起こっていることは、世界で起こっていることと緊密に結びついています。グローバルに起こっている問題は私たちに直接さまざまな影響を及ぼしているという指摘もありました。

午前のシンポジウムの司会をされた千葉先生が仰るように、私たちはたくさんの問題を抱えています。その多くは二十世紀に私たちが積み残して今日まで持ち越してきたものであるということも再確認しました。

真の教育、真の人間の本質的な価値に基づく教育とは何かについて、たくさんの示唆に富むお話をいただきました。家庭教育、特に幼児教育における重要性は、孫を持つ私としても身を持って感じています。そして平和の重要性、未来に向けて私たちはどのように責任を果たしていくかの指摘もありました。

これから、会場の皆さま方からご意見やご質問を承りたいと存じます。

マリア・ツォンコバ（野村生涯教育センターブルガリア支部責任者）　金子理事長には、極めて興味深い基調講演をいただきましたことを私からも感謝申し上げます。

創設者が生前、黒板にチョークで文字を書きながら基調講演をされたことをよく覚えております。今は、あなたがパソコンのキーボードを叩くだけで、私たちは巨大なスクリーンで次々に図表を見ることができる。

こうしたこと一つにしても技術の進歩の速さをつくづく感じます。

一方で、本質的で変わることのない不易の価値について改めて思い起こしました。それを効果的により多くの人々が理解できるように「不易」の最も重要な価値をとてもわかりやすく伝えてくださいました。

このたびの野村センターの第十一回国際フォーラムに私どもブルガリア支部を呼んでいただいたことに感謝します。私にとっては六回目の国際フォーラム参加です。改めて野村センターの皆さまと共にこの二十年、考えや関心事、目的を共有してこられたことに感謝します。

一九九二年に創設者をはじめ、野村センターの将来の友人となる方々と出会いました。そのときに初めて「生涯教育」という言葉を知りました。その後、これまでの長い間、野村センター、そしてここにいる友人たちの熱意や情熱が私に伝わったことも本当にありがたく思っています。

二十年という年月は長くもあり短くもあります。多くのことを学んで実践するには十分な時間でした。深く学ぶ動機もなく、周りからの励ましもなかったとしたら、実践することを学ぶことはおろか、何もできなかったと思います。この二十年、私は野村センターから大変多くのことを学びましたし、皆さんと出会うことができ、皆さんが私の傍らにいてくれたのは幸運なことです。野村センターは、私がこの活動を始めることを後押ししてくれました。そして、世の中を変えるためには個人のあり方が重要な役割を果たすということを教わり、さらに、私は自国の人々の助けになることを行っているという高揚感を覚えました。

このフォーラム、そしてセミナーの成功を心よりお祈りします。特に、初めて参加された方々にとって素晴らしいものとなりますように。皆さんはきっとこの世界は自分たちが尽くすに値するものであることに気づくでしょう。今日、私たちはさまざまな課題や深刻な問題を抱える世の中で暮らしています。世界のどの地域でも、どの国も多くの問題を持っています。それはブルガリアでも同じです。中には、戦後を彷彿とさせるような深刻な問題があります。そして本日、これまで伺ってきたことから、哲学的なものを理解するのはたやすいことではないことに私たちは気づいています。しかしながら、特に今回初めて参加した若い人たちには諦めないでほしいと思います。わからないときにはとにかく質問をすることです。そして、答えを聞いて、それでもわからなければまた尋ねる。それはこのフォーラムに参加している私たち全員が、理解し合う努力をしていくことだと思います。

ありがとうございました。

野口　議長　ありがとうございました。私たちを勇気付けるような発言だと思います。

それでは他の方にもご意見、ご感想をいただきましょう。

浦崎陽介（三重県）　非常にためになるお話を聞かせていただきました。ありがとうございます。

午前中のシンポジウムに関しては、私自身の考え方とは違っていましたので、違う意見を聞くのも非常に大切だと思い、この時間を共有させていただきました。

金子理事長の基調講演にはとても感銘を受けました。本来ならば憲法第九条について質問をしたいところですが、教育についてお尋ねします。

幼児教育が非常に大切だということですが、近年では「貧困の連鎖」が取沙汰されています。私はこの言葉は好きではないのですが、今後どのように社会や公教育の場で改善していけるか。特に公教育の場での貧困の連鎖と学力の低下、義務教育で最低限身につけなければならない読み書きそろばんなどができていないなかで社会に巣立っていくという現状があります。こうしたことを社会教育の中でどのように改善すること教育の場としてどのようにお考えなのかを伺いたく思います。

野口　議長　ありがとうございます。

金子由美子　貧困の連鎖をどのように克服するかという問題ですが、その前に、なぜこの貧困が起こったのかを考えなければなりません。戦前、戦中、戦後と今の貧困とは違うのではないかと思います。何が原因で貧困の連鎖が生まれたのかを見る必要があります。私たちの世代はバブル期を経験しています。その頃の日本の社会にはさまざまな層があったとは思いますが、ある人はどんどん収入を増やしていくような状況のなかで、ある時期収入が失われていく。そうしたなかで貧困になっていったのかもしれません。ですから、何を目的に私たちは生きているのかを見ていくとともに、物があるから幸せなのか、または物がないから不幸なのかといったことも考える必要があると思います。お金があっても幸福感を感じられないことはありますし、お金がなくても幸福感を感じることがある。物質的なものと精神的なものとのバランスが取れた状態が「幸福」なのだと思います。相対的な見方をすれば、社会全体が「お金がある」とか、「お金がない」とか、目に見える世界での価値に偏っているなかに経済的な価値観だけでものをみている層もあるのだと思います。どんな層であっても、何を価値としていくか。基調講演でも述べたように、人間が尊い存在であること、モノ、カネなど経済価値では計れない空気、水などの恩恵をどれだけ受けているかという視点、そうした大事な価値が教育に取り込まれれば、子どもたちの真っ白な心に大事な価値が反映されるのではないでしょうか。それにはまず大人たちがその意識を持つことが重要だと考えます。

野口　議長　ありがとうございました。

ではそちらの方。

ハンス・ケッヒラー　教育の哲理ならびに基礎原理について理事長が提起された重要なポイントに関して、二点コメントしたいと思います。

我々の時代の主な問題の一つは、工業先進国、特にＥＵ諸国やアメリカなどは、ＯＥＣＤの打ち出す政策を連帯して採用しており、ＯＥＣＤの教育の最優先事項は主に技術的スキルを身につけさせることにあると思います。意図するところは将来、子どもたちが容易に職に就くことができるように、また、工業化社会の中に容易に組み入れられるように教育されるべきだということにあります。しかしこのことは、深い文化的アイデンティティを備えた円熟した人格をつくり上げる教育を私たちが完全に諦めていることを意味します。

例えば、私の姉妹はオーストリアで教師をしていますが、政府が制度改革をした結果、語学教育における古典文学や詩はもはや必修ではなくなりました。唯一子どもたちが学ぶのは、短い文章を書くことだけで、そのスキルは、子どもたちが将来職探しをする際に必要になるかもしれない程度です。その意味で、統合教育や生涯教育という考えは、非常に重要で、特に現在の文明間の対話と関連性があると思います。

これに関連する二つめの問題は、金子理事長が講演で、グローバルな状況の中で進行中のＩＳについて大変懸念されていたことです。この新しい現象に世界中の若者たちは、モスリムの若者のみならず、特にヨーロッパの若者たちが惹きつけられています。それは、ある基本的事実、つまり先進国の家庭崩壊と何らかの関係があるのではないかと。それは日本の女性活躍のための新政策にも関連しており、今では全ＥＵ諸国に言えることですが、その政策のために休職している女性たち、または仕事に就いていない女性たちに劣等感やコンプレックスを持たせているのです。それは、母親と子どもの断絶を招きます。母親は、子どもをできるだけ早い時期に幼稚園に入れて仕事を見つけることが期待されているからです。つまり、政府が女性を先進工業化社会の一員として単なる生産の鎖の一つに過ぎないと見ているということです。

これは子どもの情緒の発達を阻害し、健全な発育と両立し得ないのです。仰る通り子どもが幼児期に経験することはその後の人格形成に最も大きく影響します。それゆえ母親が乳幼児と共に過ごせなくなるような政策を採択するということは、人権に反していると考えます。しかし、今ヨーロッパ諸国はこういう政策を国策としています。日本の事情はよくわかりませんが、ヨーロッパではこうした政策をとることで、若い人たちが全くの根無し草になる環境をつくってしまったことになります。

若者たちはいわゆる、面白おかしく自分中心の生活を送り、社会に溶け込もうという感情や考えはもはや稀薄になっている。そう考えると、自分が何かに属しているという感覚を与えてくれるＩＳのようなものに彼らが魅力を感じてしまうのも一方では理解できます。

私が申し上げたいのは、だからといってＩＳの地域に戦闘機を送り込んだり、武力での攻撃をしたとしても、世界的な問題の解決には至りません。日本はこの有志連合に参加することを考えているのかどうかわかりませんが、武器によってこの現象を打ち倒すことはできないのです。この問題は、教育によってのみ解決できるものです。

我々としては、教育哲理を見直し、小さな子どもにも人権があることを認識しなければなりません。また経済的利益ならびに企業利益が子どもたちの利益や権利を上回ってはならないと考えます。その意味で金子理事長が仰ることに全面的に賛同します。

野口　議長　大変重要なポイントをあげていただきありがとうございました。

ケッヒラー氏のお話に、金子理事長から何かコメントがありますか。

金　子　まさに今、日本の政府も女性の活躍を推進しているなかで、女性が社会的に不平等な立ち位置にいることが是正されていくのは本当に大事なことだと思います。しかし、それとはまた別の問題として、子どもを産み育てるということがどれほど重要なことかという意識が希薄になってきている。なぜかというと、目に見える形で得られるものに価値を置いてきている世の中、言わば経済価値中心になっているなかでは、家庭の中で「命を産み育てる」ということはお金にならないことですから、その大切さが私たちの意識からなくなっています。その結果、家庭が家庭らしさを失っていっています。

ケッヒラー氏が欧州の状況を説明されましたが、ＩＳの問題は日本でもかなり関心度が高いです。また、小さな子どもが母親と一緒にいられない生活を推奨するかのような政策を憂う発言がありましたが、日本も追随するような状況にあります。

そうした国の方向性に対して、私は女性が専業主婦になるべきだと言いたいのではありません。時代が変わりつつあるのだとしたら、徐々に変えていかなければならない。そういう視点の中で、女性が社会で働いても尚、一番大切な場所は家庭だという意識を男性も女性もどれほど持つことができるか。かつての日本の家庭では「俺が稼いでいるのだから」という言葉が聞かれましたが、稼いでいることと子どもを産み育てることは全く別次元の問題で、十年後、二十年後になってようやく結実する子育ての結果、つまり子どもの成長というものは、目に見えない価値なのです。

目に見えない価値を価値として、家庭生活自体が社会参加だという意識を一人ひとりが持つだけで、世の中はかなりよくなるのではないかと思います。仕事で疲れ果てて子どもと接するときに「自分は仕事をしているのだから」と思うのではなく、「ここに大切な自分の子どもがいる」という意識で接すれば、子どもは母親の愛情を感じることができます。

物質的に豊かな現代とは違って、戦前または戦時中の日本はとても貧しかったと思います。その貧しいなかでも子どもたちは良く育ったことを考えると、単に忙しいか忙しくないか、外に働きに出るか出ないかといったこととは違う価値を私たちが復活させていくことが重要だと、改めて強調したいと思います。

野口　議長　ありがとうございました。もう少しご質問をいただきましょう。

イエドラ・スダカル（インディラ・ガンディ開発研究所研究員／インド）　一九九九年に初めて野村センターと出会い今年で十五年になります。生前の野村先生にお会いしたことは幸せなことですが、この場にいらっしゃらないのは寂しく思います。

金子理事長の講演で、物質的な進歩へ向かうのか精神的な進歩へ向かうのか、それは選択だという話がありました。例えばインドとバングラデシュでこの選択を考えると、物質的な進歩をしながら精神的な開発をするのは難しいと思います。この世の中はやはり不平等です。人はどれだけ物質的に豊かであるかによって判断されます。特にアメリカなどは開発途上国に比べるとそういう傾向があります。好むと好まざるとに拘わらず、それが現実です。ですから開発途上国が物質的な開発を選択しないということは非常に難しいです。今までの文明の中心が物質的な繁栄にあったからだと思います。

物質的開発だけでもなく、精神的開発だけでもなく我々が満足し得るために、我々はどういう原則に従えばよいか。それが、私の一つめの質問です。

次に生涯教育によって、確かに教育システムにさまざまな価値を組み込むことができると思います。しかし世界にはさまざまな方法で人々を教育する機関や団体があり、中には問題のある組織もある。例えば宗教的な教育がありますが、これはさまざまな国や家庭にも入り込んでいます。そこで間違った教えが説かれていたら、我々はどうすればよいのか。そのような教えは、個人だけでなく家庭も巻き込んで、社会そのものを間違った方向に導く可能性があります。人間に対して、また一瞬一瞬の関わり合いにおいて生涯教育が担う役割は明白ですし、私はこのことをしっかりと受け止めていますが、世界のさまざまな地域で見られる誤った宗教教育を正すための役割についてはどう考えられるのかを伺いたい。これが二つめの質問です。

金　子　一つめの質問についてですが、私は先ほどの講演で、物質的価値と精神的な価値のいずれかを選択するという意味合いで述べたつもりはありません。人間は物質的な生き物であり精神的なものも持っています。あまりにも物質的、現象的なものに重きが置かれているなかで、目に見えないものや「心」が置き去りにされています。受けて当然であるかのように感じている自然界からの恩恵に対して、自分たちがどう考えるかという以前に、日本での地震や世界各地での異常気象など、自然界が鳴らす警鐘から何を受け止めなければならないかを考えなければなりません。

「物の世界」と「精神の世界」のバランスが取れていることが調和している状態だと思います。そこに行き過ぎたものがあるからこそ、さまざまな病理的現象が出てきています。野村生涯教育の視点で見ると、精神の分野に欠落するものが見えます。自然界の恩恵を当たり前にして、さらなる経済的な発展を要求する人間のエゴの問題がある。自然界を傷つけているという自覚もなく私たちがそういったものを収奪しているのではないかという反省点について基調講演で述べました。中でも、私たちが最も失っているのは「生命の価値」だと思うのです。古代からずっと繋がってきた命の持つ尊厳に対する意識の欠落を申し上げたのです。

先進国の発展を通り越した感覚と、先進国をめざす感覚とでは確かに開発の受け取り方が違うと思いますが、先進国または何年か前に先進国への道を通った者たちを他山の石として、是非とも耳を傾けていただければありがたいです。

二つめの質問である宗教教育の問題。日本は、世界各国に比べると宗教意識は稀薄だと思います。それぞれの宗教の正否を問う以前に、人間を生かすルールに根ざした上にさまざまな宗教があるのだと思います。その上で出てきている各宗教の考えが異なることで紛争や対立が起こっているのではないかと思います。それに関して私は詳しくは分らないので言及は控えます。どの宗教も、基本的には人間の存在や命を大切にすることに価値を置いていると思うのですけれど、それでも宗教間で争いが起こるのは、長い生命の歴史のなかで、さまざまな経験を積み重ねてきたゆえに、そういったものが無意識の中に痕跡となっている。そういった分野に対して「教育」が手を付けずにきたということ、与り知れない分野を人間が持っていることに係る問題だと思いますので、もっと深く人間を知ることが大事だと思います。

野口　議長　ありがとうございます。

ユネスコもこの平和の文化を促進していることを私からも申し上げたいと存じます。ユネスコは、異なる文化や文明への尊重の念、平和の文化の概念を、二十五年にわたり促進してきました。国連は文化の和解のための国際年を定め、新たに、文化の和解のための国際の十年を採択しました。私たちは異なる文化や宗教を尊重し、調和の中に生きること、互いの文化ならびに文明を大切にして、共に平和に生きる努力をしていかなければならないと思います。

引き続き質問をいただきます。

ンマンツェツァ・マロペ　金子理事長が仰ったことを繰り返すつもりはありませんが、私が強調したいのは、今、ここでは、絶対的な観点から語るのではなく、物質的な豊かさか精神的な豊かさのどちらかという問題でもなく、これらすべての側面を含む包括的な開発という観点から議論すべきだと思います。

私たちがユネスコで日々の業務をする際に、毎日のように信じられないほどの貧困に出くわします。生きるために必要な物質が足りないということは、平和そのものを乱し、そうした人たちの生命の存続を危うくします。貧困の問題について議論すべきことは、私たちが欲望や、物質的な利益を追求することに価値を見出し、そのこと自体が私たちの価値になっているということだと思います。そうでないとバランスをとるべき他の重要な価値を瞬時に忘れてしまうことになります。ユネスコは包括的かつ持続可能な開発を考える必要性を明確にしてきました。物質的な豊かさつまり経済開発も含め、道徳的、倫理的、精神的、文化的、政治的な開発といった包括的な開発が人間形成を促し、包括的かつ整合性の取れた社会をもたらすのです。

加えて言うならば、こちらの宗教とあちらの宗教、この文化対あの文化というように二極化することはできません。それが戦争を引き起こすことになるからです。いかにして多様性を認め、称賛し、その多様性の中にも統一性を求めるかが課題です。戦争が起きるのは得てして、自分の信仰する宗教のみが正しいと考えるからです。自分が相手の宗教を理解し、真価を認め、それぞれの良さ、強みから互いに恩恵を受けるように努力をすることよりも、自分が信じる宗教を相手に理解させることを優先しようとするからです。私は、お互いに理解し合うことは挑戦だと思うのです。

金子理事長は、この点についても見事にお答えになっていますが、女性と育児についても一言申し上げます。子育てをしながら仕事をする女性がどうやって両者のバランスをとるかという問題は今に始まったことではありません。私の親は西欧式の学校で学んだことはありませんが、石鹸や香水を作ったり、畑を耕して収穫することと私たちを育てることを上手にバランスを取ってやっていました。私の母は私たちが根の張ったしっかりした価値観を持っていると話しています。ですから、女性はいつも子育てや子どもたちの支えになる役割を果たしていたと思います。

二十一世紀に必要とされるもう一つの挑戦は、母親だけが育児に関わるのではなく、父親も共に育児に関わることだと思います。子どもは父母の間に生まれます。父母は道徳的、倫理的、物質的、政治的にも社会的にも義務と責任を持ち、子どもを育てる責任、つまり次世代を育てる責任もあります。男性の子育て参画についても私たちはもっと話し合うことが大切だと思います。その理由は、男性は、子どもたちや家族と離れて過ごすことが多いため、娘や息子たちに必要なものを与えることや、文化や価値を伝え、繋ぎとめていくという役割を十分に果たせていないからです。そこに私たちの挑戦があると思います。そして言いにくいことではありますが、私どもは女性の役割よりも男性の役割について、より多く討議していく必要があると思います。

そして、スキルや能力に関しても私は強調したいと思います。二十一世紀に求められるスキルについて、私は同僚と共に本を書きあげたばかりです。「スキル」には言葉の罠があります。スキルという言葉を使うとそれは職業上の技術的なものを思い起こします。しかし、ユネスコやＯＥＣＤ、世界銀行などの国際機関では、スキルや能力を集合的に塊りで見て議論しています。例えば基本的な能力としては読み書きなど、また社会的スキルとしては相互の意思の疎通といった、コミュニケーションスキル、個人的なスキル（自己管理能力、時間の管理）、倫理観、価値観などがあります。「スキル」「能力」という言葉が意味する範囲は大変広く、単なる職業的なスキルという枠を越えています。ですから、この言葉を一度整理して、その言葉の奥にある概念を共通理解できるように定義し直すことも大切だと思います。ＯＥＣＤにおいても「スキル」という言葉は単に職業上の技能や能力を指すのではなく、もっと広い意味で使われています。現状は、言葉の定義は曖昧です。言語とは誤解を招きやすいものであり、言葉から想像するイメージは十人十色でしょう。私たちは、伝えたいことをその通りの言葉で伝えられるほど十分に訓練できているわけではないのです。

また、価値や倫理の問題は、誰の価値か、誰の倫理か、ということになっています。しかし、価値や倫理が、本当に意味を持つのは、出自によらず、人間の本質的な価値に対してバランスの取れたアプローチを我々がとれるときでしょう。例えば、人間にとって、お互いを尊重すること、そして生命を尊重することには、異論はないと思います。しかし、こうした皆が同意できるような価値も、ある状況においてはその状況に固有の意味を持つことがあります。そうした時に、その価値をあまりにも一般論化することで、ある状況が持つ意味を認めないような場合に緊張を生みます。それが、我々が共有している芯になるような価値と対立するような場合にはさらに複雑な問題となります。人間は平等であるといいます。しかし、私の生まれた文化では女性ができることは本当にわずかです。ですから、この価値の問題では微妙なニュアンスをもって話し合うことが必要ではないでしょうか。

私は、金子理事長が実に深いそしてバランスの取れた基調講演をなさったことに深い感謝をもって私の発言を終わりたいと思います。

野口　議長　今述べられたことは十分に受け止められたと思います。もう少し質問を受けることにします。もう一方かお二方。

イエドラ・C・シマハドリ（パトナ大学学長／インド）　野村センターインド支部のメンバーです。野村先生には一九七九年にブリュッセルでお会いしています。それ以降、野村センターと緊密な関わりを持つようになりました。金子理事長、生涯教育に関する優れたご講演ありがとうございました。そのなかに「ＤＮＡ」という言葉がありました。生涯教育とは、まさに野村先生のＤＮＡの産物だと思っていました。その後、金子さんが理事長に就任されて、メッセンジャーとしてＤＮＡを受け継いでいます。野村先生が構築した「生涯教育」を受け継いだ金子理事長は真のメッセンジャーとして、それを受け、伝えていくわけです。野村先生の教えに基づいて、さまざまな国の状況について説明をし、日本のアプローチとして生涯教育の概念がどのように発展してきたか、そして日本のみならず世界に対して発信する価値のある貴重な教えとして、将来にわたり金子理事長が伝えていくのだと実感しました。

ありがとうございました。

野口　議長　ありがとうございました。我々全員が金子理事長に謝意を申し上げます。

金子理事長の講演の後、皆さま方からコメントや質問を出していただきまして、講演が一層深まったように思います。改めまして皆さんで拍手をして、このセッションを終わりたいと思います。

野村生涯教育集中セミナー

［第2日〜5日］２０１４年11月16日（日）〜19日（水）／東京国際交流館プラザ平成　メディアホール

●開講式

司会　木村英世（公益財団法人野村生涯教育センター理事）

皆さまおはようございます。ただ今より野村生涯教育国際フォーラム二日目を始めたいと思います。昨日は、国内外の千二百名の参加者の皆さまと共に、大変実り多く贅沢な国際フォーラムの初日を迎えることができ、感謝申し上げます。共通の目的に向かってのセッションを行ったと思っていただけるのではないかと思います。

それではこのフォーラムの二番目のプログラム「野村生涯教育集中セミナー」を開講します。それでは最初に生形理事にご挨拶をお願いします。

生形泰子（公益財団法人野村生涯教育センター理事）

おはようございます。

昨日のフォーラムはいかがでしたでしょうか。

本日は第十一回生涯教育国際フォーラム in ２０１４の二日目です。本フォーラムは、昨日の金子理事長のお話にもありましたように、野村センターのフォーラムとしては初めての企画で、一日目が一般公開の国際フォーラム、その後の四日間で野村生涯教育原論の学習ならびに生活の中でその理論をどう実践化、教育化していくのかを学ぶ集中セミナーを行います。これは二〇一〇年の第十回フォーラムで、海外参加者より、どのようにして理論を日常の中で活用していくのかをもっと知りたいという要望がありましたので、それにお応えするものです。センターでは通常、四月から十二月まで約一年がかりで研修するところを、四日間で第五章から成る「野村佳子生涯教育論」を学びます。

異なった文化的背景を持つ方々が集い、精神と思想を学ぶことにおいて、創設者存命中から私どもセンターでは、一流の同時通訳の方々にお願いしてきました。このたびも日英の同時通訳は日本を代表する会議通訳者でいらっしゃいます。アラビア語の通訳もユネスコの通訳局を通して、レバノンから二名の方を派遣していただきました。このように舞台は整っていますので、皆さまどうぞ思い残しのないように、十分にディスカッションをしていただければと思います。理論の学習と実践を車の両輪に例えて学んでおります。この四日間が皆さまにとって実り多いことを願って、本日の開講の挨拶に代えさせていただきます。どうもありがとうございました。

司会（木村理事）

生形理事、ありがとうございました。

この集中セミナーは、野村生涯教育センターの本部と地域で行っている講座と同じ形態で開催いたします。午前中に講義を行い、午後は講義のテーマに従って、具体の足下の家庭、学校、社会そして国際関係の問題などを課題として、どのように教育化していくかを議論する予定です。議論の後に、金子理事長が総括をいたします。

それでは出版部責任者の坂本俊哉さんによる講義「第一章　生涯教育の道程」を始めます。

11月16日（日）

■講　義　野村佳子生涯教育論

第一章　生涯教育への道程　出版部責任者　坂本俊哉

世界的教育改革理念として生まれた生涯教育

世界的人間性喪失の現代社会

第二章　野村生涯教育の構想　長野支部責任者　宮坂ふさ子

生涯教育の基本哲理—東洋の自然観

第二章　野村生涯教育の構想　静岡支部副責任者　友田飛鳥

生涯教育の基本哲理—東洋の自然観

■討　議

■まとめ　理事長　金子由美子

野村佳子生涯教育論

第一章　生涯教育への道程

世界的教育改革理念として生まれた生涯教育
世界的人間性喪失の現代社会

出版部責任者　坂本俊哉

皆さまおはようございます。野村生涯教育センター出版部の坂本俊哉でございます。

昨日は本当に素晴らしい一日であったと思います。開会式の挨拶ならびにシンポジウムでの三名のパネリストによるお話には共感しました。金子理事長による基調講演では、このたびのテーマについて改めて深く考えることができたと思います。また皆さまからのコメントにも大変感動いたしました。

私が担当する講義は、全五章から成る野村佳子生涯教育論の第一章です。

「第一章　生涯教育への道程」では、生涯教育とは何かということを明らかにします。

創設者は一九九六年に発刊された『野村生涯教育原論I』の冒頭に「生涯教育の定義はまだないと言われて、すでにかなりの時が経過しています」と記しています。創設者が原論を書いたのは今から三十年近くも前のことです。二〇一〇年に開催された第十回国際フォーラム三日目の国際シンポジウムで、そちらに座っていらっしゃるユネスコ生涯学習研究所元所長のアダマ・ウワン先生が、参加者からの質問に答えて「まだ生涯教育とは何か、教育とは何か、ということの理解と合意にも到達していない段階なのです。この点に到達すること、それ自体が一つの課題です」と仰ったかと思います。一九八〇年代において「生涯教育の定義はまだないと言われて、すでにかなりの時が経過しています」と書かれた創設者の認識と、ユネスコの生涯教育機関の長であられた方の現在の認識との一致に、私は改めてこの第一章の意味の大きさを再確認させていただく思いになりました。

古代ギリシャや中国にも「人間の一生涯が教育期間ならびに学習期間である」「人間は死ぬまで学び続ける存在である」という考え方はありました。二十世紀後半になって、そうした古くからある考え方が新しい教育用語として世界的に脚光を浴びるようになりました。

創設者は「その今日的意義を、単に教育情報のひとつとしての理解に終わることなく、生まれ出る背景となる条件を、社会的、時代的、さらに思想的、倫理的見地を総合した立場から考察する必要がありましょう」「生涯教育という新しい教育概念を生み出す動機や背景を明確にすることによってのみ、生涯教育とは何かが鮮明になり、生涯教育の目的が明確になります」と述べています。そして「現代社会の人間性崩壊のもたらす、個人的、社会的、世界的病理現象は、世界的に教育改革を必然の要請としました。そこに世界的教育改革の理念として生まれた生涯教育が、この時代的要請をどう受け止め、どう応えていくか」と問いかけています。

創設者の言う「人間性崩壊」の意味、そしてその時代的要請とは何でしょうか。

人間性の「喪失」「崩壊」という言葉によって喚起されるイメージは、犯罪、家庭崩壊、精神的病理などの極端な例が多いかもしれません。私もそのように考えていましたし、まさか自分が人間性を喪失しているなどとは思ってもみませんでした。近年、金子理事長がこの点について、講義の中で繰り返し説明をされています。昨日の基調講演でも、非常に明確に述べていたと思います。それを聞いて私は、野村生涯教育の説く意味において、人間性を失っていたことに気づきました。また、多くの関わりの中で人間性を取り戻すことができたのだと少しずつ実感できるようになりました。その件については後ほど触れようと思います。

創設者は、時代の要請によって生まれた新しい教育の創造にあたって、原論で「制度、内容、方法ともに教育の改革を図るためには、全く新しい発想の下に、統合的、総合的教育の再構築を図らなければなりません」と述べています。

さらに「教育は本来、個人の人間形成を主軸とする営みであります。しかし同時に、新しい文化や文明の創造に寄与し、時代に方向性を与えることこそ教育の歴史的役割であることを思います時、生涯教育こそまさにこの人類史的転換期の要請を背負って生まれた教育理念であると言えます。

既成の学校教育という狭い枠組みの中では、もはや今日の人類が直面している多くの課題に、対処していくことはできなくなりました。

この意味において生涯教育は、近代教育を背負って百年ないし三百年確立維持されてきた伝統的学校教育中心の教育観に終止符を打とうとしています」と説かれています。

「いま私たちが、人類の歴史に前例を持たない時代を生きる現実において、モデルのない新しい教育理念の創出との取り組みが始まった」と見るべきです。

永いルーツを持つそれぞれの国や民族は、歴史や文化や生活習慣が異なる背景を持ち、また組織や人間個々人も置かれた立場において役割も機能も違うはずです。国において、組織において、個々人において、そのニーズが違うなら発想も思考も方法もまた異なって当然であります。大切なことは、それぞれの相違点を尊重し、さらにそれを統合することです。こうしたことが生涯教育の構築にとって大切です。

創設者は「世界の国々のそれぞれの機能の異なった理念、実践、アプローチが統合された時、生涯教育本来の役割がそこに顕現される」とも記しています。

そう考えると、本日からの四日間は、その実践の場ということになります。

昨日の基調講演で、我々が生きている時代認識についての話がありましたが、我々は過去の歴史に前例のない時代を生きています。人口を例にあげると、何千年、何万年もかけてようやく地球上の人口が十億人に到達したのが一八〇〇年。そのわずか二百年後の今、世界の人口は七十億人を超えています。「生涯教育」という新しい教育理念が登場した背景には、近代以降の科学技術文明の革新的な進歩、飛躍がもたらした巨大な変化があります。昨日の基調講演と重複するかもしれませんが、第一章の重要なポイントですので重ねてお話ししようと思います。

時代と教育の因果関係について創設者は「時代が大きな革命期を迎えたときには、必ず教育の大きな転換がなされます。そしてまた、教育が大きく変革するときは、時代が重大な局面を迎えているときである」と述べています。日本では明治維新という革命期に初めて国家の管理の下に近代学校教育制度が始まりました。第二次世界大戦敗戦後、民主主義国家への移行期に六・三・三制の学校教育システムが始まりました。時代の変革期には必ず教育も大きな転換がなされます。そして、教育が大きく変革するときは、時代が重大な局面を迎えている時であります。このように、時代と教育は因果関係にあります。過去二度の改革は日本国内の事情によるものでしたが、二十世紀後半に起こった教育改革の流れは、科学の革命的進歩を背景にした世界的規模の変革であると創設者は指摘しています。換言すれば、世界的教育改革の理念として登場したのが生涯教育です。

科学の革命的進歩が世界にもたらしたのは、急速で巨大な社会変動です。こうした変化は、我々の日常生活において、いたるところで見られます。例えば、今から三十年くらい前に携帯電話が登場した頃は、その形状は肩から下げる大きなもので、大変高価でした。今やスマートフォンのＳＮＳアプリを使って、日常的な会話を文字やスタンプで送受信する時代になりました。今の子どもたちは、私の祖父母などには想像もできないような生活を送っています。私たちはまさに激変の中を生きています。

通信手段の変化をはじめ過去に例のない特徴を背景として「時代の必然的要請の下に歴史的役割を背負って生まれてきたのが生涯教育である」と創設者は述べ、現代社会の特徴を「一般社会的観点」と「野村生涯教育の観点」から説いています。

一般社会的観点から見た現代社会の特徴として「科学技術の革新」をはじめ「情報化社会」「余暇社会」医学の飛躍的進歩による「高齢化社会」「国際化社会」などの内容については、皆さまよくご存じかと思いますのでここでは割愛しますが、そうした一般社会的な観点に立った対策は、どうしても外的変化への対応に終始しがちです。つまり、変化に遅れない、適応するための努力や制度的措置に重きが置かれています。

これを危惧した創設者は、より根源的な対処を必要とするのは、外的変化以上に外的要因によってもたらされる人間の内面への影響、つまり内的要因であることを提起しています。世界中を席巻する巨大な変化の中で、傷つき、荒廃し、崩壊していく人間性や、世界中のいたるところで起こる陰惨で救いようのない事件は、まさにそのことを表していると思います。

さらに創設者は野村生涯教育の観点に立ち、一般的観点に対する内的要因への対策として、（一）科学革新時代における人間性の復活、（二）情報化社会における主体性の確立、（三）余暇社会における価値の選択、（四）高齢化社会における自立と生きがい、（五）国際化社会における異質の統合などをあげて、生涯教育は内的要因、外的要因の両方に対して解答を持つものでなければならないこと、単なる時代的対応策に終わってはならないこと、人間の内的な変化に対しても応えるようなものでなければならないと説いています。それこそが時代の要請によって生まれた生涯教育の時代的役割です。

創設者は原論で「社会の実態を見れば、教育が正常に行われているか否かがわかります。社会の実態は教育のバロメーターなのです」と述べています。そして「世界的に病理現象を呈しているこの現実は、現代教育がいかに大きな歪みを持つかを物語っています。この現実はもう何人も認めざるを得ません」と記しています。

内的要因、科学文明や物質文明の進歩・発展・拡大の中で、私たちは、世界的に人間性の喪失、崩壊などさまざまな問題を突き付けられています。家庭の崩壊、そして青少年のさまざまな不幸、異常さを増す犯罪、さまざまな紛争、対立、抗争、戦争、生態系の破壊など、枚挙に暇がないほど、世界は今、深刻な問題を共有しています。私自身が野村生涯教育を学んでいなければ、確実にそうした問題の渦中にいたのではないかと思います。

そうした時代にあって、創設者は、なぜ、どのようにしてこの活動を出発させて、独自の生涯教育論を構築するに至ったのでしょうか。創設者は「この未知の教育活動の創造に与って強い潜在的原動力となった二つの要素に〈思想〉と〈時代〉があります」と述べています。

昨日ご覧いただいたＤＶＤ「公益財団法人野村生涯教育センターのあゆみ」の冒頭でも語られているように、創設者が生まれた静岡県の芝川という日本を象徴するような豊かな自然や人情、家族愛などが、古代からの集積の上に築かれた〈肯定〉と〈調和〉を根底とする思想が見えない動機となって、それと相反する戦争という〈否定〉と〈破壊〉の時代に出会ったとき、この矛盾は創設者の最も多感な頃の最も強烈な経験であった。それだけに、この〈思想〉と〈時代〉の二つの要素が、創設者をして、その後の人生をひたすらな真理の探究と、人間の尊厳、平和の希求へと向かわせたと原論に書かれています。

この思想と時代の二つの要素が、日本の一九六〇年代の高度経済成長期という時代に多発した青少年の不幸や、昨日のＤＶＤにあるように、創始者の初めての世界旅行と、初めて出席した国際会議等に触発され、それを動機づけとしてこの教育活動の原動力となったのです。

創設者は、生涯教育とは何かを考える上で非常に大事なのは、時代認識と自己認識だと言っています。今回のフォーラムのテーマ「宇宙時代―不易の価値への覚醒　未来への責任」がまさにこれを表しています。

自分たちはどういう時代を生きているのか。地球が宇宙に開かれ、地球を客観視することができる時代であると同時に、自分たちの生きる地球を何度も破壊できるほどの核を持つ時代でもあります。しかもそうした時代や社会をつくっているのは他でもない私たちです。その認識に立って私たちの意識、価値観、それに基づく生活行動が集結して、時代をつくっている。ここに、一人ひとりにとって、生涯教育が持つ大きな意義があると言えます。

創設者は次の四つの要点をもって、既成の教育観の転換を試みました。

（一）知識の教育から智慧の教育へ
（二）知育偏重教育から全人教育へ
（三）伝統文化学習から文化創造の学習へ
（四）時限教育から生涯教育（永久教育）へ

「政治、経済、社会はすべて、それ自体が機能するのではなく、人間こそがすべての諸機能の担い手である」から「人間がどうあるかの教育の問題は、政治、経済、社会のすべてに優先するもの」だということを創設者は強調しています。

「教育には専門家はない」「一人ひとりがすべて生涯かけて自己完成、自己実現をめざしていく主体者であってみれば、親も教師もすべての大人たちが教育の主体者となる」「一人ひとりがすべて教育の専門家」になるのだとも言います。

そして、次の三つの原則を掲げて既成の教育観の転換を図ってきました。
子どもの教育は、いついかなる場合にも親の自己教育である。
生徒の教育は、いついかなる場合にも教師の自己教育である。
社会・人生に触れ合うすべての条件は、自己学習の教材である。

野村センターで学ぶ私たちは、この論の実践者であり、実証者であろうと思います。私たち一人ひとりは未熟ではありますが、まさに今日この場に野村生涯教育の実践者として立つ次第です。

ここで私自身について少しお話ししようと思います。

野村生涯教育の動機について、創設者は一九六〇年代の青少年の不幸に胸を痛めたという話がありました。私は一九五八年生まれですので、まさに創設者が胸を痛めた青少年の一人です。

野村センターで学び始めた頃の私は、自分自身が人間性を喪失しているなどとは思いもしませんでした。当たり前のように学校に通い、クラブ活動にも真面目に参加していました。いわゆる非行とは縁のない学生生活を送っていました。自分でもごく普通でまともな人間だと思っていました。しかし今思えば、自己の内面においては常に深い葛藤を抱えていて、目覚め始めた私の自我は傷ついて、血を流していたと思います。

当時の日本は進学を目的とした偏差値教育、内申書重視への移行期の走りで、自分の学校全体の中で、常に数字によって自分の位置づけが明らかにされて、その数字が、あたかも自分のその後の一生までも決定づける価値基準であるかのように思えました。私はそうした受験のための勉強にはまったく興味も意欲も持てず、実際成績も良くなかった私は、そうしたものから逃げ、小説や哲学書や宗教に関する本ばかり読んで、自分だけはこの世の真実が見えていると思っていました。そして、自分は究極の真理を知っていると思い込んで、周囲の人間は何もわかっていない、何も見えていないというふうに思っていました。私は自分一人で真理を追い求めようとし、当時の自分は、現実を超越できるようになりたいと思っていたのだと思います。それで実際、自分の部屋で座禅の真似事や瞑想をしました。私を含む一部の人たちはこのようなことをして、まったく自分以外の人間には関心を持たず、ただただ自分がどうなるか、それだけが私にとっては大きい問題で、親も兄弟も、当時の私の視野にはほとんど入っていなかったと思います。

今から二十年ほど前に日本では、オウム真理教というカルト集団が社会的に問題となりました。多くの死傷者を出した地下鉄サリン事件は、皆さまもご存じのことと思います。あの事件を起こしたオウム真理教の中心的人物たちの中には、私と同世代もいました。当時の私のように、大真面目に、悟りをひらくために教団代表の麻原彰晃というグルを信じて修行をしたところ、その延長線上で事件が起こりました。幹部たちの多くはエリートです。彼らが現実逃避をして、あのような行動に至った根底には何があったのでしょうか。そこには「時代」と「教育」の問題があったのではないかと思います。

私たちの世代は当時、四無主義世代と呼ばれました。無気力・無関心・無責任・無感動、スチューデントアパシーという言葉が示すように、四無主義は日本だけの現象ではなく、世界的傾向でもあったと思います。さらに私たちの世代は、アメリカに起こったヒッピームーブメントにも非常に強い影響を受けています。既存の社会秩序やモラル、価値観は尊重しなくていい。そういうものは破壊しても構わない、という空気の中にいたと思います。人間がつくった規範や秩序以前に、人間が守るべき自然界の秩序、規範、道理があることをセンターで学びましたが、観念的に知識として知っていただけで、自分の具体的な生き方にはまったく結びついていませんでした。生身の私は、自分のやりたいように好き勝手に生きている若者の一人でした。

当時話題になったリチャード・バックの『かもめのジョナサン』という本があります。私も大衆の中に埋もれないように、より高みをめざす生き方をしたいと思ったこともありました。多分オウム真理教の信者も、これに似た感覚を持ったのではないでしょうか。今となっては、彼らは独りよがりで傲岸、不遜、まさに人間性を喪失している姿だと思えますが、当時の私は、自分を特別な人間だと思っていました。

日本の場合は、はじめに第二次世界大戦での敗戦による伝統的な精神性の否定を背景とした規範崩壊（アノミー）があって、そこに世界的な若者文化の影響も流れ込んできて、私のような人間を生み出したのではないかと思います。いまだに、カルト集団などに依存する人たちは、私たちの世代を含め数多くいると思われます。やはりそこに共通するのは、何か超越的な力でこの矛盾に満ちた世界を抜け出したいという願望であり、それは昨日お話にあったＩＳへ向かう若者たちにも共通するような問題があるのではないでしょうか。

私はかつて、自分だけで悟りたい、突き抜けたいという願望を常に抱いていました。しかし十代の頃に創設者に出会い、その存在に多大な影響を受けました。青年部という場をつくっていただいて、そこで仲間を得るなかで、徐々に観念の世界から抜け出せてきたのだと思います。創設者をはじめ多くの方々に見守っていただき、関心をもっていただき、関わりの中で私たちを理解してもらい、人間としてのさまざまな矛盾などを受容してもらうなかで、私は知らず知らずのうちに本来の繫がりを取り戻させてもらってきたのだと思います。

先日、妻が私に「あなたは昔、『ぼくは親が死んでも泣かないかもしれない』と言ったことがあるけど、あれは一体どういう意味だったの？」と尋ねました。たしかにそんなことを言った覚えがあります。実際は、二十年ほど前に父が亡くなった時には一晩大泣きしました。父が亡くなる二十年前に「親が死んでも泣かない」と言った私と、四十代になって、父を亡くして大泣きした自分までの二十年で、私は少しずつ「人間性」を取り戻したのだと思います。恥ずかしながら、私自身がつい最近になるまで自分の変化に気づいていませんでした。「なんとなく変わってきた」という程度の認識しかありませんでした。

当センターの青年部は、創設者の「どんな人間でもありのままに受容する」という人格から非常に大きな影響を受けていたので、いわゆる不良と呼ばれる者や、家庭に引きこもって暴力をふるう者、いじめを受けて不登校になった者など、さまざまな青少年が集まるようになりました。その頃の私は、そうした子どもたちを受け入れる側であって、まさか自分が人間性を喪失していて、救われる側の人間であるとは思いもしませんでした。

その後も自分の「わかっている人間」「見えている人間」だという意識は変わらず、センターにいても、周囲の人たちを見下して自分は孤立を守り、交わることをしようとしませんでした。それればかりでなく、自分自身と向き合うこともせず、自分の思うところで生きてきたと思います。創設者はそんな私を見て「あなたは自分を知るということについては、まったく手つかずの感じがする」と仰いました。そこまで言われても私はまだその言葉を受け止めようともしませんでした。自分が変わる必要があると思うどころか、自分を理解しない周りが悪いと思い込み、創設者には心配ばかりかけたままお別れすることになってしまいました。

私はその大きな悔いの中で、その後の十年間、現理事長のもとで学びを続けてきました。創設者の説く「人間性の喪失」とは、犯罪、暴力、ギャンブル、薬物などそうした人間の作った善悪の基準で計るものではなく、野村生涯教育でいう人間性喪失や崩壊は、自然界に元々あるルール（規範、道理）を自覚できずに、それを無視して生きている人間の姿を指します。

それを知って初めて私は誤った理解をしていたことに気づきました。原論にも、本来の繋がりを絶って孤立していることが人間性を喪失した姿だと記されています。他者との関係性が見えない、自分が他者に与えている影響が見えていない、自分にしか関心がない、人の思いがわからないということを創設者に言われ続けてきましたが、今になって具体の世界の中で私自身が人間性を喪失していたことを認識できるようになりました。

私は、昨日ご覧いただいたＤＶＤの制作を担当しました。自分がいいと思うのだから、当然見る人もそう思うはずだと考えたのですが、最初に作ったものは多くの人の不評を買いました。金子理事長のインタビューは、昨日の映像ではとても自然な仕上がりでしたが、はじめに作ったものはそれとはまったく違う出来でした。金子理事長には、背景や服装の色のパターンをいくつか試すと伝えていたのに、一パターンを撮っただけで、私の判断で押し進めました。それを見た人の意見は「いつもの金子理事長とはまったく違う」「不自然な感じがする」「暗くて嫌だ」と散々でした。そのため作り直すことになってしまいました。

金子理事長には「そもそもこのＤＶＤはセンターの皆さんの歴史、歩みをまとめるものなのに、坂本さんにはそういった歴史を編んできた人たちのことがないですね。自分が良ければそれで良しとしている。公のものを作っているという意識がまったくない」と言われました。他者の見方や感覚などを考慮することもなく、人との関係が切れている自分を認めざるを得ませんでした。

この件で自分なりに反省したつもりだったのですが、今回のフォーラムのポスター制作で再び問題が起こりました。

ポスター制作の担当になった者が、皆それぞれにアイディアを出し合い、それを金子理事長に見ていただき、その上で理事長からもイメージを聞いて、最終的に理事長のイメージを基に星空とグリーンの木のデザインのポスターが出来上がりました。

理事長は「皆さんの案を見た時、それぞれの思いを感じ、今回はこの中から選んでもいいと思った。でも私のイメージはと問われて湧いてきたものを、今度は皆さんが汲み取ろうとしてこれが出来上がった」と仰いました。

金子理事長は常々「私が言った通りにするのではなくて、皆さんが本当にいちばん良いと思うようにしなければ私は納得しない。皆さんの総意で良いものを作ることが私のしたいことです」と仰います。出来上がったポスター案を見て、理事長は担当者たちに「これが本当に皆さんが良いと思っているものなのですね」と確認しました。私は日頃から思ったことを口にしないことや、言わずにすぐ諦めることを指摘されていたので、そのことが頭をよぎり、そのとき思わず「これはものすごく良いと思いますが、いちばん良いかと言われたら、やはり自分が作ったものの方がいちばん良いと思っています」とつい本音を言いました。

理事長はご立腹の様子で「自分の案がいちばん良いと思うのなら、どうして皆さんもそれがいちばん良いと思うようになるまで力を寄せ合って最後まで作り上げなかったのですか。そういう努力をまったくしないで、ここまで出来上がってから、やっぱり自分の案がいちばん良いと言っても、そんなものは通らない」と仰いました。私には、自分が作ったものを人と一緒に力を合わせて良くしていくなどという発想はありませんでした。今回のフォーラムでもそうですが、金子理事長は「皆さんと一緒にやりたい」「皆で思いを共有しながらやっていきたい」ということを常に仰って、メンバーもそれによって意識を喚起されたのだと思います。それとはまったく逆に、私は依然として、人と一緒に何かをすることに苦痛を感じる自分を発見することになりました。

昨日ご覧いただいたＤＶＤは、はじめ四十分に収録していました。ところが初日フォーラムはタイムテーブルが立て込んでいるため、何としても放映時間を三十分に収めてほしいと木村理事に言われました。一度出来上がった動画を十分も縮めるのは大変なことです。そもそもセンターの五十年の歴史を三、四十分にまとめること自体が無謀です。四十分の中から取捨選択して、削れるところは削って何とか三十分に収めたものを理事長はじめ本部の理事たちに見てもらいました。理事長は、やはりあそこのところは残したいという箇所をいくつかあげられました。その時木村理事は、脚本の文章を見直して、縮める工夫をしてはどうかと言いました。

理事長は私の表情を見て「坂本さん、むっとしているように見えるけど、何か私に言いたいことがあるのではありませんか？　あるのなら言ってください」と言いました。自分としてはむっとしているつもりはなかったのですが、理事長に指摘されて自分の気持ちを探ってみると、理事長に対してではなく、木村理事に対してものすごく面白くない気持ちがムクムクっと自分の中に見えてきました。何が何でも三十分に縮めろと言いながら、理事長が残したい箇所があると言うと、簡単にナレーションを少しずつ縮めればいいなどと言い出されて、もうやってられないという気持ちが実は腹の中にあることに気づいてきました。そして、そのときはかなりの勢いで木村理事に思いの限りをそのまま出しました。自分でも驚くほどの勢いになってしまったのですが、そのように気持ちを出したことで、木村理事が常日頃から言う「何事に対してもできる限り良いものに」「納得のいくものに」という気持ちも理解することができてきました。そこからはとにかく言われた通りにやってみようと思い、その結果、理事長が残したいと言ったところも残して、三十分ちょうどにまとめることができました。思いや考えは人それぞれ異なりますが、互いに妥協せずに気持ちを出し合っていけば、一人で作るよりも良いものができるのだということを少しずつ学んでいます。

私は野村生涯教育を学び、そういった関わりをいただくなかで、創設者が説く本来人間は繋がり合って、生かされて生きている存在なのだという意味を少しずつ理解することができました。かつての自分のままでいたら、膨らみ過ぎた自我がいつかは破裂して、自滅していたのではないかと思います。それは人類そのものの姿にも重なると思いました。教育の目的である人間性復活を自分自身の教育課題として取り組むことが私の生涯教育だということに気づきました。深い感謝をもって終わらせていただきます。ありがとうございました。

第二章　野村生涯教育の構想

生涯教育の基本哲理─東洋の自然観

長野支部責任者　宮坂ふさ子

皆さまこんにちは。「第二章　野村生涯教育の構想」前半の講師役を務めます、長野支部の宮坂ふさ子でございます。本日このような機会をいただきましたことに感謝するとともに、皆さまと精いっぱい学びたいと思います。どうぞよろしくお願いいたします。

長野支部の発足は一九七四年に遡ります。創設者の講演を聞いた先輩が、野村生涯教育を県下に普及したいと願ったことに端を発し、今年で長野支部は三十九年目を迎えます。その間、創設者の講演は十七回を数え、四回の生涯教育長野県大会が行われました。また、金子理事長の下での二回の県大会開催のほか、各市町の公共施設を会場に野村生涯教育講座と読書会を県下七ヵ所で行っています。その七ヵ所すべての会場で、当センターが地域に価値ある貢献をしているとの理由により、会場使用料減免団体として登録されていることからも、日頃自分の人間性の復活を、足下の問題から社会の問題を自分の課題として相互教育をすることの意味の重さを感じています。

昨日は第十一回生涯教育国際フォーラム in 2014の初日に参加しました。

日ごろ私は長野県の田舎に住んでおりますので、情報のほとんどはテレビや新聞から得ています。私は主婦でもあります。

昨日、創設者、金子理事長と長い交流の中で繋がった世界の方々からの声を直接伺って視野が広がったこと、そして感動の気持ちを持った一日を過ごせたことを嬉しく思います。日ごろよりこの教育論を学び、日々の生活で泣き笑いをしながら実践をして、確実に幸せをいただいてきました。だからこそ一人でも多くの方に分けていきたい、皆と幸せになりたいと願いつつ、皆さまと関わりを持つことの価値を感じました。

第一章で学びましたように、創設者は、現代社会の病理現象は教育のバロメーターであり、教育の歪みが今日の人間社会の荒廃を起こしている要因であると結論し、これを解決するためには現代教育の抜本的改革が必要であると説いています。

創設者は「根本的改革を考えたとき、それは教育の原点に戻る以外ないことに気づきました。言うならば、教育の原点に戻ることは、人間そのものの原点に戻ることであります。すなわち、人間の原点に立ち戻り、人間とは何か、生きるとは何か、そして、人間の本質価値は何かという最も根源の問題探究に入ることこそが、唯一現代教育の根本的改革をなし得る鍵である」と強調されてきました。

創設者は、人間とは何かということは、最も深遠な、哲学的な問題であり、行けども行けども解明し尽くすことのできないのが人間という複雑怪奇な生き物であってみれば、人間とは何かということは、最も難しい奥行きの深い課題であるとしています。一方で、この深遠な課題は、同時に最も身近な問題でもあるのは、人間とは何かとは、帰するところ〈私〉とは何かということになるからですと説いています。

そして人間の原点に立ち戻ることは、人間を知る、すなわち、己自身を知ることにほかなりません。その意味において、創設者の生涯教育の構想は、人間の探究、そして自分自身を探究することの中から生まれ、そこに行き着くことの意味にほかならないと続けています。
創設者は、生涯教育の構想にあたって次の三つを起点とされました。
第一　動機
第二　庶民の自発した主体性において
第三　東洋の自然観を基盤とする

動機……第一の起点

第一章で学んだように、創設者の生涯教育活動の動機には、国内的動機、国際的動機の二つがあります。「〈動機は目的を規定する〉の言のごとく、私の生涯教育は動機にこの国内のミクロ的人間の足下の問題と、マクロ的地球課題の二つを同時に持ちましたゆえに、内容も手段も目的もまた、常にミクロ的課題とマクロ的課題の両方に対する解答として志向しました。

私が生涯教育を構想するにあたり、動機を起点の第一としたのはこの意味であります」と創設者は述べています。

庶民の自発した主体性において……第二の起点

創設者は「教育は大綱においては別として、本来、義務や権利においてなされるものではなく、まして管理の下になされるものではないと考えます。本来、人間一人ひとりの自発的、主体的作業であるはずであります。

私の生涯教育活動は、国や行政の指導や指示に頼るものではなく、また、学者や専門家によるデータや、机上での論を踏襲したものでなく、その説に学んだものでもなく、また既成の狭い教育の枠組みの中から造りだされたものでもありません。

生きた人間を相手に、生きた生活に根を張った生活人、家庭人の発想と思考とニーズに基づく、現実からの出発であり、そこから生涯教育の理論体系も独自の志向体系に基づいて構築しました。財政的にも他に依存することなく、自らの手で賄うこととしました。

社会活動をするうえに、常に問題とされるのは、運営資金の問題ですが、ボランティアとは本来、自発した自己犠牲を前提として成り立つ活動でありましょう。それゆえ、物・心ともに自らの責任において、他に依存しないことを基本としました。

これが『庶民の自発した主体性』を第二の起点とした所以であります」と、ご自身の生涯教育は、独自性と特異性を持つことを述べています。

そして「しかし、その前提になによりも〈人間〉を据えているのです。それゆえにその独自性と特異性は、最も普遍性を持つものとなると考えます」と仰っています。

東洋の自然観を基盤とする……第三の起点

東洋の自然観は、創設者の思想を形成する源となっているものです。

創設者を形成してきたその生い立ち、環境、創設者個人の歴史の中で形成されてきた、ものの見方、考え方というものを基盤としています。

創設者は「それは日本人のアイデンティティとして、私の命の永いルーツに蓄積されてきたものでありま す。

四季折々の細やかな変化や、青い空、雲や雨や霧や、今も鮮やかに蘇る読みかけた白いページにゆれた木漏れ日。

こうした、私の感性を育み、私の体質を作り、思想となって息づいているもの、その日本の風土が醸成するソースをなすものが東洋の、日本の自然観でありましょう。

私の中に長いルーツを通して〈見えない動機〉となって息づいてきたそうしたものが、私の生涯に出会った〈見える動機〉に触発され、呼び覚まされ、発想の根拠、思考の組み立てとなって、生涯教育を構想させたと言えます。

従って、私の生涯教育の構想の根底には、私を育んだ、東洋の中の、日本独自の長い深い歴史や文化の土壌があるのです。これが、私が生涯教育の構想にあたり、『東洋の自然観を基盤とする』を第三の起点とした所以であります」と述べています。

創設者は、生涯教育を構想するにあたり、直観的、哲学的、科学的思考を総合することにより構築を進められました。

「私が生涯教育の構想を組み立てるうえに、その基礎となった哲理は東洋の自然観です。その哲学的考察と、同時に科学的合理性、普遍性の追求、しかし私はより多く究極に直観の働きを借りました」と述べています。

初日の基調講演にもありましたように、現代の日本人のほとんどが二元論に立った人間と自然との関係を見ていると思いますが、東洋の自然観と西洋の自然観とは、そのものの見方に根本的な相違を持つと学びます。

創設者は「本来、古代においてはこの相違はなかったかとも考えられますが、東洋の自然観と西洋の自然観とを比較したとき、端的にその最も特徴的なものを挙げるとするならば、西洋の自然観が『人間対自然』であるのに対し、東洋の自然観は『人間即自然』であります。

すなわち、西洋の自然観が自然と人間を相対したものとして見る、自然と人間とを対峙関係において捉えるのに対し、東洋の自然観は人間と自然を一体と捉えます。人間も自然の中の一物として、そして他の動物や植物などの生物、非生物である物質系からエネルギー系に至る、森羅万象のすべてを一つの生命体と見る一体感、この一元的な見方が東洋の自然観である」と説いています。

この「人間対自然」「人間即自然」に加えて創設者は「人間対自然を包摂した人間即自然」を提示しています。この見方に立てば、「認識主観としての〈私〉は自然界を客観するが、主体として実存する〈私〉はあくまでも生物として自然界の一物であって、自然と対峙する存在ではありません」と説いています。

そして「自然と人間を一体に捉える、そこに生まれてくるものは、〈自然との共生思想〉であり、一方、人間と自然との対峙は〈自然支配の思想〉を生み出します。

『人間対自然』の論理から生まれた自然支配の思想によって、人間は大自然を無限の宝庫でもあるかに見なし、科学的知識、技術を駆使し、自然を利用し、支配し、征服するといった暴挙を犯し、今日、物理的にも、精神的にも、共に病理現象を呈するに至りました」と述べ、〈自然との共生思想〉をもってこの病理現象からの脱出を図ることを、創設者は提起し、さらにこの自然界の万物万象の共生思想は、当然、人間社会の共存思想をも含むものであり、それゆえ東洋の自然観を生涯教育の基礎哲理とされました。

教育の抜本的問い直しを動機として生涯教育論を構築した創設者は、〈人間とは〉何か、〈生きるとは〉何かの探究を、人間の理知による観念的理論や、知識の集積の組み立てによらず、大自然の一物として生きる人間を、生かしている側、自然界や宇宙の枠組みから、ありのままに観察することから始めました。

「人間の存在を自然の仕組みの中にありのままに見ていくと、自然界の一物として本来〈こうあった〉人間がわかります。そこで人間の本来〈こうあった〉姿の原型に基づき、〈こうあるべき〉姿を形成していく。そこに人間教育の原型が見えてきましょう」と述べています。

大自然の構造と秩序に学ぶとは、

自然界（宇宙）がどういう成り立ちになっているか

自然界がどのような秩序の下に動いているのか

自然界にどういう法則が働いているのか

自然界と人間の関係はどうあるか

の考察であると学びます。

「自然界や宇宙の成り立ちに思いをめぐらすとき、空々漠々とした空間がまずイメージされます。悠久の時の流れの中に、無限の空間の中に、万物万象は生成し、流動、発展しています」と創設者は仰っています。

私たち現代人が何の不思議もなく使っている年月の単位の概念や言葉は、大自然の運行の中から、古代人の科学する探究心や好奇心が、直観し、発明し、言葉となり、概念となって今に伝えられたものです。

創設者は「一度言葉や概念が生まれると、人間はとかくその言葉や概念に規定され、窮屈になり、真実が見えなくなる恐れがあります。それゆえ、私たち現代人はもう一度太古の自然に意識を戻し、言葉や概念以前の世界に戻り、そこから新たに考え直してみることにより、〈人間とは何か〉を知る重要なヒントが得られるはず」と感得されました。

東洋の自然観の哲理が教える宇宙観の実相は、万物万象の共生、相関を説いており、人間をはじめ、あらゆる生命体、物質系、エネルギー系に至る万物万象は「相互に依存し合い、関係し合って、共に生き合っている。その相互依存の関係を離れてはすべての存在は成り立たない」と学びます。

相依相関の関係において存在し、関係依存を離れては一物も存在し得ない、厳然とした掟の下に成り立っている世界観、宇宙観であり、孤立しては一物も生存し得ない原理であります。さらに、万物万象は絶えず生じたり、滅したり、変化しながら流動を続けています。このように、一刻も固定することなく、一物も孤立することなく、すべて関係しながら変化し、変化しながら関係し、本来大調和している宇宙の実態であると創設者は説いています。

創設者はこの世界観、宇宙観の相互依存の関係をさらに分析し「両者が同じ時間に関係し合う同時的依存関係と、時間的変化の中に関係し合う異時的依存関係」の二つの関係のあり方になると捉えました。

「もし、これあれば即ち彼あり
もし、これなければ即ち彼なし」と同時的関係依存を説き、さらに

「もし、これ生ずれば彼生じ
もし、これ滅すれば彼滅す」と時を異にした関係依存を説きました。

万物万象は時間的変化の中に関係し合い、同時的に関係し合っている、と宇宙の実相を説いています。

創設者は、このことを次のように仰っています。

「人間が呼吸をしていることは、人間と空気が同じ時間に関係し合っている例であります。時間的変化の中に関係し合っている例として、種子から芽が出、葉、花、実となる過程があります。種子が花や実になるには時間的経緯を要しますが、相関関係があるゆえに種子が実になるのです。

同時的にしろ、異時的にしろ、宇宙間の一切の存在は必ず何らかに依存するもので、他に依存しない絶対的存在は一つも在り得ないことを示しています。

そして、変化と関係は密接な相互依存の関係にあります。

種子が芽や花になる例で言えば、種子も土や水や陽光や、さまざまな条件と関係しなければ芽や花という変化は起きません。

つまり、種子を直接原因とし、間接原因としての水や土との同時依存の関係において、芽や花や実という結実を見るのは異時的依存の関係においてであります。

このように、自然界（宇宙）は、時間的に見た無数の異時的依存関係と、空間的に見た無数の同時的依存関係とから織りなされたもので、すべては無限の網を引いて相互に依存し合っていると東洋の聖典は喝破しています。

そして、一瞬も止まることなく流動し、変遷し続ける理由も、すべてが〈関係〉の上に成り立っているがゆえに、その間に恒常の存在がないからであると」

宇宙間の万物万象は、絶えず生じ、滅し、変化し、流動を続け、一刻の〈固定〉も、一物の〈孤立〉もなく、すべて関係しているがゆえに変化し、変化しているがゆえに関係していると、自然界（宇宙）の実相を捉えた世界観であります。

さらに、関係と変化は一定の秩序立った法則に従って変化し、関係しているがゆえに、本来調和している、と学びます。

創設者は「人間とは何か」の探究にあたり、既成の知識や理念によらず、本来あるべき人間の実存（主客未分の存在状態）を、東洋の自然観の哲理に基づき、人間を生かす側、宇宙や自然の枠組みから、ありのままに考察するところから始められました。

「自然界と人間の関係」を明確にするために、まず自然界に人間がどう位置づけられているか、人間がこの自然法則の秩序の中にどう律せられて生きているのかの考察から始め、これは「人間とは何か」を知る純客観的な押さえとなるものであり、「どう生きなければならないか」の示唆を得る、重要な手がかりとなると述べています。

まず、自然界に人間を縦の時間的系列において位置づけます。

人間は垂直的時間系列において、異時的依存関係において生存を続けます。

人間は〈生命〉あるものとして、必ず生命の伝達者を持ちます。私には父と母があり、同様に父と母にもそれぞれ命の伝達者があります。こうして生命は伝達、伝承を続けながら、過去、現在、未来を生き続けると学びます。

生命は縦の時間系列にそって、朝から昼、昼から夜へ、昨日から今日、今日から明日へ、去年から今年、そして未来へと、刻々変化する時間的推移の中を、同一性を保ちながら、胎児から乳幼児期、児童期、青年期、壮年期、老年期を経て、生から死に到る変化の生涯をたどります。創設者はこの変化の生涯を成長のプロセスと捉えました。

また、個人の一生は、親との二世代に、さらに三代、四代と、次々の世代に命を伝達、伝承し、祖先から子孫の世代へと、非連続の連続を続けながら、断滅することなく、生命は永遠の連鎖を続けます。

これが自然界における人間の実存であり、そしてまた人類も、過去、現在、未来と、こうした継続の中に生き続けていると創設者は説いています。

異時的依存関係の最も根本的なものが「生命持続の法則」であると、創設者は述べています。

「植物たると、動物たると、また、人間たるとを問わず、生あるものはすべて時間的に異時的な依存の関係において生きています。それを『生命持続の法則』と言い、これは生存の理法であります。

万物は、すべて時間的変化の中で相互に依存し合い、関係し合って、持続的に存在しているのであって、それがゆえに生命というものは持続するのです」と原論にお書きくださっています。

例えば私が胎児期を経て誕生して七十年、幼児期も、青年期も、壮年期もさまざまに年齢や身長、体重、その他いろいろなところが変化をしてきています。変化はしていますが、私は私として生まれて、今、私という老人になっているのです。そのようにずっと変化しながら、しかし同一性を保っているからそこに継続しているという、つまり、同一性を保ちながら非連続の連続を繰り返す結果、生命は繋がっています。「こうした『生命持続』の法則に基づき、永遠の生命の連鎖が、宇宙・自然界における人間の実存でありましょう」と創設者は説いています。

このように、純客観的に、自然界における人間の位置づけを、縦の時間系列の上に「異時的依存関係」において捉えます。

次に空間系列、〈場〉において人間の位置づけを学びます。

先に学んだ東洋の自然観「人間即自然」の哲理が示すように、人間個人の空間的位置づけは、取り巻く自然界（環境世界）の万物万象と「同時的依存関係」において捉えます。

創設者は環境世界（宇宙・自然界）を、人と人、人の住み合う家庭、社会、人類といった「人的環境」、衣食住から大地に至る「物的環境」、そして「自然環境」、つまり空気や光や熱、温度、湿度といった、三つに大別しました。

「人間個人は有形の肉体を持つと共に、無形の心や感情や意識を持つ精神的生き物です。精神と肉体は、概念や言葉は別であっても、実存の人間は心と体は分離しようがなく一如《いちにょ》（一体不二）であります。

その心と身体を持つ個人はまた、『人間即自然』の哲理に照らし、環境世界（宇宙・自然）と不可分の関係で切り離すことはできません」と説かれ、人間の存在は時系列において生命の連鎖を続けながら、空間系列において「心・身・環境」が相互依存の関係につながりつながって分離しようがないと仰っています。

同時的関係に属する最も基本的なものに「主観と客観、主体と客体の不可分」の関係、つまり「主・客未分の法則」があります。

作用を及ぼす方が「主体」、作用を受ける方が「客体」となります。例えば、私が花を見ているとします。花を見ている「私」は主観であり、主体であり、見られている花は客観、客体です。認識主観に対して、対象となるもの、知られるものは客観です。

創設者は「〈私〉の主観の働きは六つの感覚が六つの感覚器官を通して、対象となる外界、客観世界を認識します。〈私〉の目は色や形を見、私の耳は声を聞き、私の鼻は香を嗅ぎ、私の舌は味を知り、私の身は触（硬さ柔らかさ）を知り、私の意はものの存在を識分します。目の視覚、耳の聴覚、鼻の嗅覚、舌の味覚、身での触覚や温度覚、圧覚を総合した意識でものの存在を知りわけます」と述べています。

主観と客観はそれぞれが各個別々のものとして在るものではなく、主観を離れて客観はなく、客観を離れて主観もなく、あくまでも相互依存の関係の上に成り立っていると東洋の哲理は教えています。

〈自と他〉〈我と彼〉〈個と全体〉〈私と世界〉も両極に別々にあるのではなく、表裏一体の関係にあります。つまり、自があるから他があり、他があるから自もある。個があるから全体があり、全体があるから個がある。私があるから世界があり、世界があるから私がある、と言えます。

創設者は「このように、人間個人（個体生命）は孤立した生命体ではなく、環境（全体生命）との相互依存の関係において成り立っているのです。

この相互依存の関係を離れたら、個体生命は死滅します。

時間的に、空間的に、縦横無尽の網の目の関わり関わられる依存関係において万物万象は存在し、その相互依存の関係を離れたら一物も存在し得ないという厳然とした客観的事実の上に、人間の生存も成り立ち、生活が営まれているのです」と説いています。

創設者は、東洋の「人間即自然」の観相に基づく「心・身・環境の一元論」の哲理を提起しました。「人間の心と身体は切り離しようがなく、また、人間と、人間を存在させる環境世界とは切り離しようがなく、本来、心と身体と環境はつながりの中にしか存在し得ない」と説いています。

純客観的観察として、このように自然界における人間の位置づけから考察を進めた結論として、人間個人は、命の伝達伝承を続けながら、ミクロの分野から、身を置くマクロの環境世界、宇宙空間まで、連続と関連の一直線上に生きている存在であると、創設者は認識しました。

そして「時間的〈今〉を、空間的〈場〉に生き続ける人間の存在は、同時に、時・空を超えた〈永遠〉と〈無限〉の世界をも共有する存在であることの確認となります。

『心・身・環境』の一元的把握は、すべての生命にとっての至上価値『生存の原理』の立証となります。『生存の原理』は小さな惑星地球に住み合うすべての人々にとっての『共存の原理』となるものであり、今世紀人類が希求してやまない『平和の原理』となり得るものと確信します」と述べています。

創設者は、自然界における人間の純客観的な「位置づけ」の確認から、さらに人間の「価値づけ」を導き出すことを試み、生命の概念を次の四つの特徴に抽出しました。

第一に「歴史的永続性」

第二に「強靭な復元力」
第三に「文化的遺産」
第四に「生命の神秘的メカニズム」
「こうした生命の普遍的概念に立ち、さらに宇宙の〈核〉として、永遠の時間と無限の空間の一点に人間を『位置づけ』たとき、ここに自ずから人間の『価値づけ』が導き出されてくるのです。何人も冒すことのできない『人間の尊厳』、根源的な『人間の平等』、本具的な『人間の自由』。こうした、すべての人々が最も価値として希求する〈尊厳〉〈平和〉〈自由〉は、人間が本来、本質的価値として、本具（元々具わっている）して持つ人間自らの価値である」と説かれました。
この本来人間が持つ本質価値の自己実現こそ、教育の第一義であると学びました。

私は今七十二歳の夫と二人で暮らしています。

当センターは昨年四月一日に内閣府より認定された公益財団法人として新たな一歩を踏み出しました。従来の本部理事、理事補佐が支部、連絡所を担当するのではなく、金子理事長が支部の責任者から直接報告を受け、指導する体制となりました。その結果、支部・連絡所活動報告会が月に二回開催され、私もそれに参加する機会を得ました。

第一回目の報告会で午前の部が終わってすぐ、夫から「急にいなくなって困るじゃないか。今から三十分で帰って来てくれ」と電話がありました。どんなに急いでもセンター本部から長野の自宅まで三時間はかかります。三十分以内に帰ってきてくれ、と立て続けに入る電話に、夫に何が起きたのかわからず、私はとても不安になりました。

夫はいつも必ず自宅と駅の送り迎えをしてくれるのですが、このときは前の晩に夫が睡眠剤を飲んでいたので運転は頼まず、タクシーで家を出ました。私が出かけるときは特に変わった様子はありませんでした。その後、夫が再び眠りに就いて、私を送り出したのを忘れてしまったのか、余りの混乱ぶりに私は動揺しました。これまで四十五年の夫婦の関係は、何でも話せるし、お互いを大切に思っているので何の問題も無いと思っていました。お互い理解し合える夫婦関係でした。ところが昨年二月の生涯教育長野県大会の直後、夫はインフルエンザを機に体調を崩し、精神的に不安定になり、今まで夫に頼りきりでいた私は途方にくれていました。

夫のもとへ戻りたいと思う私に金子理事長は「ここでどうしてもわからなければならないものがあると思いますよ」と仰いました。動揺する気持ちのまま帰るのを踏み止まり、翌日からの全国講座では、本日のテーマでもある「生涯教育の道程」について学びました。

講座でさらに「宮坂さんはご主人の気持ちをわかっているのですか」と問われ、わかっているつもりの私に「わかっているつもりでは本当にわかっていることにはなりませんよ。帰るまでの三時間の間、ご主人の気持ちをわからせてもらうように必死に願うのですよ」と指導を受けました。

ある日「それはないよ。あんまりだよ」とつぶやく夫が「生まれて三ヵ月だった自分には、生みの母が亡くなった記憶はないけれど、それ以上に辛かったのは、もらい乳して育ててくれた美代お母さん（父方の伯母）が、自分に何も言わず嫁に行ってしまったことだった。自分が学校から帰ってみたら、その日から美代お母さんは突然家に居なくなっていて、あんな悲しいことってない。あんまりだよ。そりゃあないよ」と男泣きしました。私は思わず夫を抱えて一緒に泣きました。

その話を聞いて金子理事長は「それは大変なことだったのですね。生まれて三ヵ月、これからお乳を飲んで大きくなる時に、お母さんが亡くなられたのでしょう。しかも男の子でしょう。どんなに不安だったか。物心もつかないうちに産みの母が亡くなったうえに、しかも次は思春期に入った自分が母のように思っていた伯母が、自分が学校に行っている間に黙って居なくなってしまったのだから、その不安感は、想像以上のものではないかしら」と仰いました。目の覚めるような思いでした。

それと同じように昨年の報告会のとき、夫が眠りから覚めた時に私の姿がそこになかったことから「七十年間心の中にしまい込んできた不安が吹き出したのですよ」とご指導いただきました。

まるで〇歳児に戻ったかのような夫の姿に、連日私は悪戦苦闘しました。辛く、悲しい思いをその都度金子理事長に話し、教えていただき、約一年で夫は落ちつきを取り戻しました。

今年四月、全国講座の講師の役を受け、その前夜の講師勉強会で、初めて私自身の中に詰め込まれていた寂しさや悲しさ、切なさを聞き出していただきました。

私は結婚三年目の二月に初産をして、その後、夫の転勤、寒冷地にいたその伯母の入院、手術、そして同居しての自宅介護、夫の継母と伯母との関係の中での葛藤がある生活は、当時二十五歳の私には重いものでした。

私の初産は微弱陣痛で難産でした。産後の肥立ちも悪い私を心配した実母が嫁ぎ先に頭を下げ、産後一ヵ月後まで実家で養生できるように頼んでくれました。しかし、その後は生まれたばかりの赤ん坊をかかえて、一九七〇年その当時家族の介護は嫁の務めとされていた時代の生活が始まりました。

毎日主治医の往診を受け精一杯の介護をしましたが、伯母の病気は一向に良くならず「こんな時は、子育てなんかしないで乳児院へ預ければいいのに」と私をなじる継母の言葉に心を痛めながら自分自身を追いつめました。

私はやがて母乳が出なくなり、抱いてミルクを与える暇も無く、命がけで産んだ娘は、毎日布団に寝かされたままで、背中は擦れて真っ赤になっていました。悲しくてもこのことを話せる人がいない。伯母は「あなたでなくては嫌」と他人の介護を受けつけず、かといって病人を捨てて家を出ることもできない。四人弟妹の長女である私は実家に出戻ることもできない。自殺をすれば迷惑をかけるから死にたくても死ねない。次第に自分を追いつめていくなかで、ふと母のことを思い出しました。

生後一ヵ月の孫を抱いて私を長野まで送り届けてくれた母が、何日か一緒に過ごしてついに帰ることになり「ふさ子がんばりなさいね。お父さんもお母さんも皆ついているからね。いよいよ大変になったら何とかして知らせなさい。そのときは必ず赤ちゃんを預けに来なさい」と私に言いました。そして孫を抱いて「善子ちゃんしっかり生きるのよ。大丈夫だからね」と涙を流しました。その後、母にすがる思いでスーパーのチラシの裏側に鉛筆で「お母さん、善子を迎えに来てください。お願いします」とだけ書いて、家族には内緒で郵便を出しました。

その二日後、夫から「伯母さんは実は末期の胃がんで手術できず、余命は二、三ヵ月と言われていた。今五ヵ月だから……」と苦渋の表情で告げられました。私は「なぜそれを言ってくれなかったのか。伯母の病気が良くならずに私がどれだけ苦しんだか。どれほど自分を責めたか」と激しく泣いて怒りました。夫は私に「自分は病気を認めたくなかったし、産後だから言わないでおこうと皆で決めた。だけど昨日、お前の両親、特にお母さんが『事情を話して娘に最後まで看病させてやってほしい。それだけの我慢と責任は取れるはずですから』と自分の継母に電話があり、お前に伝えることになった」と言いました。

「ひどいじゃないの。もう私は身も心もこんなに痛めているじゃないの」と泣きながら、家を出る気も、死ぬ気も失せ、精一杯の看病をすることにしました。母はあの走り書きから「もう娘は危ない。子どもを手放した瞬間あの娘はお母さんではなくなってしまう。だから孫を預かりには行けない。このままだったら娘は死んでしまう」と思ったと後で聞かされたことを勉強会の時に理事に聞き出していただきました。

理事は「あなたの手紙を読んで子どもを引き取ったら、自分の娘はその瞬間に母親ではなくなってしまう。そのときに娘の命が危ない、娘が死ぬ気だと感じ取った。だから自ら動いてあなたの命を守ってくれたのよ」と言ってくれました。

私は涙が流れ、自分の命の根が繋がったような感覚になり、身体中の血液が流れる音が聞こえたような気がしました。

自分では何十年も「この悲しみをわかって」と、訴え続け、それでもわかってもらえないと、いつしかあきらめて胸の奥深く悲しみを閉じ込めていました。もう何年も前のことですが、金子理事長に「宮坂さんはふうっと悲しそうな顔をすることがありますよね」と指摘されたことがあり、以来、そのことは大きな課題でした。

昨年、私は初めて「主人に困らされている」と発言したところから、理事長のご指導をいただき、四十四年も昔の忘れかけていたことが、まるで昨日のことのように思い起こされました。私が「悲しかった」と言うと、理事長は「ほらそうやって過去形にする。今だって本当は悲しいはずです」と言ってくださり、本当に悲しくて思い切り泣かせてもらいました。石のような固まりが溶けていくようでした。そのことから私たち夫婦の距離は縮まり、信頼感のある夫婦になることができて感謝しています。先ほど「主・客未分の法則」を学びました。私は、自と他、自分と夫を両極に別々に在るものだと考えていたことに気づきました。

両親をはじめ家族が多い中に育ち、寂しさをそれほど感じることもなく育った私にとって計り知れない悲しみや寂しさを、夫は一人その胸の内にしまい込んで、他を寄せ付けない人のように思えました。夫のことを、どこか冷たいところがある人だと思っていた私の中に、言い表せない悲しみや切なさを胸の内にしまい込んで、夫に話してもわかってはもらえない、冷たい人だろうと決め付けていた自分を発見しました。

そしてまた、人の心の深いところにその痕跡となるものがある、それが大きく自他の人間関係に影響を及ぼして生活していることがわかりました。

もし野村生涯教育を学んでいなかったら、夫の病気のせいで私は生活苦を抱えた人生で終わっていたと思います。しかしこれを「教育課題」として受け止め、意図的に目的的に生活を教育化していく毎日は、これまでの平穏に毎日を過ごすことを良しとしていた頃とは比較にならないほど喜怒哀楽があって人間らしい生活になりました。

いつも私は夫と向かい合って食事をするのですが、昨日、フォーラムの会場に向かう前の朝食では、夫の無精ひげが気になりました。その顔でご飯を食べても美味しくないと思い「せっかくの男前が台無しですよ」と言いました。実際は男前ではありませんが、そう言ったらどうなるだろうと思いながら言いました。

夫は「そんなに心配することないよ。そんな美味しいか不味いかを言うほどの食事ではないよ」と答えました。平穏無事に過ごしていた頃なら「もうご飯食べないでよ」と怒ったと思いますが、昨日は「ああ、本当にそうね。何でも美味しいわね」と言えました。その時、夫は今、心が自由なのだと思うと同時に、自分の心も自由だと思いました。自分が感じたままを言葉にしてもよいのだと思えたし、夫と一緒に暮らせる幸せを感じつつ、高齢社会の中で心を寄せ合い、助け合って心に浮かぶ言葉を自由に口に出せる本来の家庭に戻っている実感を持つことができました。

こうしたことが今の社会の中でどれほど価値あることかと思います。

私の住む長野県は日本一の長寿県です。私は足下での実践を通して、高齢化したメンバーの介護の問題、いわゆる老老介護、そこに起こる厳しい嫁姑問題、また、金銭的問題など、次々に起こる諸条件から多くの方々と共に学び、一人でも多く、一つでも多くの家庭が幸福感を持って暮らせることを願い、信念を持って学びを継続したいと思います。

どうもありがとうございました。

第二章　野村生涯教育の構想

生涯教育の基本哲理―東洋の自然観

静岡支部副責任者　友田飛鳥

友田飛鳥です。どうぞよろしくお願いいたします。

昨日は「生涯教育　宇宙時代―不易の価値への覚醒　未来への責任」というテーマの下、参加者の皆さまと時と場を同じくすることができました。

シンポジウムや基調講演からは、私たち一人ひとりが社会や世界に関心を持つことが未来への責任を取ることになるのだと思いました。

私は現在、静岡支部の副責任者として、幼児教育部、青年部、庶務、島田地区の担当窓口をしております。私が二十一歳の時に、父との関係に悩んだ母が野村センターで学び、父と向き合う努力をしている姿を見て、どんな勉強をしているのだろうと興味が湧き、講座を受講したのがきっかけで生涯教育を学ぶことになりました。

今から十年前に青年部改革があり、当時、理事長補佐だった金子理事長が青年部を統括していました。

青年部は一九七三年に生涯教育塾として発足し、自分の足で立ち、自分で考え、何でもやっていける、たくましい人間、その時代を創造する人材育成の必要を痛感された創設者の願いから始まりました。金子理事長の代になった現在も、青年部は創設者の精神と願いの下で、自分たちのありのままの実態から、常に自己の動機を確認することを主軸に、活動を通して新時代を担う自分づくりをしています。

私が金子理事長を心から信頼し、こういう大人になりたいと思うきっかけとなった出来事があります。金子理事長の就任披露の会でのことです。理事長から「あなたは私の就任披露の話をどう聞いたの?」と尋ねられました。私は困り果てました。なぜなら、金子理事長がお召しになっている着物や帯の美しさに目を奪われて、あまりスピーチを聞いていなかったからです。かといって理事長ご本人からの質問に嘘で答えるわけにもいかず、怒られる覚悟で正直に「すみません。着物や帯が綺麗で見とれてしまい、お話を聞いていませんでした」と申し上げてから「皆さんほどちゃんと聞いていませんが」と前置きをした上で感じたことをお話ししました。

金子理事長は「綺麗なものを綺麗だと思える感性が素晴らしい。皆みたいにちゃんと聞けなくてもいい。あなたが感じたものがあるじゃないの。それでいいのよ」と仰いました。何とも言えない肯定観に「この人になら何でも言える」と私は初めて心から信頼できる大人に出会えたことに本当に感動しました。

私は長年にわたり、母親との関係に悩んでいました。高校の入学式当日、母は私に「なぜこの高校を選んだの?」と言いました。私は、勉強ができないからレベルの低い学校に入ったと、母が思っているのだろうと思っていること、自分のことを「どうせ価値のない人間だ」と思っていることを金子理事長にお話しし、指導をいただきました。その後、母にそのことを話すと、母は「今さら何よ」「考えてみる」という返事でした。生形理事の指導により、改めて母に、母が言った言葉の意味をもう一度尋ねたところ「飛鳥が頑張ればもっとレベルの高い学校に行けたのに、というつもりで『なぜこの学校なの?』と言ったのよ」という答えが返ってきました。私は自分には価値がないと思っていたので、これを聞いて本当に驚きました。生形理事は「あなたはお母さんの話をあなたの価値観で聞いていたのよ」と仰いました。母のせいではなく、私の価値観で自分を苦しめていたと思った瞬間、十五年にわたる母への恨みは消えました。それ以来、私は、自分が主体者となり学ぶことがとても楽しくなりました。相手を変えるのではなくて、自分が変わることでこんなにも自分は楽になるのだと思い、これをきっかけに継続して学んでいます。

私の講義は、「第二章　野村生涯教育の構想」の後半「生涯教育の五つの定義」です。

学び始めた頃は「創設者が教育改革の方向性を打ち出した」と聞いても、その意味することなど考えたこともありませんでした。ましてや抜本的な教育改革を図るのに、なぜ人間の原点から問い直しをしなくてはいけないのか、その典拠を東洋の自然観に求めるのか、まったくわからず、不思議なことばかりでした。

しかし今改めて学ぶと創設者は、知識の集積の上に作られた教育、人間から離れた教育ではなく、社会の実態から生きた人間の教育を取り戻さなければと考え、本来の教育のあり方を東洋の自然観に求めたのだと思いました。

創設者は、自然と人間の関係に基づき、自然界に人間を位置づけたときに、そこから自ずと導き出された次の五つの要項を生涯教育の定義としました。

一　継続教育
二　統合教育
三　生活の教育化
四　生命の永遠性

五　人間の総合的把握

創設者は、「教育とは本来〈人間そのものを目的とした〉〈人間が人間らしくあるための作業〉」であると捉えました。

創設者の持論「教育学によって人間が教育されるのではなく、人間によって教育学が打ち立てられるのである」に従って、この定義は自然の一物である生きた人間の実存から導き出されました。「人間を知らずして、知ろうとしないで、人間を教育することは無謀であり、僭越である」とも述べています。

さらに「教育とは己を知る、己自身に立ち返ることにほかなりません。己を知ることから他者を知り、普遍的人間を知ることに到達するのです」と述べ「教育とは、己を知ることに始まり、己を知ることに終わる」を持論とされました。

創設者は「人類の進化の過程は、そのまま教育の過程であります。原始社会において、生きることは学ぶことそのものであり、学ぶことは、生きることそのものであった」と説いています。また、火を熾すことも、言葉を生み出し、文字を創ることも、衣食住に必要なすべての用具を作り出すことも、必要に応じてすべて自然から学習し、創造し、自己啓発をし、それを次々伝授してきた、そのことを「まさに教育そのもの」であるとしています。

そのように人類の文化や文明は進んできました。

第二章の前半では、自然界における時間系列と空間系列における人間の位置づけを学びました。

創設者は「教育本来のあり方を見ていったとき、もともと、人間教育は人間の生命の継続にともなう文化の一形態とも言えるもので、こうした意味から至極当然のこととして、継続教育こそ教育本来の姿に立ち返ることにほかならない」と述べています。

後半ではさらに詳しく学びます。

人間は生命の伝達、伝承の連鎖を続ける生命体であり、垂直的時間系列に位置づけられた存在であり、この位置づけにおいて、人間は時間的変化の中に同一性を保ちながら非連続の連続を続け、受胎から死への変化のプロセスをたどる、と学びます。

そして、この長い「成長」の歴史は、まさに「人類史は教育史」と言える所以である、と創設者は説いています。

学説によれば生命の歴史は、四十億年とも、三十五億年とも言われ、見える生命としてこの地球上に誕生したのが六億年前だとされています。それ以前は隠された生命としてあったと言われる生命体が、初めて地球上に誕生しました。海の中の藻類、菌類、軟体の水生動物など、そうしたものだと言われています。四億二千五百万年前頃には生命が初めて海から陸に上がり、両棲類の時期を経て、その間に爬虫類が出現し、一億八千百万年前頃に哺乳類の誕生があったとされ、それから類人猿を経て、今日の人間があるということになります。

それまでの長いホモ・バイオロジカス、つまり生物人間としてあったところから、今日進化した知恵ある人間、ホモ・サピエンスとしての誕生は百万年か二百万年前だと言われています。創設者は、このことが教育上に非常に大きな意味を持つと述べています。

「ホモ・サピエンス、知恵ある人間の歴史がいかに短いかということは、言い換えれば、永い過去のホモ・

バイオロジカス、生物人間としての要素の制約を、いかに大きく受けているのが人間であるか、ということになります。

人間の矛盾や錯覚や、人間の悩みや不幸は、より多くここに起因していることを思います。これは長年、人間の問題を扱ってきた中からの実感なのです」と創設者は説かれています。

人間は、生物的なもの、本能的な欲望、憎悪、嫉妬、攻撃性、残忍性といたものを誰もが心の奥底に持っていて、何かの拍子にそれが出てくるのが人間、そして己であることを知らなければならないと学んでいます。だからこそ、それらを引き出す条件、例えば戦争などを起こしてはいけないと思います。

人間は生物として、誕生してから死に到るまで、放置しておいても肉体的成長は続けますが、ホモ・バイオロジカスからホモ・サピエンスへの進化の過程は、絶えず意図的向上をはかりつつ成長を遂げてきた歴史であったことを思われた創設者は、そこにこそ教育という目的的作業が存在し、この意味において長い進化の過程「人類史そのものが教育史」であると定義しています。

私自身、学び始めた頃は、人類史が教育と何の関係があるのかと思っていました。しかし人類の系統発生から見た生命の歴史を学ぶことで、人間が何であるのかがわかるだけでなく、人間を知ることができると思いました。そして本当に長い歴史が「私」の中にあること、生きることと教育は別のものではなく、教育は私たち人間の生命の歴史そのものだと思いました。

今の世の中、すべてにおいて方法論や対処法が求められていると言っても過言ではないくらいですが、生涯教育の五つの定義は、方法論でも弥縫策《びぼうさく》でもなく、自然界に人間を位置づけたときに導き出された定義なのだと思いました。

こうした観点から五つの定義について学びます。

一　継続教育

創設者は「人類史そのものが教育史」であるという意味において、教育は本来、生涯をトータルした継続教育であると述べています。既成の教育観は疑いもなく、個人の一生涯の中の一時期を限った「時限教育」、つまり「学校教育」即「教育」の概念であり、この固定的教育観は、学校教育制度の確立によって生まれたと仰っています。日本においても学校教育制度が導入される以前には、教育は国民の間に自由に、私学や寺子屋、藩学と広く行なわれ、さらに礼儀作法の見習いから、技術、芸能の習得に至るまで、教育は庶民の生活の中に幅広く行きわたり、人生生活を潤してきたということです。

創設者は、教育が目的とする「人格完成」「自己実現」へのプロセスは、当然、生涯かけての大事業であってみれば、明らかにここに、短時日の学校教育期間を教育期間のすべてと考える〈非〉を認めざるを得ないと説いています。

そこに教育改革の第一要点として、既成の狭い枠組み学校教育から、受胎から死までをトータルした生涯教育への教育概念の転換がなされたのです。

生涯にわたる人間の教育は、それぞれの成長段階における役割を果たしつつ、切り離されることはなく、当然継続して成り立っています。

人生八十年を迎えた高齢社会にあっては、第一線を去った後の長い人生を生きなければなりません。そのとき老後を支えるものは、学歴でもなく、輝かしい職歴でもありません。そこに生きがいを支えるものは何かが問われ、人間性の如何が問われ、ここにこそ生涯教育設計の重要性が問われるのです、と創設者は述べています。老後は老後になって作られるのではなく、乳幼児期からの育成の積み重ねの集大成が老後を作ると学びます。

教育が伝統的学校教育中心から、生涯に継続した生涯教育に転換した意義は、単に時間的継続を意味するものではなく、また単に方法論的教育改革でもありません。教育改革の本質に迫る重要な意義を持つものであるとして、創設者は、次の四つをあげています。

第一に、人間一人ひとりすべて教育の主体者となります。

第二に、一方通行の教育はなくなります。

第三に、教える者こそ学ぶ必要があります。

第四に、生涯設計に死期を入れる意義の大きさです。

新しい教育概念、生涯継続教育において重要なことは、一つは、教育の総合的把握であり、一つは、各時期の特徴の把握です。

人間生命は、ＤＮＡによって父方、母方からそれぞれの遺伝情報が伝えられ、受精卵は胎児となって誕生し、新生児、乳児、幼児、児童、少年、青年、壮年、老年を迎え、死に至ります。

そして、人間個人が受胎し、誕生から死に至るまでのプロセスにおいて、各時期々々、それぞれの特徴を持つと学びます。ここで重要なことは、その時期々々に必要なものを、必要な時期に与えておかないと、後で補うことが至難になることです。

各時期の特色

胎児・乳幼児期

卵子と精子の結合により受胎した生命は、胎生期十ヵ月を母親の胎内で過ごします。

創設者が長い人間教育の経験の中から、胎児から乳幼児期の教育を最も重要視されたのは、個人の生涯を規定する最も基礎となる教育期であるからです。胎児は温かな羊水の中で、母親の心拍動のリズムを聞きながら、子宮内膜を介した皮膚感覚を通し、母子未分の生命を生き、そうした環境から、胎児が誕生を迎え、外界に出生したとき、条件のまったく異なった環境に出会い、自ら呼吸し、自ら母乳を吸うという初めての経験、その不安や恐怖は、肉体的にも精神的にも未熟であるだけに、いかにインパクトが大きいかは想像に難くありません。例えば、私たち大人でも、まったく経験のない異質の世界に入った時の、気後れする恐れと同質のものであると創始者は述べています。

そして、その不安や恐怖を救い、衝撃を少なくするのは、胎内と同じ条件に近い、母親の肌の接触、スキンシップであり、そこにマザーリングがこの上なく大切であること。母と子は人間関係のプロトタイプ（原型）であり、この最初の原型において健全な関係が調整されたとき、生涯における人間関係もまた、原型に基づき調整されるもので、スキンシップ、マザーリングの重要性と共に、本能的、生物的欲求を充足することから、生涯にわたる教育のすべては始まると創設者は説いています。さらに、原型の作られる時期の教育の重要性は、その原型を下敷きに個人の一生が規定されることにあり、その生物的、本能的欲求を充足した上にこそ、はじめて知性、感性の健全な発育が望まれるとも述べています。

幼児期

幼児期は、特に両親をモデルとした模倣の時代です。親である大人の日常茶飯事の一挙手一投足をそのまま真似て子どもの人間形成はなされるはずですと創設者は述べています。

親の側から見た立場からは反抗期と言いますが、子どもを主体としたとき、それは母子未分から分離し、自己を発見しようとする大事な成長期で、この時期の子どもはあれ何、これ何と、あらゆるものに好奇心、関心を持ちます。知性の開発につながるこうした関心を、大人がどう捉え、応えていくか。この対応の如何において知性、感性のバランスある人間性の開発がなされ、自我意識のめざめは健全な自我の確立へ向かいます。

児童期

児童期は、肉親間の限られた人間関係から、小学校入学という多数の他人の集団に仲間入りする生活の上の大きな変革です。生まれて初めて経験する「社会」です。多分に生物的要素の残るこの年代は、ギャングエイジの時代と言われています。冒険や乱暴、ケンカや仲間づくりや遊びといった、さまざまな自己の内部をそのまま、ありのままに放出する年代でもあります。

創設者は、人間の生涯にとって、ギャングエイジの時代、これを満たすことの重要性を説かれ、そこに肉体の強靭さも養われ、人間間のルールや秩序も自ら体験していくと仰っています。

私が所属する静岡支部では今年八月に第三回母親懇談会を開催しました。参加の呼びかけをするなかで、幼少期から英語教育に力を入れるあまり、母国語である日本語がうまく話せずにしゃべれなくなっていく子どもたちが多いこと、静岡県では児童虐待件数が過去最多で十年で三倍となり、ある市では年間八千件の児童虐待の通報があること、親がうまく人間関係を築くことが難しく、行政に保護申請することもできないため、生活苦で子どもが不登校になり、校長自らが子どもの生存確認に行くこと、子どもが虐待されているのかもわからないほど虐待が日常的に発生していることなどを聞き、子どもたちを取り巻く状況が深刻であることを実感しました。

乳児期、幼児期のその時期その時期のニーズの充足の如何が次の児童期を作っているのです。今、学校で起こっているいじめ、暴力、自殺などの歪みは、児童期のこの時期のニーズが満たされなかったことに、より多くの原因があるのではないかと創設者は仰っています。

母親が、乳児期、幼児期がいかに大切な時期であるかを学ぶことが重要だと思いました。昨日の基調講演でも触れられていたように、今は、欲求不満を放出する社会になっていて、それは過去十年、二十年前の教育がもたらした結果であり、次にやって来る青年期の不安定さを乗り越えるには、乳幼児期、児童期の生物的欲求を充足させることが重要です。

青少年期

青少年期という思春期は、心身共に急速に変化をきたし、大人になる不安定な年代です。バランスを欠いた矛盾の時期で、批判、懐疑、欲望の噴き出る年代でもあり、また、平等の理への目覚めも強く起こる年代です。深く長い命の持つエネルギーの噴き出す凄じさを、どう受け止め、どう越えさせるか、そこに親や大人たちが問われ、教育に問われる厳しい課題があります。そこにこそ〈人間〉への深い洞察と、共感と、真正面から彼らを受け止める真実が、人生の先輩である親や教師や大人たちに求められていることを切実に思いますと創設者は述べています。

私は二十一歳の時に青年部で学び始めました。青年部では、お互いに感じたことを出し合って、自分を振り返ります。

私は、親や社会に対して物凄く批判がありました。誰にぶつけたらよいのかわからないイライラや激しさを仲間との関係で出し合い、共感し、おかしいと思うことはおかしいと真正面から全身で受け止めて、越えさせてくれたのが青年部の担当理事でした。本当にありがたいと思います。その時期を経た今、幼児教育部の母親や青年部のメンバーと関わることがありますが、自分がしてもらったように、共感し、真正面から受け止められるようになりたいと思います。

青年期
長い学生生活を終え、社会の第一線に出るこの時期、親がかりの自分から、はじめて一人立ちをし、就職、結婚という大きな節目を越え、新しい第二の人生への出発の時でもあります。

青年期には、選挙権の行使や納税の義務など、公人としての責任や資格を得ると共に社会の主体的な構成人員となり、名実ともに一人の社会人としての位置づけがなされる時期です。

壮年期
壮年期は社会的にも、個人的にも、全責任を負う、人間の成熟期です。社会の中堅として社会を背負い、次代を育てる中で、最も豊かな人間性の充実が期待される時期です。

社会的変動をもろに受けるのも、第一線で働くこの年代層であり、まして世界的変革期と言われる今世紀を生きるこの世代の責任は重大です。今まさに、「四十にして惑う」現代であり、子どものためでも、会社のためでもない、他者を目的とした生涯ではなく、自己自身を目的そのものに置いた自己教育がそこに始まると創設者は述べています。

私は現在、まさに壮年期にあります。独身だった義兄が四年前に亡くなり、現在は、認知症の姑を介護しています。なぜ私ばかりがいろいろな問題を抱えなければならないのかと思いましたが、今、世界的な課題でもある認知症の介護という条件や日常生活の問題を通して指導を受け、実践し、自分づくりをしています。学んで収穫にしていくことで、より豊かな人間の充実が味わえるのではないかと思い、そこをわかりたくて、指導されたことを実践しています。

老年期

世界保健機関（ＷＨＯ）の発表によれば、二〇一二年の日本人男女合わせた平均寿命は八十四歳で、前年に続き世界最長です。男女別では、日本人女性の平均寿命は八十七歳で一位、男性は八十歳で八位です。私の住む静岡県でも四人に一人が六十五歳以上という超高齢社会を迎えています。

創設者は、老年期は仕上げの時期だと説いています。老年期を支える最も大切なものは「自立の精神と生きがい」であり、精神的自立こそ、老年期にとって最も不可欠な要素です。〈生きがい〉は、他者や社会にとって自己の存在が役立つことを自覚したとき生まれるもので、人や社会への奉仕は自らの生きがいにつながります。さらに絶えず向上を求めて止まない知的好奇心こそ、自己実現に至る真の生きがいとなり、生涯教育がそこに意義を持ってまいりますと述べています。

最後の終着点――死期

生物の掟として、死は必ず万人に確実に訪れるものです。創設者は『死を含んだ生』を考えることによって、生はまったく違った意義と価値を持ってまいります。死にざまは生きざまであります。最後に悔いを残さず、感謝をもって終わることのできる生を日々生きたいものです。生涯の終着点、死にどんな答えを出すか、それは絶えず日々の生きざまに問われているなげかけでありましょう」と仰っています。

二　統合教育

生涯教育の第二の定義「統合教育」もまた、自然界における人間の位置づけから導き出されました。自然界の構造そのものが人間を含めすべて相互依存の不可分の関係であってみれば、人間社会は本来混合体であり、統合によって成り立つ構造そのものです。それぞれの役割、機能の異なる特色は当然持ちながら、家庭教育・学校教育・社会教育は、本来有機的相関関係にあるはずですと創設者は述べています。

家庭、学校、社会の連携の下に、生きた人間の相互教育の実践例があります。

幼児教育部で子どもと一緒に学んでいる母親が「もう幼児教育部には行きたくない」と言い始め、みるみるうちに顔から生気がなくなりました。このことから私は、担当理事より「お母さんが不安な気持を出すこと。その上で学校の事情や夫婦関係について取り組んでください」と指導をもらいました。私はこの母親と担当者と三人での話し合いを持ちました。

母親は「小学校二年生の長男の目の周りにできたアトピー性皮膚炎がひどく、それを見た人がびっくりするので息子を外に連れて出ることもできない。アトピーはうつらないと医者に言われてはいるが、うつりそうな気がして、母親なのに息子を抱きしめられない。この先どうしたらいいのかわからない。子どもがアトピーになったのは私が悪いのです」と自分を責めていました。私は母親に、学校での彼の様子を尋ねました。彼のクラスの担任は新卒の教師で、面談で「家族とはどのような会話をするのか」と聞かれたそうです。母親は「クラスのA君とB君が喧嘩をした話をしてくれます」と答えたところ、担任教師は一気に青ざめ、手が震え出したそうです。また、私たちの住む静岡県は、全国統一テストでの国語読解力のテストの成績が最下位で、点数の低い学校名と校長名を公表することを県知事が発表して以来、学校が学力向上に必死になっている実態もわかりました。長男は幼児教育部の修了生で、とても感受性が強く、正義感の強い子です。幼児教育部ではのびのびと育ちました。センターでは子どもの喧嘩は日常茶飯事で、喧嘩から親が学びます。母親たちは、子どもの喧嘩はよくあることだと思っていました。しかし学校では、子ども同士で喧嘩をさせてはいけないとか、成績を上げなければいけないとか、親からの要求やクレームなどに先生がびくびくしていることが実態として見えた時に、感受性の強い彼が何も感じないわけがないと思いました。

私は、その母親に「あなただけが悪いわけではない。学校や社会の価値観の中で彼が苦しんでいるのではないか。担任の先生もその価値観で育ってきているはず。しかしその価値観を作っているのは私たち大人。もしあなたが長男を抱きしめてあげられないのならば、センターのメンバーに抱きしめてもらえばいい」と話しました。彼女は、このような時代背景や社会的背景も要因となり、自分もそうした価値観を持っているのだと思え、翌日子どもと一緒に外出し、静岡研修会館にやってきました。

母親と一緒に来た長男は、一見してアトピーの症状が重いことがわかりました。翌日、耐性菌が見つかり、彼は入院することになりました。母親は、このことをマイナスに受け止めていましたが、マイナスではないと教えていただきました。彼は、センターの子どもたちの中に入り、受け入れられたことで、病院であるがままの状態を診察してもらおうという気持ちになり、結果的に適切な診断を受けました。

彼の入院治療中、担任から授業での遅れを心配され、そのことに焦りを感じた母親は勉強道具を病室に持ち込み、授業の遅れを取り戻させようとしました。「点滴の痛みに耐え、強い薬を投与して治療を受けている息子に勉強をさせるのか」と私は彼女を怒りました。小学二年生の彼は、自分に投与されている薬の種類や効能、どこに針を刺すと痛いのか等、主体的に看護師に聞くことができるほど、人との間に壁を作らずに話ができていています。それは幼児教育部で育ててもらったからなのだと思いました。このことが、人間が生きていくにあたってとても重要なことだと思いました。私がものすごい剣幕で母親を怒ったので、彼女は「自分がそこまでして息子にさせたい勉強とは何なのか」と、それまでの自分を顧みたそうです。彼女は、成績にしか価値を置いていなかったことに気づき、こんな姿になっている息子を前にしても出てくる自分の価値観を本当に変えたいと思ったと言いました。

そういった価値観を持つ大人が子どもを育て、親の要求を学校が聞き、その価値観で育てられた人間が社会をつくっていると知った時に、本当に家庭、学校、社会は切り離せないのだと思いました。

創設者は「生涯教育の観点に立てば、一人の人間は一面は家庭人であり、一面は社会人であり、一面は生涯学習者、つまり広い意味の学校人である」と仰っています。ですから、人間である「私」も、この母親もその息子も、家庭、社会、学校と切り離すことができない。それぞれの分野の統合されたなかでの「私」であり、人間形成がされているのだと思えました。

家庭教育、学校教育、社会教育と分節化した教育を統合的に捉える教育観への転換は、人間教育本来の姿に立ち返ることになると学びます。

創設者は「統合の原理は、単に既成の狭い教育分野に適用するだけではありません。今、時代そのものが

〈統合の時代〉を迎えています。人類がそこに気づかざるを得ない時代を迎えていると言った方が適切でありましょう」と仰っています。

統合の必然性を、創設者は次の三つの観点から述べています。

一．分析的、解析的科学思考の不備
二．分裂、対立、破壊の世界の現実
三．本来的宇宙システムの哲理から

科学が特徴とする分析的、解析的思考は、教育システムに限らず、現代社会のあらゆる分野にセクト化、孤立化、分断を引き起こし、この分裂、対立、破壊の世界の現実は、人類社会に生存不可能の危機をもたらしています。人心の荒廃、生態系の破壊、核の脅威にさらされた現実です。本来宇宙システムは、ミクロの細胞からマクロの大宇宙まで、実に精巧な有機的統一体そのものであります。

この現代社会に、いかに大局的観点や総合的思考を必要とするか、そこに本来的自然界の成り立ちから学ぶものは大きいと説かれています。

創設者は「個々のすべて異なる性質を持つ〈異質〉の集合は、有機的相関関係において統一体を成していきます。この宇宙システムの本来的統合の原則に立ったとき、例えば人体の個々の細胞も機能も、単独では『人間』としての構成も機能もなし得ないように、グローバル社会のあらゆる異質の分野、機能、機関、さらに思想、文化、宗教の補完、統合がなされなければ、人類社会の健全な復活はあり得ないでありましょう」と仰っています。

そして、異質の統合を可能にする条件を次のように述べています。
○各々の異質を前提として認める。
相互の違いをまず、ありのままに受けとめることです。
○相違点と一致点を見出す。
相違点については、まず知り合い、理解し合い、その度合いを深めることによってはじめて補完し合えます。同時に人間としての共通項を見出す必要があります。相違点を補完し合い、一致点を強調し、それを統合していく中に、異質の統合がなされましょう。
○差と別を認めた前提の上に、お互いを認め合う。
そこにはじめて異質の統合がなされます。差と別を無視した統合ではありません。例えば、「異体同心」の言葉が示す、形や存在は別々であっても心が一つに溶け合った状態を言うのであって、「同体異心」という、形や存在は一体に見えても心が別々の状態であっては統合はあり得ません。
○個の確立の上に、異質の個と個の連携の健全な統合がなされる。
○この統合は全体を排除する個ではなく、個を抹殺する全体でもなく、そこに個々の特徴を生かした全体の調和がなされる。
創設者は、オーケストラがこれにあたると述べています。

そして、創設者は統合の原理の実践として、第一に、家庭教育、学校教育、社会教育を人間の実存に基づいた、本来有機的相関関係にある三者の統合を、長年、一般家庭に、学校現場に、行政やマスコミや社会のあらゆる界層に連携を呼びかけ、第二に、国際、民際、職際、学際の実現、第三に、「中心と周辺」「東洋と西洋」「民と官」「女性と男性」「素人と専門家」の統合の必要をあげています。この中心と周辺の関係を最も重要課題として特記していることは、周辺の側の自立・自発であります。中心に制せられ従属するのではなく、自立し、自発をし、対等の立場に自らが立ち、それでこそ、統合の原理の実践になるのだと思います。

野村センターが五十余年の間、絶えず目ざし、実践、実証してきたことが今回のフォーラムなのだと思いました。

三　生活の教育化

「生活」と「教育」は、当然まったく違った概念を持つ言葉であり、まったく別の領域と考えられてきました。しかし、いつでも、どこでも、何からでも学ぶということになれば、人間が生きて生活している場であれば、すべてそこが人間成長の一瞬一瞬のプロセスであるはずです。つまり「生活そのものが教育である」ということになると創設者は説いています。

生涯教育の第一の定義「継続教育」では、生まれてから死ぬまでの生涯の日々刻々の成長過程は、そのまま教育の作業であることを学び、第二の定義「統合教育」では、家庭の場も、学校の場も、社会のすべての場が教育の場となることを学びました。

このことは、一人の人間の生きるすべての「時」と「場」の教育化を意味することになり、人間が生きて生活している場であれば、すべてそこが人間成長の一瞬一瞬のプロセス「生活そのものが教育である」ということになると創設者は仰っています。

そして、今まで私たちが考えてきた教育は、組織的、計画的学習形態を持った「意図的教育」であり、それに対し「生活」は「無意図的教育」です。ここで重要なのは、無意図的教育の場にこそ、教育的影響や効果の大であることを知らなければならないと創設者は述べています。

さらに創設者は、古代、生きることと学ぶことが直結していた時代の教育、それが現代に近づけば近づくほど、教育は、生きることから遊離してしまい、現代の学問や教育は抽象化し、観念化し、生きた人間や生きた生活から遊離してしまっていると述べています。

アメリカの哲学者であり、教育者であるジョン・デューイが「教育は生活そのもの」と言っています。スイスの教育者ペスタロッチは「生活が教育する」という言葉を残しています。

しかし、創設者が提起する「生活の教育化」は、自然法則から導き出した「教育原理」「関係の法則」の活用によるものであり、意図的、目的的に「生活を教育化」し、「教育を生活化」することを目指すものです。そして「長い過去からの経験の集積を持つ生身を持った人間同士が、激しく変化し流動する現象世界を生きていく上で、絶えず不測の事態や苦痛を伴うさまざまな事象に直面し、葛藤や悩むことの多いのが世の中の常態でもありましょう。それぞれ顔が違うように、要求も意見も、性格も趣味も違う。それぞれが欲望を持つ人間であれば、そこにさまざまな対立、葛藤、障害が起こるのは当然で、それが人生であり、生活でありましょう」と述べています。

こうしたさまざまな問題をどう受け止め対処するか、ここに生涯教育の定義の一つとして「生活の教育化」「教育の生活化」があり、創設者はモットーの一つに「社会、人生に触れ合うすべての条件、事象は自己教育の教材である」を掲げ、具体的人生生活の教育化を図りました。

私たちは、不幸の条件に出会ったとき、固定的に、感情的に、ただ苦しい、困った、悲しい、どうしようと受動的に受け止め、迷ってしまいます。

しかし、創設者は、こうした条件を「教育課題とすることにより、その事象を流動的に理性的に受け止め、過去、現在、未来の三時を通して、その不幸の出来《しゅったい》や、事象が何故起こってきたのか、その拠って来た所を、『何故、どうして』と原因を深く探るのです。これは能動的解決の道であり、そこから自己探求が始まり、自己分析が始まるのです。そこに自己の人間性の未熟さ、欠落を見出し、自己陶冶がなされます。自己が変革することにより、当然他者に影響を与え、他者もまた変革します。つまり、自己の成長と他者の成長が同時になされるのです。無意図的教育の場である広汎な生活の場を、この教育の原理の活用によって、意図的、目的的に教育化したとき、その成果は計り知れないでありましょう」と説いています。

先ほどの幼児教育部の母親も、子どものアトピーという条件を教育課題として、学歴や成績に価値を置いている自分に気づき、本当に大切なのは子どもの存在そのものであることがわかりました。夫婦で病気に対する不安な気持ちや思いを出すなかで、お互いが何を思っているのかを理解し合えた時に、医師も驚くほどアトピーの症状が軽減しました。彼は今、毎日学校に通い、大好きなサッカーをしています。

四　生命の永遠性

創設者は「生命の永遠性」こそ生涯教育の第一義であると説いています。

そして、人間の一生を〈生から死まで〉と捉えていったとしたら、それは人間を半分しか捉えていないことになると仰っています。

「原始生命発生以来、断絶することなく長い連続を続けてきた生命は、悠久の過去からのいのちを受け継ぎ、その連鎖の一環の〈現在〉を生き、そして未来に伝達していく永遠の命を生きる人間個々人の存在であり、ここに生命の永遠性が立証される」と説いています。

二十世紀には、遺伝子ＤＮＡが確実に細胞を通して遺伝情報をプリントしていることが証明されました。このことは、自然科学の立場からの生命の連続性、永遠性の証明となりました。

一人ひとりのいのちは、かけがえのない存在であり、地球より重いと言われる所以として、三、四十億年という長い時を伝達伝承を繰り返し、試行錯誤を続けながら、長い進化の過程を経た〈歴史的実存〉であり、過去のすべての〈文化的遺産の蓄積〉を内在し、〈強靭な復原力〉の証明となり、さらに人智の解明し得ぬ〈神秘的メカニズム〉そのものが、「永遠の生命」を持つ人間に冠せられた価値であると創設者は述べています。

ここを学ぶと、私たち人間一人ひとりが本当にかけがえのない存在なのだと思います。

毎日のように殺人事件や世界での紛争など、人の命が奪われるニュースが流れています。創設者は、これは最も〈尊厳〉であるべき、最も〈平等〉であるべき人間を、人間が人為的に殺傷する暴挙であり、現代のこの最も非人間的な人類社会に、真の平和と調和を取り戻すためにこそ、人間性復活を教育の最も重要課題として、そのためにこそ、万人が普遍的に有する「平等」、「尊厳」の典拠である「永遠の生命」への甦りを生涯教育の第一義に課するのですと説いています。

五　人間の総合的把握

創設者は、第五の基本理念として「人間の総合的把握」をあげています。

これは東洋の自然観の哲理に基づく〈人間観〉です。東洋と西洋の自然観の哲理の相違が示す「自然と人間の一体」と「自然と人間の分別」は、東洋、日本のものの見方、考え方が包括的、全体的であるのに比べ、科学を発達させた西洋の思考は分析的、解析的、峻別的であり、そこに大きく特徴を異にすると創設者は説いています。

そして、科学的手法は分析、解析に偏り、総合的見地が失われているとして「人体の部分部分をバラバラに捉えても、生きた一個の人体にはなりません。脳や、胃や腸、肺、心臓、血液、筋肉等々、それぞれの器官がそれぞれの機能を果たしながら、関連し、総合してはじめて、一人の行動する生きた人間となるのであって、部分部分を解明しても、全体的、総合的把握がなされなければ、人間を捉えたことにはなりません」と、このように部分を総合して全体を捉え、全体の中から部分を見るのでなければ、人間の真の実像とはならないと述べています。

私たちは、人間の〈虚像〉を〈実像〉と見誤るおそれがあります。つまり、科学的思考の現代人の錯覚は、間違いなく全体と切り離した〈個〉の自己を〈私〉と捉えていると学びます。

私は、身長一四九センチ、体重四九キロで、鏡に映る通り、皮膚で身体を覆われている姿を「私」だと思っていました。しかし創設者はこれを「人間観の根本的錯覚」だと仰っています。

創設者は、自然界に生きる人間の実存を、人間を自然の一物として捉え、心と身体を持つ人間と、人間を存在させる自然環境の一体、不即不離を説く東洋の自然観、つまり「人間即自然の哲理」に基づき、心理学的、物理学的、さらに生態学的に統合した立場から捉え、生涯教育論を構築しました。人間の実像は、人間を総合的に把握することによって、はじめて可能となると、人間の総合的把握の考察を次の三つの観点から述べています。

第一：時間的、空間的総合統一の中に捉える人間観

時間的に永遠の生命を生き、空間的に無限の繋がりを宇宙生態系と共に生きる人間、〈私〉。生命の連鎖、万物万象との連鎖、この縦横無尽の相依相関の原理においてのみ生存が可能となる、生命体である人間。この原則を離れたら、一物も存在し得ないという厳然たる掟。ゆえに「生存の原理」であり、さらに共に生き合う「共存の原理」であるこの宇宙システムを、創設者は「科学的曼荼羅」と名づけ、個体生命は全体生命としてのみ存在し、人間個人を宇宙生態系の中で捉える人間観であると説いています。

第二：物質的、生物的、精神的、社会的、文化的要素を総合して捉える人間観

人間は五つの要素を総合して持つ生き物であり、その第一に物質的要素を持っています。人間は、海水に含まれているすべての成分、二十九種類もの元素を持つことからも物質的存在であると言えます。しかし、単なる物質ではなく、いのちある生物であり、長い進化の歴史をたどった生命体です。

創設者は、人間がいかに理性や知性を持つ生き物であっても、過去の生物であった時期の制約を強く受けていることは否めず、その部分を無視して、人間を理想化し、理性だけを重視しているところに、大きな錯覚や矛盾が生じてきていると述べています。

人間は物質であり、生物であると同時に、しかし単なる生き物ではありません。精神の高度な働きを持つ精神的存在でもあり、精神、情緒、情操、意志、意欲、知恵といった知・情・意の働きを持つことにおいて、

他の生物との相違を持ちます。

また人間は、群れをなす生き物で、人と人の間、つまり社会人としての存在です。社会の最小集団は、一人の人間と一人の人間の結合から始まり、そこに家族、家庭という社会の基礎単位が形成され、その集合体が地域社会であり、さらに民族的、国家的集団社会、さらに世界、地球社会が構成されています。人間はそこによって生きる社会的存在です。

そして、生命発生以来、その長い過程は絶えず発展、創造の進化の過程であるという意味において、人間は文化的生命体であり、存在であると説いています。


第三．人間を超えたものとの総合において捉える人間観

「人間を宇宙に位置づけたとき、そこに悠久の過去から永遠の未来へ、無限の空間の広がりの中に、自己の存在を自覚します。

目に見えない心、目に見える肉体を持って、私たち人間は内なる自然、外なる自然、内なる宇宙、外なる宇宙の接点に存在しています。

人間は有限な存在であります。そして有限の肉体を持つ人間が知覚する世界はごく限られています。しかし同時に人間は、本来有限を超えた無限のものと繋がっています」と創設者は説いています。

また、すべてを総合した中に人間とは何かを捉えようとするとき、はじめて人間の実像が摑め、その人間を育てる作業としての教育の実態が摑めてきます。そこに既成の教育を超えた、生きた人間の教育が取り戻され、人間の本質への近づきが可能となり、本質的教育改革の真の実りを見る事ができ得るはずで、教育の

めざす人間復活がはじめて実現されることを思いますと仰っています。

十三年前に私の義父が亡くなりました。その後、姑は独身の義兄と二人暮らしをしていたのですが、七年前に姑が認知症になり、その翌年に義兄は癌であることがわかりました。

迷うことや大変なことも多いのですが、理事から「学んでいたからこそご主人やお義母さん、お義兄さんの気持ちを思いやれるまでになれたのだから感謝することしかない。仕事があって思うようにできないご主人の代わりに、あなたができる精一杯の介護をさせてもらうのよ。ただし一義はご主人を立てること。これを忘れて一生懸命したとしても実らない。お義兄さんのことは大変だけれど、夫婦で向き合えば越えていける」と指導を受けました。姑は夫の母であり、義兄は夫の兄です。とにかく夫に聞き、やらなくてもよいと言われたことはやらないようにしながら、立ち位置を間違えないように、相談しながらできる限りの介護をしました。お陰様で姑も混乱することなく三年前に義兄を見送ることができました。

今も姑の介護をしていますが、今でもこの時の指導から外れないように心がけています。遺された姑は、現在、要介護三の認定を受けています。私は夫と共に姑の家に泊まり込んで介護をしています。最近、テレビなどでも認知症を取り上げるようになり、介護の問題は今の社会または時代の問題にもなっています。姑は毎日のようにデイサービスとショートステイを利用しています。はじめての施設利用で不安を感じている他の利用者に、姑は自分から一生懸命話しかけたり、悩みを聞いたりしているので、施設の従業員には「まるでスタッフのようだ」と言われます。姑も「今が一番幸せ」と言って過ごしています。

この七月には金子理事長より、幼児教育部の母親が「これだけの科学文明が発達し、機械文明化したなかで、人間は自分一人で何でもできると思ってしまう。そういう意味でご主人との繋がり、仲間との繋がりを、自分の気持ちの上で関係を切ってしまって、精神的に不安定な人が増えていると思う。人間も植物も同じだけれど、安定するということは根が張って安定するの。根が張っている上に、幹が太ければさらに安定する。人間も生き物だから縦と横の関係が繋がると安定するのよ」と指導を受けました。

私も初めのうちは「人に助けてもらわなくても、相談しなくても、自分が頑張れば何でもできる」と思っていました。しかしそうではないことがわかりました。姑の介護は大変だけれど、私の気持ちも姑の気持ちも安定しているのは、夫やケアマネジャーや施設の人と気持ちが繋がっているからなのだと思います。介護をすることで離婚問題に発展してもおかしくないような状況にありながら、お陰様でむしろ夫婦の絆は深まっています。

また、私たち夫婦には子どもがおらず「子どもを授かれない私は女性としての価値がないのではないか」と物凄く悩んだ時期がありました。しかし「子どもがいなくてもいいと言ってくれるご主人の愛情はものすごく深い」と金子理事長より指導を受けるなかで、私は夫に愛されていることに気づき「生きていていいのだ」「ありのままの自分でいいのだ」と思うことができました。

社会や時代をつくるのは私たち一人ひとりの人間だということの自覚の上に、社会や時代の問題を課題にし、自分を知り、自分づくりをして、これからも継続して学んでいきたいと思います。

ありがとうございました。

討　議

司会（木村理事）　午後の討議を始めたいと思います。

午前中、本来三ヵ月かけて勉強する野村生涯教育論「第一章　生涯教育への道程」と「第二章　野村生涯教育の構想」について講義がありました。ご参集の皆さまは通常は講義をなさる側で、素人の講義に耳を傾けるのは初めての経験なのではないかと思います。「生涯教育への道程」は、従来の教育観から生涯教育への転換についての講義ですが、ユネスコからご参加の皆さまも大変関心がおありかと思います。教育改革を要請する時代のニーズに対して、創設者が東洋の観点、また生活人の立場からこのことについて提起をしています。どのような角度からでも結構ですので、皆で思いきり議論をしたいと思います。どうぞよろしくお願いします。

ズザナ・ラピトゥコヴァー（写真美術キュレーター／スロバキア）　私は以前から野村センターとの繋がりがありますので、私が論争好きなことはセンターの皆さんはご承知のことと思います。

第一章の講義を行った坂本さんとは長い付き合いですが、彼の講義は、私自身の経験かと思うほどで、どんなに長く学んでいてもなお自分は何かということは探究するべきだと思います。ぜひ自己を学ぶことを、自分自身を知ることをしてほしいと思います。自分自身について知ったことを大事にしてほしいと思います。

講義の話に戻ります。私自身がいまだに納得できていないのは、現代社会に対して壊滅的なシナリオを持っているということです。私は芸術史を学業にしながら歴史を長く学びました。それについて振り返ると、人類あるいは社会が失敗してきたいくつかのことが見えてきます。その点について創設者は「病理現象を呈している、そして行き詰っている」と仰っていると思います。

例えば、ローマ帝国の崩壊が人々に及ぼす影響がどれほどのものだったか想像もつきません。ローマ帝国が崩壊した原因は体制が崩壊したことにあります。少なくとも、ヨーロッパ、アジア、アフリカの三大陸においてそれが起こったからだと言われています。そのフラストレーションは、第二次世界大戦について私たちや年配者が感じたものと容易に比較できると思います。これと同じような例を今の社会の崩壊に見ることができます。

あえて言えば、現代の病理現象が特にひどいということではなく、ただ近々の歴史だからひどさをより感じるのだと思います。そしてこの病理現象が将来にどのような結果をもたらすか、私たちはまだ知りません。

私が子どもの頃に、年上の世代が「私たちの頃は良かった」とよく言っていました。当時の子どもたちは、他人を罵る言葉など使わなかったし、もっと従順だった。そういうことはどこでも、どの時代でもあることです。次の世代の子どもたちが育ったら、彼らに対して同じことを言うのです。ですから、今の社会は病理現象を呈しているのではなく、すでに歴史のなかで繰り返されていることの一つであり、これからも続いていくと考えます。

歴史的な観点から、私たちは歴史やその記録を通して人々が人間性を失っては取り戻すことを繰り返すのだということを学んできました。人間性は、単に喪失と回復の繰り返しではなく、周期的に繰り返しながら半永久的に向上していくのではないかと思います。もちろん己を知ることは助けになると思います。現代の心理学は、自分たちが何をしているかを理解する一助になるでしょう。しかし私は、これらが、人間性を喪失したのちに突然取り戻すプロセスになり、さらに取り戻したものが永遠に保ち続けられていくということには同意できません。

ただし、私たちが今までになく広いスケールでこの考えを共有する可能性を持っていることには同意します。その意味で、こうした国際会議などが開かれています。かつてないスケールで地球や生態系に影響を与えていることを踏まえると同時に、私たちは大きな責任を負わされているし、さらに変化しているのは、人類が責任を以前よりもっと認識しているということです。

ですから関連し合う二つのことが起きていると思うのです。一方では世界すべてを破滅させることもできる。もう一方では、そのことに気づいているからこそ、私たちはここにいるわけで、他のグループはまたどこかで討議をしているのです。世界が破滅する可能性に恐れや緊張感を持つのは、私たちが自分の中に人間性を感じ、生存しなければならないという意識が内在していると感じるからであり、それは自然なことです。こうしたグローバルな観点から、講義についてコメントしたいと思います。

午前中の講義の中で、東洋の考え方を伺いました。私としては、少なくともこれは東西の哲学が融合した観点だと申し上げたいです。というのは、最後の講義で人類の進化について言及がありましたが、この考えは西欧の科学者であるダーウィンが唱えたものです。そして統合教育では、家庭教育、学校教育、社会教育の有機的相関関係を説かれ、さらに一人の人間は一面は家庭人であり、一面は社会人であり、一面は学校人であるということをお話しされましたが、それも、新プラトン主義のような考え方に由来するものだと思います。この考え方がなかったら、人間が三つの側面の中心にはこないわけです。人間はすべての環境と相互関係にあります。

また、相互依存の概念について続けると、例えば十七世紀にニュートンが自然界の力（運動）の三法則を知らしめ、それがまさに相互依存関係があることを証明してくれたわけです。ですからこれらの観点というのは東洋と西洋両方が相互に関係していて、そのありのままでまったく問題ないのではないかと申し上げたいのです。

哲学史には東西の違いがあります。現在のグローバル社会はこの二つの柱を持つ知識や英知を受け入れる準備ができている。東洋だけ、または西洋だけを受け入れるのではなく、東洋と西洋の両方を受け入れる準備ができているのではないでしょうか。

粗探しをするのでも、失礼なことを述べるつもりもないのですが、私はヨーロッパ出身であることを強く意識しています。そして皆さまが、私たちは全員が学ぶべきだということを強調していることに勇気づけられています。私自身の背景から発する考えを皆さまと共有することで、皆さまにも学ぶ機会となることを思います。西洋のより科学的で正確な視点から見ていただくとよいのではないかと思います。

友田さんの講義は教育に関して多くのことに言及していました。教育は科学であり、方法論があります。例えば大人が子どもから学ぶということですが、子どもは大人に教える能力があると思いますが、子どもは方法論を持っていません。ですから教育というより学習と呼んだ方がよいのではないかと考えます。

司会　時代をどう捉えるか。現代社会が病理的現象を呈しているという時代認識に関して、現代がとりわけひどいのではなく、歴史は繰り返されているということ。そして、東洋と西洋の自然観の対比に関連して、統合教育について西欧の哲学者にも中心に人間を据えている流れもあるとありました。それから教育に関して、子どもは大人に教える方法論を持っていないので学習と呼んだ方がよいのではとありました。ズザナの発言に対して、また別の観点からでも結構です。アマルさん、どうぞ。

アマル・アブゥ・エマラ（野村生涯教育センターパレスチナ支部責任者）　ありがとうございます。

まず人間そのものについて。人間は非常に複雑な生物であり、他の生物に比べてより多く特権を与えられています。創設者は、我々人間はすべての歴史を内在させている最も大切な遺産であると仰いました。そうした存在として、この世界に人間がいると見ています。

アラブ諸国では人々は窮乏し、占領され、失望や挫折を強いられています。識字率は低く、富裕国の覇権主義に苦しめられています。西欧諸国の人間は消費者であり、雇用主であり、政治家であり、私たちを占領し搾取する状態が続いている。一人の人間としてそれぞれが問題を抱えているのは、西側でもその他の地域でも同じです。

教育について語るとき、先進国と私どものような国では教育の目的が異なると思います。

我々の国での教育とは、占領軍による抑圧や失望感、搾取から自らを解放することです。非識字者をなくすことです。先進国においては、幸せな生活を送り、人生を楽しむことだと思います。人間にとっての教育目標とはただ一つ。命そのものの価値を知ることです。私たちには、そこに政府の政策による介入、抑圧、支配がありま す。「動機」についての話もありました。政府の動機は個人のそれとは異なります。個人にとっての動機は、人としての幸福や安定した生活です。一方、政府にとっての動機は、優位に立って支配したいということです。

統合教育のところで、一人の人間の側面に三つあるというお話がありましたが、それぞれの側面は学校、社会、そして家庭における個人を指します。実際、一人の人間が、異なる個性を持っているように思います。それは、生活が非常に複雑になっているためです。例えば、軍人として武力行使をし、攻撃をしても、その人が家庭に帰れば温和で優しい、子どもの将来を考え憂う父親であるというようなことです。戦闘で自分が対峙する相手にも子どもがいることは忘れてしまうのです。

働く者の性格もあります。西欧では、会社の従業員は雇用主の態度に影響されることがあります。あまりにもその影響を受けすぎれば、家に帰っても、子どもに対して父親としての役割を果たせなくなったり、自分の家族にどう対処したらいいかわからない状況に追い込まれることもあります。政治家たちが自分の信念とは違うことをせざるを得ないのは、幸せでないにも拘わらず幸せを装わなければならないような状況があるからです。つまり生き残るために、自分の信念とは違うことをやっているのです。

文明の衝突に関する話がありました。創設者が仰ったように、これは文字通り、文明がぶつかり合っているのではありません。人間が衝突し、戦い合っているということです。あくまでも基本は人間であって、そこに技術的な進歩があろうとなかろうと、物事を良い方に導くのも、悪い方に導くのも人間なのです。文明は、歴史を通して発見されたものをすべて社会に伝えてきました。火を発見し、そこからさまざまな発見と発明を繰り返すなか、機械が発明されました。それらは世代を通して個々人によって受け継がれてきました。

「読み書き」も発明されたものです。この種の発明は、今日の我々の現代社会で行われている技術革新よりもはるかに困難を伴ったのではないかと思います。

民衆が読み書きを学びたいと意志を持ったりすると、聖職者、政治家、スルタン（イスラムの君主）たちは、干渉する必要があると感じ始め、支配層にのみ読み書きを許すという制限を設けました。つまり、民衆を支配するために、彼らが読み書きできないようにしておく必要があるという考えだったのです。西欧のルネサンスでは、教会の権威を排除しようとして、支配者は、民主国家というものを打ち立て他国を搾取した。産業革命、植民地化が進むと、今度は植民地化した国の民主化を阻止することで民衆から民主化の権利を剥奪したのです。そのため、植民地化された国々は搾取され、学校など、教育の機会が制限されました。その結果、民衆は無知なまま、そして貧困の中に非識字のまま留め置かれるような政策が取られました。本来ならば、搾取を行った側の国が植民地の人々の自己開発を助けなければならないのですが、教育を受ける機会さえ与えませんでした。

私どもアラブ諸国には、人間の欲望がもたらしたものがあります。我々は長年にわたり、交易や農業等を行ってきました。科学革命ののちは、アラブ諸国では石油も輸出するようになりました。埋蔵油田を発見したことにより、新たな帝国拡大を目する一部の国には、その石油を搾取しようとする意図が見えました。こうした国々は自らの身を守るために軍事化を進め、その結果、再び植民地化が起こりました。

新しい植民地化は非常に政治的な形、ある意味で不安定なやり方で行われました。なぜならそれはアラブのビジネスマンとアラブの支配者との間で、行われることになったからです。これは、アラブ諸国における新しい形の植民地化です。

私たちは、いかなる技術革新についてもその良い面と悪い面を見る必要があります。悪い面だけを見てはいけないと思います。というのは、技術革新には良い面もあるからです。遠隔通信手段の革命には良い側面がたくさん見られます。例えば、アフリカでは携帯電話が普及したおかげで治水や農業の問題が解決しました。３Ｄ技術も農家の抱えるさまざまな問題を解決し、農家の人々は新しい技術を身に付けることができました。

私どもは一九四八年に空爆を受け、イスラエルが我々の領土を占領した時は必死で逃げました。それまでそこで安全に暮らしていた人々は、一夜のうちに自分の国から追い出されたことを理解できませんでした。自分の財産も所有物もアイデンティティも失いました。当時そのようなことを信じる人はいませんでしたし、私たちが爆撃の最中、そこを立ち退かざるを得なかったということを、いまだに信じない人もいます。私たちは強制的にパレスチナの地から排除されたのです。ところが二〇一四年にガザが空爆を受けた時のことは、世界中の人が知っています。それは、メディアが現場を実況中継したことに加え、Facebook、インターネットなどの科学技術、通信技術の進歩を通して、世界の人々がガザで何が起きているかを知ったからです。ガザの戦争中も我々はガザの仲間たちとコミュニケーションを取ることができました。ガザ地区のメンバーたちは人々を援助し、子どもたちがちゃんと学校に行けるように活動していました。野村センターはガザのチームを一生懸命支援してくれました。支援ができたのは通信手段の技術的な進歩があったからです。それが技術革新の真価です。

東西または南北で人は違いを持っていますが、それはそれほど大きな違いではありません。なぜなら人間はみな同じだと考えるからです。貧しい国を、植民地支配国がいかに搾取したかは、若い人が母国を離れて他国へと移住しなければならなかったことに表れています。はじめは、植民地化により資源豊かな国が搾取されました。そこで、植民地の国民は自分たちの奪われた権利を取り戻したい一心で、豊かな国に移住したりするのです。また、生きるチャンスを求めて、命のリスクを冒してまでも自国を逃れて移住するのです。

一方、西洋諸国の若者は、社会における自分たちの役割を失いつつあります。その理由は、大事な価値を見失ってしまったためです。彼らには夢も希望もない。家族が分断し、家庭が崩壊し、若い人たちは生きるためではなく、死ぬために西洋から離れようとしています。そしてテロ組織に入ろうとします。私はそのような人たちまでも「イスラム系テロ組織」とは言いたくありません。テロ組織とイスラム教とは全く関係ないからです。テロ組織はアラブ諸国の発展を阻止するために作られました。


私は、教育は、世界中のどの国であっても人々のためのものでなければならないと思います。

科学技術がもたらすマイナスの側面について述べます。カナダでは、男女を問わず、若者がFacebookを介して被害を受けている例もあります。カナダの文部大臣が、学校での緊急事態を宣言しています。その宣言に至った理由に、Facebookを通して二人の若者が嫌がらせやいじめを受け、自殺した事件があります。我々には、インターネットやSNSをどうやって良い方向で使うか、若者たちに関心を呼び起こすような教育をするという新しい目標が求められています。それらは自分の楽しみや喜びのために使うものであって、搾取やいじめのために使ってはならないということを教えなければなりません。

私たちはこのセッションで、ソフトな力、つまり精神的な価値を守るために文化と教育の力による努力や立場を結集することが求められていると思います。私たちにはタフな力しかありませんが、日本にはソフトな力があります。私どもは、アラブ諸国の政治家にもっと働きかけて、本当の教育目標を、私たちの手で確立しなければなりません。ありがとうございました。

司会　少しアマルさんたちのことをご紹介したいと思います。アマル、アリ夫妻は十年以上カイロに住んでいますが、オスロ合意に達したあと、お二人は家族でガザに戻り、そこで当センターのパレスチナ支部を立ちあげて、若者たちのサマーキャンプや凧揚げ大会など多くのプロジェクトを企画し、実行してきました。その後カイロに居を移し、アマルさんたちがガザにいなくとも子どもたちが学校に行けなくなった時は、パレスチナ支部の次の世代が世話をしています。爆撃を受けていた時には、ガザの仲間たちが水と給食の手配をしました。その時は、とても正視できないような写真ばかりが東京の本部に送られてきました。しかし、金子理事長は、どんな悲惨な写真でもこれは見る義務があるということで、悲しい、ひどい、悲惨な写真を見ました。そうした状況のなかでも、ガザで水と給食を配っている仲間や子どもたちの顔はとても穏やかで、柔和でした。子どもたちの表情を見る限り、爆撃を受けて、家が倒壊しているとは思えないくらい穏やかな写真でした。そういう意味でご夫妻とそのお嬢さんをはじめ、皆でパレスチナ人としてのアイデンティティと文化を守ろうとすることの意味の大きさを感じ、その写真の意味を考えさせられました。

なぜ今、教育改革をしなければならないか、その教育改革のパラダイムシフトの視点をどこに置かなければならないかということを、実現していくためにも、さまざまな国の実情を聞かせていただければと思います。

ではジャッタさんどうぞ。

アンテレーズ・ンドング＝ジャッタ（ダカール・ユネスコアフリカ地域教育事務所所長）　ありがとうございます。

私たちは午前中に、二つの章に関する三つの講義を聞きました。私たちは、創設者の哲学の話をしにここに集まっています。我々の知っている事柄から推定をせずに討議する方がより面白いと思います。ダーウィンの進化論が非常に痛ましいものを引き起こした国もあります。それはすべての分断と混乱を引き起こすものだからです。アフリカでは依然として、それによる傷跡を残しています。野村生涯教育のこの特別な哲学を理解する前に、他の理論については触れないことにしませんか。

私が講義を聞いて素晴らしいと思ったのは、本当の意味で成長できないような状況を繰り返すことについて、私たちがどう取り組むかという世界観を創設者が説いていることです。その観点に立てば私たちはこうした世界観を理解できるし、考えをつけ足すこともでき、他の理論との比較なしに推測していくことができるのです。ものごとを比較するということは、往々にしてその哲学が意味するものとは違うものを生み出す危険があります。

皆さんの講義について、私は次のように理解しました。ある状況の結果が起こるにはその原因があって、原因に対して反応があるということです。それは、私が科学だと考えていることに基づいています。つまり観察に基づいていて、さらに何をもって本当の意味の問題解決がされるのかという理解に基づいています。これをどう解釈するかによって、私たちが他の人たちの生活をどのようにも改善することができるのだと思います。この野村理論は私にとって、今問題を抱えている世界に対する、真に有効な視点であります。世界は常に困難を抱えていますが、問題はそういう状態であることの理解はこれでいいのかどうかです。現実の諸問題は、人間の本質を誤解していることが引き起こしているのならば、その誤解は再生産されています。人間は、依然として支配し、搾取し、暴力に訴えているのです。

さまざまな考え方や世界観があっても、私たちがこのように集まって会議を開くことの意味は、なにかもう一つの考え方、つまり、この困難な世界にどのような解決策をもたらすことができるかということにあります。それは、今私がここで見ている視点から得ることができます。私たちは何であるか、つまり生命そのものであるという視点こそ、この議論の中心であると私は思います。それが東洋的な視点であろうと、西洋的な視点であろうと、今ここではアフリカの視点が出てきていませんが、どの視点で見るかは問題ではありません。問題は、何が私たちをこの場に集結させているのかということです。何が共通で、何を共有できるか、私たちは何のために集まっているのかを考えるべきです。この件については、昨日も本日も三つの講義で聞きました。

私たちに共通するものは命そのものです。今、私たちに共通して必要なものは自然です。私たちは息をするために自然環境を必要とします。ですから私たちの周りのすべての環境によって生きていかれるのです。命はプロセスを経ているものであり、そのプロセスは自然の循環そのものであり、生命は永遠であることを講義で聞きました。本日伺ったことはすべて私にとって真実であり、どの国や地域の視点で見ようとも反論できないものです。これに基づいて、私たちはいくつかの根本的な問題について、皆で話し合うこともできるし、また基本に戻っていくこともできます。そこに「家族」が関与します。

今までの三つの講義のなかで話された事例に、私も当てはまることがあり、くすくす笑ったりもしましたが、私にとっていくつかの気づきに繋がる新しいことを一生懸命に聞いて消化しました。例えば、私が自分自身の息子との現在の関係を理解する手立てとなりました。基本を理解していないと、科学やプロセスの分析は多くの矛盾を生むことにもなることも確認できました。

以上を総括すると、とにかく講義はとても興味深いものでした。あまりいろいろな例を出して比較はしたくありません。比較をすることで結局は終わりのない議論を始めることになってしまうからです。もちろん自由にものを言ってもよいと思いますが、議論のポイントを外してはいけないと思います。

本日は野村生涯教育の二つの章について講義を聞きました。私たちはそこから何を引き出すのか。私たちの議論から何を得るのかということに改めて焦点を絞れば結論を見出すことができると思います。今、いろいろあがっている問題は明日も話題になるでしょう。例えば第三章、第四章ではもっと掘り下げて話をすることができると思います。私たちがやろうとしている社会の改革に必要な何かをそこに見出すことができると思います。

私が本日の講義から感じ得た教育は、今までに構築されてきたものとは違います。アフリカに住む私どもが傷ついた話を再び例にあげます。若者たち、成人たちを教育する形はありましたが、そこには分類が生じました。学校のグループに相当するとも言えますが、少し異なります。つまり学校、家庭、それと社会全般の間に完全な断絶を生み出しているということです。私どもが経験している問題が存在し続けるならば、今直面している問題に対応するために異なる視点からの見解を投げかけるのはよいと思います。それがまさにこの場だと思います。

私はこの会議に来る前に、討議したいことについて考えてきました。今、国連のミレニアム開発目標の最終段階にあり、ユネスコも教育に関しての課題を設定しています。私にとって教育とは、私たち皆がここに集まり、社会が必要としている変革、改革を起すためのものだと思います。それは、二十五年にわたりグローバルなレベルで論じられてきました。しかし、繰り返し示されているのは、特定の地域はその目標を達成することができないということです。そのような目標をいったい誰が設定したのか。設定された目標の基盤は何なのか。その基盤も現在の教育制度です。認識的な部分のみに焦点が置かれ、その認識に基づいた学習を評価するという、そのことだけで子どもたちにできる子できない子のレッテルを貼り、落ちこぼれたことを感じた子どもが自殺することにも繋がっています。

友田さんの講義で、息子の入院治療中、担任から授業の遅れを指摘され、そのことに焦りを感じた母親は勉強道具を病室に持ち込み、授業の遅れを取り戻させようとした話がありました。治療中の我が子に、本を読め、勉強しろと言ってしまう。親は子どもが試験に合格することを望んでいるからです。しかし、その子は、自分が受けている治療についてきちんと質問することができています。今日の三つの講義で全人教育についての話がありましたが、現在の教育が一方に偏っていて全人的な開発ができ得ていないということです。ここでは特定の世界観に合うように構築された知識について話されているのではありません。時代を超えた知恵、それは観察に基づいて受け渡され、学習し、さらに学習されてきた知恵について話されたのだと思います。それが私たちが見失っていることではないでしょうか。私たちは前進することができます。私の隣の席の友人が見ていましたが、私は本日の講義でたくさんメモを取り、一生懸命理解しようとしました。というのは、批評するためではなく、理解して、解釈して、自分の現実に学んだことを応用させたいと思うからです。ありがとうございます。

司会　続いてアダマ・ウワンさんどうぞ。

アダマ・ウワン（前ユネスコ生涯学習研究所所長／マリ）ありがとうございます。私も皆さんと共にこのように参加できることを大変嬉しく思っています。

私は長年、生涯学習に取り組んでおり、一人の生涯学習者としても成長してきました。私どもの教育制度が、我々の目指しているところに辿りつけないのはなぜか。それを理解しようと本当に謙虚に努力をしてきました。生涯学習にはいろいろな側面があるという話がありました。我々は「生涯」つまり「一生を通じて」のように、長さにおいて、そしてその人生の幅において、教育を語っています。ただ一つそこに欠けている側面は深さだと思います。深さがいかに重要であるか。つまり、生涯学習、生涯を通しての統合的な教育を理解するにあたって、深さの重要性を考えていくことも大切だと思います。教育とは何か。何のためのものか。生きるためのものならば「生きる」とは何か。生命の重要性、その永遠性、常に変化していること、また痛みを伴うものであると思います。教育はそれにどう応えるのか。

私どものアフリカの社会において、教育の一つの形として、以前は通過儀礼というものがありました。この教育形式を通して、知識や知恵を伝えていく。教育を受ける者の年齢によって異なりますが、現在の問題に対処しながら、将来起こるであろう問題を未然に防ぐようなあらゆる能力を伝達しようとしてきました。この教育形式には重要な側面があります。それは倫理的側面です。このシステムは、“Reactional Education”（対応的教育）の一つの形式として認められています。なぜなら教師、指導者、賢者といわゆる教える側の人たちは、知識や能力を受け止められない学習者に教えることはしません。これは、そうした未熟な学ぶ側が、知識を誤用または悪用する可能性をはらんでいるからです。知識の誤用は、社会や個人に対して害を及ぼすことにもなりかねません。もし我々が、この倫理的側面を維持していたならば、今日のように、世界の最も優れた頭脳が、人々の生活をこのように破壊することもなかったのではないでしょうか。

我々の教育制度はここに繋がっています。今日、我々の優れた頭脳は軍需産業で使われています。西欧諸国が陥っているこの異様な状態に我々は疑問を持っていますが、何の解決にもなりません。最も精巧な兵器をもって人々の生活や環境を破壊している人々の存在は、我々に真の教育とは何か、何のための教育なのかを、とことん考え抜くことの必要性を訴えているのではないでしょうか。この問題には、我々が見過ごしているものが多くあると思います。教育に欠けているものがあるがゆえに、知識を測る試験をしたり、読み書きの試験をしたりするということです。

私が声を大にして言いたいのは、ドイツは平和を是とする教育制度に変えたことです。教育制度全体が、ドイツが目指す域に達していないことが示されたからです。ドイツの教育制度は、今ドイツが享受している豊かさをつくり上げてきました。それと同時に、より平等主義的な社会を目指し、人間の尊厳を敬うものでもあります。ここでは第二次世界大戦後のこととして議論していると思いますが、どのように社会がこの教育制度を変えるということを受け入れるべきなのか。例えば、方法論的能力や技術向上を図ったり、または我々が見通しをもって何かをする能力を測るための特定の尺度が機能していないからという理由のもとになのか。私は哲学的な観点から話しています。今我々が議論しているポイントはそこだと思います。では、どのような立ち位置に自分は立つべきなのか、悩むのはいつもこれです。これは私自身の性格に由来するのだと思うのですが、この難しい問題と向き合っています。私はマリ出身で、家族も、社会も非常に伝統的な概念を持っています。私の国はフランスによって植民地化され、それによって土着のプロセスが止まり、さまざまな要素がもたらされたがために、自分たちが一体何者なのか、そしてどこに向かっているのかわからなくなってしまいました。また、私は国際公務員でもあり、グローバルに、国際的に、文化的なレベルにおけるさまざまな面で、共に達成できることに確信を持っています。ですから、西洋、東洋という話を聞くにつけ、アフリカ、そしてまたパン・アフリカ的視点というのはどこにあるのか、ということを申し上げたいと思います。

今私たちが討議しているもう一つの問題は、新しいヒューマニズムの模索ではないでしょうか。先ほどの議論にもありましたが、ヒューマニズムに「新しい」と規定する理由は人間性が失われているからです。本来人間はどうあるべきなのか、人間性とは何なのか。そして我々の生物的本能をいかに受け入れていくのか、我々の残虐性や獣性が人間性を主導してしまうという課題に対して、いかにして教育は応えていくのかを提起したいと思います。ありがとうございました。

司会　ライフロング、教育期間の延長と、そこから学ぶ場を拡大していくということと、それに対してもう一つ質の高さを求めていく視点の指摘は大変示唆に富むものでした。では、カタソノワさん、どうぞ。

エレーナ・カタソノワ（ロシア科学アカデミー東洋学研究所（日本問題）上級研究員／ロシア）　私が専門とする研

究テーマは日本の文化ならびに日本の歴史です。そこで日本の文化を例にあげながら、世界の動きについて話したいと思います。

私は東京に何回も来ているなかで、この会場のすぐ近くのお台場にも五、六回行ったことがあります。しかし私は、昨日初めて二十一世紀の日本を見た感じがしました。モノレールに乗って、素晴らしい二十一世紀の建物と雰囲気の中で、私たちが未来のこと、教育、文化の発展などを論議することは大事な意味を持っています。

そして私は昨日、本当に素晴らしい、深い理事長の基調講演を聴きながら、私たちが通ってきた二十世紀を振り返り、その歴史の偏向はどれほど大きかったかについて考えました。戦争、革命、冷戦を経て、二十世紀にはまったく新しい文明や文化が生まれました。おそらくこれも、今の大事な教育の過程に大きな役割や影響を与えると思います。

野村理論の原則の一つとして「伝統文化学習から文化創造の学習へ」とあります。本当にこれは世界的に大きな問題になっていると思います。二十世紀には、まったく新しい大衆文化が生まれました。近年は、世界中で日本のアニメや漫画が大変人気になりました。技術が大きく発展しているインターネットは新しい文化ですが、どんな役割を果たしているでしょうか。これは私の研究テーマの一つです。実際に、日本の現代大衆文化は世界中で高い評価を得ています。宮崎駿をはじめとするアニメーション作家による作品は、新しい技術を駆使し、最も大衆的な芸術になっていると思います。近いうちに映画はアニメに負けるかもしれない。これはとにかく新しい芸術の発展であり技術です。こうした新しい文化が与える影響は大きいです。ロシアでも、日本のアニメや漫画のファンは多いです。

一方で悪い影響もあります。例えばある女性は「デスノート」という有名で人気のある漫画を読んで自殺しました。ロシアのテレビでも彼女の自殺は大きな問題となり、さまざまな論議を呼びました。なぜ日本のアニメを見た後に彼女は自殺したのか。この漫画を読んで病気になった人もいるのではないかと思います。

以前にも少し話をしましたように、ロシアでも引きこもりの問題は徐々に深刻化しています。若者たちは両親との接触を拒み、自室から出ることもなく、食事もせず、ほとんど顔も洗わず、インターネットに集中してメッセージを送信することに没頭したり、特にアニメとか、とにかくまったく事実の世界ではない、なにか作った世界の中に住んでいると思います。坂本さんはオウム真理教について話しました。もっともこれは思想というよりは、新しい宗教のようでしたが、アニメとの関係があると思います。ちょうどその頃、エヴァンゲリオンという有名なアニメが広まりました。世界が大災害に遭ったあと、壊滅状態にある地球で、襲来する謎の敵と戦うといったアニメの影響もあったと思います。

歴史の教科書の問題もあります。この件は明日以降に話そうと思います。私たちは、新しい文明のことを忘れてはいけません。特にこれからの教育や、子どもたちがどういう人間になるかを考える場合には、新しい文化の発展についても考えなければならないと思います。

司会　ありがとうございました。マロペさん、どうぞ。

ンマンツェツァ・マロペ（ユネスコ国際教育局局長）　午前中の三名の講師の方々、ありがとうございました。野村生涯教育センターについてさらに知る機会をいただいたことに感謝します。私はユネスコの観点から話をしたのちに私見を述べたいと思います。

ユネスコは他の機関と同様に多くの機能を持っています。その一つがクリアリングハウスとしての機能（情報センター）です。ただしユネスコは、教育、知ること、学習などに関して、ある特定のアプローチを提案または推進するものではありません。私どもはそのような分野において、アプローチの多様性に目を向けています。さまざまなアプローチによって世界中の人々がより豊かになることを意図し、その選択については、多様なアプローチの受け手が誰であれ、受ける側が選ぶものです。この集中セミナーは、ジャッタ女史が述べたように、私の解釈では、野村理論をより深く理解する機会なのだと思います。これはあくまでも私の見解ですので、違っていたら指摘をしてほしいと思います。野村センターは「こういったアプローチもあります」ということを示唆しているのではないかと思います。既にある他のさまざまなアプローチや視点に、野村センターの強みを活かし、さらに統合して、教育に対する理解をより深くするために、こうした集中セミナーを開催しているのだと思います。なぜなら一つひとつのアプローチ、またそれぞれの観点が我々をより豊かにしてくれると思うからです。私は、そうしたことに感謝を申し上げたいと思います。

ここからは私見を述べたいと思います。私の出身地（ボツワナ）の文化では、間違いなく子どもたちこそが私たちの教師または教育者だと考えています。このことは、諺や表現、行動にも表れています。例えば、大人が何か失敗をしたときに「子どもを見なさい」というのは、子どもから学ぶことを重視しているからです。人間性の喪失について話し合ってきましたが、純粋な人間性が何なのか、それは子どもを見ればわかります。大人が自分たちの見方で子どもたちを見誤るようなことをしなければ、子どもたちはその人間性のまま、お互いに人間らしく、思いやりをもって理解し合い、統合的に、包括的に、公平なアプローチをもって関係し合うことができるのです。しかし大人が「あなたはこの言語を喋れるから」「あなたの方が優れているから」「あなたは○○の人種だから」「あの人よりもこの人の方が能力が上だから」と子どもたちを教育し始めてしまうと、子どもたちの人間を見る目が変わってしまいます。それなのに「子どもは大人に教えられない」「教育とは科学だ」「こういう方法論がある」などと聞くたびに、私はいらいらします。我々は「教育とは誰のためのものなのか」「その手法は誰のためのものなのか」を問うていかなければなりません。

ここで再び焦点を絞るべきは、ノムラ・アプローチとは何かということです。本来ならこの講座は数ヵ月かけてやるべきところを、私たちはほんの数日で、できるだけ理解を深めようとしています。深く理解するどころか、表面をなでる程度かもしれませんが、それでも、このノムラ・アプローチに触れることは素晴らしく、かつありがたいことだと思います。その上で、我々はそれぞれの見解を持っていますし、多様なアプローチによって、それぞれがメリットを受けることもあるという点に立ち戻りたいと思います。昨日も多くの時間をかけて、多様性を大事にするということを話しました。多様性とは、文化に留まらず、物事を知る方法であり、教育にも多様性があると思います。我々がここで、野村センターの生涯教育へのアプローチを理解していくことに焦点を絞るためにも、この点を強調したいと思います。

三名の講義を聞いて、私としては、非常に謙虚な気持ちになりました。我々は物事に対してさまざまなレッテルを貼っていますが、私たちが今、難しい課題に取り組みながらも、なかなか目指すところに達していないということに、私自身、大きく共感します。私たちは本当に懸命な努力をしていると思います。

坂本さんが述べたように、学習とは非常に前向きだという前提がありますから、我々はしばしばその複雑さについて話していません。しかし、坂本さんが講義で言及した、ＤＶＤの制作に係る個人的なエピソードは具体的でわかりやすく、鮮烈なメッセージを伝えてくれたと思います。彼の講義から私が得たものの一つは、学習とは必ずしも心地よいものではない、ということです。彼は不機嫌になって怒りを感じたり、喜んだり、アップダウンが繰り返され、脇道にも逸れたと述べていました。学ぶことは常に楽なものではありません。それでも誠実に本気で努力をすれば、最終的にその結果はポジティブなものになります。

例えば、子どもたちが学びに奮闘するとき彼らは教室で得意になったり膨れっ面になったりすると思いますが、悪ふざけをしたり、トラブルを起こしたりする子どもたちを導くために、我々は時には厳しい態度で叱るようなアプローチをしています。ことは難しく、感情を含めて学ぶことは簡単ではないのだと思いました。

二つめには、学ぶとは単に技術的なことだけでなく、感情に大きく支配されるということでした。ＤＶＤ制作では具体的な結果を生み出すために、坂本さんのノウハウが必要とされていた。そこにことごとく感情が伴ったということです。「学習」を社会的出来事と捉えるなかで、子どもであれ大人であれ、個々に学ぶよりも、お互いに関わり合いを持ちながら学ぶことが効果的であるとますます強調されるようになっています。往々にして評価が問題になりますが、学習に評価が入ることで生じる競争は、時として学びにおける個人主義を奨励することになります。しかし学ぶこと自体は社会的な事象なのです。ですから坂本さんは、野村センターの家族のような人々との関わりによって、事務所の机で一人黙々と作業をするよりも学びがより豊かなものになり、その結果ＤＶＤが完成したということですね。

昨日そして本日も一日かけて、社会、家族、家庭、そういった共同体について重点が置かれてきました。学習における社会共同体的側面をもって、学びをより豊かなものにするとはどういうことでしょうか。人間同士の関わり合いを尊重することは、それによって学習がより豊かになるものであっても、そのこと自体大変難しいプロセスでもあると思います。ですから、人間性喪失とはある意味では、人々が互いに関わり合うことがなくなり、勝ちとる人がいれば何かを失う人がいるというゼロサムゲームのような関わりになってしまうことです。それは我々がどんな場面においても誰かと競争し、より高位に就くべきだと思っているからではないでしょうか。

もう一つ、坂本さんの講義から私が得たポイントは、学びとは本来、本質的に内省的なものであり、かつ人との関係を通して自分を見るということです。例えば、坂本さんは「ＤＶＤの制作中に不機嫌になったのはなぜかを考えた」と繰り返し述べていましたが、金子理事長が問うたことでその理由は、木村理事が言った言葉に腹が立ったということがわかりました。ここにアプローチがあり、関わりがあり、自分に向き合います。我々は自分を見つめ直しながら、前よりも少しだけ成長して人との関わりを繰り返します。この絶えず続く自己内省のプロセスを学びの中に改めて強調していかなければならないのではないでしょうか。自分自身を突き放して見るような能力を身につけていくことも必要であるかもしれません。彼が自分自身に立ち戻って自分の言動行動を見つめ直し、自分のおかしさを冷めた目で見つめ直し、次の段階へ進もうとしたときに、昨日鑑賞したＤＶＤがその成果としてあったということです。本日の講義で、ＤＶＤ制作を通しての学びのプロセスがわかりました。だからこそ、このＤＶＤはより意義深いものになりました。このＤＶＤを見るたびに私は、彼の心の浄化のプロセスを思い起こすことになるでしょう。このことは、評価は成果、結果を表すものにすぎないことを示していると思います。つまり、評価をすることで到達点が示されることはあっても、そのプロセスを辿る旅路を我々に示すことはないということです。ですから、教育における本当の課題というものがこの旅路であるとするならば、私はこの点も本日学んだことの一つとしたいと思います。

教育におけるチーム作り、そしてソフトスキル。この点は我々が常に話し合っていることですから、大変心強く感じました。彼の講義は、我々が教育の分野で取り組んでいる事柄のほとんどに取り入れられるものを提示してくれたと思います。講師の方々が実生活の中での本当にプライベートな経験を語ってくれたことで、我々が「認識能力」「社会的なスキル」「反省的思考」「チームワーク」「時間管理」というように分類してきたこと以上に、さらに意義深いものになっていたと思います。そして「ワォ、こういう考え方をすればよいのだ」と思ったのです。

宮坂さん、友田さんが講義で異時的、また同時的な依存関係、それから非連続の連続といった野村理論の用いる用語について、説明されたことを大変ありがたく思いました。と言うのも、私自身が二〇一一年以来、今に至るまで、我々がシステミックアプローチと呼ぶ、体系的なアプローチを確立するのに多くの時間を費やしてきたからです。これは、教育制度が政策綱領に打ち出されていることを実現し得ない背景の分析手法です。先ほどのお二人が講義の中でまさにこのことを言っていると思ったのです。これはシステムであり、一つひとつの部分が機能するために他に依存しているということです。もし一つが機能しなければ、他も機能しないという依存関係にあります。本日の講義の中で、言語こそ違っても、その目的とするところに私は共鳴する点が多くありました。

女性の多角的、複合的な役割の話もありました。学びのさまざまな側面のバランスをうまく取るということです。宮坂さんの講義では、自分を知ることを通して夫を理解する、ということを学びました。通常のユネスコの会議などではあらゆる用語を使って討議しますが、私が野村センターのアプローチから得た奥深いメッセージは、我々が日々ユネスコで行っていることに共鳴するものが多くあると思います。言葉は少し違うかもしれませんが、その実体、実質がわかると、私にとってもかなり身近に感じられました。子どもの問題や、義理の両親との関係、夫との関係などから、非常に強い印象を受けた点は、自己をより深く理解することが、他をより深く理解するためにいかに重要であるかということです。私たちは今、教育を、内側から外側へ、または外側から内側へ向かう学びとして話題にしていると思います。我々はもしかすると、外から内への学びに偏重しているのかもしれません。それゆえに錨があるべき場所に下ろされていないがために、我々のルーツ、根っこが少し揺らいできているのかもしれません。

また、パレスチナのお仲間の発言で大変厳粛な気持ちになりました。「我々は正しい方向に向かっているではないか」と自然と高揚感に包まれたところで、無知というものがいまだに支配者の戦略的なツールとして使われているのではないかと言われたことです。どこまで時代を遡るのかということにもよりますが、例えば王族が、一般大衆が読み書きを身につけたり教育を受けることができないように抑圧をしたり、女性たちが法律によって学校に行くことを禁じられるといった状況が歴史の中で繰り返されてきたことは、皆の知るところだと思います。さらに今日では、政治家の中には、彼らが語る複雑な話の内容を知る機会も得られないような人々から多くの票を得ている人がいます。こうした状況の中での生涯教育の役割は何でしょうか。どうしたら生涯教育は公平なものにできるのでしょうか。私が昨日の開会式挨拶の中で強調したのは、我々は既に生涯学習者であり、問題は、生涯学習者としての我々に、その機会が平等に与えられ、その機会を得ることが構造的に可能になっているかどうかです。まさにアマルさんの発言により、改めてこの点を思い起こすことができました。

今回、このフォーラムに参加するにあたり、野村理論の学習と実践のアプローチは私のものとは違うでしょうから、理解するように努めようと思いました。しかし、こうして席に着いて講義を聞いていると、これはまさしく、日々私が奮闘し、取り組んでいることそのものだと思いました。恐らく付けるラベルや使う用語などが違うだけではないか。ただ、この個人的なアプローチをすることで、ラベル付けやカテゴリー分けをするような、ドライで孤立したアプローチよりも、より鮮明かつ人間的なものになっているように思います。ですから今回、本フォーラムに参加する機会を得たことに感謝を申し上げたいと思います。このたびは短期集中セミナーですが、私は前より少しでも深い理解を持って帰れることを期待しています。ありがとうございました。

司会　ありがとうございます、マロぺさん。ではハーベルスラッドさんどうぞ。

マグナス・ハーベルスラッド（ノルウェー工科大学名誉教授／ノルウェー）　ありがとうございます。今朝の講義に基づいて、午後の興味深い討議が行われていることに感謝申し上げたいと思います。

知識と智慧は分けて考えなければいけないということは、この午後の議論を経ても明白だと私は思います。そしてケッヒラーさんの仰るＰＩＳＡの評価ツールについて、私も同感です。この評価ツールはノルウェーも含め、今では大変多くの国で使われているものですが、智慧とはかけ離れたものです。坂本さん、宮坂さん、友田さんは、個人的な、自分たちの人生の一部を開示し、今という時間だけではなく、生まれたとき、またその後の幼少期からどのような軌跡を辿ってきたかについて述べていました。私たちも同じようにできるのではないか、するべきではないかと、私は思いました。どのようなプロセスを辿ってきたかを話すことは時間がかかり過ぎるのですが、模範を示していただきありがとうございました。

私は、アマルさんが発言した個人的な経験や歴史という視点に、それぞれの一生が形作られる政治的、マクロ的構造という要素を付け加えたいと思います。マクロレベルにおいて、時間、空間の認識、人間と自然界との関係の見方の哲学的基礎、そして東洋の自然観など、これらは西欧人にとって活発に議論を展開すべき大変重要な点ではないでしょうか。なぜなら我々西側の人々は現実を識別し、学問分野として細分化、断片化してしまう傾向があり、より基本的な、哲学的な問題について本質的に捉え、語る言葉も失われてしまったと思うからです。

昨日、金子理事長は基調講演で「『人間とは』とはつまり『私とは』という問いである」と仰いました。それは西洋においては学問的には価値を持たないと。これは西欧において学術的な問いではないとされ、ＰＩＳＡのテストではこのような問いはされていない、あまりにも基礎的なものであるとされています。

そして野村初代理事長は常に、コミュニケーションとは包摂的なものであるということを私との実際の対話の中で教えてくれました。例えば、私が同意できないことがあって質問をしたとしても、野村先生はけっして「あっちへ行って」という排除するような態度はとらなかった。いつでもご自分の哲学の中に私の意見を取り入れて、何らかの形で答えてくれました。ですから新たな文化が創造されていく対話の基本を見た思いでした。野村センターで私が経験してきたコミュニケーションの形態を、私は本当にありがたいと思っています。坂本さんが話した木村理事、金子理事長との関わりも対話の一つだと思います。はじめは木村理事と坂本さんの間は緊張関係にありましたが、最終的には理解し合えました。何十年もの間、私は野村センターと関わりを持っていますが、個人的な経験からしても、はじめはマクロ対ミクロ、つまり構造対行為者という関係で、緊張した議論を重ねてきましたが、今では緊張は緩和されてお互いをより良く、より深く理解できるようになり、これまでとは違う関係になりました。それは新たな文化を創造するという一つの例であり、初代理事長が目指していたことだと思います。

昨日の金子理事長の幼少期の経験の話で、当時の物質的に豊かになっていった社会状況を聞いて、私が子どもの頃を思い浮かべました。毎年夏の三ヵ月は、電気も無い山の中の農場で水を運ぶのを手伝い、薪を集め、家畜の世話をして過ごしました。我々にとっての生活とはそういう持続的なものであって、何年も、そのように続いていくという確かな経験を背後に持っています。我々は生き抜くということがどういうことかを知っており、長い間そうあり続けた価値観に基づいてきました。

もし講師の皆さんの経験を書籍化するならば、より広い範囲のことを、どういう状況の中で関わりが持たれたのか、その詳細を具体的に入れたらよいと思います。そうすることで、アマルさんが訴えたように、また講義でも触れたような大局、つまり世界全体の動きが見えてくると思います。自分を育んだ世界との関係性において「自分」を理解するということは、非常に複雑なことです。そういう意味で、私は今、フィクションについていろいろとリサーチしているのですが、若手の小説家が今の世界を描写し、何を言わんとしているのか、それを解き明かしたいと思っています。

司会　時間が限られていますので、スダカルさん簡潔にどうぞ。

イエドラ・スダカル（インディラ・ガンディ開発研究所研究員／インド）　まず三名の講師にお礼を申し上げます。大変素晴らしい講義で、私たちにとって示唆に富むものでした。私は社会学者ではありませんので、講義の中核となる哲学的な理解は不十分かもしれません。意味合いを掴むのは簡単ではないと思いました。私の話は、社会学的には少し的外れかも知れませんが、ご容赦ください。

宮坂さんが、第二章の共生、共存について講義をしました。私自身も持続可能な開発と気候変動の緩和について研究しており、この分野でも共生について多くの議論がされています。共生の問題は今や、世界中で実際に起きている問題の中心的な視点となっていると思います。統合的なシステムは、持続可能な開発のため解決策が導き出されるべき根本、根源をなすものでしょう。多くの人が統合について語りますが、私が焦点を絞りたいのは、国の開発目的です。特に日本はエコロジー都市の開発においては一歩進んでいますし、韓国は共生の原理に基づいて環境に配慮した工業団地の開発を国が主導していま す。ですから私は野村センターがこの共生の原理に根ざした哲学を持っていることを聞き、心強く感じています。

坂本さんの講義に、教育改革の四つの要点がありました。第一の「知識の教育から智慧の教育へ」では、大学の一教員として私は、この変革がいかに困難であるかと考えます。なぜなら智慧の教育には限界があり難しいのではないか、カリキュラムに基づいた教育においては限界があるのではないかと思うからです。知識に基づいた教育とは、カリキュラムに基づく教育のなかでも、教師ははるかにやり易いです。そこでは教師は制約を設けてよいからです。時間の制約もあれば、学年によって何を教えるかが決められています。ですから「知識の教育から智慧の教育」への転換について示唆されたことは非常に難しいと思います。私は、受け入れたくないと言っているのではありません。教員としてどう考え、実践できるのか。私はもちろん学生たちに知恵に基づいて教えようとしていますが、最終的には彼らを知識に基づいて評価することになります。智慧は、長い時間をかけて受け継がれてきたものですから、数量で計れません。学生たちに、四年程度の在学期間で知恵を身につけることを期待する方が無理な話です。ですから学生には、現行の評価システムというのは、教育の目的にふさわしいものではないことも話していますが、それしか評価する方法がないのです。このアカデミック・システムは広く蔓延していて、我々教員としても、なす術もないのが現状です。

先ほどのお話のように、青少年は非常に活力に溢れ、急進的で、そこに学ぶことがあると思います。大学の学部生たちはとても聡明だと思います。世界的な現象として見ても、大学院生に比べて学部生のほうが優秀で、大学院では、博士課程の学生たちよりも修士課程の学生のほうが優秀です。これは、基本的に彼らの人間性に係ることですが、そうした学生たちは思春期において非常に活発な思考をしていると思います。そう考えれば、子どもたちが革新的な思考を持つことや、改革的な方向へ向かうのは、悪いことではないと思います。実際どのように実践しているのか私にはわかりませんが、もっと後の段階で、人間性の問題や生涯教育の原理を教えるということもあるのではないか。その方が、教員としての視点から、子どもに対しても、我々に対してもＷｉｎ－Ｗｉｎとなって、よりよく作用すると思うのです。

野村先生の哲学は、教育制度が変ってきたことによって、幸せから徐々に遠のいている社会において幸せをもたらすものだと思います。しかしその一方で、この教育制度の中でどうしたら幸せになるかを追及しているさまざまな哲学や考え方があり、私は、こうしたさまざまな幸せという共通の目標を持つ人々がその目的に向かってどう協働できるのか、ぜひ見たいと思います。ある哲学では、不幸の原因の元は期待しすぎることにあると言われています。例えば、今回、私が坂本さんと会うときに、好意的に迎えてくれた。次はもっと手厚くもてなしてくれると期待しても、実際は違うかもしれない。物事は常に変化しているということです。相手の変化をありのままに受け入れる。自分がそういう期待をしすぎなければ問題は起きないし、裏切られたと感じることもないのではないかと思います。同様に、教育制度の中でも、子どもたちのありのままの姿を受け止めること。そして社会において変革が生じるのはごく自然なことですから、変化を受け入れること、また、彼らを教育することにおいて共通点があると思います。さらに、さまざまな哲学をきちんと分析することも大事ではないでしょうか。お互いにより豊かになるためにも異なる哲学が出会い比較検討することも必要だと思います。そうすることで、異質な者同士が出会った時に微妙な問題を出さずにすむのではないでしょうか。ありがとうございました。

司会　ありがとうございました。

これより休憩時間とします。野村理論の具体的な実践については、ここにいるメンバーそれぞれがたくさんの経験を持っていますのでどうぞ交流してください。休憩の後は金子理事長による本日の総括へと移ります。それでは皆さんご歓談ください。

まとめ

司会（木村理事）

先ほどは活発に全体討議が行われました。参加者の皆さんには、意見交流をして相手を理解し合って自分たちの収穫にしていくという野村生涯教育セミナーの精神をすぐに受け止められ、大変示唆に富むコメントをたくさんいただきましたし、十分に意見交換をすることができたことに私たちとしては感謝しています。

それでは本日の討議に関して、金子理事長よりコメントをいただきたいと思います。よろしくお願いいたします。

金子理事長

ただ今木村理事が仰ったように、皆さんには活発に発言をしていただき、集中セミナーの初日を共有できたことをとても嬉しく思います。世界各国からお招きした方々が約一時間半にわたって討議されたことをまとめるのは難しいので、皆さんの発言から引き出されたものを話していきたいと思います。

久しぶりにズザナがこういう討議で発言をするのを聞いて、私は日本人であり、東洋人であること、そしてズザナは西洋人なのだと感じました。昨日の基調講演でも申し上げたように、あくまでも古代は、東西の自然観に差はありませんでした。東西の考え方の特徴をあえてあげたのも、それは私が見たものではなく、創設者から教えていただいたことです。その教えをそうか、と思った視点から、自分と同じアジア人である修先生との考え方に何か近いものを感じます。

西洋の考え方の特徴にみられる分析的なものは、それが正しいかどうかという意味では正しいと思います。ただ、生身の人間の問題を課題にするということにおいては、東洋と西洋を分けて考えるわけではありません。東西の特徴を端的に述べていることを理解していただきたいと思います。東洋の自然観の特徴が表している、自然界の中に人間がいるということは実存を捉えているのだと思います。科学文明の恩恵を受けながら、このことを認識するのはとても大切だと思います。それぞれの自然観には特徴があるということにおいて、西洋文明は、自然界を対象物として分析し、解明し、開発することによって科学技術文明の発展に大変貢献をしてきました。これに対して東洋の思想は自然界の中に人間が存在するということを説いています。その認識の上に、生身の人間として人間を捉えていくことの大事さを申し上げたいと思います。

ズザナの発言に子どもから学ぶということがありました。子どもは方法論を持っていないけれども、大人に教える力を持っているという話です。つまり、子どもは知識としては持っていないかも知れないけども、生身の生きた子どもの感性や存在そのものが、私たちに教えることがたくさんあると思います。

日本にはアニミズムの精神、すべてのものに心を入れて見るという見方があります。ですからもちろん子どもから教えられることがあります。草花からも教えられることもある。自分の視点をどこに持つかによって生きとし生けるものから教えられることはあるわけです。

野村初代理事長が創設してくださった当センターの幼児教育部では、大人同士、母親同士、大人と子どもが相互に教育をする。子ども同士が喧嘩をするときは、嫌なものは嫌だとはっきり言うわけです。しかし大人は相手に嫌なところを率直に言うとその後の関係に差し障るなどと考えて黙ってしまいます。大概、喧嘩しているその子どもの親がいろいろと思っていることが多いです。子どもの姿から親同士が自分の課題として話し合うだけで子どもは変わります。そういった事例は幼児教育部では枚挙に暇がありません。このことからも「意識」は繋がっているということを具体的に生身の人間同士の関係のなかで感じました。これが、ズザナの話により引き出されたことです。

エマラさんの話は、とても重い問題です。今後も話を伺っていきたいですし、そうしなければならない問題だと思います。

今の時点で私がこのことに関して言えるのは、ご自分たちが置かれている状況を世界に知らしめることにおいて、エマラさんは科学技術文明のプラスの側面を捉えているということです。本当にその通りだと思います。昨日の基調講演でもお話ししたように、情報は、生身の人間から離れ、ただの認識になっていきます。その認識が、情報だけで入ってくる場合に人間の感性を麻痺させ、不感症にさせていく一面がある危険性を、私たち自身が自覚していかなければならないと強く思いました。エマラさんのところの状況だけでなく、世界のさまざまな地域や日本でも足下で頻繁に起こる事件などを含めて、貧困や戦争、格差やさまざまな問題に対して無関心でいられる人間性の問題を、世界中の人たちがもっと自覚しなければいけないと思います。

この会場には福島のメンバーもいますが、福島での原発の問題は昨日シンポジウムで聞いていただいたように、事故を収束できないこと以上に深刻な核のゴミ問題があります。自分の居住区域か否かに拘らず、日本人でさえも、徐々に原発事故の記憶が薄れつつあります。ですから今田先生に話をしていただきました。福島のメンバーには、毎回、全国講座で話をしてもらっています。現場にいる人たちの苦しみは当事者が語らないと伝わりにくい。その意味でエマラさん、アリさん、ライラ、そしてまた他の国で苦しみを抱える人たちの話を、生身で聞かせてもらうことがとても大事だと思います。人間は、どうしても自分という狭い社会を守ろうとする意識があると思います。それを自分の課題として、自分がどの立ち位置にいても、幼少期から人のことを考えられる人間を形成する。長いスパンの教育の問題を考える上でも、ここで声を上げることは、本当に痛みを伴うことだと思いますが、それを聞かせていただいたことを私たちは大事にしていきたいと思います。

ジャッタさんの発言には、生身で取り組んでいることを感じさせてもらいました。生身の人間がさまざまな状況で苦しむことに対して、可能な限り解決策を提供するという目的を、私たちは大事にしたいと思います。それと同時に解決策を提供することが目的であろうとなかろうと、自分の足下で起こる課題と真剣に向き合うとき、私たちは、自分以外の人の問題にも影響するであろうことをしているのだと思います。

それは例えばハーベルスラッドさんも触れていたように、今日講義をした坂本さんや宮坂さん、友田さんは、自分たちの介護問題やその問題で自分が苦しんだことを道理に基づいて指導を受けたときに、自分の問題の解決と同時に、自分自身が得た人間性というもの、それが結果として、高齢社会において問題を抱える人たちに実践した経験として社会に還元できるのです。そうすることでいちばん満たされたのは自分たちだと思います。

ジャッタさんの言うように、人さまのために役立ちたいという目的を持つことと、自分が苦しみの中で人間性を回復していくことは同時に行われるものだ、ということを思いながら聞いていました。

もう一点、先ほどの討議で、また友田さんの講義で、子どもが親からのプレッシャーを受けること、そしてそこに全人的な開発が必要だという話がありました。成績が良いことや、点数が高いことに価値を置く社会では、一人の母親が全人教育を強調していくということが至難なのは明らかです。私自身ここで学んでいても、我が子の成績が悪いと、ちゃんと就職ができるのかと思い悩むこともありましたが、そのたびに何が大事なのかを自分に問う。そして自分に問うていくものが、結果的に子どもが自分自身の歩むべき方向性を見出だすことに繋っていく。その都度悩み、自分の価値観に苦しみながら、私自身も話を聞いてもらい、指導を受けるなかで、そこを後押ししてもらい、自分自身の価値の基準を変える信念になってきています。

その意味で、センターの活動を一人で始めた創設者は、ものすごい信念と精神力を持たれた方だと思います。先ほど友田さんの話にもあったように一人では無理なことでも、仲間がいると根を張って強くなることができる。だからこそ、このように世界中の皆さまと繋がりを持てている。このこと自体が、とても強い連携になっていることを、私たち皆で確認したいと思いました。

ウワンさんは、講義の中から引き出された問題として、死を含んだ生が、生涯を通して統合して考えるなかで大切なことについて提起されました。

生きることのありがたさを考える場合、時間がいつまでもあると思うと大事にできない側面を持っているといえます。限られた生があるということのなかに死を踏まえて、いかに人との出会いが大事で、生きることは尊いか。それは、そう思わなければいけないのではなく、現実に有限な世界に生きている以上、私たちには必ず死が訪れます。死を含んだ生を考えることの大切さを教えてもらったと思います。

それから、永遠の命の一環を生きるという概念を自分の中に持つことです。それはＤＮＡが証明しているように、科学的な側面としても、遺伝子は子孫に必ず伝達、伝承されていきます。つまり、私たちの命は次の代に繋がっている。大きな生命の一環としての命を生きるという概念と、個人の〝死を含んだ生〟として生きることの両方が、生きる上での大事な視点だと思いました。

そして、西欧における知識の誤用に対する危惧もあるというお話を聞いて思ったのは、私たちが当たり前だと思っている大前提、つまり自然界に生かされていること、水や空気や熱などがあることに対して、当たり前ではないという自覚を持つことだ、ということ。私たちはそれらが当然のごとく存在する前提のなかで、知性や知識に重きを置いてきたのだと思います。しかし今は、それが危うい状況にあります。人間を生かしている自然界や生態系が正常に機能しなくなるのではないかという危機的状況において、私たちが持たなければならない視点は、当たり前のように存在するものに対しての意識を変えることだと思いました。

カタソノワさんは、日本の残念な側面と、日本人の与えている影響の大きさを、ポップカルチャーを例にあげて述べていました。日本の別の側面を知る上で私たちにとって大きなことだと思いました。そういう意味で一国または一人のありようがどれほど影響を与えるのかということを思いました。

マロぺさんには、野村センターを正しく受け止めていただき、とてもありがたく思いました。

先ほどの話にも通じますが、子どもたちは真っ白で十全な人間性、言ってみれば大人が忘れかけているものを持っている。その視点で子どもたちを見ていくことの重要性や、本日の講義を聞いて、教育はいつも楽しいことばかりではない、時には辛いこともあると受けとめていらっしゃいました。今回だけではありませんが、私どもがこのようなフォーラムを開催することは、会を成功させることも大事な目的の一つではあるけれども、会の成功を願うことを通して、自分自身を開発すること、人間性を豊かにすること、人間、つまり自分が教育の目的なのだと創設者は常々仰いました。しかし私たちはそのことを忘れてしまい、会の準備や段取りにばかり気をとられて手段と目的が入れ替わってしまい、会を無事に開催することに終始しがちです。そこをマロペさんは受け止めてくださったと思います。

ですから坂本さんのＤＶＤ制作の件では、いちばんの成果物はＤＶＤではなくて、携わる人たちが対峙して、自分を出し合って、同じ方向を向いたということだと改めて思いました。

ハーベルスラッドさんは創設者との長い論争の中で、坂本さんと木村理事の向き合いを自己教育の事例として好意的に受け止めているのだと思いますし、仰るように知識と智慧は違うものです。

スダカルさんの発言に、知識に基づいた教育は、一人の大学教授として大切だが、では智慧はどう授けたらよいか、とありました。「智慧」は血肉化です。知識を覚えるのも大変ですが、知識を血肉化することはもっと大変です。例えば朝早く起きようと思っても、実際に起きるのは難しい。また、お酒は体に毒だから止めようと思っていてもなかなか止められないなど、自分の血肉にしていくことを通してしか智慧を次の世代に伝えることはできないと思うのです。野村生涯教育のモットーに「子どもの教育はいついかなるときも親の自己教育である」「生徒の教育はいついかなる場合も教師の自己教育の教材である」とあります。大人こそ学び、それを血肉化していく努力をする。そうすると親は子どもに、そう簡単に「あれをしなさい、これをしなさい」と言えなくなります。そうした親の変化に子どもたちは気づき、自分もがんばろうと思う。センターにはそういう例がたくさんあります。自分を創るということが、生涯を通しての重要な課題になると思いました。

また、どうやって幸せになるのかという話もありました。先ほどの宮坂さんの講義の例のように、私は、「幸せとは何だろう」ということから考えることだと思います。

宮坂さんのご主人は、妻がどこへ行くにも車で送り迎えをするなど、野村センターの活動に協力的でした。しかし、彼女が長野県大会を請願して精力的に活動した直後に、ご主人は突然変わった。宮坂さんが「夫が私を困らせる」と発言するのを聞いていた皆さんが驚いたことから、自分にとって都合よく夫が立ち回ってくれていたときには感じなかった宮坂さんのご主人を見る見方について取り組んだ際に「夫を理解していない」ということがあったのです。自己中心的に考えるときには相手が「困った人」に見えるのです。しかし、両者の問題として見ると、相手を理解していない側面があると宮坂さんが思えた時、ご主人は自分の心の奥に抑制していた気持ちを話し始めました。それは「私を困らせる人」として相手に「何があったのですか」と責めるような気持ちで聞く以前に、彼女がご主人の気持ちを聞こうとする意識を持ったので、ご主人とそのような会話ができるようになったという話だったと思います。

同じものを見ても「困らせられる」と受け止めるか、宮坂さんのように意識の転換をするか。夫婦が年を取ってお互いを理解し、喧嘩にならずに自由にものが言えるようになることを「幸せ」だと見るかどうかという問題です。

現代は自分の都合に合うことを幸せだと見がちなものがあると思います。しかし、私たちがお互いに共に生き合うという精神のなかで、同じものを見ても、違う側面として見えた時、自分の幸せ感は変わるはずです。そのことをセンターでは自分たちの課題としています。

私たちはどうしても孤立して自己中心的に物事を見がちです。そして他者と繋がっているにも拘らず、自分を他者と切り離して見る見方が大きくなっている現代社会にあって、ミクロの意識の集合が時代をつくるのだとしたら、世の中に蔓延するエゴを、自分自身の自己中心性の課題として捉えて、自分自身の意識の変革をする、そのことを通して結果的に変革をもたらす。これは目に見えない世界の課題ですし、時間のかかることかもしれません。創設者が五十年前から言い続けてくださった形が、結果、このような皆さんとの繋がりになることを思うと、根本的な人間の不幸の問題の解決に繋がるのだと思います。

その意味では皆さんとの会話は集中セミナー初日で始まったばかりですが、このような対話をこの四日のうちに深めていけたら嬉しく思います。

本日は本当にありがとうございました。

11月17日（月）

◆プレゼンテーション

「地球時代の文明間の対話」　IPO（国際進歩機構）会長　ハンス・ケッヒラー

■講　義　野村佳子生涯教育論

第三章　野村生涯教育の人間観　人間学研究会　河原聡子

人間の本質について

第三章　野村生涯教育の人間観　千葉支部責任者　板井秀子

人間の本質について

本質の開発を阻むもの

■討　議

■まとめ　理事長　金子由美子

プレゼンテーション

「地球時代の文明間の対話」

IPO（国際進歩機構）会長　ハンス・ケッヒラー

野村センターの理事長、皆さま、本日は「グローバル時代の文明間の対話」の理論について私が準備したものについての説明は割愛します。

本日私に与えられた三十分の時間のなかで、私が学んだ哲学を国際関係の分野で実践を試みた研究生活での経験についてお話ししたいと思います。

私自身の研究活動ならびに同僚たちの研究の一つとして、我々は平和を実現する基盤となる異文化間の理解を広め、そしてそれを国連の国際会議で推進する努力をしてきました。

端的に申し上げたいと思いますので今日はメモを読むこともいたしません。国際進歩機構のウェブサイトに、我々の辿ってきたグローバル対話への道について詳しく載っていますのでそれを見ていただければと思います。

では、私の研究について個人的な話をしていきたいと思います。

一九七一年、丁度冷戦の真只中の頃でしたが、私は『主観と客観の弁証法』、サブタイトルを「理想主義と現実主義との間における現実の課題」とした博士論文を書きました。

当時私が関心を持っていたのは、人間は自己意識をいかにつくっているか、ということです。いかにして自分を知り、自分のアイデンティティを定義するのか、特に哲学的認識論として研究していました。自分が何者かということを知るためには、自分とは異なるものと関係し、他者の観点で自分を客観視しなければならないことが明確になりました。それを私は「意識の弁証法」と名づけました。

個の意識の次の段階で、このことは集団、またはコミュニティのアイデンティティの問題に適用したわけです。社会、国家のアイデンティティに関しても同じことが言えるのではないかと思いました。それで文化的なアイデンティティに関しても同じことが言えるのではないかと思いました。

私がこの論文の結論部分を考えているときに、突然あることが私の身に起こりました。私は一九七一年に博士論文を提出し、その数ヵ月後の一九七二年に大学院を修了しました。といいますのは、大学がオーストリア共和国大統領の承認を待たなければならなかったからです。これは、ハンガリー帝国時代から行われている伝統なのですが、最も優秀であると評価された論文を執筆した学生には、大統領が直々に、オーストリア共和国の印の入った金の指輪を授けます。私の研究と論文が、要求される水準に達しているということで受賞が検討され、学位授与が少し延期となりました。

そうしたことで、私の論文は関心を呼び、この年の修了生は厳粛なる議会に招かれ、国家元首はじめ、政治家の前で自分たちの論文の骨子についてスピーチすることになりました。

その結果、私の研究へさらに関心が寄せられ、いろいろな人脈ができました。そして同年、アジアやアラブ世界の他の国から来た私の学生仲間たちが私に連絡をくれました。そこで平和的な共存と国際平和に関して文化的なアイデンティティの問題や自己理解の大切さについて行動を起そうというグループができました。

このとき、私にとって新しい発見とも言うべきことがありました。私はそれまで、古典的なヨーロッパ文明の基準に沿った人道主義的な教育を受けてきました。ヨーロッパの文化の根底を成すラテン語と古典ギリシャ語には特に秀でていました。こうして学んできたことすべてが、オーストリアの国家元首を満足させる水準にまで達していたということですが、私は自分が全く無知だと思いました。なぜなら私は、キリスト教文明以外の他の文明については何も学んでいなかったことに気づいたからです。アジアの文明、イスラムの文明のことは何も知らなかったのです。当時のヨーロッパの学校の古典的なカリキュラムでは他の文明を勉強することがありませんでした。

これでは、充分に能力ある市民として国際的に活動している、などと言うことはできないと私は思いました。他の文化や価値システム、最も広い意味で他の文明を知らずして国際レベルでの話が語れるのか。古代ギリシャ文明以前に独自のペースで発展してきた文明を知らずして、です。

この気づきをふまえて、私はインスブルックの大学で他の大陸から来た外国の学生たちと一緒に国際NGOを作り、この問題を研究しようと思い立ちました。当初私はこのグループの名称について、いろいろと懸念もありましたが、国際進歩機構と呼ぶことにしました。最初の総会で「進歩」について定義をしました。「進歩」とは狭義の経済的認識で理解するのではなく、知的、精神的な視野を広げるという意味であることを明確に定義しました。そして自分が生まれ育った狭い枠組を超える努力をしてこそ成熟した人間、成熟した人格を備えた存在になることができるとしました。そうでなければ古代ギリシャ語の意味するイデオットにとどまってしまいます。ギリシャ語では「イディオタ」といいますが、元々の意味は「自分自身のことしかない」ということです。自分の生まれ育った狭い範囲しか知らない、それを超えることができない人のことを指します。「進歩」をこのように定義してから私は国際進歩機構の定款を書き、インスブルック大学で「文化的自己認識と共存　根本的な対話の前提となるもの」というテーマの講義をした折に発表しました。

その中で、核戦争の脅威が迫り、資本主義と社会主義の二つのイデオロギーが対立する時代、いかにすべての国々が平和共存する安定した秩序を構築し得るかを説明しようとしました。

私は、政治的なイデオロギーのレベルだけでは達成し得ないという見方をしました。また、特定の経済的ノウハウや経済取引上のコンセンサスなどでも達成し得ない。そこには文化的な環境への深い理解が必要です。言ってみれば一人ひとりの生活、世界中の国々、他の大陸の人々の生活のことを理解しなければ平和共存などできません。

二年前の二〇一二年に、国際進歩機構は四十周年を迎え、そのお祝いをした時に思い出したのですが、一九七二年に私が第一歩を踏み出したときにしたことの一つは、パリのユネスコ本部の哲学部に手紙を送ったことです。当時の部長に宛てて、異なる文明間の対話について、ユネスコは何らかの対処をすべきだという提言をフランス語で送りました。また、ニューヨークの国連本部に行って、ユネスコの国連本部リエゾンオフィス（連絡事務所）を国連との最初の話し合いの場にしようと考えて、この理念を伝えました。その時のユネスコからの口添えと私たちの活動への物質的な支援は、イニシアチブを取り始めたばかりの私たち若者のグループにはありがたいことでした。

そうしたことがあって、引き続き私はオーストリアに駐在するすべての大使、領事に書簡を送り、自分たちが「各国の文化的自己認識」についての国際会議の開催を計画していることを伝えました。

一九七四年の夏についに我々のはじめての国際会議を開催することになり、異文化間の対話を実現するための適切な準備のために、同年春、私は赤道を何度もまたいで、地理的な意味だけではなく、さまざまな文明の地を網羅するべく世界一周の旅に出ました。結果的にすべての大陸に足を運び、そして、私どもの理念を説明して、同時に彼らの考え方からも学びながら、各国の人々に参加を呼びかけました。

私どもの考えが果たして通用するかを確認することには重要な意味がありました。世界のさまざまな地域で得た反応について研究をしました。特に覚えているのはエジプトのカイロでの、Al-Goumhouria Daily Newspaper という新聞のインタビューです。Al-Goumhouria 紙は当時の政府公式の日刊紙で、かなり広い読者層を持っていたと思います。そのインタビューで私は「我々の認識では、国のアイデンティティを形づくることに関して真の努力と言えるのは、教育システムを変えること、そしてカリキュラムを変えること。例えばヨーロッパでそれを変えるということは、単に自分たちの歴史をローマ時代、ギリシャ時代に遡って教えるだけでは不十分で、世界の他の国の文化や文明を教えることが要請される」とはっきり言いました。

私がヨーロッパ人として謙虚な気持にならざるを得なかったことは何かといえば、私たちはヨーロッパ人としてアラブの文明、アフリカの文明、アジアの文明についてほとんど何も知らなかったということです。これに対して、私が出会ったアジアやアフリカの人々は、私どもヨーロッパの文明をよく知っていました。このことは国際進歩機構の活動の中で、繰り返し触れてきたことです。いわゆる西洋社会は、ヨーロッパの基準を輸出することに慣れ、ヨーロッパの世界観、その文化を、植民地化を通して他の国々に教えていました。植民地時代以来、我々が世界で経験していたのは、自分たちとの出会いに過ぎなかった、と言わざるを得ないのではないかと思います。世界各国でいろいろな方たちと話すときに、私たちは当然のように我々が伝えたヨーロッパの基準で相手が話してくれることを期待する一方で、私たちはその相手の伝統やその地域に根づいている制度などについては何一つ学んでこなかったのです。

そうした反省を踏まえて一回目の国際会議を開催しましたが、そこでの主要なメッセージは、世界平和、世界各国の平和的な共存の持続的な基礎は、個人のアイデンティティの源泉である文化への、より成熟した理解に根づいたものでなければならないということ。他の文化や文明に自ら近づいていくということが、主観と客観の対話ということから必然的に内包されているものであり、平和のためのさまざまな事業や他のあらゆる要素よりも優先されるべきものであろうということです。

この点を主張するための会合にしようと、我々は会議のホスト国としてオーストリア大統領ルドルフ・キルヒシュレーガー氏とセネガル共和国のレオポール・セダール・サンゴール大統領に対して私どもの活動への支援を要請しました。

私がダカールの大統領府においてサンゴール大統領とお会いしたのは一九七四年の春でした。大統領は当時の文化大臣アリオン・セン氏を我々の会議に派遣してくださり、開会の辞を頂戴することができました。当時、山に囲まれたオーストリアの都市であるインスブルックでこのような国際会議を開くなど、考えられないような時代でした。こう申しては何ですが、言わせてもらえるならば、我々の会議がこの地域の人々の国際化を促進することにわずかばかり貢献ができたのではないかと考えます。

このような取り組みをした私たちは少しだけ時代を先んじていたのかもしれません。つまり、冷戦時代の主な関心事はイデオロギー対立です。それにもかかわらずユネスコの理解と支援をいただき、また国連の理解も得て、当時のクルト・ワイトハイム国連事務総長が特別代表を私どもの会議に派遣しました。また、事務総長から手紙をいただき、私は世界一周旅行の間、その手紙を携えて各国を訪問しました。事務総長の手紙には、平和の永続的な基盤としての文明間の対話を促進しなければならないという我々の理念を支持する、とのメッセージが書かれていました。

しかし世界は冷戦構造にのめりこみ、すべてが変わりました。第二次世界大戦以降、世界の秩序を規定していったこの冷戦構造が、一九八九年に東欧で起こった一連の動きのなかで、突如として、そして何よりも思い掛けず崩壊しました。その後すぐに当時の二つのスーパーパワーの一つであったソビエトが崩壊しました。従って、この力関係、軍事力という観点からしても、米国一極集中の社会が出現しました。この大国によるパワーポリティクスという新しい時代が出現し、間を置かずに、一九九三年、突如として「文明」が世界的論争の最大の課題となりました。ここで大きなパラダイムの変化が米国から始まったわけです。それはハーバード大学の教授で、米国の国家安全保障会議に加わっていた専門家でもあるサミュエル・ハンチントン氏によるものであり、彼は本を書いています。急にここでパラダイムがグローバルな議論のトピックになった。しかしそれは私どもが強調していたこととは正反対のこと、つまり、ハンチントン氏が世界に対して警告したのは文明の衝突ということでした。彼の主な主張を手短に述べると、イデオロギーの対立の終焉以降、勝利した側は、彼の観点では文明という概念で言っていますが、政治体系が競合した相手の文明や政治体系よりもはるかに優越性を持っていたからだ、ということです。

ハンチントン氏は、今後の国際関係が敵対的要因を持つがゆえに、文明という総称的な概念で表している異なった世界観同士が対立していくであろうと述べています。もちろん彼の念頭には西洋の世界とイスラムとの衝突、また西洋の世界とアジアの文明との衝突があります。当時ハンチントン氏は、アジアの文明とイスラム文明との和解は、西洋文明に対する敵対的連携になるのではないかとさえも警告していました。これは非常に物議を醸すものです。このような物議を醸し出すような新たな議論が起こってくる中で、我々が強調してきたのは、ハンチントン氏が主張する脅威が起きるのは、ある地域の文明がその文明の持つ基準が絶対であると主張し、世界の他の国々から自ら孤立した時であるということでした。それはまさに一九九〇年代から新千年紀が始まるまでの間に起きたことであり、自らを冷戦の勝者であると公言した米国、そして西欧世界が世界の中心的な権力として、宣教師的な気質をもって世界の秩序、特にイスラム世界の国々を西洋的な価値観と文明に基づいてつくり直そうと乗り出したのです。この時から公職に就く人たちから多くの意見が出ました。米国政府もまた、我々の西洋文明や西洋の価値体系、民主主義への理解、法の支配における体系的な特質について話をし始めたのです。

ここで申し上げたいのは、元々私どもが議論していたパラダイム、つまり異なった文明間の対話の必要性という考え方がこの時に非常に強力に主張されたということです。これを主張したのはイラン共和国の大統領のモハメド・ハタミ氏で、二〇〇〇年にニューヨークの国連機関との協力に基づいてイニシアチブが執られた結果、この議論はグローバルなレベルにまで確立しました。当時ハタミ大統領はイランの元首でしたが、国連は、総会で二〇〇一年、それは九・一一のずいぶん前でしたが、国連文明間の対話年と定めました。それに対して世界各国からこの文明の衝突という論争の的となった一つのパラダイムに対する反応がありました。興味深いことに、近年、国連機関は、私どもの取り組みに関心を寄せています。二〇一二年に、国連文明間の対話年の十年目の節目に際して、国連は季刊誌「UN Chronicle」の特別号を発行したのですが、その時、私に寄稿の要請がありました。それで、私どもの取り組みについて端的に「多様性の中の統一性

(unity in diversity)」というタイトルで記事を書きました。

この点をもって私の発表を締めくくりたいと思いますが、あと一言、二言、現在の世界の状況について、そして金子理事長が警告する、本当に深刻な昨今の実情について申し上げます。金子理事長が中東におけるＩＳ台頭をめぐる最近の動きなどの話をされました。今、一極の支配が少しずつ消滅していき、新たにパワーバランスは多極化してきています。グローバリゼーションの結果として、また経済、金融そして情報などが制限なく自由に世界各国でやり取りされる今日という事実の下に、今のこの状況があります。このグローバル化のプロセスを経て、さまざまな文明や文化が常に、好むと好まざるとに拘わらず、お互いに関係しあっています。そしてこのグローバル化のダイナミクスの結果、私たちの社会の人口分布、特にヨーロッパなどの工業化社会の人口分布などが変わってきています。世界の人口動態はまったく新しいものになっていますが、オーストリアは帝国として多民族国家であり多文化だったので、私どもにとってはさほど新しいことではありません。しかし、元々強力な伝統国家であったヨーロッパの国々、例えばドイツやフランスなどにとっては、ある意味衝撃的なことであるかと思います。ドイツは歴史的に、ドイツ人たちの国として自国を認識してきました。しかし今は、文化的な意味では違ってきています。というのはドイツ国内に、ドイツの言語や文化によって形成されてきたものとは違うアイデンティティを持つ、さまざまなアイデンティティを持つ人々のかなり大きなコミュニティがあり、特にイスラムのアイデンティティを持つ人々が住んでいます。このような時代の中にあって、国民国家が今変わりつつあります。そして多文化のコミュニティ国家に進化してきています。このような時代にあって文明間の対話、異文化の対話は世界平和のための実存的課題であるだけでなく、主権国家において社会が安定し、人々が団結していくためにも具体的な問題なのです。こうした問題を解決しない限り、特に我々ヨーロッパ人にとってこうした問題に取り組むこと自体が極めて重要な課題です。私たちがこれらの問題に向き合い、対話だけが唯一先に進む道であると思わない限り、社会不安や国家間、地域間、そしてグローバルレベルでも対立する状況がずっと続いていくのではないかと思います。

以上をもって私のプレゼンテーションを終わりたいと思います。ご清聴ありがとうございました。

第三章　野村生涯教育の人間観

人間の本質について

人間学研究会　河原聡子

おはようございます。ただいまご紹介いただきました河原聡子と申します。どうぞよろしくお願いします。

講義に入る前に、簡単に自己紹介をさせていただきます。

私は横浜市で生まれ、両親と私の三人家族です。私が三歳の時に実の母を病気で亡くし、五歳の時に父は再婚しました。私はまだ結婚はしておらず、実家で両親と一緒に暮らしています。大学卒業後、損害保険会社に勤務し、現在は保険金支払い業務に従事しています。野村生涯教育センターで学びを続けていた継母の勧めで、社会人二年目から人間学研究会で学びを始め、今年で十一年目です。

人間学研究会では、第一線で働いている企業人など多くの男性が学んでおり、四月から十二月まで毎月一回、講座が開かれています。

今回初めて、国際フォーラムに参加しました。シンポジウムや質疑応答を通して、日常生活においては直接感じることができないような、世界の生の声に触れる機会をいただき、日本での問題と世界での問題は、人間の問題として共通していることを改めて感じました。

このたび講義を務めるにあたり、私が担当するテーマを通して、自分自身の振り返りをし、自己のアイデンティティを確認しました。自分の中に一本の大きな柱が通ったような安定感と幸福を感じるようになりました。自分が幸せだと心から思えた時に初めて、今回の国際フォーラムに、高校時代からの友人を誘いたいと思いました。友人にも幸せになってほしいと心から思ったからです。今まで自分の幸せしか考えていませんでしたが、他人の幸せを考えられるように変わってきたことに、感謝の気持ちを抱いています。

私が講義をするテーマは「第三章　野村生涯教育の人間観　人間の本質について」です。

創設者は、人間性荒廃や喪失、価値観や規範の崩壊から起こる人間社会の病理現象は、抜本的解決として人間性の復活に待つしかない、と結論しています。また、人間教育を考えるとき、人間とは何かを正確に把握しないかぎり、人間が人間らしくあるための効果ある教育作業は成り立たないでしょうと述べています。また「東洋の自然観の教える『人間は自然の一物であり、自然と一体である』とする、この人間と自然の関係は、人間とは何かを知る本然的基盤となるものでありましょう」と続け、自然と人間の関係において、まず人間が自然界にどう位置づけられているかを確認することは「人間とは何か」を外側から知る最も普遍的客観的認識となると仰っています。

このように、昨日学んだ第二章において「人間とは何か」を外側から客観的認識において確かめた次に、第三章「人間の本質について」において、最も至難な「人間とは何か」の中身、質の問題の探求となります。

人間が本質に持つ絶対善とも言うべき輝かしい一面と、もう一面にある最も厄介にして不可解な、自分の与り知らない自分を内奥に持つ人間性の解明こそ、人類社会のあらゆる禍の元凶を取り除き、悲願とする理想社会へ近づくことの一歩となります。

それでは「人間の本質」とは、どのようなものでしょうか。

創設者は「人間を人間として成り立たせている特質」だと述べています。

私たちの住む現象世界は絶えず変化し続けています。しかし、創設者は、絶えず変化し続ける現象的存在に対し、現象として表に姿形を表しながら、しかし現象の背後に、目に見えない内奥に、変化しない恒常的存在としてあるものを本質と考えると仰っています。

そして「現象界のすべての存在は二面を持ちます。一面は〈形〉や〈量〉を持ち、一面は形量を持たない〈性〉や〈質〉を持ちます。人間も目に見える姿形を持つ肉体と、目に見えない精神や感情といった分野とを併せ持つ存在であります。その目に見える分野と見えない分野の両面から捉えなければ、本当の意味で『人間とは何か』を掴むことはできないでしょう。本質を見極めることは、存在するものの内と外、中身と外側、二面を総合して観察することによって初めて可能になります」と説かれています。

「質」は存在と違って目に見えないものです。創設者は「事象の目に見えない本質を極めるためには、現象世界の目に見える世界を通さなければわからない。そこに『ものの見方、考え方』が重要な働きを持つことになります。我々の『ものの見方』は、ともすれば現象として目に見える事実だけを真実として見てしまう誤りを犯しがちです」と述べています。

しかし、こうした見方では、目の前の手近なことや、表面だけしか捉えることができず、本質を見極めることは不可能です。また反対に、目に見える世界を飛び越えて、見えない世界だけを見ようとする見方がありますが、それはいわゆる観念の世界だけにとどまり、そこから高い理想や思想を説いても、実感が伴わず、これもまた真実には至らず、本質の把握には至らないと学びます。

「肉体において外界に属し、精神において内界に属している人間は、外界を五つの感覚を通して認識し、内界に通ずるのです。現象世界に生きている私たちは、まずその現象世界で触れる事象の見方、受け止め方の如何によって、見えない内奥の世界とのつながりの如何が決まり、本質の見極めにも至ります」と創設者は述べています。

従って、私たちはまずものを正しく観なければなりません。人間はまず正しく観ることによって正しく思惟し、さらに正しく行動することにつながります。

ものの本質を見極めるためには、まず目に見える現象世界の「あるものを、あるがまま」に見ることから始まります。あるものをどう見るか、それによってどのように解釈して受け止め、それによってどのように対処するかが決まってくる。しかし、創設者は「我々はものを見るとき、過去の経験によって、価値観や、先入観や、固定観念に依りがちであり、好悪や価値観によって〈あるもの〉を〈あるがまま〉に見るのでなく、とかく自分なりの我見で見てしまう過ちをしがちです」と述べています。

「東洋の哲理は、ものを正しく観る見方の原則として、『差別観』『平等観』『統一観』の『三観』を教えています」と創設者は述べています。

本質の見極めには、すべての存在や事象には差と別があることを認識すること。現象世界の背後の深い内奥には、差と別を持たない平等な世界があること。この両面から捉えることで初めて本質の見極めが可能になると学びます。

差別観

創設者は「現象世界を先入観や主観を入れないで、あるものをあるがままに見ていくと、一つとして同じものはなく、固定したものもあり得ません」と述べています。現象世界にあるすべての存在は、千差万別の相を持ち、「差別」と「変化」の二つの相によって成り立っています。現象世界をこの二つの面から観察することを「差別観」と言います。

現象世界は空間的にすべて同時的な関係依存によって成り立ち、時間的な変化の継続によって成り立っていますから、それゆえ、固定したものも、孤立したものも一物としてなく、すべての存在は刻々関係によって異なり、異なることにより関係し合って存在します。

現象世界はこのようにすべて、千差万別の存在によって成り立っています。

〈差別〉という概念は、私たちの認識の中では〈負〉の意味を持つ言葉として受け止められ、用いられがちです。しかし「差別観」は自然界の一つの観相であって、差と別を持つという、悪でも善でもない実相であると創設者は説かれています。

私たちは、現象世界において、絶えず対象物と相対関係において生きています。それゆえ、相対価値に基づく評価を本能的習性に持っています。自我欲や自己中心性、勝ち負け、優劣、損得を動機に持つ人間が、絶えず自と他を相対化し、相対価値の中で自己の優位や保全を保つため、差別が人為的に用いられたとき、本来善悪無記の〈差と別〉は、〈差別する〉〈差別される〉という〈負〉の概念となると学びます。

創設者は「〈私〉が見る以前に存在が実存するのです。私がどう見ようと見なかろうと存在するのでありますす。しかし、その存在を〈あるごとく〉〈あるがまま〉に見られないのは、自我の先入観、好き嫌い、価値観や都合、打算や欲望をフィルターとして見るから、あるものをあるがままに見られないのです」と述べています。

ものの実体、本質を見極める上に、いかに〈あるものをあるがまま〉に見ることが重要であるか。現象世界に一つとして同じものはありません。それゆえ、その差と別の実相をありのままに観察することの大事さがあると説いています。

また、差別観と差別相にとらわれるのは、まったく立場を異にすると学びます。

「差別観は冷厳な自然界の摂理をありのままに受け止めることであり、差別の相にこだわるのは自我の執着によるもので、この両者には根本的相違があります」と仰っています。

平等観

創設者は「現象世界は、すべて差別と変化の相を持っていますが、しかし現象の世界の背後の深い内奥に、差別を越えた一色の『空』の世界、永遠に変わらない変化を越えた『寂』の世界があります。つまり、差別や変化をしない一色の恒常の世界があることを東洋の哲理は教えています。変化しない恒常の世界、差と別を持たない平等の世界、この現象の奥の恒常であり、平等の相、平等の理を見極めることを『平等観』と言います。人間を例にとれば、顔かたちから、能力や性質や環境、すべてに差と別を持っています。しかし人間であることにおいて、その本質価値においてはまったく差別はなく、尊厳の命の存在であることにおいて平等であります」と説いています。

しかし、差別相にとらわれる偏見同様、平等相にとらわれる偏見もまた、真実から遊離します。例えば、人間の存在が皆等しく平等の価値を持つからといって、個々人の持つ個性や能力や特技の相違が抹殺されるとしたら、これはまた悪平等となります。

「根源の持つ平等相と、姿形の持つ差別相が相まって、ものの本体をなしています。『差別なき平等は悪平等、平等なき差別は悪差別』の言葉は、この自然界の実相の見誤りを端的に言い表した至言でありましょう」と創設者は仰っています。

いくら平等だからといっても、赤ちゃんにお肉を食べさせないと思います。このように差と別を認めた上での平等になります。

統一観

創設者は「すべての存在をこの差別観と平等観の二面から総合して見る観方を『統一観』と言います。眼に見えないものや、事象の本質の見極めは、ものの見方、考え方の基本原則に基づき、すべての存在の持つ中身と外観、質と量、性と形といった、眼に見えるものと見えないものとの両面を、差別観、平等観、統一観の三観を通して深く考察することによって初めて可能となりましょう。

ものの見方、考え方は十人十色と言われます。まして価値の多様化の時代、情報過多の時代、変化のめまぐるしいこの時代、本質を見極める困難さの中にあって、ものの見方、考え方の基本原則に基づく考察は、本質価値の把握に不可欠の要素となります。

前述の差別観の正しい認識の上に立って、この平等観の深い感得がなされたとき、すべてのものの見方は変ってきます。ものの実体や本質が見えてきます。

特に、人間とは何かの大課題を踏まえ、人間の本質を探るにあたり、この三観は最も重大な意義を持ちます」と説いています。

そして「この根源的な平等観に立ったとき、人類の最大の不幸とも言うべき、皮膚の色の相違や人種の違いによる人種差別、イデオロギーや宗教の違いによる差別が、いかに愚かな、大自然の摂理に対する冒涜であるかがわかるでありましょう」と述べています。

三観と智慧

「差別観、平等観、統一観、この三観は、言うならば智慧に基づく観相となります。智慧の〈智〉はものの相違点、差別の相を見極める働き、差別観であり、〈慧〉はすべてのものの共通点、平等相を見極める働き、平等観であり、つまり智慧とは統一観の観点であります」と創設者は述べています。

さらに「私たちが住んでいるこの現象世界は、差別の相によって成り立っています。そこに起こるさまざまな事象や、私たち人間をも含めて形あるものとして存在するすべてのものは、物であれ、人であれ、現象であれ、厳密に言えば一つも同じものはなく、すべて〈差別〉の相を持っています。そして時間的な推移の中に刻々〈変化〉していきます。

しかし、それは現象を表面から見た姿であって、その奥の深いところには表面の差別や変化を越えた、〈平等〉や〈静寂〉の相があり、〈平等の理〉が働いています。

その差別と平等の二面をもって、それが本来の実在の世界そのもの、ありのままの姿だろうと思うのです。この現象に現れた差別の面と、その根底にある平等の面、その両面を統一した立場、統一観で捉える働きが〈智慧〉であろうと思います」と説かれています。

また「人間を例にとって言えば、国籍や人種の違いから、一人ひとりの顔かたちの違い、言葉や思想や体格や能力や個性や、あらゆる相違点を持つ反面、口と鼻が一つ、目と耳が二つあってという物理的な共通点、人の死を悲しみ、愛されることを喜ぶ心情は、国が違っても同じだろうし、幸福を願う気持ちは万人共通であろうし、こうした共通点を人間は持ちます。

さらにその奥にある最も普遍的な価値の立場に立ったとき、その根源の本質や尊厳は平等であるはずです。一人の人間を、この表面の差別の相と平等の相の二面を統一して見ていったとき、それは〈智慧〉に基づいた人間観とも言えるでしょう」と仰っています。

詳細は後ほど申し上げますが、私は、この「ものの見方、考え方」を学んだことで、自分の二人の母親を比較して、どちらか一方を選ばなくてはいけないという相対評価にとらわれるのではなく、どちらも自分の母親であると「あるものをあるがままに」みることができるようになりました。また、二人の母親に優劣をつけるのではなく、絶対評価として、受け止めることもできるようになりました。

第二章で学びましたように、永い生命の歴史を生きてきた人間は、縦の時間的系列の中で過去からの生命を受け継ぎ、さらに横の空間的系列において、人間は個人を取り巻く環境世界とも、密接な、不可分の依存関係において共生しています。こうして人間は、時間系列、空間系列の交錯する一点を、縦にも横にも網の目の関わりにおいて瞬時瞬時の〈今〉を生き続けます。

創設者は「人間のこの『時間的・空間的』に位置づけられた実存においてなされたこの自然界における『人間の位置づけ』の確認は、『人間とは何か』の最も普遍的、客観的な確認となり、国籍にも、人種にも、宗教にも、イデオロギーにも何の抵触もなく、老若男女の別なく、万人が納得し得る外観的把握を可能にするものであります」と説かれています。

創設者は、東洋の自然観に立脚した観点に立って、原始生命以来、時間・空間を歴史的進化をたどった一人の人間の普遍的生命の立場から、生命の概念を次の四つの特徴で表しています。

第一　歴史的永続性
第二　強靭な復元力
第三　文化的遺産の蓄積
第四　生命の神秘的メカニズム

それぞれについて、創設者は次のように説いています。

第一　歴史的永続性

原始生命発生以来、断絶することなく生き続けてきた生命は、歴史的に存在し続けた人間の実存です。気の遠くなるほどの永遠の進化の過程を経た、人間一人ひとりの生命の歴史です。ここに自己のアイデンティティの確認がなされると同時に、これは人類のアイデンティティの確認にもつながるものとなります。アイデンティティの危機が、さまざまな人間の不幸を起こしている今、アイデンティティの確認は命の根がついたとでも言いましょうか、大きな安堵感を人間に与えます。

第二　強靭な復元力

歴史的実存であるがゆえに、生命が長い進化の過程において、さまざまな過酷な試練をくぐり抜け、生き続けてきた歴史は、命の持つ強靭な復元力を証明するものであります。この生命が根源に持つ復元力に、人間の価値づけを見るのです。

自然と共に生きる人間が、自然とほど遠い生き物になってしまい、精神的にも肉体的にも脆《もろ》さの目立つ今日、こうした生命の歴史観に立ち、人間一人ひとりが本来根源に持つ強靭な復元力に目覚めたとき、いかなる苦難にも立ち向かう気力が発揮されることを信じます。

第三　文化的遺産の蓄積

一人ひとりの生命の永い歴史はその位置づけにおいて、空間的無限の関わりと、時間的永遠のつながりの交錯の一点の現実を、非連続の連続を続ける中で、経験し蓄積した遺伝情報のすべてを伝統的文化遺産として内包しています。この意味において人間を〈最高の文化遺産〉と定義づけています。

第四　生命の神秘的メカニズム

どんなに科学が進んでも、人間組成や働きを分析的、解析的に究明することは可能であっても、生命の神秘的メカニズムの解明は不可能でありましょう。

創設者は「人間生命の特質を、このように〈歴史的永続性〉〈強靭な復元力〉〈文化的遺産の蓄積〉そして〈神秘的メカニズム〉といった普遍的人間生命の概念に立って捉えるとき、絶対的価値として人間を捉える根拠をここに見ることができ、人間そのものの真の価値づけがここに証明されます。

宇宙の生成物の一つとしての人間の持つ内的価値は、後天的なものでも、人為的なものでもなく、宇宙から生まれ出たものに本来具わっている特質、本質価値であります」と説かれています。

そして「生命の四つの特質をたどるとき、自ずからそこに何ものも冒すことのできない〈尊厳〉を、人間一人ひとりの存在に見るのです。また、悠久の生命の根源を同じ出発点に持ち、同じ進化の過程をたどった歴史において、人間万人はその本質価値において〈平等〉であることの証明となります」と述べ、さらに

「宇宙・自然界の一物である私たちは、自ら生きていると同時に生かされている存在であります。自然界の一物である人間の、母胎回帰とも言うべき、本然の資質、本質価値への目覚めこそ、今世紀人類の責務の最大事でありましょう」と仰っています。

創設者は「人間に限らず、現象世界はすべて差と別で成り立っているがゆえに、現象世界を相対的に生きる私たち人間が、誰もが平等に持つ自らの尊厳に拠点を置かない限り、現象に振り回され、人間とは何かの答えに近づくことも、己とは何かに近づくことも不可能になりましょう」と説いています。

個性、個人差、両性の差、年齢・年代の差、成長のリズムについて、すべてあるものをあるがままに受け止めるためには、根源の平等観に立ってこそ、正しく表面の現象上の差別をあるがままに受け止められるものであると学びます。

能力とは物事をなし得る力であり、活動する働きです。創設者は、私たちはとかく能力主義で人を評価しますが「能力と本質価値」とは根本的に違うことを明言されています。能力は命が本来持っている本質価値の開発された一部であって、現象上の差別の面に現れた一つの機能現象であり、また変化する人間の成長のプロセスの一時点であれば、能力と本質価値は同一視することはできないと仰っています。

人を評価するとき、一番大切なこととして押さえなければならない主軸は、人間をその本質価値においてまず受け止めることであり、そして、誰もが平等に本質価値における存在であるゆえに、本質の開発の可能性は誰もが平等に持っているはずだと学びます。開発の可能性への挑戦を、創設者は、この教育原理の学びと実践において、誰でもが可能となし得ることを多くの例証に見てこられました。そして「人生に出会うすべての条件は、自己教育の教材である」を実践することにおいて、いつでも、どこでも、誰でもが、自己実現への開発を可能にでき得るはずだと述べています。

それでは、私自身の振り返りと、このテーマを通して、学んだことをお話しさせていただきます。

冒頭でも申し上げたように、私には二人の母親がいます。

産みの母は、私が三歳の時に病気で他界しました。享年三十歳でした。その頃、我が家は父の仕事の関係でマレーシアに住んでいました。母は自分の体の不調に気づいていたものの、マレーシアでの誤診もあり、日本に戻って来て癌だと判明した時には、既に手遅れだったと聞いています。我が家には、産みの母の写真はなく、私には、母のはっきりとした記憶はありません。

母が亡くなり、父が再婚するまでの二年間、私と父は父方の祖父母と同居し、私は祖父母に育てられました。そして私が五歳の時に、父が現在の母（育ての母）と再婚し、新しい家族として三人での生活が始まりました。父と育ての母は新たに子どもを持つことはせず、母は私を「無償の愛」で育ててくれました。

私は社会人二年目から十一年にわたり、人間学研究会でこの学びを続けています。社会人一年目の冬、原因不明の腹痛で入院し、すでにこの学びについていた母が、「何か言えずに、心の中に溜まっているものがあるのではないか」と心配し、参加を勧めてくれたのが、学びを始めたきっかけです。

学び始めた当初は、産みの母のことを心の奥底に秘めて話さずにいましたが、グループ討議で産みの母への思いを引き出してもらい、少しずつ涙混じりで、話せるようになりました。一方で、私をここまで育ててくれた母に対して、後ろめたさを感じていました。

　産みの母の存在を認めることは、育ての母に申し訳ないという気持ちが強く、どちらか一方を認めると、もう一方を否定することになると思っていました。育ての母は、本当にたくさんの愛情を注いで私を育ててくれました。産みの母を認めることは育ての母を裏切ることになるのではないか。育ての母に対する感謝の気持ちが大きいほど、産みの母を認めることができなかったように思います。その頃の私は、二人の母を相対価値に基づいて見ていて、どちらも同じように自分の母であることを認めることができませんでした。

　学び始めて五年が経過した頃、毎年学んでいる「いのちの伝達、伝承」の図（図277頁）において、母のところに、二人の母親が並んで見えた時、どちらの母も今の私を育んでくれたのであって、比べるものではなく、二人の母に差はないことに気づきました。このとき初めて産みの母を認めることができ、育ての母とは命の繋がりはなくても親子としての繋がりを感じることができるようになり、概念だけで捉えていた図を、自分自身に置き換えて認識することができるようになりました。

　私は人間学研究会で学ぶまでは、自分の本音もわからず「いい子」でいるために、自分の本当の思いや気持ちを出さないようにしていたと思います。二人の母親と自分との繋がりをありのままに感じることができるようになった時、育ての母にも徐々に自分の思いや本音が言えるようになり、距離が近づいていきました。

　私は現在独身で、子どももいません。

　今年二月に開催された群馬県大会で金子理事長の基調講演を聞いた際、五年前に二人の母親が並んで見えた「いのちの伝達、伝承」の図において、今度は、私から未来への繋がりが見えました。自分からの血の繋がりではない未来の子どもたちへの繋がりが見えた時、友人の産まれたばかりの子どもをとても愛おしく感じ、その子の未来のために、何が何でも平和な世界を残したい、皆が幸せになってほしい、と心の奥底から湧き出る思いが出てきました。育ての母が、私に注いでくれた「無償の愛」が自分の中にもあることを実感しました。

金子理事長より「深いところで、この思いを持てたことに感謝ですよね」という言葉をいただき、自分の中で価値づけることができた時、私自身の考え方に変化が生じていることに気づきました。「無償の愛」「血の繋がりではない母性」が、私と育ての母を繋いでいると気づき、育ての母のことをもっと知りたいと思いました。

育ての母は、今の私より若い年齢で父と結婚しました。私は「初婚で、突然五歳の子どもの母親になれるだろうか」と自問し、母に対しては「どうして、血の繋がりもない私にここまでの愛情を注いでくれるのだろうか」と不思議に思いました。それまで、育ての母には直接聞くことができなかった、父と結婚をした時の話を聞きました。結婚を決めた時に、私の存在は気にならなかったのかと尋ねたところ、母は、「気にならなかった」と言いました。父が再婚したとき、私はまだ五歳でした。母親が恋しい時期だったからなのか、育ての母にはすぐになつき「お母さん」と呼んだそうです。「おばさん」と呼んだこともなかったそうです。育ての母は父と結婚すると決めた時に、私を自分の子どもとして育てる覚悟をしたと言っていました。しかし、結婚後、育ての母は相当辛く、苦しい思いをしたと聞きました。出来上がっている家族に、後から入っていくプレッシャーは強く、姑との関係においても、とても苦労したようです。

父方の祖父母は、産みの母の父母にとっても私が孫であることには変わりないため、年に数回、私を産みの母方の祖父母のところに連れて行きました。しかし、育ての母としては、私を取られてしまうのではないか、自分の子どもとして育てているのに、なぜ産みの母方との関係を続けなければいけないのかと思ったそうです。また、産みの母方の祖父母にお中元・お歳暮を送るようにと父方の祖母に言われ、送った後には産みの母方の祖母からお礼の電話で「聡子がお世話になっています」と言われることも、自分の子どもとして育てている育ての母としてはとても嫌だったそうです。

私も当時は子どもなりに気を遣っていました。産みの母方の祖父母宅に遊びに行くのはどこか後ろめたい気持ちがありました。小学生の頃、家に産みの母方の祖父から電話が掛かってきた際に「おじいちゃんから電話」と言って取り継げばいいところをわざわざ名字を呼んで「梅谷さんから電話」と言っていました。電話越しにそれを聞いた祖父は「子どもなのに、こんなに気を使っているのか」と不憫に思っていたと、大人になってから聞かされました。また、産みの母のことに自分から触れることは一切せず、我が家では、産みの母の話はタブーだと思っていました。育ての母に対しては「育ててもらっている」という気持ちが強く、思春期に反抗期もなく、自分の気持ちを出したことも、喧嘩をした記憶もありません。この頃の育ての母の気持ちを考えると、同時期の私の気持ちと繋がるものがあり、私と母の同時的依存関係を認識します。

私は人間学研究会で学び始めてから、産みの母と祖父母との関係を繋いでくれた父方の祖父母に感謝しました。一方で、育ての母が当時こんなにも辛い思いをしていたことを初めて知りました。「そんなに辛い思いをしたのに、どうして離婚をしなかったのか」と聞いたところ「離婚をしたら、聡子はまた違う人をお母さんと呼ばなくてはいけなくなる。それはかわいそうだと思った」「自分の母性の強さは、母から受け継いでいることかもしれない」と言われました。祖母は溢れ出るほどの母性を持っていて、私も小さい頃から本当に可愛がってもらいました。血の繋がりのない孫に対する、母方の祖父母の可愛がりように対し、父は

「あんなに可愛がるのはおかしい」と言ったことがあるそうです。

そのような母性の強さは、祖母から母へ、母から私へと繋がっているのではないか、そしてそれが、私が血の繋がりを超えた無償の愛を持つことができるようになった大きな要因の一つではないかと思います。

私が小学校中学年の頃、母は父との関係を課題に、センターで学び始めました。センターで多くの方々に関わっていただく中で、母は、今まで良く思っていなかった産みの母やその祖父母に対する気持ちがどんどん転換していったそうです。

河原家では、年に数回、墓参りに行きます。その際に供える花は、母と伯母が交互に用意しています。このお墓には私の産みの母も眠っています。花が好きな育ての母は、いつも自分でアレンジしてきれいな花を用意しています。それまでその花のアレンジの意味を気にしたことはありませんでした。母がどのような思いで花を用意しているかを初めて聞き、驚くと同時に、その思いに至るまでの母の並々ならぬ努力を感じました。当初は、このお墓を掃除する父に対しても、やきもちのような嫌な思いがあったそうです。それが、今は「小さい子どもを残して亡くなった産みの母は、さぞかし無念だっただろう。せめて、その供養になるように、という思いで用意をしている」と言っています。母は、それまで、自分の立場からしか見ていなかったことに気づき、相手の立場からも見ることができるようになった時、このような思いになったそうです。言葉で言うことは簡単ですが、母のそれまでの気持ちを考えると、とても難しいことだったと思います。

母が百八十度転換したのは、この学びにおける母の努力とそこに多くの人たちに関わっていただいたからだと思います。私への大きな愛情が、その辛さや苦労を超える源にあったことに気づくことができ、心の底から感謝の気持ちが湧いてきました。

育ての母が私に注いでくれた大きな愛情は、祖母の母性を引き継いだもので、私が未来の子どもたちに繋げていきたいと思う愛情に繋がっているのではないかと感じます。また、父方の祖母からは、私が産みの母から受け継いでいる性格を教えてもらい、改めて「いのちの伝達、伝承」の中でどれだけ大きなものをいただいているのかと、自分を成り立たせているものに深い感謝の念を感じました。

私は今までも、多くの人たちに支えられて、ここまで育ててもらったという感謝の気持ちは持っていました。育ての母と話したことで、自分に直接関わっている人たちに対する感謝の気持ちだけでなく、母に関わる人たちにも感謝の気持ちを持つことができるようになりました。

創設者は「人間の存在は、時系列において生命の連鎖を続けながら、空間系列において『心・身・環境』が相互依存の関係につながりつながって分離しようがない」と仰っています。二人の母やその祖父母を「いのちの伝達、伝承」の図で生命の連鎖として感じることができ、自分だけでなく、自分と関係のある二人の母に関わるたくさんの人たちが見え、二人の母の環境にも感謝の気持ちを持つことができたとき、空間系列においても繋がっていることを認識するとともに、自分が自然界で生かされている存在であることを認識することができました。そして、どちらか一方の母親を認めると、もう一方の母親を否定しなくてはいけないような気持ちを持っていたことが、自分にとって大きな痛みになっていたことを教えてもらい、二人の母親を相対の感覚において見ていたことが、何の躊躇もなく、自分には二人の母親がいると認められるようになったことに大きな感謝を持ちました。

育ての母の気持ちを聞くことができますが、今となっては産みの母の気持ちを聞くことはできません。自分には、同等の二人の母親がいると感じられるようになったとき、ある手紙の存在を思い出しました。

私が二歳の頃、父の仕事の都合で、家族でマレーシアに転居しました。産みの母は、定期的に自分の両親に手紙を送っていました。私が高校生くらいの時に、祖父は、産みの母が書いたこの手紙の束を私に預けました。当時の私は、産みの母を認めることは、育ての母を裏切ることになると思っていたので、祖父から手紙を受け取って以降もその存在を誰にも言わず、まして手紙を開くこともできず、押し入れの奥底にしまっていました。手紙を受け取った直後は、家に持って帰ることも嫌だったように思います。

先ほど、自分には二人の母親がいることを認められるようになったと申し上げましたが、そうは言っても、今までの私の気持ちが完全に払拭されたわけではありません。この手紙の存在を思い出したものの、押し入れから探し出して読むまでには時を要しました。産みの母のことを知る怖さのようなものが、私の心のどこかにあったからだと思います。

今回、講義をするにあたり、今こそこの手紙を読むべきではないかと思い、どこにしまったかも覚えてない押入れの中を一生懸命探し、手紙を見つけ、初めて読みました。

産みの母は、約二週間に一回の頻度で、毎回便箋二枚ほどの手紙を書いていました。直筆の手紙には、マレーシアでの生活や私の成長の様子、父のことなどが書かれていました。写真も送っていたようですが、同封されてはおらず、手紙とは別に祖父母が保管していたようです。その中で二枚だけ、母と私が写っている写真が入っていました。写真の中の母を見つつ、母の書いた文字を目で追い、母の気持ちを考えながら読み進めたとき、今まで、認識の中にとどまっていた産みの母が、形を持った実体として、私の中へドンと入ってきました。産みの母の私への愛情の深さを感じ、三歳の子どもを残して先立たなければならなかった母の無念を感じました。この手紙を私に預けた祖父は、私に産みの母のことを忘れてほしくないと思っていたのではないかと思いました。祖父が亡くなる前に産みの母の手紙を読むことができなかったことに、お詫びの気持ちも出てきました。祖父が、若い身空の娘を亡くした辛さ、幼い孫を一人にする辛さ、孫が新しい母親に慣れるのは嬉しい反面、複雑な気持ちだったのではないかなどと、祖父の気持ちを考えることができた時に、産みの母とその祖父母が私の中にしっかりと存在していることを感じることができました。この学びをしていなければ、手紙を読むことはできなかったと思います。改めて、自分が変化させていただいていることに感謝の気持ちを抱きました。

もちろん育ての母はこの手紙の存在を知りませんでした。手紙を読んですぐに、この手紙の存在と、私が手紙を読んだことを育ての母に伝えました。正直なところ、口に出す直前まで迷いましたが、育ての母に告げた時、私の中で、完全に二人の母が同等な存在として重なって見えました。

後日、育ての母に、この手紙の存在を私から聞いたとき、どのように思ったのかを尋ねました。育ての母は、そのような手紙があったことに驚くとともに、その手紙を読んでみたいが、それは、私が嫌がるのではないかと思ったそうです。私は、育ての母が読みたいのなら読んでほしいと思い、手紙をすべて渡し、読んでもらいました。育ての母は、手紙を読むまではその内容が気になっていたものの、読んでみたら何もわだかまりなく読めたそうです。二週間に一回という手紙の頻度に驚くとともに、私が成長する様子も興味深かったようです。

私は、私と育ての母の大きな変化が同時に起こっていることに気づき「関係しながら変化し、変化しながら関係し、本来大調和している宇宙の実態」を感じ、感謝の念を持ちました。

創設者は「時間的永遠性と空間的無限性において捉えた人間観は、人間の『位置づけ』において『人間とは何か』を純客観的に認識させると同時に、自ずからそこに人間の主体的『価値づけ』を導き出すことを可能にする」と述べています。

二人の母親を同等に縦の時間的永遠性の中に見ることができ、横の空間的無限性に、自分や自分の母や、自分と関係する人たちの繋がりが見えたとき、自分の存在に大きな価値を見出しました。担当理事には、誰でも「素質と環境から人間形成がなされる」ことを押さえてもらいました。私の「素質」は産みの母や父から譲り受けたもので、「環境」は育ての母であることを教えていただき、二人の母親を縦の時間系列の中だけで考えており、横の環境世界に、育ての母がいるという視点がなかったことに気づきました。自分と育ての母のさまざまな変化に、同時的依存関係を感じてはいましたが、母という存在としては、縦の時間系列にしか当てはめていませんでした。

どんな立場の人間であれ、生命の伝達者を持ちます。原始生命以来、過去から未来へ幾世代も生命は伝達、伝承をしています。縦の時間的永遠性の中で命をもらい、素質をもらい、その時々一瞬一瞬の横の環境世界から影響を受け、人間の位置づけ、価値づけを導きだすことを可能にすると学びます。

私と産みの母親との繋がりは、私が三歳の時に切れ、育ての母親との繋がりは五歳から始まり、縦の繋がりが途中で切れていました。しかし、産みの母親が現在も自分の中にあることを実感できたことで、産みの母からの繋がりも切れずに今も続いていることを認識できるようになりました。そしてそこには、産みの母から受け継いだ「環境を素直に受け止めることができる素質」が含まれており、この素質があったからこそ、育ての母親のことを受け止めることができたのだと教えていただき、縦の時間系列の中だけで捉えていた二人の母親を、縦の時間系列と、横の空間系列の中で捉えることができるようになり、さらにはっきりと自分の位置づけを認識できるようになりました。

　創設者は、自己のアイデンティティの確認は大きな安堵感を人間に与えると述べています。今回の学びを通して、自己のアイデンティティの確認から命の根を実感することになり、とても大きく深い感謝の念を持ちました。

　現代は、命の繋がりを認識しづらいだけでなく、親子の繋がりも弱くなり、実の親でも大切にしない。そして昨今では、親族間での殺人事件が増えています。命の繋がりを認識できなければ、自分の命の否定にも繋がり、虚無感を持ちます。自己のアイデンティティの確認ができなければ、命の根を張ることもできません。自己のアイデンティティの確認には、自分自身の位置づけと価値づけが必要であると学びます。人間であることにおいて、その本質価値においてはまったく差別はなく、尊厳ある命を持つ存在であることにおいて平等と学びます。生きていること、命があることにおいて、片親であろうが両親がいようが差はなく、自然界に生かされている存在として、自分の尊厳に目覚めれば、他人の尊さも考えることができると思います。

　今を生きる私が、未来へとしっかりバトンを渡せるように、自分自身の位置づけ、価値づけを確認しながら、今後も学びを続けていきたいと考えています。

　ありがとうございました。

第三章　野村生涯教育の人間観

人間の本質について
本質の開発を阻むもの

千葉支部責任者　板井秀子

板井秀子と申します。どうぞよろしくお願いいします。

私は今回このフォーラムに際して、自分の集大成だと思って臨みました。しかし介護している母を六日間ショートステイに頼まなければならず、その前日になって施設の方には不安になるようなことを言われ、また親代わりだった伯父の容態が悪くなるなど、さまざまなことがありましたが、無事に初日のフォーラム、そしてこのセミナーに参加することができ、本当にお陰様だと思っております。このことから、世界各国の皆さまとこのようにお会いして、共に学べることは、決して当たり前なことではないのだと実感しました。金子理事長の基調講演の中で「人間の根を張ることが安定に繋がる」という話がありましたが、一昨日、昨日、本日、そして先ほどのケッヒラー先生の「グローバル時代の異文化間の対話」がいかに重要かに至られた背景と動機についてお話を伺い、これだけの方たちが一堂に会し、対話することの大事さを感じました。

本当に今、地球上の多くの地域が危機的状況に直面しています。日本では未だ収束していない原発事故の問題があります。そうした状況であるだけに、このように世界の皆さまと、この「第三章　野村生涯教育の人間観」を学ぶことは人類の救いとなることを、今回のフォーラムで確信しました。

第二章において「人間とは何か」を外側から客観的認識において確かめた次に、本日のテーマ第三章の「人間の本質について」において、創設者は、最も至難な「人間とは何か」の中身、質の問題の探究をされました。「人間の、無限の奥行きを持つ内界の問題こそ、人類の永遠の課題として、私たちに突きつけられている設問でありましょう」と、創設者は第三章の冒頭で説いています。

そして「永い生命の歴史を持つ生物としての人間は、底知れない深い奥行きを持ちます。一方に、本質としての絶対善、無限の可能性を持ち、一方に本質の開発を阻む悪なる無限の可能性をも持つ、この不可解な二面性についての深い探求がなされたとき、初めて『人間とは何か』の究極の解明となる」と述べています。「宇宙そのものの理性である叡智。宇宙から生まれた人間に本来備わる愛や叡智を引き出し、掘り起こしていったとき、そこに地球より重いと言われる人間の尊厳への目覚めができ、そこに人類の悲願である未来世紀への光明が見いだせるはずです。

一方、人間の業とも言うべき、永い歴史を持つ生命に内在する悪なる習性の集積に、個々の人間の亀裂から、民族や国家の対立、抗争や戦争に至る諸悪の根源を見るのです。この奥深い人間性の解明。

この人間が本質に持つ絶対善とも言うべき輝かしい一面と、もう一面にある最も厄介にして不可解な、自分の与り知らない自分を内奥に持つ人間性の解明こそ、人類社会のあらゆる禍の元凶を取り除き、悲願とする理想社会へ近づくことの一歩となりましょう」と説いています。

「人間の本質について」「本質の開発を阻むもの」、この人間の持つ相反する二面の内奥について、創設者は考察を進められました。

第三章の前半で、人間観の一面、善なる可能性について学んできました。

「ここに問題となるものが、万人が本質として持つ善の価値と裏腹に、それを阻むものとして持つ人間観の他の一面であります。

前半で、人間はすべて本質価値における尊厳の存在であることを述べ、その可能性の開発もまた万人に可能であることを述べてきました。

しかし現実はそれとはまったく反対に、人間性の崩壊や喪失といった、非人間化した現状を呈しています。そこに、すべての人々が本来本質的に持ちながら、その開発ができ得ない、その本質の開発を阻むものは何かを追求することこそ、人間、己を知る上に最も深底の、不可知とも言うべき分野の解明となります。

このことこそ、伝統的教育が今まで不問に付してきた分野であり、理想論を出発とした教育が敗北を喫した原因をそこに見るのです。不可解な、底知れぬ深さを持つ生きた人間のこの分野に照明を当てることによって、初めて人類社会の諸悪の根源に至ることとなり、人類が新たな黎明を見出す糸口ともなろうかと考えるのです」と創設者は説いています。

そして「永い生命の歴史から見て、隠された生命三十億年を経て約六億年前初めて地球上に誕生した生命体が、生命として形を成したとき、そこから〈我〉が生まれ、我の自己保存の欲望が生まれたと見るべきでしょうか。

気の遠くなるような系統発生の歴史は、水棲動物、両棲類、哺乳類、類人猿と、さまざまな下等生物からの進化の歴史であってみれば、何があっても不思議はなく、この人類社会におけるすべての醜悪な、極悪な事象も、言ってみれば、長い系統発生の歴史の中で繰り返されてきた現実であります。ユネスコ憲章の『戦争は人の心の中で生まれる』の言葉は、端的にこの意味を表していると思います」と述べています。

創設者は、この現実を踏まえて、三十五億年とも言われる生命の歴史を持つ人間の、重層を成す意識について学ばなければならないと仰っています。

そして「この長い系統発生は個体発生と深い関わりを持ちます。生命の長い系統発生のたどった経験のすべてが、私たち一人ひとりを作り上げているはずであります。長い月日の経験は、蓄積されて痕跡となり、一部は我々人間の表面的な記憶となり、知識となり、習慣、才能、能力となり、個性を創ります。このように過去の経験の集積はすべて個々人の心にも体にも痕跡を残します。

このように一部は表面意識に残り、一部は心の内奥に潜在意識として沈潜していっています。ちょうど地層の断面に見られる、堆積岩や砂や粘土や化石などが積み重なって層を成しているように、歴史的生命をたどった人間の意識の構造もまた、生きた歴史と共に深い層を成していると考えられます。

それゆえ、長い過去の経験の集積は、意識するとしないとにかかわらず、人間の肉体にも精神にも絶大な制約を与えていると考えられます。

意識の世界を大別すると、顕在意識または表面意識と、潜在意識または無意識の世界と言えましょう」と説かれています。

また「顕在意識と潜在意識は二分された対極にあるものではなく、最も深層の分野から表層まで深い厚い層を成し、ぼかし絵のように徐々に、分断されることなく積み重なってできあがった層であり、それは原始生命のたどった歴史の集積そのもの」と述べています。

さらに創設者は、顕在意識の中でも、自分は自覚しているが、他者には見えないか、または隠している部分があり、潜在意識の中でも、自分には見えないが、他者からは見える部分があり、さらに、自分も他者も知らない、見えない分野があることを仰っています。

この意識の層について、創設者はフロイトとユングを例にあげ、次のように述べています。

「この意識下の世界を精神分析の分野で解明しようとしたフロイトは、人間の無意識内に抑圧されているものとして性欲と攻撃性をあげて、今はその意識下に見た欲望や攻撃性が表に噴き出した時代だと言いましたが、まさにその通りだと思います。

またユングはこの人間の無意識を二重構造として説いています。一つは個人的無意識であり、もう一つを集合的無意識、普遍的無意識であると言っています。

そして後者は人間全部に、つまり古代人も現代人の我々も、すべて共通していると言い、ユングによるとこの厄介な集合的無意識には元型があって、一方に奪い、一方にそれを殺すといった悪魔が棲んでいるというのです」

そして「東洋の仏教の聖典は、意識の世界について六つの意識の世界や、さらに深く掘り下げた九つの意識の層について説いております。

人間に具わる五つの器官、即ち眼、耳、鼻、口、身に具わる意識、つまり眼の意識（眼識）、耳の意識（耳識）、鼻の意識（鼻識）、口・舌の意識（舌識）、身の意識（身識）と、それを総合した意識（六識）と、末那識《まなしき》、阿頼耶識《あらやしき》、阿摩羅識《あまらしき》を加えた九識の意識の世界を説いています」とお書きくださっています。

「私たち人間は己の知らない己を自己の内部に持っています。

私たちは普通、意識して自分の日常の言動、行動をなしていると信じていますが、しかし私たち人間が意識下に持つ、己の知らない己の制約をいかに大きく受けているかを知らなければなりません。

つまり、気づかぬままに潜在意識が無意識の動機づけとなって、私たちの一挙手一投足を大きくリモートコントロールしていることを知らなければなりません。

人間関係のトラブルのより多くの分野が、ここに起因していることを思います。

自分の意識では善意のつもりで言った言葉が、そのまま相手には受け取られず、誤解や、むしろ悪意に受け取られるようなことがあります。

つまり、そこに自分の与り知らない意識下の自己の持つ、善意とは裏腹の潜在意識が介在して、それが相手に影響を与えていることに気づかぬままに、私たちは往々にして他者と会話をしています。そして、そこに起こる自他の認識のギャップに苦しむことが多くあります」と創設者は述べています。


私がセンターで学び始めた頃の例をあげます。当時、一般的に家を購入するときは夫の名義でしました。しかし、我が家を購入するとき、私は自分の名義にしたかったのですが、実際は、それは難しくて私の名義にはならなかったという話を、特に何の意図があるわけでもなく、何気なく理事に話したところ「なぜ自分の名義にしたかったのか」と、その動機を問われました。その時は、家の名義にこだわった自分は欲深い人間なのか、という程度にしか考えていませんでした。その後、理事にはずっと関わってもらい、自分の過去をふり返り、自分の気持ちを見ていった時に、両親の離婚後、家を離れて母と二人でアパートを探して暮らしていたことが、私の痛みになっていたことが少しずつ見えてきました。そして、自分が離婚するかもしれないときの離婚後の家の事を無自覚に考えていたのだと思いました。さらに理事に関わってもらって自分の意識を見ていくにつれて、夫とは恋愛結婚なのですが、両親の関係をベースに見たときに、夫に対するある種の不信感があったのだと、徐々にわかってきました。無意識に家が欲しいと思ったことの奥には、離婚に対する不安があることがわかりました。このことから自分の無意識の動機を知ることができました。

創設者は「個体生命としての自己の中に、長い系統発生の歴史を内蔵する人間が、日常生活の中で絶えず突き当たるのが矛盾と錯覚であります。

人間の複雑怪奇さは、まさにこの自己の内部にある矛盾や錯覚が原因していることを思います。

人間を一番知らないのは人間自身であり、己を一番知らないのは己自身であります。

これは一番知っていると思っている錯覚が生む矛盾であります。最も根本的錯覚として、人間の虚像を実像と見誤る錯覚があります。私たちは百何十センチの身長を持ち、数十キロの体重を持つ、細胞膜に包まれた閉じた系の一個の肉体を〈私〉の実像と見ます。

しかし命ある実存する人間は、縦の生命の絆の一環としての存在であり、横の人的、物的、自然環境との関わりにおいてのみ存在するものであり、全体生命の中の個体生命としてのみ存在を保つものであってみれば、切り離した個としての私は虚像であり、永遠と無限の世界と不可分の関係においてある私のみが、私の実像であると見るべきでしょう」と説かれています。

先ほど、永い生命の歴史を持つ人間が、善なる可能性と悪なる可能性の二面を無限に持つ存在であることを学びました。

創設者は「表面意識と、潜在意識の深さにおいて、ジキルとハイドの二面性は誰もが経験することであります。親と子の間、夫婦の間にある、愛しながら喧嘩をする愛憎の相克。日頃礼儀正しく、誠実な生活人が、ある日ある時、何かの条件に出会った時豹変して、粗暴な振る舞いに及ぶことがあります。最も顕著な例として、戦場において極めて野蛮で残忍な行為をする人間が、日ごろは善良な夫であり、父親であることを思うとき、まさに人間の二面性をそこに見るのです」と説かれています。また「人間は物と違い、割り切ることのできない心理の働きや感情を持っております。好きなのに嫌いと言い、嫌いなのに好きと言うといった、裏腹な言動をすることもあります。物と違いわりきれない人間の非合理性を無視し、また点数や知能指数で人間が計られたら、当然それは物的扱いとなり、人間は傷つき、疎外されます」と述べています。

創設者は「私たちは往々にして、認識した段階で物事を処理しています。知ったこと、つまり理解した段階と、実証されたこと、つまり成ったこととは、まったく次元を異にします。しかも私たちは、ほとんど知ったことを成ったことと錯覚して、済ませてしまうことが多々あります。そこに観念化した人間社会の実態が生まれてきています。知ったことが自分の肉体を通し、行動を通し、心で受け止められ、自分の生きざまになり、人柄になったとき、それは『知ること』が『成った』ことを意味します。頭や理性でわかった段階と、身体で実践し、人格全体になっていく、この間にはたいへん大きなギャップがあることがわかります。

しかもそれをいかに知らないかが私たち人間であります」と説かれています。

そして「現代の人間中心の学問は、進めば進むほど実体と観念の距離が大きく離れてしまって、自分でこの距離が埋められなくなっていると言われるのは、それを物語っております。認識の次元に対し、知行一致という実証の次元は根本的な相違があります」と述べています。


創設者は「理想と現実、本音と建前、この言葉は常に両極に相容れないものとして、対照的にあげられる言葉であります。

しかし『現実』は過去から現在までのプロセスの上に成り立った結果であり、理想は現在から未来にかけての方向性であります。過去、現在、未来を生きる人間が、歩き続ける道の上に共に実現する現象でありましょう。『現実』も人間が創り出したものであり、『理想』もまた人間が創り出すものであります。自然観の説く『変化の法則』に照らしたとき、固定するものは皆無であるという真理から言えば、『現実』という一点は絶えずまた変化し、流動するものであります」と説かれています。

さらに「しかし往々にして私たちは『それは現実だから』と、動かしがたいものとして固定し、妥協しがちです。現実を打破して理想に向かう困難より、その方が容易ですから。

たしかに現実は厳しいですし、理想とのギャップの大きいことも確かであります。しかし、現実と妥協し、現実に埋没したら、進歩も本質の開発も停滞し、退廃は加速しましょう。まして個人や人類の幸福や平和を脅かす『現実』であるとしたならば、『これが現実だから』と受け入れるわけにはいかないでしょう。

平和を語るとき、『それは理想だ』と一笑に付す人も多くいます。しかし、戦争も平和も、原点は人間の内にあるものであります。善なるものと悪なるものを共に内包する人間であり、言うならば、理想と現実のギャップは自己の中の善なるものと悪なるものとのギャップでありましょう。

理想も現実も共に人間の作りだす世界であります。人間が自己の欲望やエゴイズム、矛盾や二面性の克服ができた分、一歩一歩、理想は確実に現実になりますし、真実がそこに顕現してくるでしょう。

内なる人間性の悪なる部分の克服が、外なる世界の平安をもたらし得ると信じます。

自己を見失わないために、未来を見据えるために、大切なことは〈理想への憧憬〉と〈現実の凝視〉でありましょう」と説いています。

また「本音」が本心から出た言葉であるのに対し、対照的に使われる言葉に「建前」があり、「建前」とは家屋の建築の折の上棟式のことで、転じて表向きの方針や原則を言います。多くの場合人々は、本心はなかなか他者には話さず、社交辞令や差し障りのない表皮的な建前で話す傾向があります。本音も建前も共に、人間の二面性や表面意識と潜在意識の人間の精神の複雑さを物語るものであると述べています。

「人間教育を考えるとき、〈人間とは何か〉が正確に摑まれていないと、人間が人間らしくあるための真の教育作業は成り立ちません。

それゆえ、私は終始、教育の原点に人間を据え、人間の原点から人間をミクロ的、マクロ的に内的外的に捉え直し、人間の実像の把握を一義にして教育作業を進めてまいりました。

それは既存の教育が、教育の真の目的を見失い、人間不在、人間疎外の教育に堕していたことから、生きる人間のための教育を取り戻すための教育作業でありました」と創設者は述べています。

創設者は「人間の探究を原始生命以来の永い歴史の中に見ていき、その長い生命の深底に層を成して蓄積してきた澱み、潜在意識に思いを致すとき、無限の善なる可能性を秘めたものが人間であり、無限の悪なる可能性を秘めたものが人間であることに到達することができるはずであります。

人間が人間らしくあるための作業、教育とは、まさにこの人間の真実、善なる可能性の開発への弛まない努力と、誰もが内に持つ悪なる可能性への挑戦と克服、この両面からの弛まぬ取り組みのプロセスの中にこそ、真の人間教育は成り立ちましょう」と説いています。

「現代教育が見落としてきた最大の欠落は、この万人が持つ悪なる可能性を、人間観の前提に持たなかったことであります。

非合理性を持つ複雑怪奇な人間性を無視し、ホモサピエンス以前のホモバイオロジカスの分野の圧倒的制約の下にある人間を視野に入れないことにあることを思います」と創設者は述べています。

創設者は現代教育に三つの欠落を見ています。それは「科学的合理性の人間支配」「理想的人間像からの出発」「実践の伴わない観念論、抽象論」です。

「これに基づく人間教育が、いかに人間の真の教育に悖《もと》っていたか。

己を最も知らないのは己である。

人間を最も知らないのは人間である。

〈知っている〉錯覚が邪魔をし、身近すぎる死角となり、見えなくなってしまってこの過ちを犯させてしまうのでしょう。

それゆえ、人間を知る作業は最も身近な課題であると同時に、最も深遠な哲学的な、そして永遠の課題であります」と述べ、さらに「教育とは『己を知ることに始まり、己を知ることに終わる』作業であると考えております。この無限の奥行きを持つ人間、己を深く掘り下げるところに、唯一『普遍的な人間』への到達があるはずです。

そこにおいて初めて、自己実現も、自己の主体性の確立もなされ、教育が真の目的とする個人的、歴史的役割が果たされることになりましょう」と説かれています。

私は八十八歳になる母の介護をしながら学んでいます。

ある日、介護の大変さに加え、母は全身湿疹とひどいかゆみを発症しました。医師はいろいろと治療してくれるのですが、原因が特定できず、日に日に症状はひどくなりました。

そういう時に私はある地域の講座で講師の役をいただきました。私の状況を知ったうえのことだとは思いましたが、それでも今回ばかりは受けられないと断りました。私の状況に「それは大変ね」と共感した理事は、私が担当する地域のメンバーとの取り組みの話をしてくれました。その方には凄く入り組んだ問題があり、岐路に立たされるような課題がありました。そのメンバーの複雑な課題を理事はご自分への教育課題としてその人に向き合っているように見えました。それで私は、講師の役を受けられないとは言えなくなりました。無理だなどと、まして私の担当地域で、私が逃げるわけにはいかない。受け止めようと思いました。

私の覚悟が決まってから、母を病院に連れていった時、湿疹が発症したのは、薬が原因だとわかりました。私が自分の置かれた状況を正しく受け止めた時、母の担当医は母の状況を正しく診察してくれました。ここでようやく考えもしなかった湿疹の原因がわかりました。

私の長女は幼稚園の先生から失語症、自閉症と言われ、あらゆる機関に相談しましたが解決策がなく、卒園までひと月を残して幼稚園を退園させて、親子でこの学びにつきました。夫婦、親子の関係について指導を受けてきました。先ほどもお話ししましたが、私の両親は離婚しています。むしろ私が離婚させたと言ってきました。両親はいつも喧嘩ばかりしていました。私が二十歳を過ぎたある日「離婚をした方が良いのではないか」と私から提案をして、それをきっかけに両親は離婚しました。

金子理事長には、親を離婚させたのは自分だと言い切る私の立ち位置は誤っていること、また、離婚を決めたのは私の母の意志であると指導を受けました。さらに、私自身は両親に離婚をしてほしくなかったはずだとも言われました。喧嘩をする両親を見て、私は幼い頃からそれを快く思っていませんでしたし、離婚を提案したのは私でしたので、金子理事長に受けた二つの指導は、身体に雷が走るほどの衝撃でした。まさに自分の与り知らない意識を解明するきっかけになりました。

幼い頃から、自分は両親が離婚することを望んで生きてきたと思っていましたので、まったく別の角度からの指導に、自分と向き合うことがすぐにはできませんでした。たくさん関わってもらうなかで、私が小学生の頃、父が私に「いつもお母さんと喧嘩ばかりしてごめんね。もう喧嘩しないからね」と言ったことや、母が私に「いつも喧嘩ばかりして貴方を苦しめて、生まれて来ない方がよかったと思ってない？」と尋ねたことを思い出しました。そのことを思い起こしてみて、両親が葛藤していたことや、私の幸せを願って育ててくれたことがようやく少しずつ見えてきました。

母と二人で住み慣れた家を離れたときに、そのことを悲しいと感じない自分に悲しんだことを思い出しました。そして、両親が仲良くなるように、子どもなりに努力したことや、両親の結婚十年を三人でお祝いしながらお腹の底から笑って楽しかったことを、まるで堰を切ったように思い出しました。そのときに私は、本当は両親に離婚してほしくなかったのだとはじめて思えて、自分が赦されたような感覚になりました。

しかし、私が「自分が両親を離婚させた」と言いたかった動機は何かと、金子理事長に再度問われましたが、まったく自分の気持ちが見えて来ず、自分の真実にはなかなか行き着きませんでした。何度も関わってもらううちに、ようやく自分を深く見ることができました。

当時、離婚はタブー視されていました。両親の離婚においては、私も捨てなければならない覚悟がいりました、それは家、財産、自分の将来（結婚）、就職でした。また、片親のレッテルを貼られることにもなります。それでも、何があっても私が母を守るのだと自分に誓いました。両親は協議離婚ののち、父が離婚届けを提出することになっていました。しかし、父からは届出を提出した旨の知らせがなかなか来なかったため、母も私も中途半端な気持ちが続いていました。

私は、就職するにあたり戸籍謄本が必要になり申請したところ、離婚届けは提出されていたことがわかりました。当然母は除籍となっており、父は再婚して、再婚相手との間に子どもをもうけていたことがわかりました。しかも、見たくなかった子どもの名前が目に飛び込んできました。ものすごく辛く、父のことを許せませんでした。祖父母も交えて話し合って決めたことが果たされておらず、結果的に離婚届けは出されていたもののその連絡もなく、誠意の感じられない父の姿に、約束不履行という言葉を、今、口にするのも辛いです。私は親に捨てられたと思いました。言いようのない寂しさや情けなさ、そして認めたくない気持ちが込み上げてきました。当時は涙の一滴も出ませんでしたが、今にしてみれば、本当は泣きたかったのだと思います。父から切られた痛みがあり、自分から父との縁を切ったと思いたかった。そうでも思わなければ気持ちの整理がつきませんでした。私は、自分を捨てた父の戸籍に入っているのも嫌で、一人で市役所に行って単独戸籍を作り、そこから嫁にいきました。切られたら、切り返す。「戦争は人の心の中に起こる」とはまさに私のことでした。

両親を離婚させたと思っていたのは表面意識で、まったく意識しない無自覚の動機は、切られた痛みを消すには、こっちが切ったと思わなければ余りにも痛すぎて認められない。それが、離婚されたなんて思いたくない。自分が両親を離婚させたと思うことでなんとか自分を保っていたことがわかりました。

両親に離婚されたでも、させたでもなく、離婚は両親が自分たちの意思でしたこと、とようやく自分の立ち位置に立たせていただけました。一生かかっても解明できないような自分の無意識の動機を三十年かけてわからせていただいたことに感謝したいと思います。

教育とは「己を知ることに始まり、己を知ることに終わる」。このことを肝に銘じてこれからも学んでいきたいと思います。

私は子どもの問題から学びはじめましたが、今はその子どもと孫たちも幼児教育部で学んでいて、実に自然児として育てられています。娘夫婦、孫、そして三十年前に自分にも責任があると言って会社を辞めてまで私を野村生涯教育の学びに押し出してくれた母と四世代にわたりこのたびのフォーラムに参加できたことに感謝します。

ありがとうございました。

討議

司会　當真正剛（野村生涯教育センター青年部責任者）

午前中はケッヒラー教授に、これまでの活動とその動機、そしてアイデンティティについてなど、いろいろお話しいただきました。講義では野村生涯教育の学びを通して、自己の確立をしてきたとの話もありました。また、昨日の三名の講義、そして本日は第三章の二名の講義を通して、生涯教育がどのように実践されているか、皆さまに伝わったと思います。ぜひ活発な討議をしたいと思います。

ライラ・タカッシュ（野村生涯教育センターパレスチナ支部／アイルランド・マリノ教育研究所／パレスチナ）こんにちは、アマルとアリ・タカッシュの娘です。名字でおわかりかと思いますが、親子で参加しております。

私はパレスチナ人です。今、アイルランドでカウンセリング心理学についての博士論文を執筆中です。

このフォーラムに参加していることは本当に光栄であり、名誉だと思います。言うまでもないことですが、野村先生に出会うことができ、直接教えていただいたことは本当にありがたいことだと思います。今でも野村先生の精神が私どもと一緒にあるという気持ちです。

生涯教育の観点に立って、私たちは教育のさまざまな課題について熱心な議論をしてきました。どの側面からいっても、子どもの学習において学び方をコントロールすることは本当に不可能だと強く感じました。このことは昨日、金子理事長が、フォーラム準備の過程でメンバーが学習をした話をされ、そこから私が学んだことです。「世の中が嫌だったら、世の中を変えよう」という考えを表していると思いました。私は、世の中を変えるのではなくて、己の中に入って己を変えることであると理解しました。go out ではなくて go in だと思うのです。関わりの中で私が私自身を変えようとする姿を見た人は、彼らも同じようにできると思うのです。

それから日本国憲法第九条について深く考えました。九条はアメリカが日本に押しつけた条項だと反発を感じている人もいると理解しています。私は九条を変えることは、その憲法に対する一つの反発ではないかと思います。実際にはこの九条によって日本は平和だけれども、それを改正するということは「戦争に行け」と言うのと同じではないでしょうか。つまり、九条改正に賛同するということは、日本の伝統に再び背を向けることになるのではないかと思います。というのは、今、国際的な影響を受ける中で、再び日本が変わってしまうことになるのではないかと。私は、そのようになるのは嫌だと思っています。

最後に、私たちの学習のために皆さんが大変本質的で困難な経験をお話しくださったことに感謝します。

昨日の坂本さんの講義で「自分のことで頭がいっぱいで、自分が周りの人たちに与える影響に考えが及ばない」とありました。これについて、本日ケッヒラー教授が、自分の中だけに閉じこもることの愚かさについてお話しくださり、私はこれまでにない見方を教えてもらったと思いました。ありがとうございました。

司会　憲法第九条について、私もライラさんと同じように思っています。本当に九条を大事にしたいと思います。ダリヤさんどうぞ。

ダリヤ・ハムダ（カイロ栄養療法センター創設者・セラピスト／エジプト）　プレゼンテーションをされたケッヒラー教授はじめ講師の方々、また皆さんの発言からも学びました。ご存じのように、私はエジプトから来ました。それを知ると、人々はいつも同じ質問をします。「エジプトで何が起きているのですか」と。もちろんエジプトでは四年間に二つの革命を経験しました。決して、たやすい時間ではありませんでした。

最初の革命では民主議会政治を守ろうと努力をしましたが、思うようには進みませんでした。国民の五〇％が選挙に行って一票を投じたのはムスリム同胞団でした。この国に、民主主義がもたらされるチャンスだと思って彼らに投票しました。しかし、ムスリム同胞団は権力を取りたかっただけで、国の状態はめちゃくちゃになってしまいました。ですから第二の革命では、選挙でムスリム同胞団を支持した国民のほとんどが、今度はムスリム同胞団を追い出そうと一票を投じました。今の政府は、本来あるべきデモクラシーの形態を取り戻そうと最大限の努力をしています。過渡期にあって、道は険しいです。民主政治への道のりでは、人権侵害や、若い人たちが拘留されることがありますが、こうしたことも多くの国々が経験するのではないでしょうか。

幸いなことに、私たちはエジプト人として、自分の意見を二回も声に出して言うことができました。そして人口の約半数を占める若い人たちが自分たちに何が必要かということを声に出すことができました。

私たちが「宗教商人」と呼ぶムスリム同胞団とその支持者たちは、エジプトではもはや主流でも多数派でもなくなっていることはよいことです。恐らく五～七％位でしかありません。ほとんどのエジプト人は寛容で、平和を愛する気持ちを持っています。イスラム教徒もキリスト教徒もいて、古代からエジプトは文明、文化や宗教やさまざまなものが交差する十字路です。ですから、そういう国の形は留めたいと私どもは思っています。この点はエジプトから発信されたとても良い情報だと思います。

とはいえムスリム同胞団は今なお問題をはらんでいます。彼らは暴力を使って排除されたため、市民や治安部隊を殺害するなど、問題を起こし続けています。エジプトで暮らす私たちはテロとの戦いの前線にいると思っています。国内外のテロと戦っている状況です。ですから今、国際社会全体からのサポートが必要です。西欧諸国の果たす役割について、私どもは時には懐疑的になることがあります。特に、西欧の意図がなかなかわからない。不信や誤解があるのは、西欧の立場に起因するのではないかと思います。

現在のエジプトの方向性を支援することは、世界的なテロとの戦いの一部だと思うのですが、それをそのまま支援だと受け止められないのが現状です。例えば、ムスリム同胞団との対話は、私たちにとって支援ではないからです。アメリカなどがさまざまな国の反対勢力と対話をしようとするのは理解できますが、こうしたグループが関係国で殺戮をしているときにも対話しようとするのは理解できません。

こうしたことの一つに、最近の出来事として、先月パキスタンのマララ・ユスフザイさんにノーベル平和賞が授与されました。ご存じのように、彼女は、児童への圧力に抵抗するため、またパキスタンの子どもたちや人々の人権のために立ち上がったわけです。素晴らしいニュースだと思いますが、私は少し違和感を持ちました。西洋というのは、東洋に巣くう悪魔には気づきますが、その悪魔をつくり出しているのは誰なのかということに気づいていないと思います。そういう役割を西洋が果たしていても、それが話題になることはありません。それがためにマララさんのような人たちばかりではなくて、パレスチナ、シリア、イラクの子どもたちが同じように苦しんでいます。メディアはそれを取り上げることもありません。もし、マララさんがロケットやドローンで殺害されていたならば、彼女の名前すら出てこなかったと思います。しかし、西洋の論理にちょうど当てはまるような存在だったために、あのように大きく取り上げられているのだと思います。東の抑圧者から少女を助け出す、これは西側の権力保持または自衛というアジェンダに当てはまるニュースだったから取り上げられたのです。

問題なのは、世界にはマララさんのような子どもたちが何千人もいて、そしてそれを生み出すきっかけを作ったのは西洋だということです。西洋はこうしたグループの本性を見込み違いしているからです。善行を行う人々に対して私たちは拍手を送るべきだと私は思います。マララさんが彼女の国や子どもたちの生活を良くするために立ち上がったことに対してノーベル平和賞が与えられたように、この世界を少しでも良く変えていこうという人々は称賛されるべきだと思います。しかしながら、その称賛の仕方に疑問を感じました。一面的にしか見ていないのではないか、ある意味で、偽善的だと思います。非常に懸念を抱きます。また、そのやり方は人々を疎外します。

中東において交渉は、相手が信頼に値すると感じられなければ成立しません。そして中東はこれまで以上に変わりました。今までは国家間での戦争でしたが、今はセクト、イデオロギー、宗教グループを相手にする戦争に変わってきています。国家間の戦争は交渉によって解決することができますが、イデオロギーが背景にある人々の間の戦争は妥協点を見出せないため、ますます解決は難しくなります。そういう戦争が起こると中東の国々は分断され、分断された土地が弱体化した国に残されることになります。そうなるとテロ活動がしやすい格好の土壌になります。世界中の国々は、この点をもっと見るべきだと思います。

最大の問題は、何よりもまず私たちの問題であるパレスチナの問題、アラブとイスラエルの対立紛争です。これは平和愛好国の人たちの良心を苦しめるものであり、断固とした立場をとり続けずにいることは人権に反することです。迫害者の問題を、パレスチナの人々にとって公正かつ公平に解決しなければなりません。私の夫がここにいれば、もっと親身になって説明するだろうと思います。私が住む地域の人々はこの問題に情熱を持っています。この地域の他の問題を解決しつつ、パレスチナの人たちのための正義が忘れ去られてはいけないと。それをきちんと見つめ、十分な考慮をすべきです。そして、他の国々が圧政者に圧力をかけ、パレスチナの問題に公正な解決をもたらすように努力しているように、日本にも果たす役割があると思います。

以上が、現時点での私の考えです。

本日は、ケッヒラー先生がイデオロギーの対立について「人々の間の誤解が生むものである」と仰っています。このことは、イデオロギーや政治体制が違ったとしても、私たちを束ねるものは何か、私たちが共有しているものは何なのかと長い時間をかけて考えていけば修正されると私は思います。イデオロギーや宗教、思想、政治的な体制は人間のためにあるべきだと思います。逆に人間がそれらの奴隷になってはいけない。手段が目的に先行してはいけないと思うのです。やり方を考えるときに必要なことは、普遍的なものとは何か、万人が信じることができる基本的なものとは何かを注意深く考えることです。万人が信じ、どの宗教も信じるものとは、いかにして人が幸せになるかの探求です。人間に内在する善を引き出し、心と身体と精神を完成させようとすることを通し、私たちがなり得る最高の人間になることだと思います。

ケッヒラー先生が何十年も前に設立された国際ＮＧＯのように、世界中でこの共通性を宗教間、文化間で発見しようとする努力が、今本当に必要なことだと思いますし、非常に求められていると思います。宗教間の相互理解は他者を尊重すること、他者の精神的価値を敬うところから始まるのではないでしょうか。それはまた、万人が大切にしている基本的な価値、つまり不易の価値に至らなければならない。そこを強調したいと思います。マスコミは私たちの間で異なる要素、または分裂させる要素を強調するのではなく、共通する要素が浮き彫りになるような話を強調することによって、その一助となることができます。

そして、教育の役割がとても大きいことは言うまでもありません。寛容の価値と平和は、幼少期から学校においても、大学までずっと教えていくことが大事だと思います。普遍的な価値や素養となるものは教育によって啓き出すことができると思います。人道的なリーダーはイニシアチブを取る人たちですから、非常に重要な役割を担っています。そういう意味で金子理事長をはじめセンターの皆さまが人々の絆を強化しようとする努力は称賛に値します。このように意見を交わし、懸念を表明し、それらに対する責任を新たにする機会を作る、その努力と実現はとても大事だと思います。

私は栄養療法士ですので、宮坂さんが昨日述べた、自然と共生していること、同時に私たちが自然から遠ざかってきていることに非常に関心を持ちました。私たちは自然の中に生かされている。そして、相互に依存する関係にある。すべてのものが常に変化している。私どもの身体も常に変化しています。それから友田さんが生命の継続性、そしてそれが今、分断されていることに触れました。これは、私たちは俯瞰で物事を見れなくなっているからではないかと述べていました。

このことは栄養学の観点から見ても、忙しすぎる日々の生活によって、栄養摂取がいかに影響されているかを考えても、非常に明確です。

食糧生産企業がどのように食糧を生産しているか、また世界規模の貿易と輸送をする中で、食べ物の栄養価が以前に比べて下がってしまい、人体を維持するという本来の機能を失う事態を招いています。これは少し問題で、若いうちに非常に深刻な病気に罹患しています。先週の金曜日は世界糖尿病デーでした。六歳という幼い子どもたちが、大勢糖尿病と診断されていることが発表されました。まだ六歳なのにです。他にも癌や心臓病など多くの病気もありますが、こういう慢性病は世界中の経済に影響を与えます。人間の身体も機械と同じで、壊れたら直さなければならない。直すためには相当なお金が掛かるわけで、そこには心配や憂慮も伴います。ですから、食生活が大きく関係する病気である肥満が世界中に蔓延しているのは、私たちが直面するジレンマです。というのは、本来人々の健康に対して責任を持って食糧供給をすべき人たちが、食べ物は健康を促すためのものでなければならないのに、必ずしも健康に留意して仕事をしているわけではないからです。そうであるためには世界中の人々が適切な栄養摂取を確保できる状況をつくるためのリーダーシップが求められます。そして、栄養や健康について学び、認識を高めることも非常に重要です。
　その人の気分や体力、頭脳の明晰さ、これらはすべてよりよい食物とその摂取にかかっています。汚染されていない、化学薬品が使われていない食物を摂取することで改めることができます。できる限り自然なものを食することで、より透明に、よりはっきりとしてくる。そうすることで、人は自分の可能性を存分に発揮できるし、自分の生来の性質を認識でき、思考し行動できるようになる。人々が適切に食事をすることで、今日、ここで皆さんと討議しているさまざまな問題に対しても、よりよい解決へ導くことができるのです。
　もう一つ言いたいのは、本日の河原さんの家族の話、また昨日の講師の方々のお話に、人間として共感しましたし、私たちは自分たちが認識している以上に共通項があるのだと理解することが重要だと思いました。ここでは参加者の皆さんがさまざまな文化を代表していますが、文化は違っても皆さまの話を聞いていると人間として基本的な感情を引き出す、人の心を打つ共通項があるのだと感じました。板井さんの講義では、知識と、その知識を行動に反映させることには大きな違いがあるとありました。このことは本当に重要だと思います。読んだり聞いたりして学ぶことはできるけれども、どうやってそのギャップを縮めて行動に移すのか。その事例を私どもがつくり、伝えて、より理解しようとすることがよいスタートになると思います。ありがとうございます。

司会　ダリヤさん、ありがとうございます。河原さんの講義から、人間としての共通項を感じられたと伺い嬉しく思いました。また、昨今の厳しいアラブ社会の状況について考えさせられました。続いて修先生、どうぞ。

修　剛（天津外国語大学学長・大学院教授／中国）　コメントを三つ、質問を一つ述べたいと思います。
　考えてみれば私は大学の教員として三十年、教授として二十年教鞭を取ってきましたが、このように真面目に座って講義を聞くのは本当に久しぶりでした。若い先生の講義を聞いて批評をすることはありますが、昨日、本日と、本当に真面目に講義を聞き、いい勉強になりました。五名の講師の皆さんは、野村生涯教育理論だけでなく、自分の実践と結びつけて講義をされました。その感覚や感動は、そのままストレートに私たちに伝わりました。

大人社会は原理や原則に捉われがちですが、自分自身も素直に感動を分かち合えるということがこれほど大事なことかとつくづく感じました。

そして、ケッヒラー教授がプレゼンテーションで話された文明間の対話。これは本当に重要なことだと思います。ケッヒラー先生に感謝を申し上げます。

冷戦終結後、文化間の違いを乗り越えて異文化コミュニケーションを図ることは、ますますその重要性が顕現化されています。文化と文化の間の違いについてはよく氷山の理論に例えられます。例えば海面に覗いている部分と、実はその下にはまだ文化の違いがあるといいますが、私は、文化に違いがあっても、共通するところはやはり大きいと思います。人間である以上、共通なる部分は持っています。むしろ野村生涯教育理論が捉えようとするときには違いも考えますが、まずは人間としての共通性を考えなければならないことを指摘しているのだと思います。

今、世界を見てみますと、確かにさまざまな文化やさまざまな理念、そこには許容できないときに理念の衝突がありますが、異文化コミュニケーションを通じて、その共通なるものをお互いに理解するようにしなければならないと思います。

私は日本語、日本文学を研究していますが、中日間にもさまざまな違いがあります。言葉ひとつをとっても、英語に訳すと難しいのですが、例えば日本語で「結束」という漢字があります。これは中国語では「終わり」「終了」を意味します。「結束」とだけ書いてあると「終了」と理解されてしまう。

しかし共通点もたくさんあります。皆さんご存じの竹取物語は、中国のチベットの伝説ととてもよく似ているところがあります。竹取物語は五人の貴公子がかぐや姫にプロポーズするという話です。実はチベットの昔のおとぎ話の中にも類似する物語がありました。設定は違いますが共通するところがたくさんあります。違いを乗り越えて、お互いよく話し合って、共通の価値を求めていくのが、私たちがこれから努力をする方向ではないかと思います。これが第二点です。

三点目に、昨日、西洋の理論と東洋の哲理は対立しているのではないかという発言がありました。東洋の哲理、理念は、西洋の理念を拒むということではないと私は思います。「統合」「融合」を考えた上での東洋の理念、哲理ではないかと思います。

漢方医学の宣伝ではありませんが、私はよく西洋の薬と漢方薬を対照します。中国の漢方薬は西洋にはあまり伝わっていませんが、日本、中国、韓国には漢方薬があります。一方で西洋の薬、技術もあります。両者が矛盾しているかというと、そうでもありません。漢方薬の故郷である中国では、東洋、西洋、いずれの薬局が多いかというと、西洋の薬局が随分多いです。若い人たちは漢方薬を信じようとしませんが、漢方医学の理論では、解析、分析的に熱がある場合は、熱を抑えようとするだけではなく体力をつけなければなりません。体力をつけながら熱を止めようとするのが基本です。西洋の薬はすぐれています。発熱したらすぐに熱を抑える、炎症を起こしたらすぐに抑える。西洋の薬は速効性がありますが漢方薬は効きが遅いです。しかし、人間は西洋の薬も必要とすると同時に、ちゃんと自分自身で病気と闘うその体力もつけなければならない。今、そういうことを呼びかけているのが野村生涯教育理論ではないかと思います。

この世界は、自分の体力をつけていく、もちろん西洋の理論で病気をすぐ治す、その効果を狙わなければなりませんが、回復するための体力を私たちはこれから自分自身でつけなければならないというのが東洋の哲理ではないかと思います。根本的に解決しようとするのか、当面の問題を解決するのか、その違いはあるかも知れませんが、私は矛盾するものではないと思います。

本日の話のなかにも「善」と「悪」という言葉がありました。私が初めて創設者の話を伺ったときに最も感銘を受けたのは「善」と「悪」です。自分自身のなかにはやはり悪がある。だから善を開発しながら悪を抑えなければならない。英訳するのは難しいかもしれませんが「鬼子母神」が何であるかをはじめは容易に理解できませんでした。そして創設者のお話を通じて、ようやくわかりました。当時、創設者は「善玉」「悪玉」という言葉をよく使っていました。私たちは、少しでも善があると全部善だ、全部いい人だと、悪はないかのように考えてしまいます。反対に、悪があると全部悪だというふうに思いがちです。人間である以上、善も悪もあります。だから、悪を抑えて善を開発して他の人とつき合っていくと善の部分が多くなり、さらに善の結集により、この世界も良くすることが必ずできると思います。

私は創設者の「鬼子母神」「善玉」「悪玉」という言葉が記憶に残っていましたので、本日の話を聞いて、皆さんが本当によく創設者の話を理解した上で実践を通じて善を開発していることを評価したいと思います。

最後に質問があります。実は以前も聞こうと思ったことがあるのですが、「知ることと成ること」の関係をどう理解したらよいでしょうか。以前、創設者の本を中国語に翻訳しましたが、まだこれについて納得できないところがあるので改めて教えていただきたいと思います。

以上です。ありがとうございました。

司会 板井さんいかがでしょうか。

板井秀子 「知ることと成ること」を理解するのは本当に難しいと思います。私自身、知ることを、成らなければならないと思ってしまいます。しかし「知る」ことがすぐに「成る」ことよりも、知ることと成ることとの間にはギャップがあることを、まず知ることが大事だと思います。

アマル・アブゥ・エマラ この概念に関して、非常に単純明快な解答を提案したいと思います。私は規律や秩序が好きです。そして私はとても几帳面に実行しようとするので、二、三日はきちんとした生活を送ることができます。ところが仕事をして、やらなければならいことがたくさんあると、計画通りにできなくなってしまう。秩序も何もなくなります。ですから、翌日はやろうと思っていても、一週間経ってもできません。こういうことが知ることと成ることの違いだと思います。

また私は、頭では情け深く寛容でありたいと考えていますが、実際に人々と接する際にはこの寛容さをもって相対することは難しいです。ですから「寛容」という言葉の意味はわかっていても実践は難しいです。

戦争をする人たちは、生命が大事だということをわかっているにもかかわらず戦争をしています。命の尊さを思い、自分の身を守ろうとすると同時に人を殺めてしまう。これも「知ること」と「成ること」の差のことではないかと思います。これは私が考える説明です。

木村理事 私も事例をお話ししたいと思います。

センター本部は毎朝九時五十分の朝礼から始まります。創設者逝去直後、金子理事長からの初めての私への指導は「朝礼に間に合うように来てください」というものでした。私は毎日一時間半かけて本部に通っています。私は国際関係の担当なので、海外に電話するとなると夜中の二時、三時になります。そんななかを私は朝一時間半かけて通うので、多少遅れても仕方ないではないか、と自分自身を許していました。

生形理事は私に「野村理事長から言われても言うことを聞かなかったのに、金子理事長から言われたらすぐに切り替えたのはどういうこと？」と言いました。

私は、遅刻をすることは大人として、また人間として望ましいことではないとわかっています。でも、正直私には事情があるから仕方がないと思ってやってきました。「遅刻しないで朝礼に間に合うように来なさい」と言われたことに「幼稚園生じゃありません」と言いたくなる思いがありました。そのあとに、金子理事長から「朝礼に間に合うように来るように」と言った理由について説明を受けました。それは、私が持つ「動機」にありました。私は夜寝なくても、ご飯を食べなくても、目的が叶うまで一生懸命やりますが、人から出された動機を受け入れるのが非常に難しいという問題を持っていると指摘されました。他者をあるがままに受け入れること、他者をあるがままに見ることは、自分自身の意識の拡大に繋がる、という説明を聞いて、これは大変なことだと思いました。

私は「異文化コミュニケーションが大事」「寛容が大事」だと言っていながら、足下では、自分の論理で理由をつけて大事な約束ごとを守れないという自分に気づかせてもらいました。それからは必死で切り替える努力をして、いまだにそれを守り続けています。このことが知っていることと、成ること、実行して自分の血肉化をして、価値を自分の体に体現していく、成るということの一例だと思います。

司会　ありがとうございました。修先生よろしいでしょうか。

ただいまマルティス大使が台湾から到着されました。ようこそいらっしゃいました。

アルフレド・マルティス（駐台湾パナマ共和国特命全権大使／パナマ）　お招きいただきましてありがとうござい

ます。遅れてしまい申し訳ありません。また、皆さんに歓迎していただき嬉しく思います。

司会　マルティス氏は、現在、パナマの駐台湾大使をされています。本日はご公務の合間を縫っていらっしゃいました。どうぞよろしくお願いいします。

マリア・ツォンコバ（野村生涯教育センターブルガリア支部責任者）　ケッヒラー先生に質問があります。先生のNGOの活動にとても感銘を受けました。先生はこの分野でとても素晴らしい経験をされています。文明間の対話の促進に関して、まったく同感するとともに支持いたします。しかし実質的な活動として、この対話をもっと一般的なものにするための取り組みが行われているのでしょうか。また、どのくらいの人がこの対話を持とうとしていて、この対話の重要性をわかっているのでしょうか。

私たちは対話の中から真実や建設的な解決策が生まれることを知っています。ところが家庭や親しい人との間では、対話はそれほど重要視されておらず、それは政治的な対話についても言えます。実際、対話は簡単なことではないですし、実践し、それを成功裏に行うことは難しいと思います。人間にとって「対立」や自己欲は永久になくならないものですが、いつになったら人間はこうしたものを断念するのでしょうか。

ブルガリアの大変興味深い例をお話ししましょう。数ヵ月前に総選挙があり、八つの政党が異なる政策を打ち出していましたが、単独で政権を取れる政党がなく政党間の長い交渉の末、四党が相乗りで議会の過半数を取ろうとしました。議会を開会しなければならなかったからです。多くの国民はそれに賛成しませんでした。支持した政党に裏切られたと受け止めています。でも、私としては、こうして今、議会が開かれた結果からすれば、対話ができて事実上成功だったと思います。

人々を教育し、対話の方向へ動機づけるような実践的な活動の事例があれば、教えていただきたいと思います。

ハンス・ケッヒラー　先ほども申し上げましたが、持ち時間が三十分しかありませんでしたので、詳細には触れることができませんでした。例えば普遍的な価値について言えば、物質的価値におけるさまざまな違いに関わりなく、それを超越したレベルにおいて、私たちは価値を共有しています。

実際的な事柄で、今なおグローバルレベルで問題となっている最も難しい一例があります。これは徐々に悪化している問題です。私は一九八〇年代初頭、イスラム諸国に行き、そしてローマで特別なシンポジウムを開催しました。神学者、哲学者を招いて、イスラム教の「タウヒード（神の唯一性）」とキリスト教の「一神教」の概念について話をするというものでした。私はその準備のために、ローマのバチカンにある事務局や省庁を訪ねたり、サウジアラビアのジッダに行って、世界イスラム連盟の事務局長でありサウジアラビアの元法務大臣と話をしたりしました。

また、当然公平にすべきですから、キリスト教、イスラム教双方から同数の神学者、哲学者を招きました。ただ、神学者の間でもとてもデリケートな問題でもありましたし、宗教上の教義に係る問題なので双方を説得するのは簡単ではありませんでした。

このような懸念があったのですが、最終的には皆さんに集まっていただくことができ、宗教哲学、つまり「一神教」と「タウヒード」との構造の共通点を探る観点から分析し、そして共通の基盤となっているものを見つけることができました。そしてその折、学校の教科書について言えば、西欧諸国でどのようにイスラム教を教えているのか、その逆に、西欧諸国の宗教であるキリスト教がイスラム圏でどのように教えられているかもありますが、具体的な提案も生まれました。イスラム教とキリスト教の関係、広義に言えば西欧諸国におけるイスラム教の問題は、近年ではより難しい問題になってきています。

最近の話では、二年前に私は、哲学の教授としての活動とNGOである国際進歩機構の会長としての活動を統合して、一学期を通して宗教と社会についてのセミナーを計画しました。具体的に対話についてさまざまな国でセミナーを行いました。オーストリアの私の大学でももちろん同様の授業を行いましたが、それだけでなく、このセミナーの一環として現地調査旅行に訪ねたトルコでも、イスタンブールの宗教的な場所でミーティングを行い、さらにシリアとの国境近くにあるマルディンという今は内戦中の町ですが、かつてキリスト教の最古のコミュニティがあった場所でもミーティングをしました。というのは、最も古いキリスト教信者のコミュニティがこの中東にまだ存在しているからです。そういうことは忘れてはならないですし、彼らは大変な思いをしながら生活をしてきたようです。そういうグループにもセミナーに参加してもらいました。実際に参加したグループの中には、キリスト教徒だけではなく諸外国のイスラム教徒もいて、ザファラン修道院の大司教にお会いすることもできました。それから最も古い聖ガブリエル修道院へも出向き、率直に中東におけるキリスト教の状況について話をしました。

また、包括的なものにしたいということもあり、トルコの首都アンカラでもミーティングを行い、そこで宗教に関係のないいくつかの大学でトルコの非宗教的な知識人の方たちに来てもらい、今、最も熱く議論されているイスラム教の政治的な役割について話をしました。その学期の最後にまとめとして、オーストリアでパネルディスカッションを行い、イスラム教徒の立場、オーストリア社会の中でのイスラム教の位置づけについて討論しました。こうした活動の結果としてネットワークができ、最終的に達成できたのは、自分とは対極にいる人とも互いに話し合える共通項を見出すことができることがわかったことでした。

もう一つの例をあげます。イスラム教と西欧諸国の関係は、近年、非常に注目を浴びています。

現代の宗教に関する理念をテーマとして、テヘランで初めての国際会議があり、私は基調講演をしました。この会議はイランの文化・教育財団が主催したもので、とても興味深いものでした。そのときに私は、宗教の比較研究の必要性について強調しました。比較研究ですから教条的な立場でなく研究ができます。私たちは異なる信仰を持ち、異なる聖書を読み、もしかしたらそれに縛られているように感じているのかもしれません。そうだとしても、例えばジェッダ出身のスンニ派、テヘランからのシーア派、あるいは私のようなオーストリアのローマカトリック信徒、皆それぞれの理由があってその宗教に帰依しています。そこは同じです。ですからそれを否定してはいけないのです。その理由が我々の科学的な調査を可能にもします。他の宗教的信仰体系を研究することで、そして学び得たことの繋がりの中でそれを理解しようと努力することで、理解をさらに深めていくことができるのではないでしょうか。

他者のものの見方を把握することは、自分の立ち位置を定義するためにも必要です。私はそれぞれの文化の特質を相互に尊重しあうという普遍的な価値のもとに、他者の見解を理解しようとしています。

イランでの話ですが、興味深いことにこの会議は十二月二十四日のクリスマスに計画されていました。この日はキリスト教の行事で最も大切な日で、夜にはミサがあります。ローマカトリック教徒である私にとって、このことにどういう意味があるのかおわかりですか、と主催者に尋ねました。結果、その夜私は何の支障もなくテヘランにある教会での深夜ミサに参加することができました。しかも、その会派はテヘランの古代のキリスト教コミュニティがあり、アラム語を話す信者たちがいました。私の知る限り、最も古いキリスト教コミュニティです。チャドルをまとったシーア派の女性が道案内をしてくれました。彼女もその教会のミサに参加しました。とても平和的に受け入れてもらい、教会から追い出されるようなことはありませんでした。そのあとに、私たちはその教会の司教と懇談をすることもできました。こうした身近なことでも共通の立地点を持つことができることが明確になりました。例えばシリアやイラクで、いろいろな出来事が起こっているので、今はどれほど難しいかと思います。その理由をここで述べる時間はありませんので割愛しますが、エジプトのダリヤ・ハムダさんが間接的にこのようなことをコメントされていたと思います。

残念ながらアメリカとヨーロッパの政策は、イスラムの国々を攻撃し、政治的空白や権力の空白を作り出し、民族的本能や狂信的な衝動がはびこるひどい状況を生み出しています。そしてこれが激化していき、新たな十字軍のような形となり、新しい文化戦争または宗教戦争という好ましくない未来図を作り出しています。しかし、私はこれは防ぐことができたのではないかと思います。もし、西欧諸国やアメリカの我々の指導者たちがもっと責任を持った行動をとっていたら、イラクやリビアの政治体制などを傲慢にも壊したりしなければ、またシリアにあのように傲慢に干渉しなければ、と思うのです。オスマン帝国以来何百年にもわたり、モザイクのようにさまざまな文化や宗教が寄り集まってずっと存在していたのですから。

マリア・ツォンコバ　それは、世界的なスケールでの原因結果の法則の実践ですね。これはＩＳとの対話に繋がっていくと思われますか。

ハンス・ケッヒラー　相手を悪魔のように非難するだけでは何の助けにもなりません。現在の問題は特にシリアに干渉して、そしてある特定のグループを支持して、そこを他のグループまたは政府と対抗させる。そうすることで新しい現象、すなわちISが台頭してきています。明らかなのは、この問題はドローン攻撃や戦闘爆撃機という方法では解決できないということです。むしろ彼らの反抗心を触発することになり、短期的にはもっとISに加わる人が増えてしまうでしょう。理性的に言うならば、当面は対話をするのは難しいと思われます。私にはその可能性が見えてきません。仮にそれが可能だとしても、現時点では夢物語でしかありません。私が知る限り、シリアとイラクで支配地域を拡大していった彼らの考え方からすると、シリア国内の激しい抗争で、一方だけ支援することで火に油を注ぐのは愚かだし、無責任だと思っています。具体的には、シリア政府に対立する方を支援しないことです。

最も賢明な方法や考え方としては、いわゆる国際社会または西洋の国々が干渉しない、そしてこのような対立を激化させないことです。というのは、私たちが今直面しているのは、トルコ経由で戦闘員が送り込まれているような、秘密裏に行われる干渉の結果であり、西洋諸国の諜報機関が実はトルコに兵站支援していることは暗黙の了解であったとか、これは、目的のためには手段を選ばないという不愉快なマキアヴェリズムの政策であって、これらをいったいどのように、私たちが宗教哲学の会議をテヘランで行ったときにように理性的に議論すればよいのでしょうか。例えばある宗教の一派が「私たちは神様から言葉として絶対的な真実を授けられた」と言ったと仮定して、それを他と比較したり疑問を持つだけで、致命的な罪に問われ永遠に非難されるとしたらどうでしょうか。そういう対応では議論する余地がありません。しかし、そのような状況があるとしたら、そうした地域には入らない、そうした対立紛争には関与しない、そのような紛争当事者には手段を与えないということが大事だと思います。しかし、今のアラブの状況は単純ではないと思います。

司会　ありがとうございました。ウワンさんどうぞ。

アダマ・ウワン　どうもありがとうございます。私は今日一日、非常に楽しんでいます。といっても昨日は楽しめなかったということではありません。自己探求の旅がどのように進んでいるかがわかりました。

昨日の討議で、私の発言が同時通訳の関係で、正しく伝わっていない部分があったように思いますので、補足したいと思います。私は発言の中で、生涯学習の二つの側面について話し合ってきたことに触れました。一つが一生涯という、時系列の軸。それからライフワイド（広さ）という空間、つまり学ぶ場のことです。しかし、生涯学習の深さ（depth）についてはお話をしてきていないと申し上げました。それが、昨日の金子理事長のまとめでは、そのことが死（death）と訳されていたような気がします。実際のところ、「死」は一生涯の軸に含まれています。生命は永遠です。多くの宗教は死後に何かがあると考えています。その神秘的な部分については話を広げませんが、私が言いたかったのは「死」ではなくて「深さ」です。そしてそれこそが野村センターの皆さまが探求する生涯教育であり、深く掘り下げているのではないでしょうか。そして今日私たちは、人間の本質に行き着いています。存在そのものを探究し、知ることを探究し、成ることについて学んでいます。

ドロールレポート（二十一世紀教育国際委員会がユネスコに提出）には「知ることを学ぶ」「為すことを学ぶ」「人間として生きることを学ぶ」「共に生きることを学ぶ」という柱について記されていますが、それに「成ることを学ぶ」ことを柱に加えようという話が当時もありました。知ることと成ることは違うからです。知ることとは成ることとは必ずしも一致しない。このことが今回強く甦りました。「成ることを学ぶ」ことを思い起こさせてもらい、ありがたく思います。これは教育システムの直面しているジレンマとも言えます。我々は自分のあるべき立ち位置に立ち、伝承、伝達していくために、我々の現実をその要素に即して見ていく必要があり、私たちは学習とは無限なもので境界がないとも言いますが、時に限界があるように思うからです。私たちは生涯学んでいく。ゆりかごから墓場までと言います。ですからどこでも学べます。非公式な方法で、自分たちのなかで学ぶこともありますし、子どものときは兄弟からも学びます。お互いに学び、教え、伝え、影響し合うのが子どもの本質でもあることを我々が認識することが必要です。

しかしながらこの場での、我々の相互作用はまったく異なっており、自己を理解するために大変きめ細やかなやり方です。それは、講師の皆さんが語る人間の複雑な問題、そして自分自身に直面したときの皆さんの個人的な話や自分を探ろうとしたときの話を伺い、自分を知る旅で、どのように学ぶのか、その旅に私どももご一緒しているようでした。人が新しい人間になるために、また他者と理解し合うために関わり合うことにおいて、教育の意味するものは何なのかを真に学ぶための新しい方途をいかに見出していくか。講師の皆さんのように、私もこのセミナーが終わる頃には何らかの話ができればと願っています。

また、本日は大変大きな問題点が提示されました。ケッヒラー博士、ありがとうございました。文明の対話、文明間の和解という話がありました。この用語は今こそ私たちが使うべき言葉です。同時に私たちは、こちらか、あちらかという二分された世界にいます。

アフリカの一つの考え方にウブントゥという理念があります。これは「あなたがいるから、私はここにいる」という意味です。つまり私が存在するのはあなたの存在があるからということ、私という人間は、あなたという人間において決まるということです。あなたという存在があるから私の存在がある。この人と人との相関的な関係において、私は自分のことを発見することができます。そして、他者と関わり合い、他者を理解することによってはじめて自分自身が何であるかを理解できるのです。しかし私たちの教育システムはあまりにも合理的で、どうしても近道を探してしまいます。残念ながらその近道は、誤解や思い違い、時には対立に繋がることもあります。ですから教育は本来良い結果をもたらすものですが、時に逆の結果へと導くこともあります。

また、教育に触れる機会もなく多くの人々が敗北者だと決めつけられ、自分たちの人生は生きるに値しないと思う人がいることを我々はよくわかっています。それはただ、既存の教育制度おいて彼らが成果をあげていないというだけのことです。私はこのたびのフォーラムでこうした点がすべて網羅されていることに感謝します。私は皆さま方と一緒にこのように模索の旅をして発見をし、学ぶことをとても楽しんでいます。

そして明日または明後日、ここでの相互作用を通して、どのような新しい転換を得たかという話ができればと思います。ありがとうございました。

司会　続いて、シマハドリさんどうぞ。

イエドラ・C・シマハドリ（パトナ大学学長／インド）　私は学習者であり、教師であり、行政官です。創設者がご存命の一九七九年から学んでいます。本日のハンス・ケッヒラー博士のレクチャーでは重要な意見をいろいろ伺いました。まさに生涯にわたっての教育ということを教えていただきました。ケッヒラー博士のお話は、まさに生涯教育と繋がっていくと思います。その生涯教育は創設者の生涯教育にも繋がっていくわけで、金子理事長はそのＤＮＡの伝達者として、この生涯教育を私どもに伝えているのです。

そして講義では、河原さんから学習の基本を教えてもらった気がします。幼児期にお母様を亡くし、お父様が再婚されたことで、亡くなったお母様のご両親や新しいお母様との関係が生じました。そのことで、創設者の生涯教育から学んだという話でした。これは原論の第三章についての話ですが、河原さんは、親子関係を通して、自分の人生の経験から学んだと思います。これもまた野村センターに出会い、生涯の学びを得た。それは新しい教育であり、生涯教育だと述べていました。

また、千葉の板井さんの話にもありましたが、ご自身のお母様の問題を金子理事長の指導と繋げて紹介されました。人生の話をルーツから辿って、第三章の顕在意識と潜在意識からも学ばれています。すべてひとつであるとも述べていました。

創設者が生涯教育を始めたときは小さな学習グループだったそうですが、日本が近代化し経済が成長していったときに、さまざまな問題が生じた人たちの足下の家庭の問題と取り組まれる中で徐々に広がり、国際的関係にまでに発展しました。

初日に私はＤＮＡについて申し上げましたが、創設者のＤＮＡが野村センターに宿っているのだと思います。本日もいろいろな方がさまざまなコメントをされましたが、これは創設者の生涯教育の体系が作り上げたＤＮＡが伝えられているのだと思います。いずれもすべて野村生涯教育の文化を指し示していて、このＤＮＡを通して私どもは繋がっている。これは現代社会に対する大きな貢献だと私は思っています。

本日の皆さまのプレゼンテーションと講義を本当にありがたいと思いました。コメントの機会もいただきありがとうございます。

司会　ありがとうございました。ジャッタさんどうぞ。

アンテレーズ・ンドングⅡジャッタ　ありがとうございます。私も感謝の気持ちを述べたいと思います。ケッヒラー先生とお二人の講師に特にありがたく思ったのは、ここまで深く共有してくれたことです。

まずケッヒラー先生の話ですが、先生の理念に対して、世界はどう反応しているだろうかと考えをめぐらせました。四十年前に行われた国際会議は、大変素晴らしい取り組みだと思います。また、世界の指導者にその考えを伝えようと努力をしたことは「知ること」と「成ること」に関連すると思います。

そこで私がお尋ねしたいのは、世界は耳を貸そうとしているのか、果たして問題を解決したいと願っているのかということです。人間は同じことを繰り返す性質があると思います。野村先生が時間と空間の中で答えようとしたことだと思いますが、それはその時だけに限られた問題ではなく、繰り返し起きています。そういう省察は哲学的な問題だと思いますが、それによって行動が正しかったかどうかを問うという領域に至ることであり、提起された問題は核心を突いたものだと思います。その結果、何が生まれたのかを私は学びたいと思いますし、その結果こそ私が話し合いたいことです。

講師のお二人が共有してくれた人間としての経験から、私たちはどのように行動をすればよいのか、知ったことをどのように実践すれば自分ばかりでなく他の人たちの人生もより良くできるのかと考えました。もしそれができないとすれば、人類のために何がベストか、自分たちはどれだけ真摯に考えているのかと問いかけたい。ケッヒラー先生が言うように、確かに世界は二極構造でした。冷戦の後は一極体制になりましたが、何が変わったでしょうか。そのあと多極化にはなりましたが、何が変わったでしょうか。根本的には状況は変わっていないように見えます。そこで改めて人間に立ち戻るのだと思います。

例えば、ケッヒラー先生の研究論文では入念に分析されていましたが、もし西洋の分析的な考え方だけで話していたら恐らく今私たちが討議しているところには到達していないと思います。事態はエスカレートし続けるからです。私たちは時に問題を説明するための理由を探します。例えば二極化はイデオロギーの問題で、二極だと都合がよかったわけです。かといって、他に問題がなかったわけではありません。その他の問題は葬られてしまった。そのあと一極になり問題はそれ以上になった。また、それを越えて今、多極化し、世界の状況はさらに複雑になっています。私たちはこうした世の中の犠牲者を見つける言い訳を探しています。

そして、基本的な哲学に立ち返っていきますが、それは論理を超えた大いなる知性であり、理解をするということです。「理解」とは、相手に私を理解してもらうのではなくて、私が相手を理解することで、お互いに理解し合う繋がりをつくり出すことだと思います。

私はこのことを本当にありがたいと思いますし、人生とは、実は簡単に理解できるものだと言い続けます。しかしそこに欠けているのは理解しようという気持ちです。

私たちが問題に対応しようとする時、それは対症療法に過ぎず、その元となる原因までには辿り着きません。その意味でこのセミナーでは、いろいろな方がそれぞれの状況の原因を探る取り組みをされた話を伺いました。

そこで私が思い出すのは心理学です。ジョハリの窓です。四つに分かれた窓の一つは「自分がわかっていて、他人もわかっている自分」、二つめは「他人はわかっていて自分自身にはわからない自分」、三つめは「自分はわかっていて、他人はわからない自分」そして残りの窓は「自分も他人もわからない自分」を指します。それが神の領域であり神秘的なものなのです。これを応用したらどの場面にもあてはまります。

この境界を縮めるには対話が必要です。もし私が、他人しか知らない自分を知りたければ、お互いに話し合う必要があります。その逆もあります。私たちがまったく知らないこと、そこに確かにあるけれどわからないことをわからなければならないとしたら、それは神秘的な領域ともいえると思いますが、そういう時には、個々の生命を超えた存在にもっと心を開くべきです。

その意味で本日は本当に豊かな一日だと思います。ケッヒラー先生のプレゼンテーションと、お二人の講義は素晴らしかったです。河原さんと板井さんは、野村先生がこの活動を始めた時の話をしました。女性たちは皆主婦だということですが、それは肩書きの問題ではないことを証明しました。肩書き自体は、あなたがどれほどのことを知っていて、どれほどのことを掴んでいるか、それを決めるものではないのです。お二人の講義は国際的な水準での話だと私は思います。なぜなら非常に深い話だったからです。アダマが言う「深さ」で言うなら、本当に深い話でした。私にとっては学習のプロセスであって、螺旋状に巡るたびに深く、深く掘り下げていくようなことだと思います。

そこで、私がケッヒラー先生とお二人に伺いたい主要な問題は、抜本的な変革をどのように起こしていくかということです。

例えば、世界は教育をグローバルな課題として努力をしてきました。ミレニアム開発目標の達成期限の二〇一五年を迎えようとしている中で、次の十五年に備えようとしていますが、世界のリーダーたちに教育の中身について、どういうメッセージを伝えてきたのでしょうか。

二人の講師にも同じ質問をしたいと思います。カリキュラムに何を入れたらいいと思いますか。一人ひとりの学生、先生が自分は何者であるか、お互いをよりわかり合い、理解が深まるようにするには、カリキュラムに何を取り入れたらいいでしょうか。私がこのシンプルな質問をしたいと思ったのは、夕べ、アダマと話をしたからです。昨夜、ニュースをチェックしていたら、私の国ガンビアの状況が載っていました。ガンビアは大変小さな国ですが、世界的課題としてすべての子どもたちが学校へ行って学ぶ、為すことを学ぶ、成ることを学ぶ、人間として生きることを学ぶ、共に生きることを学ぶ、ということを確実なものにすることがあるにも拘わらず、イスラム教育をしないからという理由で二校を閉鎖する決断がなされたというのです。私はかつて文部大臣を務めたことがあるので、現文部大臣に、学校閉鎖は重大な間違いであり、対話を持つ必要があるという内容の手紙を書きました。

我々に今必要なのはお互いの立場を尊重することです。まさにケッヒラー先生の言うとおりだと思います。学校を閉鎖したからといって問題は解決しない。むしろ問題をエスカレートさせることになるのではないか。学生たちの立場からすれば暴動を起こすかも知れず、軍隊が対応しなければならなくなるかも知れない。何か事が起きてしまえば、それは不幸なことになるのではないか。自分の子どもたちが今後どうなるのだろう、どこにいくのだろう、と親たちもどうしていいかわからなくなります。そのことがさらに問題を生み、国レベルでの、何らかの反動を引き起こすことも考えられます。この問題を解決できるのは対話だけだと思います。

そこで私の提案ですが、学校で宗教を教えるのではなく、学校から宗教を切り離すべきだと思います。そのうえで、世の中にはいろいろな宗教があることを子どもたちが学べる環境づくりが大事だと思います。宗教そのものを教えるのは、人々を分裂、対立させがちだからです。言ってみれば、これは私の考え、それはあなたの考え、あなたの考え方は知らないけど、あなたも私の考えはわからない、ということです。これでは、今、目の前で起きていることにいつまでも意見が噛み合わない。我々は問題を抱える世界に生き、それゆえに答えを探しているのです。教育の観点から言えば、今までとは違うことをやるべきだと思います。ですから私はケッヒラー先生の話を伺い、河原さんと板井さんの話を聞きました。

私はアフリカの哲学の話をしているわけではありませんが、これから「東」「西」と言うときに「南」も忘れないでください。宗教の話をすると、宗教はどれも違わないことがわかります。私たちが戦いになってしまうのは、私たちの間に話し合いがないからです。違いよりも似ているところが多いのです。ありがとうございました。

ハンス・ケッヒラー　ンドング＝ジャッタさん、ご意見をありがとうございました。

実践をする、具体的な結果ということに関して、少し述べたいと思います。そのあと、あなたの発言の終盤にあった私への質問に具体的にお答えします。

西欧世界とアラブ世界の対話についてですが、一九七〇年代初めに、私はオーストリアで組織を立ち上げました。文化と文化的アイデンティティの間の対話について、当時の外務大臣で、後の大統領になった方に私の意見を話すと、彼はすぐに理解を示し、私どもの努力に対してさまざまなサポートをしてくれました。当時のオーストリアの首相は紳士で、やはりヨーロッパとアラブ世界の関係に対する外交政策に焦点を絞り、その線を強調するような外交をしました。そうした中で、彼はヤセル・アラファト氏を議長とするパレスチナ解放機構を認める政策の立案者となったわけです。当時、パレスチナ解放運動には大変ネガティブな宣伝戦略が掲げられていて、アラファト議長、それからパレスチナ解放機構はテロの組織だと見なされていました。私は一度だけ個人的に彼に会ったことがあります。

世界一周の旅の中でアラブ諸国でインタビューを受け、パレスチナ問題に関する質問に私が答えた内容は翻訳され、オーストリアの情報局にも報告が届いていることを、帰国してから知りました。私は、この国際関係が複雑に絡み合った状態から抜け出すのに数ヵ月かかりました。というのも、大学は私を追放しようとしていたからです。当時、私は一介の助手でしたのに。このことからもパレスチナ問題がどれほど難しいことだったかがわかります。しかし、幸いにも数年後に首相自身がパレスチナを悪しきものとする運動に対して、問題解決の方向へと導いてくれました。彼の強調した点は、この対立の根本原因は何なのかを理解し、それをきちんと話さなければ問題は解決できないということです。首相はそれなしに何も解決しないと方針を打ち出したのです。彼は正しい一歩を踏み出しましたが、それにより西側のメディアに叩かれました。彼はオーストリアの首相として、アラファト議長をウィーンの会談に招きました。初めてパレスチナの抵抗運動のリーダーと、西側のリーダーが話し合うことになりました。そして、ドイツのウィル・ブラント首相も交えて、ウィーンでの会合が行われました。この対話的アプローチの一つの前向きな結果として、その対話ののち徐々に国際社会が、そこにパレスチナ人がいるということだけでなく、パレスチナ解放機構が交渉の相手となることがわかってきました。それが一つの遺産となり、今日に至っています。

教育の問題に具体的にお答えします。必要なのは教育のシステムを変えることだと思います。我が国や、ヨーロッパ地域の話になりますが、特に中等教育以降のカリキュラムにおいて、学生たちに自国の歴史やギリシャやローマの文化をきちんと教えることはとても重要ですが、それだけでは不十分です。教育カリキュラムに、歴史そして文明の歴史という意味で、他の文明の歴史を入れる必要があります。政治的な意志があればできます。絶対になくてはならないことで、やるべきことです。

一九八〇年代に行った国際会議で、私たちＩＰＯは宗教教育について提案しました。まだそれは各国で実行されていないように思いますが、宗教に関してやはり学校の教科書の内容を見直す必要があります。また、その国の多数派以外の宗教についても教える必要があります。そして宗教に対する先入観を捨てて、攻撃的な態度を止めるべきです。

この二、三年の間に起こったことをごく手短に話します。私は定年を迎え、オーストリアの大学の教授を正式に退官しました。ですが、数年前に哲学部の学部長を務めたとき、同学部に新しく修士課程を置くことに大学の理事会で合意を取り付けることができました。そのコースは哲学と比較宗教研究という項目でしたが、喜んではかりはいられませんでした。私が退任した途端に、そのコースは知的にも大変な努力を必要とするし、とても困難な課題であるという理由で廃止されました。

私が主張したのは、比較宗教研究というのは、単に信条をベースにした研究であってはならないという点です。比較宗教学を神学部で扱うべきではないと思うのです。神学部は、オーストリアではバチカンとカソリック機構という宗教の権威に従属しています。しかし、私が申し上げているのは哲学的な思考であり、必然的に中立的なことです。

そこで私は大学の学長に説明し、了解を得たのですが、それを過大なチャレンジだと考える教授たちの消極的な考えに負けてしまいました。現在この宗教の多様性という問題には、ヨーロッパの未来が掛かっていると思います。果たして、この問題と我々がどう取り組むことができるでしょうか。単に宗教的信条の問題ということで済ませるわけにはいきません。

司会　ありがとうございました。講師のお二人はいかがですか。

河原聡子　ジャッタさんありがとうございました。私は今回第三章を学び、自分の尊厳に気づけばそれと同じように他者を大切にできると思いました。自分のアイデンティティの根をしっかりと張ることによって、相手のアイデンティティも大切にしたいと思いました。

日本にいると宗教を身近に感じることはそれほどないと思います。しかし、この宗教がいいとか、悪いとかというのではなくて、そこは差と別だと思います。

思想は一人ひとり違うものだし、それを一つにまとめるのではなく、差と別を持ってもよいと思います。

そもそも人間にとって最も大切なのは「命」だと思います。生命ある者としての自分自身の尊厳に気づけば、相手の尊さにも気づくことができると思います。まずは、自分自身の尊厳に気づくことができるように努力をする。それが、相手を知ろうとする第一歩になると私は考えています。

板井秀子　ジャッタさんの質問を受けて、私がどのようにここまで来たかということを考えました。

私は、親を親とも思わず、まるで自分一人で生きてきたかのように思っていました。生かされているという世界がありませんでした。創設者が説かれた東洋の自然観を基盤とした人間の位置づけや価値づけを学んだときに、はじめて根がついたように思います。

千葉支部で地域の公民館祭などに参加して、小学生に「私たちにはお父さんとお母さんがいて、お父さんとお母さんにもまた、お父さんとお母さんがいるのよ」と原論に説かれているように図を描いて説明しました。すると、小学生の低学年の子が改めて、自分の上におじいちゃんとおばあちゃんがいるけれど、その上の代は記憶にないと言います。そうやって子どもたちは、自分が生まれる前から命が繋がっていることを理解するのです。

私は創設者から「私はそんなに難しいことは言っていない。純粋、単純なことを言っている」と言われたことがあります。それを私がわからないのは、自分の考え方が強すぎるからだとも言われました。「人間の位置づけ」を通して自分はどうやって生まれてきたかを学ぶのは、本日のテーマだとも思いますが、自分が生まれたときから自分は始まっているという感覚しか持っていませんでした。自分の命は、自分が生まれるずっと前からつながっていることを、あんな小さい子でも理解できるのですから、私はやはり誰にでも通じると信じています。

司会　ありがとうございました。それではアリさんどうぞ。

アリ・タカッシュ（野村生涯教育センターパレスチナ支部）　私は、発言をせずに二人の女性の話を聞くだけにしようと思っていました。なぜなら私は学ぶために参加し、事実、この二日間大変多くのことを学びました。私が本日、どれほど多く二人の女性から学んだかを皆さんに理解してもらうために、発言したいと思います。

河原さんの産みの母親、お父様が再婚された河原さんの育ての母親との関係について聞いているうちに、なぜかすごく疲労感を覚えました。この話を聞いて、もし自分が彼女と同じ年齢だったら、と思うと本当に疲れ果てると同時に、本当に悲しくなりました。彼女はどうしたか。若くしてこれほどの状況を耐えてきた河原さんはどう感じただろうか。

河原さんの話は、たちまちのうちに私を学ぶ者の立場、受け止める側の立場に転換させました。人生において、教える側に立つことがほとんどだった中で、自分が学ぶ立場や受け止める側に転換したのは稀です。アメリカでＭＢＡ取得のために勉強したときでさえ、多くの教授と出会い、知識的には教えてもらいましたが、何かを学ぶという意識ではありませんでした。私はもう十分に大人で、そういう時期を過ぎていたからでしょう。それなのに、彼女は私の気持ちを動かしました。何と言ったらよいのでしょうか。見るべきことがたくさんあります。河原さんの話は、私を「教える」立場から「学ぶ」立場に転換させました。

もう一つあります。ケッヒラー氏のお話も、また二人の講義も、さまざまな重要な問題について納得させるものがありました。例えば文明の衝突や文化の衝突、戦争などについて議論をしてきましたが、これらの問題に対処するにあたり、我々が個人として持っている体験を理解することから解決策を見出すことができるはずです。その精神を、特別な人である創設者が説いたのです。創設者は本当に真実の人です。私がここで言いたいのは彼女への讃辞ではありません。創設者は、私自身の内面の変革を促しました。

以前話したかもしれませんが、創設者の原論アラビア語版の翻訳検討会で、創設者は私に「私はあなたのアラビア語訳を校閲するつもりはありません」と言いました。「私はどのくらいあなたにこの本の内容を充分に理解してもらえたのかを知りたい」というコメントでした。この日の検討会でしたか、別の日か、創設者は私に対して一つ重要なことを教えてくれました。それは今ここで議論していることにも関係があります。

検討会議も終盤にきた時、創設者が微笑んでいらしたので、私は「なぜ、にこやかなのですか」と問うたところ「私はとても幸せです、こうしてアリさんとアマルさんとじっくりと話ができて私は本当に満足しています。

というのは、私は生きた現実を観察し、思考する中から、この展望、信念、信条にたどりつくことができました。それを何と名づけてもよいと思っています。あなたは、神と人間の間に神の言葉を伝える預言者が必要な国の人ですから」と答えました。この言葉を伺って、私は創設者は真実の人だと思ったわけです。ですから、どのように教育改革をすればよいかと問いたければ、センターに行って創設者に会うことだと思いました。どのように教育改革をすればよいかがわかります。そして、翻訳検討会を持つにあたり、創設者は「もし、教育改革について知りたければ、議論しにいらっしゃい」と言いました。前にも話したように、翻訳検討会のために日本へ行く時、私たちは少し不安でした。というのは、私たちはこれから日本で自分たちとは異なる文化、宗教、信条、その他すべての違いにさらされると思ったからです。つまり、私たちはこちら側にいて、創設者はあちら側にいると思っていたからです。例えば私たちはイスラム教で、社会状況が日本とは全く違います。また、創設者と私たちの信条にはかなり大きなギャップが存在していました。ところが実際にこのように話し合ってみると、とても話しやすい、私は非常に安心して話をすることができました。そしてあるメッセージをもらいました。私はそれを今でもはっきりと覚えています。

「あなたがどういう信仰を持っていても、それについて私は何も申し上げられません。神は一つであり、一つでもない、自然そのものです。でもそのことについて私は何も申し上げません。私はあなたを一人の人間として非常に関心があります。どのようにあなたが他の人と関わるのかについても。あなたがどういう信条を持っているのかが問題なのではありません。私が関心を持ったのは一人の人間としてのあなたです」という言葉です。私も同じことを考えていたので「そのとおりです。わかりました」と申し上げました。イスラムでは「信仰」と「教義」は個人的なものです。宗教は全体的なものでなく個人的なものです。人間と創造主の関係は個人的なものです。善悪そして恩恵の問題があります。

創設者は「誰でもがどの宗教を受け入れても構わない。ただ、その信念が人間関係にどのように活かされているかに関心がある」と仰いました。そして、どのように信条を実践するかということを私は創設者から学びました。

昨日、私は哲学的に考えようと思い、野村センターがどのように実践しているか、その実例をあげてほしいと思いました。昨日の哲学的な疑問に、本日、明確な回答を得ることができました。つまり、日々の生活のなかで、こうした概念や学びがどのように実践されているのか、とても明確になりました。

皆さんが「幸せです」と言うのは本当でしょう。繕ってはいません。そのようにご参加の皆さんも感じているでしょう。センターの人たちは主婦です。家庭人である彼女たちに教育をリードしていってもらいましょう。「日本と中国との間で交流を促進しましょう」と中国の修先生は仰っています。主婦が教育をリードし、日本と中国とのギャップを埋めてもらったらどうだろうかと思います。彼女たちは、政治家にはできなかったことも成功に導くでしょう。ありがとうございます。

司会　ありがとうございました。ジョルジーバさんどうぞ。

リリア・ジョルジーバ（野村生涯教育センターブルガリア支部／ソフィア総合経済大学／ブルガリア）　今朝から皆さまの討議を聞いて、これは野村先生の生涯教育がまさに実践されている姿なのではないかと思いました。

私自身、野村生涯教育の原理が、人生におけるさまざまな側面に対して大きな影響を与えていることがわかりました。プレゼンテーションの多くは、個人的な問題について言及していました。教育の問題、宗教の問題そして国家の政策についても言及がありましたが、一見、単純明快とも思えるこの考え方、つまり基本的な自然の摂理に基づいた原理は、人生のすべての側面において適用可能ではないかと思います。

こうしたことを考えますと、センターの皆さまは、ご自身が活動をする中で十分に幸福感を持ち、そこから生まれてくる成果について自信を持っていただきたいと思います。というのは、ここまでの成果を出すことは私の国では、非常に難しい状況があるからです。ツォンコバ女史は先ほど、政治体制が違い、新政権が発足し議会が開かれるまでの困難な状況を話してくれました。

しかし、階層や生活様式に関わらず、どのような問題でも解決のカギとなるのは「知ること」と「成ること」だと思います。そのためには、ジャッタさんが言うように、異なる意見を共有するための対話の機会を、できるだけ頻繁につくることは大変重要です。お互いを知ることや、それぞれの問題を知ることなしには、何事に対しても、正しい、適切な解決策には至らないでしょう。

私は、知ることは学ぶことと密接に関連していると思います。なぜなら、その逆もあるからです。わかったことを実際に生かしていくために、自分がどのようなことからでも貢献できる分野でやってみましょう。それは人間としての価値を大事にする人間になることだと思います。私どもの議論の焦点はセミナーの議題でもあり、フォーラムの議題でもあり、人間の価値、それから人間性の復活こそがテーマです。そして基本的な人間の価値を大切にする、その復活なしには学ぶことも知ることもできないだけでなく、実質的な解決策を見出していくこともできないことをジャッタさんが知らしめてくれました。

私たちが、ここにこうして集っていること自体が、私たちには違いよりも多くの共通項を有していることの一つの揺るぎない証明ではないでしょうか。ですから私は全面的に全講師と同感です。個人的な実体験を、本当に正直に、包み隠さず、真摯に共有してくれました。

真の人間としての価値が大切であり、センターの皆さんが既に個人として人間性を高めていく取り組みを実践し、より深く学ばれたことを多くの方に伝えようとしていると思いました。ありがとうございました。

司会　スダカルさん、どうぞ。

イエドラ・スダカル　三人のプレゼンテーションはとても勉強になりました。また、個人的な体験を伺い大変嬉しく思いました。

少し混乱している点がございます。文明レベルでのこの生涯教育の適用に関してです。例えばイスラム文学、あるいはアラブ世界でのカソリックの考え方などをカリキュラムに導入することと、生涯教育とを結びつけることは、私の理解ではできない問題だと考えます。文明は非常に大きな枠組みです。また、長い時間をかけて形成され、それによって「文明」と呼ぶのです。文明にはさまざまな側面があります。

文明の中に教育がそれほど大きな役割を果たしているのでしょうか。文明を教育によって変えることができるのでしょうか。今、教育の議論をしていますが、さまざまな課題を解決するために、文明という側面のどこにその関係性があるのかと疑問を感じるのです。

創設者の基本的な哲学に戻りますが、月から見た地球の映像を見ることで考え方が変わったという、壮大なビジョンの話がありました。私たちが未来を共有していることはその通りだと思いますが、より多くのさまざまに異質なことが起こる可能性があります。例えば生態系の問題などもあります。また、さまざまなものがその大きな生態系のなかで循環しています。

例えば我々は品質についての議論はしますが、製造業、自動車産業などにおいて、実際の品質管理はほとんどなされていません。そしてその製品がさまざまな別のシステムで使われていきます。ですから、こうした問題を一気に解決するためにそのシステムそのものと取り組んでいかなければならないと思います。

地球は一つの実体と捉えることができますから、共有する課題をグローバルな問題として考えていかなければなりません。ただし、それぞれの課題に取り組む場合、我々はよりローカルに考えていかなければならないのではないでしょうか。

そうだとすると、個々人の人間性を引き出す生涯教育が、はたしてグローバルな問題解決にどう前向きに繋がっているのか、私にはいまひとつわからないのです。

例えば大気汚染について、その解決にどんな分野が貢献できるか、という視点で議論すべきではないか。交通、運輸の分野と産業界ではまったく違うそれぞれの特性があると思います。教育制度においても、西欧文明と東洋文明はまったく違った特徴を持っています。

私の理解するところでは、文明とはより広い意味合いのものであって、より狭義な枠組み、例えば宗教は、どのような教育制度の下で子どもたちを教育したいか、それを決定付けるものとなります。ですから生涯教育の原理を、文明という側面、宗教的な側面において議論をしてはいかがでしょうか。ただし、教育を宗教との関係で考えると、個人的、社会的ダイナミズムだけでは収まらなくなります。西欧では、経済に投資しますが、実際には教育がその経済を扱うのです。それぞれの個人の教育の話だけでは収まらないのでマクロレベルで見る必要があります。そのため、生涯教育に文明を入れていくには大きすぎると思います。世界には異質があることを受け入れましょう。地球はすべての人のものですが見解を統一する必要はないと思います。

ハンス・ケッヒラー　すみません、今発言してよろしいですか。誤解を避けるために発言いたします。これは対話の話です。

そもそも、生涯教育がどのような形で私たちが言う文明の対話と繋がっているか、関係しているかを誤解されているように思います。文明の対話は現在世界で最も重要な問題の一つだと思いますし、世界平和のための重要な問題です。

私が言いたいのは、単に小・中学校の公教育において、一定のカリキュラムがあり、そこでできるだけよい成績をあげ、そのあとの職業生活に入るのでは十分な教育ではないということです。ここで例を一つあげて説明させてください。

我々がしなければならないのは、公教育を補完するということです。私たちが学校外で学んだことを教育に適用し、実践していくこと、そして学校教育が終わった後でも学ぶことができるような能力を使うこと。例えば、外国を旅行して他の国々のライフスタイルや価値観を学ぶことができますが、これは文明の対話において大変重要なことです。私の理解するところでは生涯教育の最も大切な側面だと思いますし、自己教育でもあり、統合もされています。なぜかというと、知識や知恵を包括的な形で、日常生活の中で学ぶことだからです。そして他の文化を学ぶことが、我々が言う「文明の対話」に繋がるのは、それが生涯教育の大事な一つの実践でもあると私は思っているからです。

それからカリキュラムに関しては決して簡単な話ではありません。これは大きな問題になると思います。先ほど私は、例えばメッカやジェッダなど、イスラム教社会の中等教育にローマカトリックの教義を入れた方がいいとは言っていません。それはやりすぎだと思いますし、できないと思います。ただし、私たちの子どもたちを、他の世界の考え方や、基本的なことについて無知なままにしておくわけにはいきません。ヨーロッパで十分な教育を受けた人でさえもシーア派とスンニ派の違いはよくわからないと思います。しかし、二十一世紀に教育を受けた人間として、両派の違いを知ることは基本的な要件の一つだと私は思います。そうでないと、今、シリアで何が起こっているのかを理解できないからです。

カリキュラムの中に他の文明の信条についての基本的

な知識を取り入れるというのは、一般的な方向付けとしてお話ししたのです。例えばヒンズー教に関してもそうです。ヨーロッパの大学で教育を受けた人でさえ、ヒンズー教の観点や生命観についてはよく知りません。少なくとも高等教育においては入れなければならないかと思います。

それから最後に、生命は一人ひとりにとって生存に関わる問題ですから、宗教はとても大切です。私たちは永遠に生きることはできません。いつかは死を迎えます。しかし自己を顧みることはできます。皆それはわかっています。ほとんどの人にとって宗教は特別な意味があります。なぜなら、哲学、科学が与えることができない答えを宗教が提供できるからです。ですから私たちは傲慢にならずにその点をきちんと尊重するべきだと思います。それらを勘案すると、大きな決断をしなければならないとき、例えば政治的な動乱が起こった場合に、一体どういう動機で、この人たちがこのような紛争に参加するのかをみると、宗教的な信念と深く結びついていることがあるわけです。もちろんその動機に懐疑的になることもあります。いろいろなものを合理的な形で分析するのが哲学ですが、私も、人々や人々の信条と相対する時、傲慢になってはいけないと思います。それぞれの宗教の信念などについても傲慢な対応をしてはいけないと思います。

多くのアメリカ人が「コミュニズムはなくなった」「挑戦すべきものはないし、可能なかぎりベストなシステムが存在しているのだから、歴史は終わった」と言っています。フランシス・フクヤマ氏が言うように、自由経済によりボーダレスな社会になる。そんなに簡単な話であれば、冷戦後二十年でこんなに大変な状況にはならなかったと思います。

私の発言の意図を明確にしたいと思いました。

司会　どうもありがとうございました。

本日も本当にさまざまな角度からの話し合いができました。また、講義に対する皆さまの意見を伺うことができ、とても感激しました。ありがとうございました。

まとめ

金子理事長

本日、二日目も、活発に討議が行われたことを大変嬉しく思うとともに、感謝申し上げます。はじめにケッヒラー教授からは貴重なプレゼンテーションをいただきましたことに感謝します。そして、冒頭から活発な討議のなか、まず、とても啓発され引き出されたものについてお話しします。まずライラの発言から。日本の憲法の問題について、確かに、アメリカが作った憲法だという議論はあります。ですからライラの認識は正しいと思います。その議論のほかに、歴史的に見て、日本人が確実にその草案にあたったという議論もある中で、本当に正しい見解がどこにあるのかということになります。

これはあくまでも私見ですが、誰が押しつけようが、誰が作ろうが良いものは良いと思っています。この内容の論点に対する問題と、そしてライラがなぜこのことをはじめに提起したか、その背景を思ったときに、それはとても重い問題だと私は受け止めました。

今私と同世代が政権を握っているなか、第一章で学んだ憲法の価値が薄れていることに対して私はとても懸念しています。先日、初日フォーラムのレセプションで専務理事の挨拶にありましたように、戦争を経験した世代が少なくなっていることに危惧を持った時に、私は創設者が私たちに伝えてくださってきたものがどんなに大きな問題だったかと思います。ライラの発言を通して真剣に課題として取り組んでいきたいと思います。私は第五章で講師を務めますので、そこでもお話ししたいと思います。

それから、私はダリヤさんの発言も、ものすごく重く受け止めました。

エジプトの最初の革命の後、すぐに日本の大震災が起こりました。そのなかでも、エジプトに革命が起ったということはとても大きなことでした。そこにエマラさんがいる。アリさんがいてライラがいる。そして、バドル大使ご夫妻がいらっしゃるというなかで、ずっとエジプトの状況が気がかりでした。ですから今日、このようにして、今懸念されるエジプトの状況を直接伺い、非常に重く胸に響きました。

ダリヤさんの話にもありましたが、正しくものを見るということは大切で、今の時代はそうすることがとても難しいと思います。今回のノーベル平和賞の問題にしても、時間的な経過のなかで「今」という切り取られた時点で物事を見るときに、さまざまな影響を及ぼすという観点が、現代の教育で失われていっていることにおいて、私はダリヤさんの懸念は重大な問題だと思いました。

基調講演でも申し上げましたが、今の社会の結果は十年前、二十年前に、当時の大人が育てた子どもたちが成長して作り上げたものです。そこに教育というのは短兵急にできる問題ではないという意識を持つこと、そして一万年スパンの核のゴミの問題がありました。私たちは成果、効果を期待しすぎて、長いスパンで人間生命を見ることがあまりにも欠落しているとつくづく思います。私たちは過去をよく検証し、今を見ることを、もっと教育の中に取り入れていく。広い視野で、深い目線で物事を見ていくためにはすぐに結果は出ないということ。そういう意識を持たないと、ものを正しく見ることはできないと思います。

そしてもう一つ、日本の政府に対しての要望の話もありました。私たちは政府を動かす立場ではありませんが、結果はすぐに出なくても、私たち一人ひとりがどうあるかということが次をつくっていくことを踏まえ、過去をきちんと検証して今を見て行きたいと、ダリヤさんの話からつくづく思いました。

ケッヒラー教授とツォンコバさんとの対話で感じたのは、ＩＳの問題も今話したことに通ずるということです。基調講演でもお話ししたように、ＩＳの問題は、今の社会への不満を発散させるというだけの単純な問題ではないように思います。いろいろなものが複雑に絡み合った問題という前提で、ＩＳがインターネットを通して、不満や不足を持つ若者に対して呼びかけている。そうした不足や、不満を十年前、二十年前の社会が生み出していたのに、そういった不足感を直視してこなかった。そして地球資源の問題にしても本当はもうそのときから認識に上っていたはずですが、それでもまだ人間が高を括っていて、まだ大丈夫という思いで、経済価値を優先にしてきたなかで、人間生命を脅かすさまざまな要件に、どこかで目を瞑ってきた私たち一人ひとりにも責任があるように思います。ＩＰＣＣによれば、二十一世紀末までにCO_2をなんとかしなければ地球環境が後戻りができなくなるという報告もあります。それでは私たちはどうしたらいいのでしょうか。

ＩＳの問題に関しては、修先生の漢方薬と西洋の薬の例にもありましたが、当面の問題と、今後の問題があると思います。当面の問題は、どのようにＩＳのテロに対処していくか、確かに難しいです。もちろん私たちも考えていきますが、国レベルで考えてほしい問題もあります。ただやはり国の方向性をつくるのは私たち人間、私たち一人ひとりだと思うと、やはり修先生が仰るように、両面から物事をどうしたらいいかをきちんと考えるべきです。簡単に解決策が見つかる話ではありませんが、逃げずに向き合っていくことを、私たちは課題にしなければならないと思います。

それから、アリさんは「今日のセミナーを通してとても学び、個人的な体験から問題を解決することができることを汲み取った」と発言されました。全国のセンターのメンバーもそれぞれ自分の歴史を持っています。本日講師を務めた河原さんにしても板井さんにしても、それぞれの歴史を踏まえて道理に基づいた関わりによって自分自身や両親の見方を変えてもらい、自分の尊厳に目覚めるプロセスを語っていました。一人ひとりがそういう関わりを得て、それは教育作業ですから時間はかかりますが、少しずつ自分自身の人間性の開発に繋がり、自分が尊厳に目覚めた分、人を大切に思えるようになる。そうした根本的な、自分の内にある見えない心の動きは、ユネスコ憲章にあるように、心の中の平和が世界の平和に繋がる。そういう学習をしていることを改めて付け加えさせていただきます。

ジョルジーバさんもその点を同じように受け止めていらしたと思います。さまざまに異なる政治体制があるなかでブルガリアでも困難があると思います。

政治体制という意味において、日本は比較的平和な国ですが、国内にまだこの生涯教育論の概念がないときに創設者が訴えようとした際、女性が「主婦」というだけで顰蹙を買っていた時代でも、パイオニアとして信念を持って国に働きかけました。当センターが財団の認可を得るまでに八年も掛かりましたが、そういう状況のなかでも、道を開いた人がいるから、私たちはこのような学びを続けることができる。そしてこのような広がりになったということを改めて思いました。

そして、スダカルさんの発言に対して、ケッヒラー教授が仰ったように文明間の対話の問題は、一人ひとりの生涯教育の問題と密接にリンクしています。人間一人ひとりの出会いは文化の出会いでもあるからです。まさにこの場で、一人ひとりが文化、世代、時代を背負った存在であり、その重みを持った人間同士だという認識を持って、文明の出会いを個々が体験しているのだと思いました。

先ほどの繰り返しになりますが、現在の社会の結果は、十年前、二十年前の世代の意識や価値観によるものです。それは良いものも悪いものも受けているはずです。良いものだけを受け取るわけにはいかないですが、悪いことだけでもないはずです。しかし私たちは悪いことばかりに注目しがちです。良く変化するものに対しての感謝が本当に大切だと思います。

板井さんの取り組みのなかに「今の見方はすべて過去と繋がっている」という話がありました。そうすると、家を自分（妻）の名義にするのは違和感があるかもしれませんが、「なぜ、そう思うのか」という取り組みのなかで「両親が離婚をしたことに非常に胸を痛めた」という自分の掘り下げがありました。「過去」の見方を「今」から反省することで全部が繋がったときに、私たちがつくってきた責任というものをそれぞれに見ていくことができる。日本の例では、原発の問題は政府が安全だというから私たちもそう思っていたわけです。しかし、結果的に安全ではなかった。原発が安全ではないとわかった今、私たちは何をしなければならないか。誰かになんとかしてもらっていたということが、私たちの主体性を失う結果を招いたことを今後の反省として、私たちが生きている時代は、一人ひとりがつくってきたのだと意識することが、次の展開を生むのではないかと思います。

皆さまのなかに、よりいっそう自分自身が引き出されることを願って、本日はここまでといたします。ありがとうございました。

11月18日（火）

◆プレゼンテーション

「生涯学習政策に影響を与える統合的カリキュラム」

ユネスコ国際教育局局長　ンマンツェツァ・マロペ

■講　義　野村佳子生涯教育論

第四章　野村生涯教育の基礎原理

自然の秩序・法則から導き出された教育原理

群馬支部責任者　佐野美智代

第四章　野村生涯教育の基礎原理

自然の秩序・法則から導き出された教育原理

兵庫支部責任者　田村美容子

■討　議

■まとめ

理事長　金子由美子

プレゼンテーション

「生涯学習政策に影響を与える統合的カリキュラム」

ユネスコ国際教育局局長　ンマンツェツァ・マロペ

ご紹介いただきありがとうございます。金子理事長、野村センターの皆さま、そしてご来賓、ご参集の皆さま、本日はこうしてお話をさせていただく機会をいただいたこと、そして皆さまのお話を伺う機会をいただいたことに感謝します。

一九九七年、人類学者のテレンス・ディーコンは「どのように物事が発生したのかを知ることが、どのようにそれが機能するのかを最大限に理解することに繋がっていく」と述べています。実際にこの三日間、野村生涯教育がどのようにして生まれ出たのか、私たちはその知識の深い井戸に足を踏み入れました。そして、その誕生を理解するという意図や願いの下に学び進めてきたことで、この論がどのように働いているのかということを着実に理解できてきているように思います。正直に言うと、野村生涯教育に関して着実に理解をする中で、私自身の教育観や生涯学習に関しても、いろいろと考えるところがあります。ノムラ・アプローチをより深く理解するだけでなく、同時に、私自身の教育アプローチやこれまでに培ってきた教育観と相互に影響し合い、ふり返る機会を得ていることをありがたく思います。

フォーラム初日の開会式の挨拶で申し上げたとおり、本来「学び」はすべての生きとし生けるものに備わっている生得の活動です。生き物の中には人間も含まれます。私たちは人間として、自分たちを高等な生き物だと考えるきらいがあります。そして、他の生き物も何がしかを学んでおり、そこから私たちが学び得ることを忘れがちです。他の動物たちがいかにして学ぶのか、学習することがどのように発生したのかを私たちが理解できないがために、動物たちが学んでいるなどと考えもしないのはさらに危険なことでしょう。

一昨日も、人間と自然の調和とその必要性に関してお話がありました。私たちは例えばイルカやゾウがいかに聡明であるかということを言いますが、その知性や知能がどういうものか、どのような形で学習をしているのかについては、私たちはわかりません。人間同士であれば、言語を介して相手の考えを理解することができますが、他の動物に関しては知ることができません。

金子理事長との懇談の折にした話をしたいと思います。皆さまご記憶だと思いますが、非常に長い間、アフリカ南部では独立、そして自決のための戦いが続きました。幸福なことに、私はこうした戦争を経験していない国の出身です。こうした戦いが始まった時、私の国は世界でも最も貧しい国だったため植民地大国はこのような国を植民地化することで重荷を抱えたくないという理由で、私の国は放っておかれました。

一八八五年にボツワナの主だった首長四名がイギリスに保護を求めましたが、イギリスは「あなた方は植民地にするには貧しすぎる」といって首を縦にふらず「保護領の地位を与える」と言いました。そして南アフリカと交渉ののち、一部は南アフリカに割譲され、ボツワナは保護領となりました。古地図にはベチュワナランドと記載されています。これがボツワナです。

その後、一九六〇年代の初めに、四名の首長の孫の一人がイギリスに自治を申し出ました。すると、協定締結の署名をすることも、戦争もなく、二つ返事でボツワナとなりました。しかしながらナミビア、ジンバブエ、アンゴラ、モザンビークなど、豊富な資源を有する国々は南アフリカと戦い、独立をしようとしました。こうした政治的紛争地で、ボツワナだけはそれに巻き込まれることのない安全な避難場所でした。このような民族間の緊張関係についてセンターの皆さまと話し合いました。私たちは多様性を尊重し、他者と違うということは、劣っているということではないことを認識し、共に生きることを学ぶということについて話し合っています。

アフリカ南部では、言葉やイデオロギーだけではなく、実際に銃を使い、流血する戦争をしてきました。ですから、アフリカ南部の国々の国旗には、独立を勝ち取るために流された血の赤色と、その血がしたたり落ちた草地の緑色が使われています。一方ボツワナの国旗は、一点の曇りもない空を表すかのような青色の地の中央に白と黒のラインが描かれています。細い白色のラインはマイノリティである白人を表し、そのラインに挟まれた太い黒のラインは黒人を表しています。この青空の下で、白人と、そして黒人が調和をする中で生きていることを表しているのです。その調和は、私たちが貧しい国だったからできたことです。イギリスが我々の独立を認め、保護領から去った一年後に、公式な文書への署名が行われました。その後、ボツワナには世界最大規模の埋蔵量のダイヤモンドがあることがわかりました。私たちは、独立後にそれがわかって安心しました。もし、署名前にダイヤモンドのことが知られていたら、恐らく戦争になっていたでしょう。そんな事態は誰も想像できません。ここで私が言いたいのは、このことが他の生き物に関しても繋がっていくということです。

私たちは自然と人間の共生、共存について話し合ってきましたが、私たちは、時に限られた資源を巡って戦うことがあります。例えばボツワナは、実は人間よりも動物の数が多い国です。この動物のなかの一つにゾウがいます。私たちはわずかな資源である水を巡ってゾウと争っています。ゾウは、水源を見つけると、私たち人間よりも少しだけ多く水を飲みます。そして農家では、子どもたちを養うために作物を育てている。また、人間は酸素を得るために樹木が必要です。そうなると私たちは、ゾウと「契約」をしなければならないわけです。なぜなら、ゾウの集団が農地や林を通り過ぎると、その後には何も残されていない。きれいさっぱりなくなっているからです。そうすると、自然との共存において、私たちは緊張関係が生じるのです。私たちは自然の一部ですが、ゾウが通ると私たちの得るものがまったく無くなってしまうようなところでは、その自然は我々の存在を脅かすものでもあるのです。私たちの先祖は、薬草を使ってゾウを毒殺したり、銃殺して、象牙を取って装飾物を作りましたが、ゾウの個体数と私たち人間とのバランスを取ってきました。しかし、国際協定が結ばれてゾウをはじめとする野生動物を保護しなければならなくなり、ボツワナ政府には、農夫たちから苦情が殺到しました。例えば政府はライオンを殺すなというが、ライオンは農民の牛を殺して食べてしまう。ライオンを殺してはいけないというのであれば、牛の補償金を出せ、ということです。これは決して大げさな話ではありません。ボツワナの政府は、この国際協定を遵守するために、農夫たちに定期的に補償金を払い続けています。しかしながらゾウについては、その個体数がボツワナに非常に多いことが、最近の調査でわかりました。なぜここまでボツワナにはゾウが多いのか。アフリカ南部に住んでいる人たちが国境を往来するのにパスポートは必要ないのと同じで、ゾウも自由に行き来しているはずですが、なぜここまでボツワナにだけゾウが増えているのか。実はこの背景にはアパルトヘイトがあります。アパルトヘイトは人間に影響を及ぼし、それに関連するさまざまな文書もまとめられてきましたが、実は動物にも影響を及ぼしています。私は、そんなことは考えてもみませんでした。この調査でわかったことは、ゾウはボツワナ以外のアフリカ南部（モザンビーク、アンゴラ以南）の地域にいたら危険だということを学び、ボツワナという安全な地域を見つけました。ボツワナを越えて南下すると、そこは、再び危険な地域である南アフリカです。こうしたわけで、ボツワナ以外の国で日中は好きに行動しているかもしれませんが、夜になると動物たちも安全な場所を見つけて休むのです。ゾウの個体数は、夜にどこにいるかで計測をしているためボツワナの数値が高いのです。そして、動物たちも単にどこが危険な場所かを学んでいるだけではなく、学んだことを活かして自分たちの生活様式を適応させて、生息できる場所を選んでいます。過去に、密猟や戦争で絶えず銃声がしていたというトラウマからも逃れることもできます。密猟はあちこちで行われています。果たして、私たちはアパルトヘイトが動物に及ぼした影響について、知性のある政治的な議論をしたことがあったでしょうか。私は考えたこともありませんでした。長い時間を経て、ようやく私もこれは単に人間同士の戦争ではなくて、自然との闘いでもあったことに気づきました。

繰り返しになりますが、ここで私が強調したいのは、すべての生きものは学ぶということです。私たちとは違って、動物の方が学習に基づいて適応するのが若干得意であり、それを元に生活様式も変えているようです。人間と自然との共存は必ずしも簡単なものではないし、必ずしも調和するものでもない。時にそれは緊張関係で、この関係をどうにかすること自体が非常に複雑なことです。だからこそ、この学習の本来性、つまり学習することは我々に生来備わっているものであることを考えると、私たちが学ぶことは生得的であって、結果的に学んできていると言えるのに、なぜ私たちにとって学ぶということがそこまで一大事なのか。私たちは環境から学びますが、何を、いつ、誰から、どの程度、何歳で、どういった時期に学ぶのかは、すべて環境によって影響を受けています。

私たち人間は、多少なりとも管理志向がありますから、いろいろなものを支配、管理しようとします。それが、学習にも働いています。学習を単に私たちと環境との相互作用だけに委ねるのではなく、学習を効果的に管理、コントロールするために、教育制度を作ってきたわけです。ウワンさんが先日仰ったように、この教育制度にはさまざまな形があり、あるものは通過儀礼的なプロセスであったりします。あるいは文化的な学習、読み書き、学ぶための学び、共に生きること、男性または女性であることは何を意味するのか、人生の節目の儀式など、いろいろな学びがあります。ご存じのようにマドラッサ（イスラム神学校）もあれば、西欧式の学校や家庭での学習もあります。私が言いたいのは、どのような性格の教育制度であれ、あくまでも学ぶことに集中し、学んだことを最適化し、実践することを目的にしているということです。

私たちが知っている限り、近代教育は紀元前三〇〇〇年から六五〇〇年くらいの古代ギリシャから古代エジプトの時代という広い範囲に起源を持つものです。そこから全世界に広がりました。本日、歴史をすべて振り返る時間はありませんが、学習という現代的構造、つまり教育、そして環境をコントロールするためにその環境にある構造を介して学ぶこと、いわゆる教育制度によって私たちは多くの課題に対処することができます。何をいつ学ぶことが重要なのか、ということです。私たちには学ぶべきことがありますが、その中で何が重要なのかを抽出することができます。そうした中で、我々の専門用語で言う「カリキュラム」を決めるには、何をいつ学ぶことが重要なのか、どのような目的のために、何を学んでいるのか、教育の意義とはそもそもどうあるべきなのかを考える必要があります。

誰が何をいつ学ぶのかは、それぞれの教育制度によって考える必要があります。その知識の内容や、どのような人が学ぶかということにも関わります。そして学習者が、どのように組織化されるかということです。

例えば、まだ学びはじめの段階なのか。いわゆる近代教育制度での学習者ならば何年生なのか。学ぶべき大事なことは何であるかを誰が教えるのか。教師たちについての課題も出てきます。そして教育者の教育、訓練、サポート、ふさわしい教え方は何か。これは教育学や指導方法などに関係することです。教師自身の質以外にも、何をもって教えるべきか、ということもあります。教育制度に関して言うと、そこにはありとあらゆる資源、例えば学校となる建物から机、ペン、カリキュラム、教材が必要です。教えたことがどこまで受け止められたかをどのように知ることができるか。ここに、評価の問題が出てきます。どこまで学習できたかの問題は、まさにＯＥＣＤのＰＩＳＡという生徒の学習到達度調査に繋がります。我々が重要だと思うことが実際に学習され、教えただけになっていないかどうかを確認したいのです。学ぶべきことが学ばれたかという目標が達成されているかを、知るにはどうしたらよいのか。これは、インパクト評価（影響評価）または教育との関連性・非関連性などの問題に繋がります。この点については問題が山積しており、いまだこうした問題に、現代の教育制度が対応できていないのは、ひとたび環境を整え構造化しさえすればよいというわけではないからです。教える環境、学ぶ環境を構築したら、そこに環境が提示する問題に答えなければなりません。学習を環境のなすがままにするのであれば、何を教えるべきか、何を学ぶべきかなどと考える必要はありません。誰が学ぶべきなのか。学習を最適化して最大限に有効活用するために、教育制度は、ありとあらゆる専門分野に特化して発達しましたが、その一方で、分断化、細分化という莫大なリスクを負うことに繋がりました。教育が学習に与える影響を最大限効果的にするという、その点に、私は野村生涯教育との関連を思うわけです。学習を考える時、専門化を効果あらしめるには、現実とよく向き合うということが大事だということです。もし学習のチャンスが細分化されれば、私たちがねらいとする所には到達できなくなるからです。

また、もう一つ、この学習環境を構築するうえで忘れてはならないのは、環境はさまざまに変わり続けるということです。学習環境の内容も、それに関する問題への答えも変わり続けます。ですから今、日本で重要な学習事項が二十年後にも同じであるとは限りませんし、二十年前と今が同じだったとも限りません。なぜなら、誰が、いつ、何を学ぶべきかという問題は当然、二十年前、現在、二十年後は時間的にも地理的にも異なるからです。時間的変化とそれに応じた内容の変化があるがゆえに、生涯学習が非常に根本的な重要性を帯びてきます。我々は変化に応じて常に適応し、学習またはレベルを上げるために再び教育を受けなければならないからです。ここに、生涯学習についての私の考え方に通じることがあります。それは、野村生涯教育の考え方にも繋がることです。私たちが生涯を通じて学び、それが生来的なものであるなかで、我々はなぜこれほどまでに「学習」を重要視するのか。学習の効果を最適化するための環境を構築するプロセスにおいて、この教育制度と呼ばれる新しい構造は、学習の促進という点において微々たる成果しかあげていないのは皮肉なことです。環境から、そして自然からも学ぶ機会を得て、学習に集中して成果を上げるような環境をつくっても、さほど結果が出ないことについてはさまざまな理由があります。また、なぜこのような残念な状況になっているかに関する答えもたくさんあります。本日はその詳細については述べませんが、特に焦点を絞りたいのは「学習のルネサンス」です。既成の教育制度が学習を適切に導くことができず、成果をあげていないという事実が、学習のルネサンスに繋がっています。これはルネサンス、復興です。そう呼ぶ理由は、「学習」が人間に内在的にあるものだからです。「学習」があたかも新しいことのように、学ぶことに焦点を絞ってさまざまな戦略や手法が開発されてきましたが、決して新たなことではありません。学習は、今までずっと行われてきたことであり、最も重要な意味を持つ教育制度の根幹です。問題なのは、そのシステムが、この重要な部分に成果をもたらしていないことです。学習について今迷いが生じています。

野村生涯教育の考え方との関連でみても、教育制度が十分に機能していないという事実とは別に、学習のルネサンスが起きているいくつかの理由を見出すことができます。その理由をいま一度皆さんと共有したいと思います。

一つには、二十一世紀が非常に目まぐるしく変化する忙しい時代であるということがあげられます。環境が目まぐるしく変われば、求められる答えも違ってきます。新たなことを次々と学習する必要に迫られます。だから我々は生涯学習者であらざるを得ないわけです。二十一世紀は、爆発的に多様化して、我々はその状況に晒されています。この部屋にいる皆さんは、過去六ヵ月にどこに行き、どのように多様な文化と接触したでしょうか。新しい人と出会い、知らない国を訪ね、新しい環境に入るたびに、それが生身であろうと、仮想であろうと、さまざまなことに直面するたびに私たちは学習しなければならないと思います。

また、爆発的に増えた知識や情報量に晒される我々は、何を学ぶべきかという問いへの答えを出すことを強いられていることがあります。我々のチャレンジとは、情報や知識にどうアクセスするのかということではなく、何が重要で、それらを賢く使うにはどうしたらよいのかということです。そのためには、これまでとは異なる形の学びが必要です。二十一世紀において、知識や技術が経済の成長、富、発展を支えるものであり、駆動力であるということを、まず我々が知らなければなりません。富裕な国と貧困な国との真の境界は、教育制度の質や学習を受ける機会の質の問題でもあります。そうして学んだ知識と技術を適応させていく能力と、生産性と経済成長との間にも差が生じます。そのため、各国は学習と知識を習得するペースは変わらないのに、他の国に先んじる必要に駆られ、かなりのプレッシャーを感じています。

二十一世紀は、単に変化が目まぐるしく苛酷なだけではありません。変化には複数の原因があります。自然界における津波などの悲劇は、人々の運命を一変させています。昨日までは豊かで、何もかもが順調だったのに、明日になったら家がどこにあったのかさえわからない、持っていたものをすべて失う、という状況が実際に起こり得るわけです。このような状況で、人が生きるために自分自身を再統合しなければならないこと、つまり現実を受け入れるために、学ばなければならないことがどれほどのものか想像できますか。

二〇〇〇年代の後半に財政的、経済的な大惨事となったリーマンショックが起こりましたが、これに対処するために新たな学習をせざるを得ませんでした。その原因が自然によるものであれ、人為的なものであれ、世界の人々はその状況下に長く置かれました。また、我々に本質的なもののみを一生涯を通じて学ぶ必要をイノベーションが生み出しています。二十一世紀に入ってからの変化のスピードがものすごく早いがゆえに、何を学ぶのか、何を学ぶことが重要なのかということが最初に問われなければなりません。だからこそ、私たちは常に新たなことを学ばなければなりません。

生涯学習は、単にすべての生物に内在しているだけでなく、唯一の再生可能エネルギー、言わば人間の復元力、回復力の唯一の源です。生涯を通じて学ぶことがなければ、地震で津波が発生した後に、あまりにもショックが大きすぎて死にたいと思うかもしれません。株が暴落した後でもそういう状態に陥る可能性があります。そういうときにはどうすればよいでしょうか。まず、教育制度を構築するための基本に戻ることです。教育制度は、学習が統合され、生涯にわたるものであり、継続的なものであることを確かなものにするためのものです。この三つのポイントが基本であるという認識の下、各国はいわゆる生涯学習の政策を打ち出しております。目まぐるしく変化する生涯学習環境の中で、その機会を人々に与えるにはどうしたらよいか、多くの国が積極的に探究しています。

本日の私の論題に戻りますが、政策を打ち出すのと、それを実行して効果を生み出すのとでは大きな違いがあります。まったく別のものです。事実、学習と教育は統合されるべきもの、生涯にわたるもの、継続的であるべきものだということは誰もが合意するところです。しかし、自国民に学習の機会を実際に提供し、実施するという点はいまだに挑戦課題です。

そこで、この現代教育システムが生涯学習施策を実施する際の失敗点を説明したいと思います。

まず一つは、そもそも学習の機会の点で躓いていること。生涯学習が大切だということはよくわかっている。しかし多くの国、特に途上国では、一生にわたる学習の機会を与えること自体に悪戦苦闘しています。統計を見ると、幼児教育をはじめとして、そのことが如実に表れています。我々の手元にあるさまざまなデータによると、〇歳から五歳の間が最も学習に適した年齢だということがわかっています。その間に学習の機会を与えられないと、効果的で効率的な生涯学習者となることもできません。それを後から修正することはできますが、救済策を講じると非常にコストがかかります。さらに世界中には初等教育を受けられない子どもが五千万人もいます。これは、国の規模によっては、全国民がまったく初等教育を受けられない状態にあるに等しいことを示しています。さらに六千九百万人の青少年が、制度化された教育の機会を得られずにいる。また、一億二千六百万人の若者が非識字であるのが実態です。これに成人を合わせると七億七千四百万人、つまり世界中で十億近い人々が基本的な読み書きができない状態です。二十一世紀において、ほぼすべての情報や知識は文字によって伝達されています。そういう中で非識字であることは、継続して学習、適応することから取り残されていくことを意味します。もはや、情報は口頭ではなく、非識字者がアクセスできないような手段、つまり文章、文字で伝えられるからです。質の高い教育を受けられない、すなわち、質の高い教育と効果的な学習の機会の不均衡です。これこそ現代の世界で私たちが直面する最大の課題です。

それでは、どのようにすれば質の高い教育と効果的な学習の機会を与えられるのでしょうか。私たちはそれがわからないわけではありません。問題なのは、ほんの一部の人々にしか学習の機会が与えられていないことです。富裕層の子どもや、今日ここにいる私たちの子どもたちにしかそれが与えられていないのが実情でしょう。人生を前向きに生きていくために、学習の機会を本当に必要とする子どもたちに対して、相変わらず非常に質の悪い教育しか与えられていないのです。

次のような例証もあります。学校に籍を置いて五年生を修了したにも拘わらず、その後も継続して識字教育を受けられない子どもたちが、各国合計で現在一億三千万人います。十分な読み書きができない状態で、彼らが二十一世紀において生涯学習者になるとはどういうことでしょうか。

私が今携わっている「ヨーロッパ識字教育レポート」では、二〇一二年後半もしくは二〇一三年において、ヨーロッパでは四人に一人は機能的非識字者であり、彼らが二十一世紀のヨーロッパで社会的に生活することが難しくなると考えられます。また、アメリカでは成人の一四％は何らかの理由で読み書きができず、二一％は五年生程度の文章であれば読めると言われています。しかし、五年生程度の読み書きの能力では、この世の中で生活するには不十分で、学ぶ機会を得ることもできません。また、自分自身をつくり上げていくためにも不十分です。自己完成を目指し、分析し、適応し、よりよい質の生活をするには、数多の知識と情報が我々の前に立ちはだかります。ここで私が言いたいのは、学んだことを最適化するべく作られているはずの私たちの教育制度が、実際にはそれほどうまくできていないということの主な例です。実際のところ、もし我々が「学習」を、目の前にある環境から学ぶという自然な学びに対し、制度的な観点から捉えているのだとしたら、それは二十一世紀において人々が生涯学習者になる可能性を妨げることになります。

生涯学習政策を実施していくために、我々は学習への機会を広げ、質と公平性を向上することは言うまでもありません。しかしここで、私が焦点を絞りたいのは、学習と教育を統合するため、また生涯学習を支援するためのカリキュラムの潜在的な役割です。これに関して、いくつかの点について私たちが共有し、考えておくべきことを申し上げます。

一点めに、カリキュラムとは、何を何のために学ぶことが重要なのかを定めるためのものです。これをスキルという人もいれば、能力、影響、態度、価値観、倫理観などさまざまな言い方があります。何を学ぶべきなのかということを考えて内容を体系的に構築したものがカリキュラムです。カリキュラムが十分に設計されていれば、個人レベル、集団レベルで、家庭、地域、最終的には社会全体、世界全体として、どのような開発を求められていて、どのような発達を目指すべきなのかが見えてくるはずです。しっかり設計されたカリキュラムが完成すると、何を学ぶことが重要なのか、誰がそれを何歳でどのようなレベルにおいて学ぶか、そしてどのような形で誰が教えるべきなのかのバランスが明確になるはずです。そしてそれらに基づいて評価をすることもできるはずです。私たちが十分に教育を実行していれば、カリキュラムの中身も評価することができると思います。今、ここにいる我々は、評価がカリキュラムから離れた形でされがちなことを知っています。教師も親も、学習者も賢いですからカリキュラムを無視して、評価のみに焦点を絞ります。最終的には、評価することができるものでカリキュラムが作られていきます。評価からカリキュラムを作ることはできても、その逆はできません。私たちが慎重に、カリキュラムに基づいた評価やそれに基づいた教師の指導や教科の準備に繋げなければならないと思います。つまりカリキュラムを教育の中核にして、それに係るさまざまな専門分野を統合していくべきです。何を、なぜ、どのような目的で、誰が教え、どのように教師を教育し、そして何を評価すべきか、どのような環境で教えていくべきか、それらが統合されていくことだと思います。例えば科学のカリキュラムとなると、もちろん実験室が必要です。このように、物理的な指導や学習環境はカリキュラムによって決まります。

カリキュラムを、その果たすべき役割から捉えたうえで提案したいのは、野村センターのアプローチ、つまり分断されたものではなくて、統合された教育、断片的でわかりにくいものではなく、理路整然としてわかりやすく、より一貫性の取れた教育を促進していくことです。

カリキュラムが垂直的にうまく構成されていれば、例えば初等段階から高等段階において何を学習すべきなのかということを我々が明確に理解していれば、生涯学習はそれほど難しいことはないはずです。学習者が、ある段階から次の段階に進むときに、すでに学んでいること、またはあらかじめ必要とされていることに基づいて次の段階への移行ができることになるからです。しかし、しばしばカリキュラム自体が分断されるので、ある段階から次の段階へ学習者が進もうとすると、カリキュラムによってその移行が促進されるどころか、壁にぶつかります。教育の場では次のような話をよく聞きます。例えば小学校の先生たちは、幼児教育、就学前教育を受けた子どもたちは一年生として学ぶための十分な準備ができていないと言います。大学教授も、高校を卒業した生徒たちが、大学一年めの学習の準備が全然できていないと感じています。ですから、実際のところ、二つの段階を繋ぐコースが必要です。

これは、カリキュラム自体が、その次の段階を見越した上でその前の段階で教えなくてはならない要件を含んでいないということです。これでは、生涯を通じての学習を考えたときに問題が生じます。先ほど強調した通り、カリキュラムは、さまざまな教育環境、学習環境の同等性、非公式教育、公教育の間での同等性を作り出すこともできます。また教育を通して、このように異なる教育環境が互いに強化し合うことも、カリキュラムによって確かなものにできるのです。ある段階から次の段階に進む際にさまざまな混乱や問題が生じないように、次に進みやすくする必要があります。それぞれの段階に望ましいスキルから核となるスキルを我々が把握し、カリキュラムをしっかりと設計することで、生涯学習者として、時間軸の中で直面するような問題を取り除くこともできます。

例えば、大学卒業後に何年か働いて、さらに学びを積み重ねようと大学に戻っても、以前とはカリキュラムがまったく変わっていて、最初からすべてやり直さなければならないということが稀にあります。そうなると、それは無理だと諦めてしまう。本来であれば継続的に学習ができるようにするべきところを、むしろ私たちは壁を作ってしまっている。このようになる理由は、時間軸という視点が、カリキュラム設計の中に欠けているからだと思います。空間的ならびに地理的な観点でもカリキュラムを考えなければなりません。

今、さまざまな地域的取り組みが出てきています。例えば地域間の公平性、またはその地域間での認定の枠組みや制度です。何をどのように学ぶかということとその基準を調和させ、人々が以前に比べ頻繁に世界を往来する二十一世紀では、数々の障害に直面することなく学習が継続できるようにしていかなければならないと思います。以上が、私のカリキュラムについての見解です。カリキュラムを考えて作成し、それを実行するときに、こうした枠組みを考えるということです。この「統合」という原則、そしてこの「生涯を通じての学び」は、私たちが何をしたいかということを導いてくれると考えたとき、私たちは、このセンターの皆さんが作ろうとしている、一つの大きな川の流れに合流し、一人ひとりがその支流になることができるのではないでしょうか。

一昨日も言いましたが、私が心強く感じたのは、この野村センターのアプローチは、私がここでさまざまな新しいことを学んだことからも、私の考え方と多くの共通点があるということです。非常にコアな部分で、健全な教育のために、統合教育のために、そして質の高い生涯学習の機会を生み出すのに必要だと考える中核原理において共鳴していることを述べて終わりにします。ありがとうございました。

第四章　野村生涯教育の基礎原理

自然の秩序・法則から導き出された教育原理

群馬支部責任者　佐野美智代

皆さまおはようございます。私は北関東に位置する群馬県で学んでおります佐野美智代と申します。

本日、世界各国の皆さまと共に学ぶ機会をいただき、とても光栄に思います。これから講義をするにあたり、ものすごく緊張しております。マロペ先生の素晴らしい、貴重なお話を伺い、本当にありがたく思います。私も真剣に学びたいと思います。よろしくお願いいたします。

日本は、三年八ヵ月前（二〇一一年三月十一日）に東日本大震災があって以来、各地で地震や自然災害が頻発しています。今年は、二月、百年に一度の豪雪に始まり、五十年に一度の局地的な豪雨や台風上陸の報道がありました。このほかにも「何年に一度」といわれる自然災害が日本各地で頻発し、河川の氾濫、道路の冠水、住宅の床上浸水や土砂災害が起こるたびに多くの地域で避難勧告が出ました。九月には御嶽山で、戦後最悪の噴火が起こりました。秋晴れのとても紅葉の美しい季節とは裏腹に、登山者五十八名が犠牲になりました。このようにたて続けに自然災害が起こる現実から、危機意識をよりいっそう高める必要があると思います。また社会面では、最近は簡単に手に入る危険ドラッグの乱用事件が多発しています。人間関係をうまく築くことができない苦しみや、仕事上の悩み、自分の中にあるもやもやした気持ちを人に話せずに一人で抱えてしまい、ドラッグに依存して自己を開放する。そういう若者が増えている実態があります。幼児虐待、児童誘拐、親子間の殺人の増加など、事件も後を絶ちません。

そうしたなかで、集団的自衛権の閣議決定の反映として「切れ目のない日本の対応」をアメリカに求められ、周辺有事のみならず、平時での日米の協力がガイドラインに盛り込まれようとしています。

日本は六十九年前の敗戦で多くの若い命を犠牲にしたことを痛みとして、平和に向かってきましたが、今私たち戦後世代の五十代、六十代が先人の生き方、思い、精神を受け継ぐという課題があります。

今回のフォーラムを迎えるにあたって、金子理事長は私たち全国講座生に「危機を煽ることが多い世の中で、センターは対立ではなく、仲良くしていくにはどうしたらよいかを考えること」を投げかけました。

本日は、私たちが己の中に、人と共に生きる精神を開発するにはどうしたらよいか、真の平和を取り戻すための教育の原理とは何かを学びたいと思います。

私の講義のテーマは、野村佳子生涯教育論「第四章　野村生涯教育の基礎原理　自然の秩序・法則から導き出された教育原理」の前半です。

創設者は、「第一章　生涯教育への道程」において「野村生涯教育論」の出発点は、現代社会の人間性の荒廃や喪失の元凶を教育の欠落に見いだし、現行の教育への反省から、教育をその原点にまで立ち戻って、そもそも人間にとって「教育とは何か」を問い「教育とは何か」を問うことは、そのまま「人間とは何か」を問うことに他ならないとの結論を導き出しました。「第二章　野村生涯教育の構想」で創設者は「人間とは何か」の探求を、東洋（日本）の「自然観」を基盤として、人間を含め万物万象を生かしている側、即ち宇宙・自然の構造と秩序、法則から学ぶことによって進められました。「第三章　野村生涯教育の人間観」

では、人間が本来平等に有する本質を明らかにすると同時に、生命としての長い過去を持つ人間は、意識下に下等生物からの膨大な経験を蓄積しており、それが本来持つ本質の開発を阻んでいることも明らかにしました。

「人類社会に起こるさまざまな不調和、相克《そうこく》、闘争も、すべて根源はその人間が内に持つ悪なる側面にある」と、これまで教育が取り扱ってこなかったその側面を、創設者は指摘しました。

「人間を含め、すべてのものを生成発展させ、宇宙・自然界を司る秩序・法則は、そのまま教育の原理であることの、まったく新しい発想の下に打ち立てた教育原理であります。それは宇宙・自然界のシステムを、教育システムとして組み立てた、新しい試みです」と説かれています。

そして「日々の生活を常に感覚と経験によって生きている私たちが、もし自然界に人間を生かし律する一定の法則、原理があることを自覚し得たとき、その原理を教育本来の目的、人間形成に、意図的、目的的に活用したならば、その成果は計り知れないものがありましょう。

人間を生かしているその法則性を活用して、より意図的に、目的的に人間形成に役立てていくことができるとしたならば、それは素晴らしいことであります。

それは無意図的教育である〈生活〉を意図的教育になし得ますし、画期的な人間教育の原理となり、教育の場の開拓となります。

宇宙・自然界には、引力の法則や慣性の法則、因果律といったさまざまな法則が働いています。そして、まだ人間の知覚には上らない法則はたくさんあると思いますし、自然の一物である人間を含め、すべての存在は絶えずその支配を受けています」と述べています。

その一例として、万有引力をあげています。万有引力は、ニュートンが発見する前から物体に働いていました。人間は、その法則性を知らなくても、経験の中でそれらを感覚で捉え、生活の知恵としてきましたから、高い所に登ったら足を踏み外さないように注意してきました。創設者は、ニュートンが万有引力を計算し、測定し、引力の法則として応用活用したとき、科学文明に偉大な貢献をしたと仰っています。

「今まで科学は、自然界の法則を物の世界にだけ応用活用してきました。物の世界に活用するだけでも、これほど大きく物質文明の発展に貢献でき得たことを考えるとき、自然界の一物である私たち人間の『心・身・環境』を一本に貫いている真理・法則が、自覚され、活用されるならば、その人類社会への貢献は、物の世界へのそれとは比較にならないほど、絶大なものとなることを思うのです」と創設者は述べています。

第二章で学んだように万物万象は絶えず生じたり滅したり、変化しながら流動を続け、一刻も固定することなく、一物も孤立することなく、関係しながら変化し、変化しながら関係しています。この変化と関係は、でたらめに関係、変化するのではなく、一定の秩序だった法則に従って変化し、関係しているがゆえに、本来大調和している宇宙・自然界であります。宇宙・自然界は、こうした厳然たる秩序・法則によって成り立つというのが実相です。

人間もまた大自然の構造に組み込まれた一生命体であり、自然界の秩序、法則の掟の下に生かされている存在です。

「慣性の法則と引力の法則が地球を保っているように、もし天体を保つ軌道があるならば、自然の一物である人間をも保つ軌道があるはずであります。人間行動を規定していく秩序があるはずです。そこに人間が指標とするべき原理が見えてくるのではないでしょうか」と創設者は述べています。

〈自然即人間〉の哲理が教える自然の仕組みの中で「人間の位置づけ」を見ていくとき、人間は時間的変化と、空間的関係の中で生存を続けていることを学んできました。

縦の時間的系列の中で、生命は伝達伝承を続けながら、刻々時間的変化の中を、昨日から今日、今日から明日へと、また昨年から今年、今年から未来へと、生から死への生涯を継続しています。この個人の一生は、次の世代、次の世代へと、幾世代もが断絶することなく続いています。

精子と卵子の結合で受胎した生命は、胎児期を経て誕生し、乳児期、幼児期、児童期、青少年期、壮年期、老年期を経て、死に至ります。生まれてから、その時期々々を、変化しながら、しかし、同一性を保つがゆえに、AはAであり、BはBである。変化しているけれども、変化しないものを持ちながら、断絶することなく非連続の連続を続けています。

「ここに生命の永遠性が証明され、現代科学が生命科学の立場で生命の連鎖を証明するものであります。また横の空間系列において、人的環境、物的環境、自然環境との相関関係において生きる人間は、エネルギー系、物質系、すべてを含めた宇宙空間との無限一体性において存在することが証明されました」と創設者は述べています。

この自然界における無限と永遠の一点に存在する人間の「位置づけ」の確認からまた、人間の「価値づけ」が自ずと導き出されることが可能になります。

原始生命以来、永遠の連鎖を続ける生命の特質については、第三章で詳しく学びましたが、

歴史的永続性

強靭な復元力

文化的遺産の蓄積

神秘的メカニズム

といった四つの生命の特質において、万人普遍の人間の「価値づけ」の根拠がここに確認されます。

このように生命は、歴史的実存で、どんな悪条件も乗り越えて生き続けてきた強靭な復元力をこの命の中に持っているということを学びました。私は自分の思い通りにならないと、すぐに挫けたり、そこから逃げてしまいたくなりますが、自分のひ弱な心と戦って、本質価値を啓きたいと願いをもって学んでいます。

「有限の世界には核は一つしかありませんが、無限大の宇宙では一人ひとりが核になり得ます。細胞下レベルから大宇宙に至るまで、分業と協業によって本来大調和している自然界の唯一の核として、一人ひとりが自己の本質価値に目覚めたとき、万人が〈随所に主となる〉ことができましょう。その無限の可能性への挑戦こそ、教育であろう」と創設者は説いています。

自然と人間の関係において、大自然の構造に組み込まれた一生命体である人間は、当然、自然界を律する秩序、法則の掟の下に生かされ、生存行動を規定されていることを学んできました。

人間の生存行動を規定する秩序、法則は、そのまま人間の歩むべき道の厳然たる指標であり、創設者はここに自然界を律する秩序、法則をもって、人間を人間たらしむるべき作業、教育の原則ともなし得る方途を見いだしました。

私たちの住む自然界には、引力の法則、慣性の法則、因果律といったさまざまな自然法則があります。また、共生・相関する自然界は、時間的変化の法則と空間的関係の法則によって成り立つ存在です。

自然界のすべての法則は、物質に働くだけでなく、人間の心にも働き、身体にも働き、環境にも働き、心・身・環境を貫いて働いています。


自然観の説く宇宙・自然界の実相は、整然たる秩序・法則の下に万物万象は絶えず生じたり滅したり、変化しながら流動を続けている。一刻も固定することなく、一物も孤立することなく、すべて関係しながら変化し、変化しながら関係している。そこに一定の秩序だった法則が存在するがゆえに、本来、大調和しているのが自然界の実相であると学びます。


自然界における人間は、心と身体と、その身を置く環境の万物万象と、空間系列における場において「これあれば彼あり、これなければ彼なし」の同時的依存関係において存在し、同時に「これ生ずれば彼生じ、これ滅すれば彼滅す」の異時的依存関係において存在し、この縦系列と横系列の交錯する縦横無尽の相関関係の中に人間を含めすべてのものが成り立っている自然法則の下にあります。創設者は、これを「関係の法則」と説きます。

自然界の本来の実相である同時的依存「関係」を無視すると〈孤立〉となり、異時的依存「関係」を無視すると〈固定〉となり、自然法則に反することになり、そこに当然不調和が生ずる。この二つの「関係」の法則は当然人間をも律するものです。

創設者は「精子と卵子の同時的依存関係において胎芽が生じ、胎児――乳児――幼児――児童――青少年――壮年――老年と、異時的依存関係において人間の一生が続きます。

関係するから、変化が生ずる

変化に応じて、関係が生ずる

その関係において次の変化が生ずる

その循環の連鎖が、生命体としての人間の生涯である」と説いています。

さらに「人間の一生の『変化』は『成長』のプロセスであります。そして、この関係と変化（成長）は別々にあるものではなく、関係の如何によって変化（成長）の如何が決まり、変化（成長）の如何によって関係の如何が決まるといった深い相関関係において成り立っております。ここに教育の原理が成り立ちます。

人間社会は今、親と子の間に、夫と妻の間に、職場においても、大きくは民族間に、国家間に、この関係が無視され、断絶し、疎外され、そこにさまざまな不調和や不幸を生んでいます」と述べています。

今、日本では親の子どもへの虐待が増え続け、児童虐待相談の対応件数及び虐待による死亡事例件数は七万件を超えています。その他、身近なものとしては、夫婦の離婚や、生の人間関係が築けずに職場でのコミュニケーションが取れない問題があります。世界に目を向ければ、民族間、国家間には対立、抗争、分断、戦争などが終わらないという現実があります。

「悪関係が悪変化を生み、悪変化はまた悪関係を生むといった、悪循環を続けているのが、救いようのない現代の人類社会の一面でありましょう。この悪循環を善循環に転換するために、この変化と関係の法則を人間教育の原理として目的的に用いたとき、その成果の大なることは、今日まで多くの実証を見てきたことであります」と創設者は仰っています。

支部では、すでに成人した子どもの引きこもりの問題が多いです。

例をあげると、三十歳で仕事もせず、引きこもっている男性がいます。自分の欲しいものは買いに出かけるが、それ以外は何もせず、パソコンでゲームばかりしています。親としては精神的に不安定な息子に対して、何とか立ち上がり、少しでも早く人の輪に入れるようになってほしいと願っています。子どもの問題は夫婦の問題です。子どもは夫婦の間に育つと学んでいます。私はご夫妻がどうなっているかを知りたく思い、その家庭を訪ねました。二人がお互いに何を考えているかわからないので、相手に対する本音を出し合うように話しました。私は「お互いが自分の主張ばかりして、相手を知ろうとしない。自分を変えるよりも相手を変えようとしているから、子どもも自分を変えようとせず、立ち上がれない。二人とも縁あって結婚したのだから、お互いにもっと相手の良いところを見ること」と話し、そのことからお互いに相手の主張を受け入れていないことがわかり、わかり合おうと努力し、歩み寄り始めたときに、子どもは見事に立ち直り、就職しました。

当センターは昨年四月、文部科学省認可の財団法人から移行し、公益財団法人として内閣府の認定を受けました。その一ヵ月前に、全国講座で公益財団法人の認定が何を意味するかの勉強会があり、金子理事長は「今度は、創設者に育てられた次世代が、公に資する事業を通して、自己を開発していく」と述べました。

金子理事長の言葉を聞いて、私は、本当に自分が公に資する自己開発をしたいという願いとなり、まず自分自身を振り返りました。

私は結婚して間もなく、夫の転勤が決まったときに、親元から離れるのが嫌で、夫には単身赴任してほしいと頼みました。主人は「単身赴任は嫌だ」と会社を辞め、私の地元で就職しました。

しかし主人は、新たな職場で馴れない仕事へのイライラや不満を抱え、事あるごとに「転勤すればよかった」と言いました。地元に残ることは自分が決めたのに、と私は主人がだんだん疎ましくなり、男らしくない、頼りない人だと見下していました。夫との関係を切り離し、私も夫も孤立し、そこに夫婦の不調和が生じ、女性問題が起きました。

野村生涯教育を学び始めていた私は、吉成専務理事から指導をいただき、自分だけではなく主人も苦しんでいたことが次第に思えるようになりました。

自分の思うようにならない夫を私が切り離し、拒否して見下したことが、どれほど夫の生きる気力を削ぐことになったことか。自分の好みや感覚や思いだけで見ていた、その自分の見方の間違いがわかってきました。そうした中で、主人との関係は少しずつ変化していきました。数年を経て子どもを授かり、私はさらに真剣に学ぶようになりました。

このように以前の私は自分のこと以外考えられなかったので、人のために自分の時間を使ったり、責任者としてメンバーと関わるのが苦手でした。親も、夫も、先輩もないような、秩序観のなかった私が、学びを通して、親がなければ自分がいないこと、夫がいなければ子どももいないというこの厳然たる秩序と法則があることを認識し、おかげさまで、自分と夫の心が繋がることがいちばん幸せだと思えるようになり、自分が幸福感を持てるようになりました。私の周りにいる人にもこの幸福感を伝え、自分以外の人も幸せになれたらいいと思う動機を持って群馬県大会を開催したいと願いました。

この請願について金子理事長から承諾を受け、約一年の準備期間中は、支部のスタッフ二十名と県内の幼稚園、小・中学校、高校、大学にも参加を呼びかけました。さらに、行政機関、社会教育団体、県議会、市議会、民間企業などにも必死の思いで呼びかけに出向き、今年の二月一日「生涯教育　現代の要請――真の人間教育とは」のテーマのもとに、第三回生涯教育群馬県大会を開催することになりました。

群馬県は昔から農業が盛んで、夫婦で農作業をする家がとても多い地域です。妻は、農業はもちろん家庭のことや子育ても一生懸命します。また、親の世話までするので、妻がしっかり者で強いことから「かかあ殿下」という県民性があります。

群馬支部のメンバーはそうした県民性を踏まえて、自己を知る目的に向かって本音を出して向き合い、自分の意識や価値観が、自分と人を比べ、どこまでも競って勝ちを取りにいくことや、人よりも優位に立つことが生きる目的になっていることや、大変なことは誰かに依存する傾向があることを学ぶことができて、メンバー一人ひとりが多くの収穫を得ました。

私も県大会を通して、夫との関係が大きく変わりました。県大会を間近に控え、私はリハーサルや準備のため、予定外に帰宅時間が遅くなることがありました。ある日、私は別のメンバーの車に乗せてもらい呼びかけに行くことになったので、自宅の近くに住むメンバーに、私の車に乗って帰ってもらいました。その際に、自宅には誰もいないので、家の鍵も一緒に付いている車の鍵を、家のポストに入れることも頼みました。

夜遅くに帰宅し、家の鍵を取ろうとポストを開けると、そこには鍵がありませんでした。メンバーに尋ねたところ、家に車を届けた際には夫が在宅だったので鍵を渡したと言います。私はメンバーに鍵をポストに入れてもらいたい理由を言っていませんでした。夫に電話で鍵のことを尋ねると「（鍵を）預かったから家の中においてて出かけた」という返事でした。夫に「どうしたんだ」と聞かれて、鍵がなくて家に入れないことを説明すると「何をやっているんだ。それなら、メンバーが家に車を持ってくる前に俺に連絡してくればいいだろう」と叱られました。このとき、私は家の前にいるのに鍵がなくて家の中に入れない状態でした。

鍵の一件で、金子理事長は私に、自分の帰りが遅くなることを夫に伝えてあったのかを問いました。私はその日は母が経営する旅館に泊まり、翌朝早く夫に迎えに来てもらい、ようやく帰宅することができました。私は「伝えていない」と答えました。私は金子理事長に「ご主人に相談もしないで、ご主人を無視して、自分一人で勝手に動いているのですね。県大会は社会の縮図である家庭の人間関係、つまり佐野さんとご主人との関係です。創設者は、国際関係に匹敵するほど夫婦の関係は難しいと説いています。ご主人との関係を課題に真剣に取り組んでください」との指導を受けました。

その頃、県大会には、定員六百名の会場に四百数名しか申し込みがありませんでした。

私の自宅で正副責任者がこれまでの確認事項と大会に向かう意識を話し合うことになりました。夕食の時間が近づいたので皆で、夕食後に再び集まることにしました。私もすぐに夫の食事の用意をしようと思ったのですが、皆が戻って来る前に一つだけ済ませておきたいことがあったので、短時間で終わらせるつもりで始めました。しばらくすると台所で音がするので行ってみると、夫が食事の支度をして食べようとしていました。私は「ごめんなさい」と謝って一品作りましたが「もう食べ終わったからいらない」と夫に言われました。夫は続けて「ボランティアをするのはいいことだと思う。でも、もういいから」と言いました。私は夫が何を「もういい」と言っているのかわからず尋ねると「言わなければわからないのか。もう離婚してもいいということだ」と、とても静かに答えました。私は、これまで夫に離婚すると言われたことは一度もなかったし、離婚を切り出すとすれば私の方だろうと思っていました。まして夫に言われるわけがないと思っていたので、心底驚きました。それと同時に、夫の冷静さに初めて怖いと思いました。

県大会まであと一週間。私はここから何を学ぶのかと必死で立ち止まりました。今までどれほど夫を軽んじてきたかということに思い至りました。これまで数多くの人のたちに関わってきたのに、メンバーの問題を、私の問題としていなかったことに気づきました。夫に心から謝ることができました。夫は私の謝罪の言葉を聞いてしばらく黙ったのちに「わかった」と頷いてくれました。このとき初めて私の本当の気持ちが夫に伝わった気がしました。そして、夫と強い心の繋がりを感じられたことを心から嬉しく思いました。

この翌日から議員、行政関係、企業の方など、それまでには考えられなかった男性の申し込みが多数あり、当日は六百名を越える参加者で会場がいっぱいになりました。この一件で夫と関係したから変化が生まれ、調和したことが、この結果から実感となりました。

私は県大会前に、金子理事長から、夫が考えていることを聞き、夫の存在をありのまま見られる関係になるようにと指導を受けました。金子理事長に「初めて夫のことを怖いと思いました」と言うと「怖いと思えてよかった」と喜んでくれました。

何が幸せなのか。本当の幸せの価値は人の心と心が繋がることにあると思いました。

来年十一月には、東日本大震災の被災地である宮城県仙台市で、宮城支部メンバーの請願により、金子理事長を迎えて、第一回生涯教育宮城県大会を開催します。私はその担当窓口を務めます。群馬県大会での収穫をもって、被災地の皆さまと共に精一杯頑張りたいと思います。

センターと出会い、創設者、金子理事長をはじめ、理事の皆さまには日々、この自然の秩序と法則から導き出された教育原理に基づいての関わりと指導を受けて、関係し変化し、本来の調和を取り戻し、日常生活を意図的に教育化しています。このことは、どれほど価値あることかと思いますし、心から感謝しています。これからも困難なことに遭遇すると思いますが、この教育原理の下にきっと乗り越えていけると確信しています。今後も自分の人間性復活を課題として、しっかりと学んでいきます。

ありがとうございました。

第四章　野村生涯教育の基礎原理

自然の秩序・法則から導き出された教育原理

兵庫支部責任者　田村美容子

兵庫支部の田村美容子です。よろしくお願いします。

このたび、この集中セミナーの講師をすることになり、とても驚きました。海外の方々と共にフォーラムで学ぶことは私にとって身に余る光栄ですが、とても緊張しています。

私が過去に参加した国際フォーラムは、一九九八年に日本で開催された第三十回全国大会記念第七回生涯教育国際フォーラムと今回の計二回です。フォーラムのことはＤＶＤや皆さまからの報告を聞いて認識はしていますが、雰囲気や感覚が全く掴めていないのでとても不安でした。しかし今回参加して、初日のシンポジウムも素晴らしかったですし、金子理事長の基調講演を拝聴し、感動しました。当初はとても不安でしたが、少しは雰囲気に馴染めたと思います。精一杯講義をしますので、よろしくお願い致します。

日本は紅葉の美しい季節になりました。日本の四季の移り変わりはとても美しいのですが、先ほど佐野さんも仰ったように、年々自然災害が増え、各地で甚大な被害が出ています。御嶽山の噴火でも多くの人が犠牲になり、痛ましいことです。科学技術の発展に伴い、より便利で快適に、また豊かにという人間のエゴから、有限の資源を使い果たすことになり、生態系は破壊され、近年の異常気象が生じていると思います。

一方、私たちの住む社会でも、ますます非人間化した残忍な事件が次々に起こっています。戦後六十九年、平和憲法のもとに日本は平和を築いてきましたが、その平和が崩壊するかもしれない。現政権は憲法解釈で集団的自衛権行使容認を閣議決定し、つい先日それを可能にするための法整備をするという報道もありました。そのような国の動向に、私は危機感を持ちます。それだけに一人ひとりの人間復活が急がれます。

エマラさんの発言にもありましたが、九月の全国講座の際に、アリさんとエマラさんが送ってくれたイスラエルから攻撃を受けている子どもたちの写真が掲示されました。その写真以外にもエマラさんからの報告を聞かせていただいているだけに、非常に心に重く受け止めました。さらに金子理事長の基調講演を聞いて、私は改めて、生命の尊厳に立ったうえでの家庭の復活の重要性を噛みしめました。

それでは、私が担当するテーマに沿って講義を始めます。テーマは、野村佳子生涯教育論「第四章　野村生涯教育の基礎原理　自然の秩序・法則から導き出された教育原理」の後半です。

第二章で学んだとおり、人間の心と身体は分けようがないように、心と身体を持つ人間個人と取り巻く環境（人的・物的・自然）とは切り離しようがなく、その心と身体と環境は同時依存関係において不可分の関係にあります。つまり心・身・環境は繋がっている（相即）ことを学びました。

相即とは、二つの対立するものが実は相互に融合し合い、一体となっていることを意味します。

「心と身体と環境は別々の存在に見えるが、自然観の教える人間の実像は、自然界の一物であるがゆえに〈心・身・環境は相即している〉」と創設者は説いています。

私たち人間は、眼に見える肉体と、眼には見えない性や心、魂といった世界を持っています。

「一面に精神的存在として内界という宇宙に属し、一面に肉体的存在として外界という宇宙に属する人間は、肉体に備わる五つの感覚器官とそれを総合する意識を通して内界と外界をつないでいます。無形の心、性、意識が、感覚器官を通して外界の環境世界の事象に触れ、それを『どう、いかに』受け止めるか、認識するか、理解・評価するかによって、それに対する対処、行動が決まってきます。その結果や痕跡が再び循環し、心・身・環境を作っていきます。

心・身・環境を一本に貫いている、同時的、異時的に働く『関係の法則』は、眼に見えない本質の世界と、眼に見える現象世界とをつないでいる、秩序だった因果律の循環を示す法則であることを、東洋の智慧は説いています」と創設者は述べています。

そして「人間本体の持つ心（意識・性）が動機となって、それに相応しい身（言動・行動）となりそれが原因となり、触れ合う環境世界の諸条件との関係依存においてさまざまな結果をもたらし、その影響が痕跡となって心・身・環境に再び循環します。

人間個々人の日々の営みは、この自らの心のあり方と行動による直接原因と、間接原因としての条件との相互依存関係によってすべてがなされており、それに相応しい結果を招来しています。

そこには因果律の必然的循環法則が働いています。

原因結果の法則は、原因がいきなり結果となるのではなく、そこに介在する諸条件との関わりによって結果を生むのであります」と仰っています。

創設者は「人間個体生命は、全体生命の中にあって初めて生存が可能であって、全体生命と切り離した個体生命は生存し得ません。同時依存の関係にある個と全体の関係において、個と全体は両極に対峙するものではなく、表裏一体の関係にあります。個と全体は表裏一体の関係で、全個一如の哲理であります」と説いています。

さらに「ここに人間の主体、及び主体性の問題が問われます。心・身・環境の一体不二は、認識以前の宇宙・自然界の実相であります。この大前提に立って初めて認識主観としての私の主体性は成り立ちます」と述べ、それゆえ「主体者が主体性を発揮し、原因結果の循環の法則を意図的に活用したとき、すべての不調和は本来の調和に戻ることになり、病理社会に救いをもたらす原理となりましょう」と仰っています。

第二章で学んだように、人間の自然界の位置づけにおける、縦の時間系列の異時的依存関係の最も代表的なものが「生命持続の法則」であり、横の空間系列における同時的依存関係に属する最も根本的なものが「主観と客観、主体と客体の不可分」の関係、つまり「主・客未分の法則」です。作用を及ぼす方が主体であり、作用を及ぼされる方が客体となります。

「認識主観の六つの認識の働きと、認識された六つの世界との認識関係の上に私たちの具体的な現象世界は成り立つもので、もし仮にこの認識主観の六つの働きと、それによって知られた六つの世界以外に世界があるとしても、それは無に等しく、私にとって何の意義も持たない無縁の世界となります。

主観を離れて客観はなく、客観を離れて主観はない、あくまでも相互依存の関係の上に成り立つとする哲理であります。

主観と客観、主体と客体は同時に〈自と他〉〈個と全体〉〈私と世界〉〈我と彼〉の関係の相即不可分であり、同時依存の関係である」と学びます。

そして「この心・身・環境の『同時依存』の哲理は、往々にして個人の主体性がなくなるのではといった疑問を持たれがちでありますが、あくまでも認識以前の宇宙・自然界の客観的実相であって、その実相を前提に認識した上での人間の主体者としての確立は必要でありましょう。

もし主体性の確立がなされないときには、環境の諸条件に制せられ、反対に主体性を発揮すると、環境を従えさせることができるのです。つまり、環境の悪条件をもより良く変化させることができるのです」と創設者は述べています。

あくまでも自分の問題にするということです。このように学んでいても、「あなたがこうしたから、私はこう言った」のように、原因を人のせいにしたり、「○○な条件だから私は大変だ」などと思いがちです。それは環境に制せられていることだと学びました。主観と客観は不可分かつ同時依存の関係ですから、常に責任は自分にあると受け止めることこそが主体性の確立をすることになります。主体性を発揮した時、環境を従えさせることができる、そして自分に相応しい条件に出合うのですから、自分の質を高めればよいということになります。そうすれば環境の悪条件をも、よりよく変化させることができるはずです。

「この原理の活用は、あくまでも自己を常に主体者として置くことから始まります。

人間の生から死までの時間的『変化』を『成長』と捉え、『関係と変化の法則』を教育原理として活用することを試みました」と創設者は述べています。これは創設者のオリジナルであり、教育論です。

創設者は次のように説かれています。

「自然界のものみなすべて変化の法則に従って、放っておいても関係するがゆえに変化をし続けます。

しかし、こと人間の刻一刻変化し続ける成長（変化）の段階は、意図的、目的的にその関係のあり方において、より良い成長（変化）をもたらすことを図らねばなりません。そこに教育作業があります。

成長の如何は、空間的『関係』の如何によって決まり、関係の如何は『成長』（変化）の如何によって決まり、この循環において本来教育作業は成り立ちます。

そこに『教育は実体概念ではなく、関係概念である』と言われる所以《ゆえん》があります。

『学習成長する主体者と、それを援助する媒介者との相互の関わりにおいて教育は成立する』のです。

主客未分の『同時依存』の関係においては、個々人は主体者であり、同時に媒介者であります。自己を主体者にした場合、他者は媒介者となり、他者を主体においたときには、自己は媒介者となります」

つまり、主体者と媒介者の関係は固定ではないということです。

さらに「人間は無限の過去からの遺産を内在させているということにおいて、無限の可能性を持っていることになります。そして変化の法則の中に存在するわけですから、実態として固定した人間があるのではなく、関わり方によって人間はいくらでも変わっていけるということになります。ゆえに、教育は関係概念であると言えるのです」と述べています。

私は世代の違うメンバーと毎日関っております。私とは育ってきた時代も環境も、受けた教育も違います。それを理解しなければとは思うのですがなかなか難しく、日々その違いを実感させられています。昔、大先輩が私たちに関わってくださった時「考えられないわ」とか「宇宙人と話をしているみたい」と言われたことがあります。当時は先輩たちを困らせていたと思いませんでしたが、それを思い出して、先輩たちに苦労をかけての今の私があるのだと思います。自分の未熟さと、媒介者である私に原因があることを反省しながら、メンバーに関わっています。

本来、教育は誰もが教え、教えられる、つまり、教え、学ぶという両面によって成り立つものであって、それこそが真の教育だと学びました。自分が自覚しようとしまいと、お互いに影響を与え合っています。相手に与え、他者からも受ける影響は大きなものがあります。そこに喜怒哀楽や調和や不調和を起こし、さまざまな人間模様を繰り広げています。人間は環境世界との関わりにおいて、人と人、人と物、人と自然とがどのように関わるか、またそこに人間の主体者としての関わり方が、重要なポイントとなります。


先ほども申し上げたように、自然法則は物質に働くだけでなく、人間の心・身・環境を一本に貫いて働きます。

創設者は、次のように、原因結果の法則を説いています。

「因果律、つまり原因結果の法則は、心・身・環境を一本に貫いて、刻一刻、人間の心の動きにも、行動の上にも、原則として働いています。

人間を含めて、人も物もこの世の中に存在しているものはすべて、相（すがた）や形を持って存在しています。その相、形を持つものは、それに相応しい性質（性）を持っています。眼に見える相形と、眼に見えない性とでそのものの本体（体）が決まります。本体はそれに相応しい能力を持っています。そして能力に相応しい言動行動をしている。それが動機となり、原因となって、それに相応しい条件（縁）に触れて、条件との和合によってさまざまな結果を生み出している。そこに自他いろいろな痕跡を残し、影響を与えています。

因果律は、因が即果になるのでなく、そこに介在する条件との和合によって、つまり因と縁の和合によって、そこに相応しい結果が自分にも相手にも生ずるのであります。

この〈見える世界と、見えない世界〉〈物の世界と心の世界〉〈現象の世界とその奥にある真実の世界〉この二つに相対して見える世界が実は不即不離であり、どのような循環のルールによって回帰しているか、宇宙間のすべての諸現象のあり方の真実のすがたが次の図に示されています。奥の奥のギリギリのすがたはこうであり、それがどのような順序次第で現象世界をつくっているかを示しているのがこの『循環の法則』としての図です。（図８ 90頁）

〈私〉という〈性質〉や〈意識〉を持った人間が、日々それに相応しい〈行動〉〈言動〉を行い、それが〈原因〉となって、相応しい〈条件〉との関わりによって、相応しい〈結果〉を生み、自他にさまざまな影響、痕跡を残していくわけです。

この原因と結果をつくる第一の動機となるものは、主体性をなす〈性〉や〈意識〉にあります。自分の条件となるもの〈何を〉、〈どう〉見るか、認識するかの主観の問題です。〈何を〉は客観的確認であり、〈どう〉は主観的確認となります。

それゆえ、まずあるものをあるがままに、実態把握しなければなりませんが、往々にして、客観的意識がおろそかになって、〈あるがまま〉でなく、〈思うがまま〉の主観的確認が先だってしまいがちであります。

客観的確認は、理性的判断を必要とします。

このように〈何を〉〈どう〉見るかがすべて事の起こりの第一動機となるもので、主観の問題となり、その人の性格が働きます」

私は子どもの非行を動機にセンターで学びました。今から三十年ほど前、当時、日本の青少年たちは荒れていて、校内暴力が非常に多発していました。警察官を初めて教育現場に導入した時代です。一億総評論家とも言われた時代で、私もその一人でした。まさか我が子が荒れるなどとは思ってもみませんでしたから。我が家の子どもたちは健全に育ち、ＰＴＡや地域の子ども会、婦人会、消費者協会等、所属する団体でボランティア活動をし、私は「間違っていない」という信念を持ち、精力的に行っていました。

ところが、次男が高校二年の夏休みにアルバイトに行ったことをきっかけに坂道を転げ落ちるように、遅刻は毎朝のことで、校則違反を繰り返すようになり、学校からは退学を促されていました。しかし今の時代は高校ぐらい出ていないと社会に通用しないと思ったので、私は先生に息子がそのまま在籍していられるように頼み込み、何とか卒業させました。

やっとの思いで高校を卒業させた次男を、私は性懲りもなく専門学校に行かせようと考えました。次男は「車を買ってくれたら真面目に学校に行く」という約束で、夫の反対を押し切り専門学校に行かせました。今となっては浅はかなことをしたと思いますが、当時の私は学歴に価値を置き、そうすることが彼の幸せに繋がると信じていました。案の定、次男は約束を守るどころか車を乗り回し、暴走族まがいの行動をするようになり、夜遊びをして昼夜逆転の生活をしていました。いくら注意しても言うことを聞かない次男に私は「何であんな子になってしまったのか」と嘆き、どうしたらいいのか模索する一方で、地域で活動してきた私の面子は潰れ、鼻っ柱を折られた情けなさや、いろいろな思いが交錯する中で、その悶々とした気持ちを夫にぶつけました。私は「何か言いたいことは無いの？　父親として何かあるでしょ」と言って夫に八つ当たりをし、夫は仕方なく次男をたしなめました。その当時から夫に女性関係の問題があることを次男は気づいていましたので「俺にそんな偉そうなことが言えるのか」と反発する始末でした。

このことを専務理事にありのまま話し、指導を受けました。

「子どもたちの教育は、いついかなる場合にも親の自己教育である」の原則に基づいて、親である私の自己教育を主軸にすること、そして次男の態度、言動、行動から、子どもが育つ環境である私と夫との関係、さらに次男を妊娠した時から現在に至るまで、どのような意識、価値観（第一動機）、生活態度や関わり方（第二動機、第三動機）で子育てをしてきたか、細かく振り返るように助言をいただきました。

私は、自分の実家の近くに住むという条件で夫と結婚をしました。夫はよく気がつく優しい人で、私の実家のこともよく世話をしてくれました。ただ、夫の職場は女性が多く、その頃の私は常に夫を疑っていたように思います。そのような私の個性をつくった原因は、私と母との関係にあると専務理事に教えてもらいました。本日は時間の都合上、この詳細については割愛します。

結婚して二年目に長男が生まれ、その五年後に次男が生まれました。次男を産む前、夫に女性の影が見え隠れして、私は不信感を持っていました。子ども（次男）が生まれれば元のような夫婦に戻れるかもしれないと淡い期待をしながら出産をしました。残念ながら、夫への不信感は、次男が非行に走り、センターで学ぶまで払拭されることはありませんでした。次男の多感な少年時代は、私たち夫婦が離婚の危機に直面していた時期とも重なります。次男はそのような家庭環境で成長したわけですから、非行に走っても仕方がないと思います。夫婦、親子の関係を関わっていただく中で、私の在り方が無秩序で、立てるべきものを立てていないことや、私の支配欲の強さや価値観、さらに見栄や体裁に固執することなどを指導していただきました。教えていただいて、どれほど自分の見栄や体裁で子どもを振り回してきたか、物やお金や学歴など、表面に見えることばかりに価値を置いていたかがわかり、反省しました。

その後、次男を条件として、自己変革をする事を目的に、具体的にどのように秩序が欠落しているのか、どのように「立てるべきものを立てていないのか」を見ていきました。

例えば、夫は休日に、疲れてお昼頃まで寝ていることがときどきありました。そんな時でも私は、掃除をしないときれい好きの夫（条件）が嫌がるだろうと私の主観で見て、それが私の性質、第一動機となって、夫に掃除をしてもいいかどうかを尋ねることもなく、夫の気持ちに関係なく勝手に掃除を始めていました。センターで学んでからは第一動機を正して、夫に尋ねてから掃除をしようと思うようになりました（第二動機）。そうすれば自ずと夫に対する態度も言動も変わります。そして夫と関わります。まず夫に「どうしましょうか？」（第三動機）と聞きます。夫に「後でいい」と言われれば、それに従いました。そのように努力をしました。

またそれまでの次男は、約十万円もする車のタイヤを買うなどの理由でお金が欲しい時は、私に直接言ってきました。私は夫に家計を任されていましたので、夫から預かったお金を自由に使っていいのだ、つまり夫の物は私の物だと思っていました。当然、夫に相談することもなく、自分の判断で次男にお金を渡していました。このようにすることも違うのではないか、立てるべき夫を立てていないのではないかと思うようになりました。つまり動機を正したわけです。そのように意識、考えが変わって、私の言動、行動（第二動機）は「お父さんが働いていただいたお金だから、お父さんに頼みなさい」と直接父に言わせるように関わっていきました。関わり方（第三動機）が変化したわけです。

私の態度が変わりはじめとき、次男は戸惑い、私に対して恐喝じみたことを言って腹を立てたりもしましたが「ここで引いたら、私も次男も駄目になる」と思い、一義を立てて踏ん張りました。徐々に次男は父親に直接申し出るようになり、その積み重ねの結果、不調和だった父と子の関係も調和に向かいました。数年後には、次男が夫を尊敬していると言うまでに変化をしました。

私から見ると条件である次男に対して「駄目な子」「もう変わらない」などと私の固定観念や先入観が働いた状態で関わっていました。学歴が無いと駄目だというのも私の価値観です。第一動機で頭ごなしに物を言うばかりで、次男の気持ちをわかろうともしていなかった自己中心的な見方を反省しました。そして、人間は誰でも無限の可能性と本質価値を持っていて、それを啓き出すのが教育であること、そして、それらは関わり方次第でいかようにも変化することを学び、私は本当に勇気を得ました。そして次男にも本質価値があるのだと信じたことで、否定的に見ていた第一動機の意識が正され、意欲的（第二動機）になり、第三動機の関わり方が変化していきました。

夫婦の関係においては、私はずっと夫に不信感を抱いていましたが、自分を主体者として自己に原因を置くことを学びました。人間は永い過去を持ち、本質の開発を阻むものも無限に持っていると、やってはいけないと頭では思っていてもやってしまう。そうした矛盾を持っているのが人間だと繰り返し教えてもらい、夫を理解する努力をしました。夫との不調和の原因は、私が夫に何も聞かずに、私の思い込みだけで疑っていたことも多くあります。専務理事には、共に生きること、向き合うことだと関わっていただき、誤解していたことや、夫には夫の考えがある、そういう気持ちをわかろうとしたなかで自分の非も見えてきました。そうすることで反省ができ、調和の方向に向かわせていただきました。まさに「関係の法則」により自己教育し、相互教育を通して生活の教育化を実践しました。私が教育観、価値観を転換し、自己変革する中で、荒れていた次男も落ち着き、真人間へと人間復活することができ、本当に感謝しています。

創設者は「すべての物事の結果には必ず原因があって、偶然やでたらめに起こっていない、一定の整然とした順序次第によって、必ず原因があってそれに相応しい結果が起こってくる。そしていきなり原因が結果になるのではなく、その間には媒介となる〈条件〉があるはずです。ある原因があって、それに相応しい条件に触れて、相応しい結果が出る。そこに痕跡としていろいろな影響を心・身・環境に残します。そしてそれが再び原因となって、この原因・条件・結果・影響という順序による循環を繰り返します。このようにこの世の中は『原因結果の法則』によって成り立っています」と説いています。

そして「第一動機となる認識する私の主観が、正しい見方、正しい思い方に基づいているか否か、客観をあるがままに正しく、受け止めるか、認識するか、評価するか、判断するか、そこに狂いがあると、第二動機、対処する行動・言動が正しく行われないことになります。

例えば、医者が患者の診断を間違えれば処方を誤ってしまうでしょうし、自我意識が強いと、客観をあるがままでなく自分の思うままに受け止め、思うままに行動してしまいます。したがって、第三の動機である、お互いの関わり合いも、大きく崩れて不調和の結果となります」と述べています。

ここで大事なのは、一人ひとりが善なる素晴らしい本質を持っているとしても、長い過去を持つ人間の潜在意識の問題があることです。

「長い系統発生のたどった経験のすべての蓄積が、私たち一人ひとりを作り上げているはずです。それは私たち個々人の心にも、体にも、その痕跡を残しています。長い過去の経験の集積は、意識するとしないとにかかわらず、人間の肉体にも、精神にも、絶大な制約を与えていると考えます。この潜在意識が無自覚のまま、日常の言動、行動をリモートコントロールしていること」を第三章で学びましたが、人間は己の与り知らない自分を持っていることを踏まえることが大事です。

創設者は「不都合が生じたとき、往々にして人は自分は正しく相手が間違っていると決めつけて譲りません。お互いがそれをやりあっているから解決がつかず、結果は悪化するばかりです。

関わりにおいて、悪結果が出たのには、両者に五分五分の責任があるはずです。しかしそれは解釈の次元であって、解決にはならないのです。解決のためには、同時依存の原理を活用し、自己の主体性において動機を自分に置き、結果を二分することなく全面的に自己に受け止めたとき、動機が正され、自己の人間性の開発がなされます。こうしてマイナスの結果からマイナスの動機を正すことによって自己が正されて、同時依存の理により、相手も正され、止揚された立場でプラスの結果になります」と述べています。

創設者は「関わりを離れたら一物も存在し得ない厳然とした自然の秩序・法則の中で生きる私たち一人ひとりが、この関係の法則に従い、関係の法則を活用することができたなら、網の目が整然と調い、トラブルも断絶もなく、本来の大調和に戻ることでしょう。

関係の法則の生活化とは、自己中心に無自覚で生きた日々を、関わりによってしか生きられない道理を踏まえ、自己実現のためにより良く関わろうと努力したとき、日常生活に秩序が生じ、自他の関係に調和が生まれ、教育の目的が達せられます」と説いています。

私は兵庫支部の責任者として、同世代の人から次世代までさまざまな人たちと関わっています。彼らが抱える問題は、高齢化、介護、病気、結婚などのほか、夫婦間、親子間の問題などさまざまです。特に高齢化の問題は深刻です。今、日本は急速な高齢社会を迎え、核家族化により一人暮らしの高齢者が増え、それに伴い孤独死や自殺、生きがい喪失などに加えて老老介護の問題もあります。そうした諸問題と関わる中で、私の意識やその問題をどう見るかということは、私の経験からしても凄く重要だと実感しています。

私は既に七十歳を越えた高齢者です。野村生涯教育論を学び、未来を担う次世代にこの学びを渡したいと強く願うようになり、日々メンバーに関わっています。私は少々のことでは驚きませんが、若い人たちと関わるたびに驚かされることが多く、しばしば悩みます。かく言う私もセンターで学ぶまではとにかく無秩序で、筋道も人間としての基本も備えていませんでした。しかし諸先輩に関わってもらい、世の中には道理や、生かされる筋道があることや、本来のものの見方が徐々にわかるようになりました。

以前、支部行事を告知するポスターをあるメンバーが持って帰ることになりました。彼女は自転車の後部にポスターを乗せて、前カゴの中には自分の荷物と一緒に受け付けノートなどを積んで帰りました。彼女は自転車を路上に止めたまま買い物に行き、戻ってくるとポスターだけがなくなっていることに気づきました。彼女はポスターが盗まれたと言って私に電話をかけてきました。どこかで落としたのではないかと聞いても盗まれたと言い張ります。通った道を探したのかと尋ねても聞く耳を持ちません。彼女は盗まれたと思い込んでいます。

このように、何か問題のある行動をした人に、動機を尋ねてもわからないのは、決して自分の心や意識を見ようとしないからです。こんなことは日常茶飯事です。これは、非を認めたら負けだと思っているからのようです。こういう価値観の人は結構支部の中に多いです。これこそ「失敗は駄目だ」という既成の教育観から来るものではないでしょうか。そういう人たちに「失敗から学ぶ」と言っても、一切受けつけようとしません。私が当惑するのは、私には理由のわからないことで泣いてしまう人です。

例えば、滅多に反省などしないAさんが反省の言葉を述べると私は嬉しくなって、つい私が「Aさんが反省してきたよ」と言うと、Bさんが泣いてしまいます。泣いている理由を尋ねると「悔しい、負けた」と答えます。「そう思うなら、貴女も反省すればいい」と言うと「それは嫌だ」と言って泣く。また、ちょっとしたミスを指摘すると「私だって一生懸命やっている」と言って悔し泣きをする。

最初の頃の私は、メンバーに泣かれると困ってしまい、いつのまにか関わりをやめていました。回を重ねるごとに「なんでこれ位のことで泣くのよ」「泣いても誤魔化されないわよ」という気持ちが込み上げてきて、口調が強くなり相手を攻めていることに気づきました。その都度、どうしてもっと優しく接することができないのかと自己嫌悪に陥ります。そして、この世代を育てたのは自分たちの世代であると反省して再び関わるということの繰り返しです。

私は、若い世代と関わるたびに日本の未来を案じてしまいます。若い世代の人がちょっとしたことで泣く一方で、私は以前から悲しく辛い時やショックを受けた時などは、泣くよりもむしろ怒りを感じます。物事を攻撃的に受け止めている自分は人と違うのではないかと思い、それを私の教育課題にしていました。人間一人ひとりは、長い過去の経験の集積は、すべて心にも身体にも痕跡を残すことを学びましたが、泣くという行為に強く反応し、違和感を持つ私の痕跡となっているものは何なのかを探りました。

一九四五年、私が小学校一年の時、父はビルマで戦死しました。父が出征する日、生後六ヵ月の妹を母が背負い、三歳の私は近所のおばさんに背負われて父を見送りました。そのときの私は、その日が父との今生の別れを知っているかのように、火がついたように激しく泣き叫んだそうです。私にはその記憶はありませんが、後年、私を背負っていたおばさんから話を聞きました。

当時、男性中心の社会で未亡人になった母は見下され、理不尽な扱いを受けたそうで、そんな母は「今に見ておれと歯をくいしばり頑張った」と私に話してくれました。そんな母の生き方を見た私には、泣いても誰も助けてくれない、父は帰ってこなかったとの思いがありました。やがて、悲しくても辛くても泣かない、泣いてもどうにもならないと見切りをつけることを身につけたのではないかと思います。私が小学三年生の時に祖母が亡くなり、四年生の時には頼りにしていた母が再婚しました。母は義父との間に生まれた娘や息子に気を遣い、私たち姉妹はこれを運命だと諦める一方で、何か苦しい事があるたびに、父が生きていたらこんな惨めな思いはせずに済んだのではないかと、戦争を憎み、恨みました。

そして、もう一つ、私は心の奥に気になっていることがありました。初夏から夏にかけて咲く夾竹桃の花が咲いているのを見るとなぜだかもの悲しくて、とても不快になります。

私が小学校一年生の時、学校からの帰り道、私の家の裏に住む雪ちゃんが「みよちゃん、早よ帰りー、お父さんが死んだんやって」と言いながら向こうの方から走ってきました。父の訃報を聞いた、道の傍らに夾竹桃の花が咲いていました。夾竹桃の花を見るとそのときの光景が鮮明に思い出されます。だから私は夾竹桃も雪ちゃんも嫌いになったのだと。その経験が痕跡として残ったのだとわかりました。

父の死は、私にとって知りたくない、とてもショックな出来事だったので、無意識のうちに自分の記憶から消し去り、その結果、もの悲しさだけが残り、嫌な経験は意識下に沈めていたのではないかと思いました。戦争により受けた経験が痕跡となって意識下に沈み、それがその後の私の個性をつくり、生き方に反映し、私の人間性をつくったのだとわかってきました。

私の主観では、若い人たちのことを「大したことでもないのに泣く若い人たち」だと思っていました。しかし、彼女たちとの出会いを通して、私の幼い頃の父との別れの辛さ、親子の絆を無残にも引き裂かれた傷が疼き、それが痕跡となり、さらに目に見えない得体の知れない抑圧は、どうにも制御することのできない拒否感となり、やがてやり場のない怒りとなって表れ、攻撃的になった自分を発見することになりました。

ところが私はその後、心労で体調を崩し、そのことで金子理事長に指導を受けました。理事長は私に「泣きたい時に泣いてこなかったのではないか」と問いました。さらに続けて「なぜ今、若い人たちと出会っているのか、その意味を考えていますか。これほど人間関係が分断された社会で、今、人々の心の中には泣きたい思いが蔓延しているが、それを出す場がない。彼女たちはここだから泣けるのではないか。田村さん自身も、ここだから、自分の深いところにある、本当は泣きたかった自分の思いに気づき、少しずつ出せるようになってきたのではないの。平和の中にも別の形での戦いがある。何を経験したかということよりも、どのように経験したのか、その人にはどれほどの重さなのかを見ていくことが大切だと思うのよ」とご指導いただきました。若い人たちは「泣く」という行為の奥に、それぞれが秘めたものを背負っている。そこまで深く掘り下げて関わらなければ、真の人間教育はできないと思いました。

創設者は「戦争をしている時も悲惨であるけれど、終わった後にも禍根を残す」と述べています。まさに今、私はそのことを経験し、実感しています。

年老いた母と幼い我が子を当時まだ若かった妻に託して、お国のために戦争に行かなくてはならなかった父の気持ちはいかばかりかと思うと、胸が締めつけられる思いです。父は戦争に行ってからも、祖母や母、そして私たち姉妹の安否を気遣って、何十通ものハガキを送ってくれました。義父が亡くなった時、母はそのハガキを父の形見として私にくれました。私はそれを二、三枚読むのが精いっぱいで、涙で文字が見えなくなりました。あまりにも悲しくて、それ以来ハガキはタンスの奥にしまったままです。

私は父の顔すら知りません。父の存在は過去の事実として断片的に知るだけです。しかし、今回、私の心の中で明確に父と繋がったように思います。そのことにとても感謝しました。そしてある理事は父が出征する時「田村さんが激しく泣いたのは、お母さんの気持ちよ」と言われ、母の辛く切ない思いを私は受け止めました。親子は意識で繋がっていると実感しました。

父が命を犠牲にしてまで勝ち得た日本の平和を、私は守らなければと、強い意思を持って心に誓いました。創設者は「ライン一本で国境を接する西欧の国々が、民族や国の攻防を繰り返した歴史は、そのまま血を流した歴史を意味しています。革命の名において、レジスタンスの名において、宗教改革の名において、戦争の名において、いかに幸福や自由や尊厳を勝ち取るために多くの血が流されましたことか。それらが血を流して勝ち取るものであったならば、血を流す革命や戦争によらずにそれらを勝ち取るためには、どんなに多くの平和的手段による努力や犠牲を事前に払わなければならないか。どれほど払ってもその犠牲は犠牲とは言わないでありましょう。

平和のうちに平和の確立をこそ。

戦争を経験した私は、噴き出る思いで日本の平和を守りたいと思いました」と仰っておりました。私もその努力を命ある限りしてまいりたいと思います。

今も世界では戦争や紛争、テロという残忍な行為が繰り返されています。ユネスコ憲章の前文に「戦争は人の心の中で生まれる」とあります。私たち一人ひとりの意識の中に戦争の火種があるとしたら、まずそれを自覚し取り去る作業を、この教育原理に則って実践しなければと痛感しました。

今、私が関わっている若い人たちも、自分のありのままの姿を出しながら、野村センターの真実の学びを理解したいと思い、仲間同士、時には争いながら、泣き、笑い、それでもなんとか自分を知るため学びを継続して頑張ろうとしています。私も彼らの思いをしっかりと受け止め、共に自己成長していきたいと願っています。また、関わりの如何によって善も悪も生ずるならば、自分が関わりのイニシアティブをとって、他との関わりを善に導いてゆく。足下の夫婦、親子、嫁姑と、家庭生活のさまざまな事象、さらに政治、経済、人間社会に起こるすべての問題は、社会を構成する主体者として一人ひとりの自己にとって、すべて深い関わりを持っているわけですから、自己学習の教材として受け止めていったとき、そこに幅広い公人としての自己実現がなされると学びました。私もそれを目ざし、平和な社会を未来の子どもたちに繋げたいと思いました。

ありがとうございました。

討　議

司会（板井秀子）　これから午後の部を始めます。どうぞよろしくお願いいたします。

午前中は、マロペ先生に自然との共生や、生涯学習の大切さ、重要性についてお話いただきました。私たちが学んでいることとたくさん重なることがあると思いながら聞かせていただきました。それから、二名の講師による講義では、野村生涯教育の基礎原理を学びました。感想や質問など、活発な発言をお願いしたいと思います。

マグナス・ハーベルスラッド　野村生涯教育論の哲学と実践について今日まで七名の方の講義を伺いました。野村生涯教育の教育論がなかったら、皆さまはどうなっていただろうと考えながら講義を聞きました。どの講師も最終的に幸せ感に至っています。皆さまは、安心感を得て状況が変わっています。これは、ミクロレベルの相互作用がこのような変化をなし得ることの非常に強力な証明だと思います。

かつてとても可愛くて、大人しくて、良い子だった子どもたちが、数年経ってテロリストになったり、無差別に殺人を犯してしまうのは、いったい何が起きたからなのでしょうか。

ノルウェーでは、幼児期にはとても良い子だった青年が数年前に七十七人を殺害した事件がありました。彼も私たちと同じ人間であるはずです。その青年は私の息子と同じ位の年齢でした。何が彼をそのような人間にさせたのか、いろいろと考えさせられます。今でもまだ答えは見つかっていません。彼の両親は離婚していて、父親が家を出てからはまったく連絡をとっていなかったようです。そして最近、彼の父親は本を書き、その中で、自分がもっと責任をとっていれば、あんな事にはならなかったのではないかと自問自答しています。私の答えはまだ出ませんが、皆さんの話を伺って、父親の役割の重要さがわかりました。子どもにはやはり父親が必要なのです。私は父親として、このことをもっと考えなければならないと思いました。

また、暴力というのは、民衆の中で生じるだけではなく、権力の側からももたらされるものです。例えば、九・一一の後にイラク戦争が勃発しました。あの時、ブッシュがイラクを攻撃せずに、犯人をみつけて公正な裁きをしていたら、ノーベル平和賞をあげてもよかったのではないかという話が、当時ノルウェーでもありました。しかし実際には戦争に突入してしまいました。

ほんの数日前に、私はエイミー・グッドマンによる、トーマス・ヤングさんについての追悼記事を読みました。トーマス・ヤングさんはバグダッドで反乱軍の奇襲にあい脊椎を銃で撃たれ、全身麻痺になっていました。このセミナーの数日前に亡くなった彼に、エイミー・グッドマンが追悼文を書いています。その中で、トーマスが、ブッシュとディック・チェイニーに宛てた手紙を引用しています。それを少し読み上げます。

「私の審判の日は近い。あなたにも、いずれ審判の日は来るだろう。願わくはあなたは裁判にかけられてほしい。けれど、あなた自身のために私が願うのは、あなた自身が道徳的勇気をもって、私自身や他の多くの生きるべきだった人たちにしてしまった事を直視してほしい。私は間もなく死ぬけれど、あなたも生きている間にアメリカ国民の前に立ち、世界の人々の前に立ち、特にイラクの人々に対して、勇気をもって許しを請うていただきたい」

トーマス・ヤングさんは志願して軍隊に入り、アフガニスタンに派遣されるものと思っていたのが、結局はバグダッドで負傷し、亡くなりました。私たちは暴力とは何かを考えるときに、足下からの暴力と上からの暴力があることを考えなければなりません。

一昨日の友田さんとお母様との関係を伺いながら、この原理がとても有用ですばらしいと思ったのは、野村センターでは「自分自身を変えれば、周りの人間を変えることができる」と常に言っていることです。それはとても強いメッセージで、我々はぜひ覚えておくべきだと思います。そして佐野さんは「自分の客観をあるがままに受け入れれば、環境を変えることができる」と述べていたと思います。

この一つの例として、戦争放棄をした日本の憲法を守ろうと闘っている人々に対するノーベル平和賞があげられます。日本国憲法第九条を保持している日本国民を推薦する運動を始めた鷹巣直美さんは神奈川県座間市在住の三十七歳、二児の母です。彼女はチームをつくり、ノルウェーのノーベル委員会に対して、それを提案しましたが、憲法の条文にノーベル賞を与えることはできない、そこを変える必要があると返答があったそうです。それで彼女らは、推薦の対象を、九条を遵守する日本国民に変えました。これは、一人の人間が主体的なエネルギーをもってマクロレベルの社会的影響を与える行動を起こした例だと思います。

マロペさんは先ほど、あらゆる場面において教育環境を強化することが重要であると強調しました。このことは本当に重要だと思います。非公式（インフォーマル）、ノンフォーマル、そして公教育、また、友人、家族、メディア、学校、宗教といったさまざまな条件があります。こうした情報源から、私たちはいかに情報を汲み取り、それを統合していくのか。このことは個人または集団として、政治的に社会化していく核心だと思います。いろいろな情報源からの度重なる矛盾したメッセージに対応していかなければなりません。

以前、クウェートに住むパレスチナ人の子どもたちについての論文を読みました。彼らは学校では、自分たちはクウェート人だと教わるけれども、家では自分たちはパレスチナ人で、いつかはパレスチナに戻るのだと教えられる。こうしたアイデンティティ形成における異なる情報源からの相違は、教育の分野で対処しなければならない重要な点だと思います。そしてこれらの矛盾に取り組む上で公教育は特別な責任を持つと考えます。

金子理事長は昨日の河原さんと板井さんの講義について「心の内なる平和によって、外なる世界の平和が導かれる」とコメントしました。これは非常に力強い発言だと思いますし、真実であることを願います。私たちがそのことを証明できるかもしれません。例え証明できなくても、私たちが活動をしていく上でこの言葉を大前提にするべきだと思います。なぜならミクロレベルでの平和を実現することができなければ、マクロレベルでの平和の理想の実現は非常に難しいと思うからです。少なくとも、私たちが今伺ったミクロレベルでのコミュニケーションは、マクロレベルでも必要とされるコミュニケーションです。

そういった意味で、七名の講義に私は立ち戻りたいと思います。今回の第十一回フォーラムは大変有意義な形式だったと思います。ありがとうございました。

司会　ハーベルスラッドさんありがとうございました。他にいかがでしょうか。永井さん、お願い致します。

永井キエ子（野村生涯教育センター福島連絡所責任者）野村生涯教育の定義の一つで継続教育の各時期の特色を学びますが、高齢者にとって肉体的自立や経済的自立には限界があるけれど、精神的自立は最後まで失われることはなく、自分の課題だという野村理事長の教えに従って、学んでいます。現在私は八十六歳です。今、何万人もいると言われる一人暮らしの老人の一人です。十五年前に夫が亡くなり、現在、六百坪の屋敷に一人で住んでいます。花やちょっとした野菜を育てています。娘はそんな私を見て、「八十歳なったらみんな農業を辞めるのに、なんでお母さんは八十歳から大根や菜っ葉を作ったりするの」と言います。しかし、八十歳になったからこそできる仕事もあると思って楽しんでいます。それから、子どもたちにボランティアで習字を教えています。私は、元小学校の教員です。創設者の「教育とは人間教育であって、知識教育ではない」という言葉に感銘を受けて退職してから勉強するようになりました。長年にわたり、私は教える人、子どもは学ぶ人だと思ってきました。子どもから学ぶということをセンターで初めて聞きました。今でも自立していられるのは、野村生涯教育の教えのおかげだと思っています。三年前に東日本大震災があり、福島で原発事故が発生しました。私の家は第二原発から六十キロ離れておりましたので、居住禁止区域ではありませんでした。それでも最初の頃は、洗濯物を外に干せない、子どもを外に出せない。外で遊んでいいのか、遊べないのかを毎日心配し、結局誰も子どもを外に出しませんでした。子どもたちは、通学時にマスクをして、夏でも長袖の服を着ていました。体操の時間などで外に出る時間は十五分程度に制限されていました。今はだいぶ落ち着いてきて、居住区域が広くなりました。除染後の廃棄物が入った黒い袋が広範囲に並んでいます。この窓からモノレールが見えます。モノレールの通る手前に黒い袋がたくさん並んでいたら、皆さんはどんなふうに思うでしょうか。今田先生は、それが「全部が全部除染された高レベルのものではない」「高レベルでないから、地中三十メートルまで掘って、そこに埋めれば問題ない」と仰いましたが、各家庭の庭にも、そういう袋があるのです。個人宅の庭に深さ三十メートルの穴を掘って袋を埋められますか。掘った後の土はどこに置くのでしょう。広大な庭だったらできるかもしれませんが、日本の住宅事情を考えれば、庭はそんなに広くはないし、三十メートル分掘った土を置く場所もないと思います。これが現状です。それから自宅に住めない人が仮設住宅に二百万人います。さらに、復興住宅はできても、なかなかそこには入れない。入れたとしても、大家族で生活していた人たちが子どもたち家族とは一緒に住めず、バラバラに生活しています。先日、原発の近くを通る道路が開通しました。ただし通行できるのは車だけです。しかも通行中は窓を開けることはできません。それから、幹線道路から横に入る道路がありますが、そこは全部バリケードで閉ざされて、その入り口で、立入禁止を知らせる警官が立っています。いまだにそんな状態です。高レベルの放射性廃棄物を処分するまでには約一万年から三万年かかると聞きました。私は一万年先までは生きていませんが、子どもたちはこれからどうなるのでしょう。

このフォーラムに来る前日でしたでしょうか、ハワイの海で放射能が測定されました。それは、人体には影響のない程度の放射線量だといわれましたが、今でもその放出を止めることができずにいます。今日のように科学技術が発達していても、放射能を止める技術はいまだに開発されていません。世界中の海は繋がっていますから、放射能に汚染された物質を一ヵ所で流したら地球上のどこまででも汚染物質は広がっていく。そんなことをすれば魚も汚染されます。だから私が住んでいる地域では、魚がいくら獲れても食べられない。今では福島のお米は食べられるようになりましたが、消費者は、風評被害が原因で福島産の米を買わない時期がありました。福島在住の親御さんたちが、学校給食に福島の米を使わないでほしいと言うほどです。そのような状況で、私は何をしなければならないか。一人からの人間開発だと理事長や、玉谷専務理事に言われました。私から人間開発すれば終息できるのかと重大な責任を感じています。本当に私一人から、やっていきたいと思います。

最後に、被災地の大熊の人たちの声をお届けします。大熊という原発の土地に中間貯蔵地を作らなければならないことはわかっています。しかし、先祖代々のお墓がある、自分が作ってきた、引き継いできた土地があると思うとどうしても割り切れない。子どもがこの地震で拒食症になっても、原発で行き場がなくなっても、この土地で頑張るしかない。子育てで困難なことがあっても、いつも笑顔で頑張るお母さんがたくさんいて、多くの人の温かい言葉に感謝している。風評被害などがあっても頑張ってお米を作るという声もあります。最も多かったのは、家族と一緒に住むことができず、とても悲しいという意見でした。七十三歳の男性が自宅の裏の山で亡くなりました。彼は一時帰宅をして、家の片づけをしていました。彼の姿が家の中に見当たらないのでお嫁さんが裏山に探しに行くと、既に亡くなっていました。原発事故が起こる前のように、義父がこの家で畑仕事や庭仕事をして暮らしていたら、命をなくすことはなかっただろうとお嫁さんは言います。そんな状態の福島で今後も生活をするには、私たちメンバー一同が自分を変えるしかない、自分を、人間性を開発していくしかないと思いながら今も頑張っています。

アマルさんの写真やメッセージを拝見して、私もそれによって、アマルさんが、本当にああいう状況の中で、一生懸命子どもの教育活動をされていることに感謝するとともに元気をもらいました。ありがとうございました。

司会　永井さん、本当にありがとうございました。今の話を聞いて、感じたことやコメントがありますでしょうか。アマルさんお願いします。

アマル・アブゥ・エマラ　どうもありがとうございます。マロペ女史、それから講師の方々、本当にありがとうございます。創設者の原理に関して、非常に重要なことを奥深いところから話されました。バランスについて、そして原因結果の法則について、またカリキュラムの話もありました。創設者が、教育を一つの枠組の中にはめることに反対していたことについての話もありました。

教育とカリキュラムについて考えると、私どもの地域でも他の地域でも同じかもしれませんが、カリキュラムは、いわゆる既製品だと思うのです。カリキュラムは明確に打ち立てられたものが記述されていて、ただ単にそれに従えばよい。それを小、中学校、高校と段階を経て最終的に標準に達することを求められ、評価と査定を受けることになります。その評価と査定も外からもたらされたもので、私たちの実態とはかけ離れたものです。

私たちは今まで、カリキュラムを作成する際に、その土地に根ざした文化的アイデンティティを考えたことがあるでしょうか。

　私が自分の地域で経験したことをお話しします。「生きるための教育」を考えると、生きていくには、どうしても外国の学校で教育を受けたり、外国語を学ばなければならない。そうしなければ組織の中で高い地位やよい仕事に就くことができません。世界市民として生きていくためには、外国の一流企業に就職しなければならない。その場合に、質の高い教育を受けるために人々は自分が育った地域から自分自身を切り離し、その地域で孤立することを選択します。しかし、質の高い教育を受けたところで地域社会の利益にはならないため、さらなる孤立化を助長してしまうのです。

　また、経済的に恵まれない人々にとって教育とは生きるための手段だと思います。しかし、彼らによい仕事を保証するような教育を継続して受けさせることができるのは公教育以外にないのです。それさえも受けられない人は小学校を終えた段階で学校をやめてしまい、職人になるか、地域の労働市場で非常に幼い時期から肉体労働に従事するしかありません。

　ここからさらに別の問題も発生します。このように定職に就いた人々は、教育を受けた人々との大きなギャップを経験することになります。このギャップは埋めることができず、自分たちが社会から取り残されていると感じるのです。そして彼らはどのようにしたら生活を変えられるかを模索し、それが非常に困難であることを理解します。もはや彼らは現代についていけないと言います。自分たちが受けた教育と生きている時代とのバランスを失うたびに、自分たちが時代遅れだと感じるのです。この意味で、多くの若者は、時代に追いついていけないがゆえに現実に背を向けます。「昔はよかった」などと言って、過去の栄光を振り返り、未来ではなく過去に固執します。しだいに彼らは精神性について考えるようになり、西欧的なものを拒否するようになります。西欧諸国は災難と悲劇しかもたらさないと考えるからです。現在、若者は後ろ向きです。例えばサラフィー主義やモスク、あるいは精神性に戻ってしまい、進歩や現代的なものを拒絶するようになる。そこでバランスが問題になります。精神心と身体、環境がバランスを欠いている状態です。精神性に訴える人々は自分たちの生きる環境を離れていきます。これが原因で若者は非行に走ったり、テロリストになります。

こうした状況が私たちの地域でも起こっています。バランスを失った結果です。普通の市民としても、自身の文化的アイデンティティを離れ、世界市民になろうとすればこのような不均衡が存在します。しかし西欧でも同様な不均衡は存在します。なぜなら西欧では物質主義に大きな価値が置かれているからです。西欧の人々は物質主義的な観点からしか物事が見られないのです。そういう意味で、国際的なテロリストが存在します。彼らは世界市民となり、国際的な公務員やビジネスマンが世界を股にかけているのとほとんど同じような感覚で国際的なテロリストになってしまいます。さまざまな地域のテロリストたちが、多くのテロ組織に魅かれて仲間を増やしていく。彼らは私たちが生きる現実に対応することができないからです。今や彼らは独自の世界をつくり上げ、その結果、テロリスト集団をつくってしまったのです。ここで私たちが問われるのは、公教育ではなく、公教育はそれはそれでなければならないのですが、インフォーマルな教育の責任、そして公教育を補助する教育機関の責任です。そして将来の世代を守り、育てることができるような価値観を模索し、その価値を守り抜いていかなければなりません。

〝過ぎたるは及ばざるが如し〟ということわざがあります。私たちの地域では、発展のための資源をはじめ、あらゆるものが非常に不足しています。一方で西欧では余剰が出るほど資源があふれていて、持てる以上のものが、度を越して若者に与えられています。

例えば若者に「どのように権力を行使するか」と教える時と「何者もあなたたちを支配することはできない」と教える時がありますが、これが正に対極を生み出しているのではないかと思います。いずれにしても極端に走ることは間違いです。対極であってはなりません。ですから私は、その土地に根ざした教育の必要性と文化的アイデンティティを尊重することを強調しました。特に初等教育の段階、十歳位までの子どもの教育においては、文化的アイデンティティの重要性が強調されるべきです。初等教育の後に子どもたち自身が外の世界のことは、外に出て学ぶことができます。また、物質的な公害や戦争が世界に等しく影響を与えていることから、地球はひとつであることがわかります。

教育の不均衡、文化、価値の不均衡についても同じことが言えますし、この不均衡によって全世界が地球村として影響を受けています。無からは何も生じません。何か問題が起こるのは、過去に犯した過ちが何かしらの原因となっているからです。その原因は、教育の中にあるのか、文化の中に、または人々の関わりの中にあるのか、さまざまなものが考えられます。この意味で「教育」は、生きるための手段、または抑圧や制約から自由になる手段として用いることが求められているのだと思います。

それから、永井さんから福島の状況についての報告がありました。その話を聞いて、他の女性の発言を思い出しました。それは、「政府が原発は安全だと言うので、政府を信頼したのに……」という話です。ここでアカウンタビリティ（説明責任）が絡んできます。選挙によって選ばれた人々は「皆さんを大事にします」「皆さんのことを考えます」と言いますが、ひとたび議席を勝ちとると「我々にできることはあまりない」と言います。これが現状です。彼らの説明責任はどこへいったのでしょうか。我々の国では、民主主義やそのような原則からは遠くかけ離れているので、規制もなければ、ましてや説明責任などないと言われます。ここではどうでしょう。説明義務と責任が果たされるべきだと思います。

さらに、地下三十メートルに除染廃棄物を埋めるという話がありました。日本は非常に謙虚に廃棄物の処分について話していると思います。日本国内で埋める話しかしてないのですから。ところが、西欧のとある国は、自分たちの国以外に埋めて、その問題から逃れようとしています。アフリカに埋めたり、貧しい国々に持って行くことをはばからない国があるのです。そして国によっては、京都議定書にも署名をせずに、自分たちの国土が汚染されないように自国以外の国に工場を建てて、廃棄物と環境汚染を押しつけます。お金で解決しようとする国もあります。しかし汚染は汚染です。どこに行っても人間に対する影響は変わりません。西からきても東からきても、つまるところ汚染であることには変わりありません。ですから、これもまた考慮に入れなければならないことの一つであり、いかなる時代のどの時点において教育の目的を考える上でも、カリキュラムや授業概要を作成する際にも、考慮しなければいけない点だと思います。

司会　アマルさんありがとうございました。いかがでしょうか。ンドング＝ジャッタさん、お願いいたします。

アンテレーズ・ンドング＝ジャッタ　ありがとうございます。まず今朝のプレゼンテーションについて、マロペ博士に感謝を申し上げたいと思います。それから田村さん、佐野さんにも感謝を申し上げます。私の考えを、より深めてくれる講義でした。講義を聞きながら、自分自身の自己教育のために何を学べばよいかを考えました。そして聞いたことを分析し、ほぼ結論に達しました。それは「構造のしっかりした環境をつくり上げよう」という我々の試み自体に問題があるのではないかということです。というのもこの非常に組織化された教育の形式は、すべてのものを動かなくさせてしまう、時代遅れにしてしまうからです。すべての人が同じことを求め、同じように行動することに繋がりはしないか、と思います。目に見えないものを理解しようとする能力を必ずしも持たなくても、目に見えるものだけの世界で既に多くの欠落を生み出しているとわかりました。それゆえに我々の解釈は不完全であり続けます。今ここで学びながら、私自身、現実を見極めようとすると、自然は非常に秩序立っていて、すべてが異時的に繋がり、自然の中に人間が位置づけられているなかで、その自然から学ぶならば、自然の中に見られる構造、構築から学び、またインフォーマルなものが取り入れられてしかるべきではないかと思います。

なぜ私がこのように申し上げるのかというと、三名の方のお話を伺い「教育の形式にこだわらないこと」が大切だと思うからです。そのように思うのは、すべての物事は静止せず、変化し続けるものだからです。ですから「教える」ということについて話すべきではないかもしれません。面白い矛盾だと思いませんか。それは、教師がいないということではなく「教える」ことは起こらないという意味です。そもそも「教えるとは何か」ということです。それは、実態として学びは継続しているということにおいて、知識を持つ人間と知識を持たない人間がいる。持たざる者は持つ者から学ぶべきであるという現実を慣行化、制度化していくようなことだと思います。そして誰かを教師と呼ぶことによって、その教師でさえ考えや行動が現実と合致していないにも拘わらず、教師と位置づけることで、知識の独占権を与えてしまいます。

そして私たちは、このような関係性を学校の教室、社会、家族の中で見てきています。我々は知識を蓄え、構築し、そしてそれを分解し、再び構築し直すという進化のプロセスを理解できないのです。それゆえに教える側は支配を重ねてきたわけです。

なぜ子どもたちは履習すべき科目をきちんと学習できないのかというと、あまりにも教育環境が人為的に不自然につくられたからです。教師は自由に生徒たちに自ら真の知識を発見できるように関わる余地がないわけです。マロペ博士は「知識と情報が爆発的に増加し、もはやそれらを独占することができなくなってきた。それゆえ教師は生徒と共に知識を再発見し、生徒が新しい知識を得る学習ができるようにするべきである」「すべてのものが変化し続けるのだからそうするべきだ」と述べました。非常に難しいのは、私自身、今、すべてを理想的に考えているのだと思いますが「変えなければならないのは何か」です。もちろん変化は必要ですが、カリキュラムそのものをなくすことではありません。教師は、一度はそのカリキュラムの中身を与えられた通りにやらなければならないけれども、それが唯一の事実であるかのように教えるようなものであってはならない。教師には、研究調査や継続的な研究に依るしっかりした指導の手引きや目標が示されるべきで、それによって生徒と共に新しい知識や情報に到達することが大事ではないでしょうか。

学ぶべきあらゆる事象は、それが何であれ継続的に刷新、発展しなければなりません。本日お話しくださったマロペ博士に感謝申し上げます。非常に深い内容の講演でした。このような話し合いは継続するべきです。昨日のケッヒラー博士の講演にも繋がりますが、こうした状況は世界中にあります。アフリカでも、パレスチナの状況を伺っても、私たちの周りで起こることを考えても同じです。このことはこの場だからこそ言えるのですが、昨日、人の愚かさについてかなり明確な話がありましたが、残念なことに世の中には愚かな人がたくさんいます。一方で、私たちは知り過ぎていて、そうした知識をきちんと関連づけて考えていないのかもしれません。だから平和な世界になっていないのではないでしょうか。ある状況について、非常に限られた知識しか持ってないにも拘わらず、それが万人に受け入れられるべき真実だと思っている人が大多数ではないでしょうか。

「教育」がプロセスであるということを理解するためには、再教育が必要だと思います。なぜならば、一生涯にわたってということと、ウワン博士が仰っている深さがあるからです。自己完成は永遠の課題であると思います。「私は教育のある人間です」とは決して言うことはできないでしょう。なぜなら教育とは常に流動していて、そのことが正しく認識されなければならないからです。しかし、多くの方が言うように、私たちのなかでいったいどれだけの人が、毎分、毎時、毎日、毎月、毎年、変化しないものはない、すべてのことは変化するという事実を謙虚に受け入れることができるでしょうか。我々は学ぶ立場であると同時に、既に知っていることを更新し、状況を向上させる立場になることもできます。

話は尽きませんので、ここで私の結論を申し上げることにします。

「教える」ことは真実を歪めてしまうこともあります。だからこそ私たちが教室の中ですることを考え直さなければなりません。私たちは、人に伝えよう、やり取りをしようとして口を開くときには、何が起きているかをきちんと見直し、自分がすべての情報を握っていて、状況を変えることができると思っていないか、と再考するべきです。変化は起こっても、誰がこの変化を起こしたかは問題ではありません。なぜなら私たちは相互依存関係にあるからです。もしこのことがミクロのレベルにおいてだけでなく、ハーベルスラッド教授が言うように、ミクロはマクロと繋がっているのであれば、おそらく、この世界平和への探求は永遠に続くように思いますが、今回私たちは、今までとは異なった形で掴みはじめたのではないでしょうか。今回、このように省察する機会を得たことに心から感謝します。多くの場合、ここまで深く話し合える場も時間もないと思います。さまざまなことを学んだことに感謝しています。そして本日ここにお集まりの皆さま方から、とても多くのことを学びました。そして、福島の永井さんの話を聞いて、以前宮城支部の方たちと築いた友情を思い起こし、改めてかけがえのない経験ができたことに、心より感謝したいと思いました。私たちは自分たちのことを人間的だと思っていますが、エマラさんの話を伺うといつも、とても非人間的なのではないかと感じてしまいます。

ありがとうございました。

司会　ありがとうございました。ではズザナさんからどうぞ。

ズザナ・ラピトゥコヴァー　私が申し上げるのは、少し個人的な話です。今日までなかなか言うタイミングがつかめませんでした。というのも、私が正しいと思っているものが果たして本当に正しいのかどうか、自分は物事を正しく見ることができているのか、皆さんの意見や反応をいただければと思います。

はじめに、皆さまの個人的な話にはとても惹きつけられました。私は、実例や具体的な結果を聞いてようやく実感が湧く人間ですから、とても役に立ちました。特に本日は、これまで参加してきた野村センターのフォーラムやセミナーを通して何を得たか、私自身がどうやって変わってきたのかを何度も問われていると感じました。以前よりも世界が小さく見えてきました。今までは遠い国だと思っていた国々が、今ではどんな国よりも近く感じます。パレスチナの話を聞くと、私はセンターで知り合ったパレスチナの友人のことを思い出します。日本の災害について聞きますと、お見舞いの手紙も書きましたが、自分自身のことのように辛く感じます。

二〇一二年のことですが、スロバキアの小さなカトリック系の大学と協力する機会がありました。その大学はアフリカのケニアで救済センターを立ち上げました。学校にも行くことができずに路上生活をするホームレスの子どもたちのための社会復帰センターです。彼らを集めて、なんとか普通の生活に復帰させよう、学校に行かせよう、そして、せめて学習時には席に着いていられる位の忍耐力を身につけさせ、何かを学ばせようと努力をしています。九月にミーティングがあり、そこで子どもたちのビデオや写真を見ました。本当にかわいらしかったです。アフリカの人々は皆そうなのかもしれませんが、とても音楽性豊かで、リズム感のある子どもたちばかりでした。本当に素晴らしいと思いました。私はヨーロッパ人ですが、我々は音楽性やリズム感を人類が進化する歴史のどこかで失ってしまったのでしょう。それでも私は音楽が大好きで、プロのダンサーではありませんがダンスも大好きです。現在、生活の半分を占めているくらいです。子どもたちのビデオや写真を見て、私はある提案をしました。プロのダンサーでチームを組んで、子どもたちのところに出向いて流行りのダンスを彼らに教えてはどうか、と。小さい子どもたちが大喜びするであろうプロジェクトを提案しました。このプロジェクトは現在進行中で、いろいろな人が参画しています。スロバキアの四名のダンサーが共感して、皆「こんなに有意義なことは他には考えられない」と協力してくれています。この考えは、今回のフォーラムで冒頭から話題になっている「すべての人々が平等にチャンスを与えられるべき」ということです。ほんの小さなことですが、今どんなダンスが流行っているのかを子どもたちに知ってほしいと思ったのです。

私が皆さまにこの話をするのは、地球上のすべての人間は、幸せになる権利があるのだから、どんな小さなことでも、子どもたちを幸せにできればいいと思うからです。これについて、皆さまはどうお考えでしょうか、何か意見があれば教えてください。

司会　ありがとうございました。続いてマロペさん。

ンマンツェツァ・マロペ　私は午前中、かなり長い時間をいただいてお話をしましたので、発言は控えるべきだと思ったのですが、隣の席の方が世界平和を確立する前に、個人の心の平和について発言されたことから、どうしてもユネスコ憲章のことをお話したくなりました。前文には「戦争は人の心の中で生まれるものであるから、人の心の中に平和のとりでを築かなければならない」とあります。私が申し上げたいのは、この「人」に対して英語では「男」という意味も持つ“Men”が使われています。私の人生において唯一、このユネスコ憲章の前文にある文章には、性差別的な言葉を用いていても、共感することができました。

さらに真面目な話になりますが、少しお時間をいただいて、パレスチナの友人が話した教育の内容やカリキュラムが、その教育を受ける人間と乖離しているという点について考えてみたいと思います。何を何のために学ぶのかということに加えて、誰のための教育なのかを考えなければなりません。ここで重要なのは現実への妥当性です。私は、自分が国際機関で働いているからなのかもしれませんが、エマラさんが子どもたちまたは人々が、自分の地域に根ざした市民になるか、世界市民になるかを選択しなければならないと言ったときに少し違和感を覚えました。私はこれはどちらかを選択するのではないと思います。まず、自分が生まれた小さな地域の一市民となり、その小さな一点から徐々に大きな地域の市民となり、いずれは、世界市民になるということではないでしょうか。それと同時に、この妥当性の問題から目を背けず真摯に向き合わなければ、ある特定の認識形態や偏った知識による覇権はなくならないという現実を私たちは受け止めなければなりません。このことは教育を受けること、より洗練されること、より優位に立つこと等の問題に繋がります。この問題に正面から向き合わない限り、人々を疎外する教育から私たちは逃れることはできません。なぜなら「格好よく」あるためには、ありのままの自分を離れ、発展の象徴のような人々のようになることが、唯一の方法とされているからです。地域の市民から世界市民に至るまでの道のりは、かつての私がそうであったように、またエマラさんもそうだったと思いますが、発展途上国の子どもたち、またはパレスチナの子どもたちにとっては非常に大変なことです。そして我々は、自分の環境と世界がかけ離れていることに苦しんでいます。先進国といわれる国で生活する人と比べると、この格差はあまりにも大きいのです。先進国の人々は、自分たちのいる小さな地域で一生懸命努力すればそのまま世界市民になれますが、例えば私たちが自分の地域で一生懸命努力したとしても、それだけでは私たちは世界市民にはなれないのです。

これは本当に深刻な問題で、ミレニアム開発目標（MDGs）の達成期限である二〇一五年を迎えるなかで、国連はMDGsの影響を評価し、その後も持続可能な開発目標を策定し、グローバルな政策にしなければなりません。そうするとますます「世界市民」「世界市民になるための教育」に言及することになります。しかし「世界市民とはいったい何か」「世界市民になろうとすることの意味」については全く言及されていません。世界市民になるためには自分自身を捨てなければならないのでしょうか。

このことは恐らく、私たちがずっと討議してきた「教育の統合」という基本原理の問題にも繋がると思います。もし教育においてその地域の状況を反映した公教育、非公式教育の統合がなされず、予め用意されたカリキュラムと教授法と学習方法を用いるのであれば、それは統合教育、生涯学習とは言えません。ですから、私たちはエマラさんが提起した点についてもう少し討議する必要があると思います。この問題は重要だと言いすぎても足りないくらい重要です。世界市民教育を主要な目的とするグローバルな政策にも関わってきます。世界市民になったことを誰がどのように認識するのか、またはそこに近づくために何が必要かを真剣に話し合い、また自分自身が生まれた土地のアイデンティティを否定せずに進めていかなくてはなりません。答えがあると言いたいわけではないですが、知識の形態やそれを得る方法もさまざまあるなかで、それを統合、相互理解、そしてその多様性を受け入れるという挑戦課題があります。知識社会学の基本に戻ってどのような知識に価値があるのか、そして誰のための、何を目的としたものなのかを問い直すべきなのかもしれません。さもなくば、発展途上国の人々が世界という舞台の中心に立ち、彼らの知識、知恵、そしてその習得方法、教育制度が世界市民になるための教育に貢献するものであるという認識に至るには程遠い現状が続いていくような、無益なグローバルな政策を策定することになってしまいます。

司会　先ほど高橋さんが挙手されていたと思いますのでお願いします。

高橋のり子（野村生涯教育センター宮城支部責任者）　私は昨年四月に宮城支部の責任者の役をいただき、今回のフォーラム、そして集中セミナーに参加することになりました。本当に緊張しています。永井さんが先ほど福島の現実について話をしてくださったことで私も触発されました。

基調講演で金子理事長は命の尊厳について説かれ、その命が生まれ育まれる家庭の価値と役割は本当に大切なのだとお話しされました。また、本日のプレゼンテーションとお二人の講義にもありましたように、命は最も大事な尊厳の価値だと思いました。そのことを思いますと、今、この地球で起きている災害や戦争などがすべて、最も大事な尊厳にかかわっていくということに気づきました。東日本の太平洋沿岸五百キロにわたる津波の災害は、想像を絶するほど悲しい出来事です。福島ではその後、地震による津波で原発事故が発生し、本当に先の見えない、収束の見えない状況にあります。宮城、岩手も地震により甚大な被害を受けました。

その後、センター創立五十周年記念式典の翌日、金子理事長の被災地を見ていただきたいとの願いで、私は案内役としてジャッタさんを被災地へお連れしました。当日は雪が降っていて、アフリカ出身のジャッタさんは雪に触って「こんなに降り積もっている雪は見たことがない」と感嘆の声をあげていました。雪の中、ジャッタさんを無事に案内できるかどうか心配しながら行きました。被災地に足を踏み入れた時に本当に心を痛めているジャッタさんの姿を見て、私も同じように心が痛くなりました。

津波のような時、本当にどう逃げるか、どちらに逃げるかの選択は、どこで生きるか死ぬかの究極の選択でした。津波直後は石巻の大川小学校の構内には入れませんでしたが、先日、このフォーラムの呼びかけをする際に現地の教育委員会を訪ねたときには入れるようになっていました。津波の様子は、当時のニュースで何度も流れていました。今はそこに慰霊碑が立っています。大川小学校は川の横にありますが、津波は川を逆流して、あたり一面を海のようにしました。津波がどこまで来ているかわからない状態で生徒たちは校庭で待たされ、山の方に逃げるか、校内にとどまるかを選択する間に逃げ遅れてしまいました。

宮城の名取に閖上《ゆりあげ》という地域があります。そこは漁港で、閖上地帯一帯が壊滅的な被害を受けました。がれきが撤去された後は更地になり、現在では防潮堤工事が始まっています。教育長は、津波のときは学校にとどまる方が安全だと言っていました。あの日閖上中学校は卒業式で、学校にいれば助かったところを、卒業式だったがゆえに家にいた生徒たちは津波の被害を受けました。学校に避難した生徒たちは助かりましたが、自宅待機していた生徒数名が亡くなりました。学校が津波の被害に遭うことを心配した父母たちは、子どもを迎えに来て家に連れ帰ろうとしました。しかし学校側は、生徒を校内に避難させる方が安全だと判断しました。学校は校舎が高いので屋上に避難することができるからです。父母をはじめ生徒たちは学校に留まり、実際に無事でした。

理事長が何度も仰っていたと思いますが、人間は危機意識を常に持って生きるべきで、想定外の事態が起きたときに、自分がどう動くか、どう避難するかはすべて自分の責任だということを痛感しました。

東日本大震災から三年八ヵ月が経ちました。復興するまでに十年かかるのか二十年かかるのか、先が見えない状況で、犠牲になった人々がいるということから、私たちは命がどれほど大切なものかと、さまざまなことを学びました。

佐野さんの講義にもありましたように、私たちは来年十一月に、第一回宮城県大会を開催します。この県大会は、私たちが住むこの東北地方を襲った巨大地震が多くの命を奪い、避難生活をされている方々に前責任者が胸を痛め、この学びを通して命の尊さに目を啓かれた経験から「生命の価値を説く学び」を何とか伝えたいとの強い願いとなり請願いたしました。

そうしたこともあり、被災地の方々が、当時どんな思いでいたか、現在はどういう思いでいるか、表面には現れないような複雑な心の痛みを持つ人たちに大会開催を呼びかけるために被災地の方々の所へ伺いました。人間が計れないようなことが本当に起こるのだということを常に意識の中に入れておかなければならないと思いました。私自身も、足下の課題を通して人間性復活をめざして、夫婦の調和の問題に取り組みたいと思います。

今、防潮堤の問題が浮上しています。これは「福島の原発は安全だ」と言われてきたのと同じように私は感じています。過去の事例に基づいてこの高さであれば津波から身を守ることができる、という高さで設定していると聞きます。こうしたことも、命をどのように守るかという視点で検討することも必要ではないでしょうか。しかし、そのように考える人とそうでない人に分かれてしまう現状があります。

今回、このような国際的なフォーラムに参加して自分が発言するとは思ってもみませんでした。本当に先のことはわかりません。それでも一つひとつ積み重ねていくことで今があるのだと思います。命の尊厳を大事にするところから考えていかなければならないと思いました。

永井キエ子　先ほど言い忘れたことがあります。原発の問題は、風化させてはいけない。私はこれからも発信していこうと思いますので、皆さんもよろしくお願いします。

司会　修先生どうぞ。

修　剛　まず一言、永井さんを応援したいと思います。本当に地震は悲惨なものです。被災地の皆さんがさまざまな条件を課題にして生活していることに敬意を表したいと思います。

地震が起こった時は中日関係があまりよくなかった時でもあります。大学の構内で募金活動していいかと学生に言われたときには、「絶対にしてください」「応援してください」と言いました。天津の大学二校でしか募金活動は行われませんでしたが、学生を支持して募金活動をした結果、その金額は少ないながらも、日本に届けることができたことをとても嬉しく思います。そして私は、現在の日本の被災地の状況を非常に残念に思います。日本は中国に比べて復興のスピードが遅いです。安倍首相は中国のことを「価値観が違う」「一党独裁」と批判をしますが、中国は国内で地震が発生した場合は、中国全土から支援の手を差し伸べて、だいたい一、二年のうちに復興が完了します。日本政府も、日本各地に応援を求めればよいのではないかと思います。

それから、本日学んだ第四章にある「社会・人生にふれ合うすべての条件は自己学習の教材である」ということは、非常に印象深いです。午前中の講義にもありましたが、皆さんは成功したことを教材にするのではなく、失敗したことを教材にして新たに成長したと言います。おそらくそこには共通の言い回しがあると思います。日本では「失敗は成功のもと」、中国語では「失敗は成功の母」と言います。失敗を見て、そこから成功の道を求めなければなりません。しかし残念なことに、失敗は成功のもとでも母でもなく、次々と失敗を重ねることが多いです。その理由はおそらく、それを教材として学んでいないからではないかと思います。失敗から学び、また教材として生かしていく。そうやってはじめて成功するのだと思います。

私は、亡くなった創設者のことを思い出します。天津で、私が初めて創設者の講演の通訳を務めたときのことです。私は、会議が始まる前に創設者に呼ばれました。創設者から「修さん、私の原稿の内容を見ましたか」と尋ねられたので、私は「はい、見ました」と答え、私の方からも質問しようとしたところ「内容を話してください」と仰ったので私は内容を話しました。すると「もう修さんから聞かなくても結構です」と仰られました。それから創設者は私自身についていろいろと質問をしました。私の世代は、高校卒業後すぐに大学には行けませんでした。当時の中国は「下放」といって、高卒者は農村に行かされるという時代でした。創設者に「下放」

について、どう思うかと聞かれたので、当時はとても大変で、苦労や苦痛を伴ったと答えました。私は農家の仕事が得意ではないのに、農村に行って、かつて食べたこともないような不味い食事を食べなければならないうえに、過酷な労働を強いられました。これを聞いた創設者は静かに「それも教材だね」「その苦労も必要だね」と仰いました。正直なところ、そう言われた時はその言葉の意味を考えませんでした。その後、さまざまな仕事を通じて、あの時代の失敗、苦労、苦難から学ぶものがたくさんありました。ですから私は、人生の中で触れあうすべてのもの、特に失敗を教材として生かした上で、さらに成功を求めることができます。あの「失敗は成功のもと」は、そのままでは成功のもとにもならない。失敗を教材として学ばなければならないと思います。

司会　修先生ありがとうございました。続けてアダマ・ウワンさんどうぞ。

アダマ・ウワン　ありがとうございます。

自己教育を軸にした相互教育というこの学習の旅を共に続けてこれたことを、皆さまに感謝しています。基調講演で野村センターのシステムによる金子理事長ご自身の学習体験を伺いました。システムという語は適切ではないかもしれませんが、思考の糧をたくさん得ました。そして毎日私自身の感想と理解したことをお伝えしたいと考えました。我々は大変忍耐強い討議をしてきて、そのおかげで大変有意義な意見交換ができていると思います。

まず、一昨日、坂本さんが述べた、過去のフォーラムの中でも「生涯教育」がいまだその意義において定義されていない点について。実際、ユネスコでも定義することと自体に抵抗がありました。ですからこの場でも我々ははたして生涯教育の定義をしようとしているのかと、私は心を開いて聞く努力をしました。そもそも「定義」とは何かというと、ある意味断定的にものを言うことになります。そして、往々にして、定義と実際とが違うことがあります。このことがまさに教育の問題なのです。例えば、専門用語に「非公式教育」というのがありますが、それは「公式ではない教育」であります。しかし、それが何か、が問題であって、我々はいまだに理解する努力をしています。

しかし、今ここで、私たちが歩んでいる学習の旅は全く別の道をたどっています。経験の一つずつ、一歩一歩、日常的課題と取り組み、さらに、いのちについて学び、相互に関わり合い、そして我々が話し合っていることが生涯教育において真に意味するところは何なのかということを理解することではないかと思います。これらは非常に分析的かつ合理的なことを重視してきた人間や、国際的な専門用語にあふれた世界からきた人間にとっては非常に興味深いプロセスです。なぜならこの場では、人々がどのように内面の変化を辿ったかを目の当たりにできるからです。人々が「幸せ」だと感じる地点にどのように到達するかがわかります。このことは、少なくとも私たちが今、行っていることの最終目標です。学びや仕事を通して、人生における目標とするのは幸福の追求です。宗教などが存在するのはこのためです。

こうした個人の内面的な旅は、一つひとつの段階を経て変革することが可能であることを示しています。我々は何者なのか、どこにいるのか、ある状況においてなぜ不幸と感じるのか、なぜ他の人間やあるいは状況で衝突するのかを段階を追って理解するための助けとなるものです。矛盾するようなことがあっても、少なくとも私たちが何を目指しているかはより良くわかります。これは継続的な発見のプロセスなので、生涯教育とは何かの定義ができるかは確かではありません。ただ、いくつかの特徴的な形はわかりました。ここで話し合ってきたのは壁のない教育です。内面や外界にある壁を取り壊そうとしています。教育とは、無限の自己の発見へ向かうプロセスです。

この外側とか、外なるもの、そして内的なもの、内側のこと、そして一人ひとりの自己発見への旅はこれまで自己教育と呼ばれてきましたが、今まで言語化してこなかったもう一つの要素「すでに学んだことをあえて忘れること」を加えたいと思います。「学び」には学んだことをあえて忘れることも必要です。なぜならば多くの知識を得るために、教えられてきた多くの事柄が、それが善であるからとか、必要な知識だからという前提で、私たちは知識を持っています。しかし最終的にはあえて捨て去ることも必要だということを理解しなければなりません。それらがすべて前向きな価値であるとは限らないからです。

本日の討議では、教育の内容やカリキュラムについて、グローバル、ローカル、また両者を合わせたグローカル、つまりグローバルでありながら地域に根差したものは、それぞれ何かということについて話がありました。また我々が常に抱く自分自身の内にある緊張、そしてコミュニティや家族間で持つ葛藤、自分がローカルまたはグローバルであることなど、さまざまな話がありました。

今私が申し上げたいのは、ある意味グローバルな分野で、私自身の個人的な思いについてですが、過去四十年にわたり、どう表現したらよいのか、ある意味成し遂げられなかったことが山ほどあり、失望感を感じています。それでも非常に素晴らしい原理、原則はこれまでもありました。ユネスコ生涯学習研究所の所長として常に直面していた最も難しい問題は「生涯学習とは何か」ということです。私は「これだ」と思い、すべてが学びなのだと気づきました。

一方では「生涯学習とはどのように実践するべきなのか」を考えました。家庭や地域社会ならびに職場、またはメディアを通して、どんな場においても学ぶことだと思いました。これもとても良いことです。しかしながら我々は、この体系的な思考を持ちながら生涯学習を実践するにはどうすればよいでしょうか。この原則を制度化しようとする私たちの試みには、常に問題や課題が生じることはわかってきていました。しかしここで伺ったのは、個々人がそれぞれの道筋を辿りながら、謙虚に一つひとつの経験を積み重ねていくことでした。以上が、私が今、私自身の成長プロセスとして理解していることです。

もう一点、我々のこの討議がいかにスムーズであるかということに感銘を受けました。日本だからなのか、野村センターだからなのかわかりませんが、このような会議で言い争いにならないのは珍しいことだと思いました。どうもありがとうございました。

司会　ありがとうございました。スダカルさんどうぞ。

イエドラ・スダカル　午前中は素晴らしいプレゼンテーションをありがとうございました。啓蒙的な内容に富むものだったことにお礼を申し上げます。

「グローバル化」と「グローバルな市民」について、私自身の経験から「グローバル化」とはいかなるものかと考えました。グローバル化する世界の問題の一つに気候変動があります。この十七年、地球上のすべての国と人々は、自らが作り出した、自分たちを苦しめる問題に対してグローバルな共通理解を達成しようと努力してきました。しかしながら、依然としてこの問題にどう対応していくかのグローバルな共通認識を持つに至っていません。これがグローバル化の特徴であり「グローバル化とは何か」という疑問が浮上します。

例えば、気候変動の解決にはグローバルなアプローチが必要とされますが、実際には、違いを生むのはローカルな取り組みです。ですから気候変動の問題に関しては、いわゆる「世界的な合意の下での地域的取り組み」から「世界的な影響を及ぼす地域的取り組み」という、より実際的なアプローチが取られ始めているのではないかと考えます。

このようにグローバル化を捉える観点から教育制度を見てみると、我々は地域的なアプローチでいくべきか、グローバルな教育制度の下で教育の目的やカリキュラムを考えるべきなのか、という疑問に至ります。グローバル化の目的と合わせて考える場合に私が懸念するのは、教育制度または社会そのものは元来非常にローカルな性質を持っているものだということです。

我々が作り上げる独自の制度、例えば日本とインドの教育制度はずいぶん違います。日本の社会はインドの社会とは非常に異なります。当然、その地域の人々の社会的ニーズを充たすための教育制度はグローバルなものよりもローカルな意義が強くあります。我々の社会が繁栄するための地域力を、幸福度指数、経済指標、その他の指標できちんと測れば、それらはグローバルレベルで役立つようなものではないでしょうか。もしそうだとすれば、すべての人にとって利益をもたらすものではないでしょうか。我々は自分たち自身のためにあると同時に他者の幸せのために存在します。このことは、カリキュラムを作成する場合でも、生涯教育の原理を基本とする教育制度を構築する場合でも同じではないかと思います。

しかし、それをグローバルに拡大すると、地域的なニーズを充たさないものになり、ご存じのように摩擦が起こります。この場でも話し合ったように「グローバル化」とはある種、地域的なニーズや視点を寄せ集めたものです。そう考えると、いくらグローバルな制度を集めても中身がありません。ユネスコの方の話を伺って思ったのは、グローバル化の下で、地域的視点を脅かすようなことがあってはならないということです。重要なのはまずその地域独自のニーズを満たす方向に努力することです。いかなる宗教においても「まずは自分自身の問題を解決し、それから他者の問題を考えること」を常に言われます。このことがグローバルまたはローカルの教育制度を考える場合にも言えると思います。

先ほどどなたかと教育制度は、その社会のニーズに合わせて作り上げられたツールだという話をしました。インドの教育制度の下では、良い大学に入り、研究主題領域で九十五点という高得点を取ることが、その後により良い人生を送るための前提条件として必要なのです。実際に我々がどうであるかということは全く別問題ですが、それぞれ社会力学が違います。カリキュラムに関しても、公的なカリキュラムによって社会のルールが変わりますし、一方では個人が自身の人生を通して継続して教育を受けるというニーズもあります。なぜなら、さまざまな方が「生命」の定義を「刻一刻変化するもの」だと言うように、環境も変化するからです。ですから、ぜひ、生涯教育を公教育に平行した制度として、家庭、地域社会、このようなフォーラムの場といったさまざまな状況において、できるだけ長い期間にわたって学ぶ手段としてはいかがでしょうか。

ただし、カリキュラムには、社会において別の役割があります。理論的に筋が通ったものに重点を置くべきです。なぜなら、場合によっては社会のニーズに応えようとするあまり不健全なものになってしまうからです。インドに関しては、五年か六年の間、教科書に書かれていることを頭に詰め込んで覚えなければならないという時期が、教育の中に決められています。これが現在のインドで求められていることです。こうした教育が中国をはじめとした他の社会の製造業でも求められています。その地域の人々の求めるものによって確実に変わるのがカリキュラムです。インドでは現在都会で生きていくためのノウハウがサービス業に求められています。ですから教育もその方向に進みつつあります。このように、社会のニーズによって教育の主要な流れが決まります。生涯教育も、公教育や既存のカリキュラムと平行していくものになるのではないかと思います。

発言の機会をいただきありがとうございました。

司会　それでは當真さんお願いします。

當真正剛　よろしくお願い致します。先ほどハーベルスラッド先生が、センターがなかったらメンバーの方々はどうなっていただろうか、と仰られました。私も、同じように考える者の一人です。

私がセンターに出会うきっかけになったのが、自分自身の非行です。十二歳頃から荒れ始め、夜遊びをしたり、いろんな人と出会ってどんどん悪いことするようになって、学校も行かなくなりました。悪い関係ができていくと、さらに悪い方向にエスカレートします。十四歳の頃、不安定な私を見たメンバーの方に連れてこられて、野村センターに行ったのがこの学びと出会うきっかけです。それまでは、私は学校の先生や大人に反発する気持ちがすごくありました。子どもの頃は「偉そうなことを言っても一皮むけば、人間同じじゃないか」「偉そうなこと言えるのか」などと、大人に対して批判的でした。しかしセンターに来て、創設者をはじめメンバーと出会って、はじめて信頼できる大人に会いました。今の私はこんなふうに涼しい顔をしていますが、当時は荒れていて、周囲の人たちは私を厄介者扱いしましたが、センターではありのままの私を受け止めてくれました。通い始めてからは「こんな大人もいるのだ」と思うようになりました。以前は事件を起こしては捕まるということを何回も繰り返していました。その頃、母は私のことでセンターで勉強するようになりました。自分自身では意識していませんでしたが、当時、両親は仲が悪く、喧嘩が絶えず、離婚寸前だったそうです。そのことが、私が荒れていたことと関係するかどうかはわかりませんが、母は私のことを大変な子だと心配していました。母は、野村センターに行った際に「息子のことはいいから自分が勉強しなさい」と言われ、父との関係から学んでいきました。その間に私が事件を起こして捕まり、母が面会に来ました。以前の母は、このような状況では、自分の息子がしでかした愚行を叱責し、警察官に謝罪するばかりでしたが、そのときの母は肝がすわっていて、ただ一言「早く帰ってらっしゃい」と言いました。これを聞いて、母がありのままの私を受け止めてくれた、自分自身を信じてくれた、と思いました。そのことがあって、私も勉強してみようと思いました。センターに来て勉強するようになって、さまざまな関わりを経て自分の意識が変わっていくというプラスの循環を継続する中で、たびたび「私はどうして荒れていたのか」と思うことがありますが、荒れていなかったら野村センターを知ることもなかったと思います。

私は沖縄県出身です。第二次大戦の日本の戦争責任のことなどから自国否定をする若者が多かったなかで「自分の国を愛せない人は自分も愛することはできない」と創設者に言われました。以前の私ならそんなことは思いもしませんでした。しかしそれ以来、沖縄のことを真剣に考えるようになりました。

沖縄はたくさんの問題を抱えています。一昨日も県知事選挙がありました。辺野古への米軍基地移設に反対する候補者と、賛成の候補者が立候補したところ、一時は賛成派の候補者が有利とも言われましたが、結果的には反対派の候補者が当選しました。どのみち移設されてしまう基地であるにせよ、沖縄県民の承認のもとに移設される基地と、反対多数のなかで移設される基地では意味合いが大きく異なります。そういう意味では、反対派の候補者が当選したことは喜ばしいことです。日米の地位協定によると、アメリカは沖縄のいずこでも、無期限で基地を建ててよいことになっています。この協定がある限り、県民の苦痛や困難は一生ついて回ります。私は今、このことを自分の課題にしていきたいと思っています。自分のことだけで精いっぱいだった私が、そのように思う気持ちや心を持つことができるようになったのも、野村生涯教育の学びやメンバーとの関わりをいただいたからです。皆さんの話を聞くという関係こそが変化です。こうした関わりの中で、本当に私の意識は変わりました。これほどすごい教育はありません。本日の雰囲気もとても大事だと思いました。

創設者は、私のことを受け止めてくれました。第八回国際フォーラムの最後で創設者は「どんなに悪の強い人でも、必ず善に導くことができる。私は人間を信頼していますから」と述べました。そういう思いで私自身のことも、皆さんのことも見ていたのだと思いました。創設者の言う「人間に対する信頼感」の中で私が救われて変化することで新たな関わりができる。この連鎖によって関わりが広がって、悩みを持つ人たちに、自分を啓く道があることが伝わればよいと思いながら勉強しています。そして、金子理事長になってからは、私の動機とは何か、を常に聞いて、その大切さを言ってくださる。そのことは講義にもありましたように、自分の第一動機はすべて次の言動・行動に繋がっていきます。だからこそ動機が大事だということです。私自身の意識も変わって来ていると思います。

金子理事長　私と當真さんとの関わりの中で、仲井眞知事のことを「沖縄の人」と私が言ったときに、彼が怒ったことがありました。この話を遡ったら當真さんが子どもの頃の経験にまで戻って「自分が嫌われているのではないか」という気持ちに辿り着いたことがありましたよね。あれは大事な話だと思うので、発言したらどうですか。

當真正剛　今、理事長が仰ったのは、仲井眞前沖縄県知事が昨年の暮れに、沖縄での米軍基地移設を認めた件です。前知事は、米軍基地移設についての決断をする二日前に東京に来たところで、腰痛で急遽入院しました。退院すると、前知事は米軍基地移設を容認する発言をしました。入院中の二日間でどれだけ説得されたのかと思いました。この件を金子理事長に話したときに、私は「仲井眞知事は米軍基地移設を政府に承認させられた」と言いました。すると理事長は「そうは言っても仲井眞さんは沖縄の人でしょう」と仰いました。その発言を、実際の理事長の意図はそうではなかったのですが、私は「認めたのは沖縄の人じゃないか」と言われたような気がして、面白くないと思う気持ちがふつふつと湧いてきました。「仲井眞さんは沖縄の人だ」というのは勝者の論法だし、そのことに腹を立てた私は「大和（日本）のおごりだ」と言ってしまいました。それについて理事長は、私が考えているようなことではなく、私自身がこの条件から制せられていると言いました。そうしたやり取りがあった後に、私があまりにも強く反応することを金子理事長は心配して、時間を作ってくれました。理事長と木村理事が話を聞いてくれることになり「そういう受け止めになるには、幼児期にどんな経験をして、どんな気持ちがあったのかを聞かせてもらいたいのよ」と仰って、私の子どもの頃の話になりました。私は、子どもの頃は結構人が好きで、どんなおじさんとでも仲良くなれました。近所には同じ年頃の子がたくさんいたので、とても楽しく遊んでいました。ところが十歳頃、学校にはすごく頭のいい、権力者の息子がいました。彼は皆に言うことを聞かせて、仲間を従えていました。私は彼の言うことが聞けず、そんな私のことを彼は面白くないと思ったようです。ある朝、学校に行くと誰も口をきいてくれませんでした。これは彼の仕業だと思った私は彼と喧嘩をする。そうすると、クラスの生徒たちが私と口をきかない状態は一時的におさまるけれども、何日かすると再び口をきかなくなる。どうして私はこんなに人に嫌われるのかと思いました。その結果、私はすぐに喧嘩をしてしまいます。先生は私のことばかり叱る。私が手を出して喧嘩をしかけるので悪いのは私だということになる。そうすると私は、先生はもちろん、大人を批判するようになる。私は「どうしてこんなに人に嫌われるのだろう」と思ったときからひねくれるようになりました。しかし、金子理事長と木村理事に「あなたはそんなに嫌われるような子ではないはず。ところがそれが相手にとって面白くなかったり、そういった事情があるのではないですか。あなたは決して嫌われるような人間じゃない」と言われたときに、それまで心のどこかにあった自己否定する気持から解き放たれました。そのことは私にとってとても大きなことでした。今や忘れ去ってしまった子どもの頃の経験が、自分の無意識の動機となっていたことが一つ解明できました。自分の心の傷を一つ切り替えることもできました。このような関わりの中で、自分が意識していなかった部分を引き出してもらったことで自分の意識がまた一つクリアされ、その経験はとてもありがたいと思いました。そういうこと自体が「教育」だと思います。

金子理事長　少し補足します。沖縄出身の彼からは、いわゆる本土で暮らす私たちにはわからないような思いを聞くことがあります。日本では唯一、地上戦が行われた沖縄の人たちの思いがどれほどのものか。彼は「自分を大事にしなさい」「自分の尊厳に目覚めなさい」と創設者に言われ続けてきました。そんな折に、二日間政府と話し合ったのちに掌を返した仲井眞知事に憤りを感じて、私が何気なく言ったことに烈火のごとく怒りを露わにしました。彼の言動の裏には一体何があるのだろうと思って聞いていった時に、今の子どもの頃の話になりました。

権力者の息子にいじめを受けた當真さんは彼を殴る。そうすると周りの子どもたちはいじめっ子に従うなどということではなく、再びいじめられる。そのようになる理由は、彼が「自分は嫌われている」ということを無自覚のうちに根っこに持っていたことにあります。本当は彼の行動を正しいと思っているのに、権力者の息子にいじめられたくないがために子どもたちは皆、彼の暴挙を黙認するといったことは、国レベルでも同じようなことがあります。つまり、力の強い人についていかないと自分もいじめられるのではないかという、人間の弱さが子どもなりの世界でも同じようにあり、當真さんが傷ついていった。だから私は自信を持って「あなたは絶対人に嫌われるような子ではない」と言いました。

そういう意味で、いろんな要素の中での見方で、自分がコンプレックスに感じているものの肥大化は、さまざまな関わりをいただく中で解消されるものであっても、當真さんが自分は嫌われるような人間ではないのだと目覚めた時に、自分自身に自信を持てるようになったのだと思います。

司会　金子理事長ありがとうございました。それではカタソノワさんどうぞ。

エレーナ・カタソノワ　手を挙げるのが少し遅れてしまいました。少し前に話されていた永井さんの話を聞いたときに大変感動をしました。尊敬と同情の気持ちを心から表したいと思います。

ロシアも、チェルノブイリの悲劇を経験していますので、福島の原発事故の後、ロシア人は、本当に「同情」や「人道」という言葉だけではなく、その気持ちを思い出しました。当時、私は、ロシア科学アカデミー東洋学研究所で働いていて、私たちは、寄付金を集め始めました。子どもたちはコンサートを行い、プロの俳優やボリショイバレエ団も、コンサートやバレエの公演をしました。私の友人は災害支援のために福島に行きました。私の日本の友人の中にも親を失った子どもたちがいました。そういった子たちを養子にして、ロシアで育てたいと思う友人もいました。ですから、大地震の時には、福島に対しての気持ちはすごく強かったです。私は、ロシアにこうした思い、人間性がまだあると知って、すごく嬉しかったです。ですから、これからも子どもであれ大人であれ、私たちはその気持ちを育てることが大事な目的だと思っています。

もう一つのテーマは、私にとって感動的なことです。それは平和を守る、すなわち平和憲法を守ることです。

ロシアでは今、教育が大きく変わってきていて、ペレストロイカが行われています。最大の問題は歴史の教科書、ソ連時代に共産主義の思想のもとで書かれたものが唯一の共通の教科書でした。今はおそらく五十種類以上の歴史の教科書があり、実際はソ連時代の歴史のことが、今、議論されています。例えば、十月革命にはさまざまな評価があります。スターリン体制をどのように評価するかは、今後の国の発展のためにとても重要な問題です。今後、新たな戦争を引き起こさないために、歴史の問題については私たちはどうしても答えを見つけなければならないと思っています。ロシアだけではなく日本でも歴史教科書の問題は長い間議論されています。私たちは、二十世紀の歴史で積み残されている問題に向き合わなければならないと思います。そして子どもたちに歴史的な知識を正しく伝えなければなりません。

司会　ありがとうございました。もう少し時間がありますのでジョルジーバさんどうぞ。

リリア・ジョルジーバ　福島の方々、仙台の方々には、私からもお見舞いを申し上げます。二〇一三年の一月に、私は宮城県の石巻と松島に行った際に、人間がいかに小さい存在かをつくづく感じました。

「私たちは一体どういう存在なのか」「人間とは何か」という問いからこのフォーラムは始まりました。人間とは、一般的には生命を指します。被災地に行き、いかに自分たちの存在が小さいかということに気づき、人間の基本的な価値に立ち戻り、まずは人間である限り、生命を守らなければならないことを再認識しました。

簡潔に申し上げますが、まず、私たちが心の中で考えていることと現実とのアンバランスについて。このことはエマラさんが触れられたことですが、そのバランスをいかに見出していくのか。命を守るために自分たちの国や人間を崩壊しようとするその勢力に対して何とか対抗しなければならない。そこに「教育」の問題が出てきます。教育といっても非常に幅広い枠組みです。マクロとミクロのレベルで考えていかなければならないという話もありました。

また自然災害は、私たちの自然に対する態度が非常に密接に関連している問題でもあります。それは人間の価値にも繋がります。私たちがもっと人間的であれば、政治家や政府が自然や社会的な環境を破壊する行為は到底認めないと思います。

それからスダカルさんが「グローバルになるということは果たして脅威に繋がるのか」と問うていましたが、私は脅威には繋がらないと思います。なぜかというと、教育カリキュラムの話もありましたが、私は生活のあらゆることを教育や教育プロセスに関連して考えることができると思うからです。ローカルでありながらグローバル化することもできると思います。マロペさんの仰るように、誰もが長い道のりを歩んでいくことだと思います。私はいったい誰なのかと問われれば「ブルガリア人」と答えます。かつて西欧の国々からバルカン半島と呼ばれた地域で生まれました。しかし私は、ヨーロッパ人でもあり、同時にグローバルな人間でもあると思います。なぜかというと、野村センターや皆さまのような方々のお陰で、実際にコミュニケーションを図ることができるからです。皆さまは、オープンな気持ちを持っているから、一堂に会してさまざまな経験を共有する話し合いができる。そうすることで人間の開発に繋がっていくのだと思います。これがまさに野村理論の核心ではないでしょうか。私自身の開発をしていく。自己完成に向けて取り組んでいく。それは最終的に何のためかというと、他の人たちも同様にそうしたことができるようにしたいからです。そこで私は、自問自答します。具体的にどうするのか、実際的、実践的、効果的な方策があるのか。実際、ブルガリア国内のどこへ行ってもどのように実践したらいいのか、支援を求められています。私自身はこの問いに対する答えをまだ見つけていません。

時間が迫っていますので、私の話は以上です。ありがとうございました。

まとめ

金子理事長

本日はセミナー三日目を迎え、会期の中盤を過ぎました。冒頭から活発な意見交換があり、本当に充実した討議が行われたと思います。私も皆さんの発言からいろいろなことを触発されて、とても感謝しています。そのことについて少し話をしたいと思います。

まず、マロぺさんの貴重なプレゼンテーションとお二名の講師による講義について。

先ほどマロぺさんには直接申し上げたのですが、さまざまな出来事が原因で、ボツワナで象が増えているという話はとても印象に残りました。佐野さんの話にもありましたように、近年、日本では五十年、百年に一度の稀な災害が起こっています。そのため自然界にある食べ物が消失してしまって、その結果、熊が民家のある地域にまで下りてくるという問題があります。日本は島国ですから、日本国内の問題として起こりますが、国が接しているとお互いに影響を受けることになります。今の日本の状況と比較しながら、それぞれに異なるなかに起こるさまざまな共通の問題を感じました。

ハーベルスラッドさんの発言されたご自身とセンターとの関わりの歴史から、私はさまざまなことが引き出されました。仰るように、どのメンバーも「センターがなかったら、自分はどうなっていただろうか」という思いがあると思います。基調講演でも述べましたが、私自身、よもやこのような道に私の人生が繋がっているとは思いませんでした。医者に病気は治らないと言われ、人生に絶望していたときに創設者と出会い、自分の尊厳に目覚めることができました。ハーベルスラッドさんの言葉は本当に私の心に沁みました。

また、肉親の関わりを得られない子どもたちが、同じ無垢な子どもであるにも拘らず十年、二十年経ってテロリストや殺人者になるのは、そうならない子どもたちとは何が違うからなのかという発言がありました。私はその投げかけを本当に重く受け止めました。自然界の成り立ちを学び、すべての存在が同時依存の関係にあるということからすると、殺人者またはテロリストを生み出す要因が環境にあり、私たちがその環境を形成する一人であるということを、私たちは見ていかなければならないと思います。狼に育てられた人間は狼のようになると言われています。その因となっているのは、人間が生物としてのさまざまな要素を持っているからです。その要素が関わりによって引き出され、そしてそれが同時依存だとすれば、テロリストを生み出す要因を自分の中に見ていかなければならない。これはとても難しい問題なので、まずは皆さんと共有するに留めたいと思います。

それから、九・一一以降のブッシュ元米大統領の行動に対して、私は仰る通りだと思っているのですが、ただ、そこを、本当にそうだというだけではなく、私たちは違う方向に持っていかなければならないと思った時に、ブッシュという人を生み出している要素を私たちはどう考えるのか。アメリカの場合、大統領は実質的に直接国民が選ぶわけですから、この国民が選んでいるということを、自分はどう考えるのかという問題があります。ハーベルスラッドさんは長年にわたり野村生涯教育を学んでいるので誤解を恐れずに申し上げます。ハーベルスラッドさんは「ノムラセンターでは自分を変えると他者を変えられる」と言いました。その通りだと思いますが、他者を変えることを目的とするのか、環境を通してそのことを課題として自分を変えようとするのか、動機がいずれなのかによって、向かう方向が違います。とかく私たちは、他者を変えようとする動機が強いです。他者に感じるものを言葉にすることは大事だと思います。それは先のエマラさんの話にもあった通りです。しかし、最終的には自分がつくっている社会だということを据えたときには、認識からでも観念からでも、自分がそのことを通して自分の何を変革するのか、どう人間性を開発していくのか、どのように豊かになっていくのかという動機の重要性を改めて感じました。

永井さんの発言で、今の日本、そして福島の実情を皆さんに聞いていただいたことは、とてもよいことであり、ありがたいことだと私は思います。永井さんは八十六歳で、福島連絡所の責任者を務めています。八十歳になった頃に「もう引退です」「とても講義には立てません」と仰っていました。

創設者は高齢期の大切さを「老年期を支える最も大切なものは『自立の精神と生きがい』であります。しかし、〈肉体的自立〉、〈経済的自立〉は、老年期は自ずから限界があります。しかし、〈精神的自立〉こそ最後まで失われることなく、自らのものです。精神的自立こそ、老年期にとって最も不可欠な要素となります」と述べています。永井さんは震災を経験し、自分がしなければならないことがまだあることに気づき、それを自身に課しています。残念ながら日本国内でも原発事故への意識が希薄になっています。それに対して、永井さんは周囲の人々にも訴えかけながら、八十六歳という年齢で必死になって自分たちの地域を自分たちで何とかしようという意識を持たれていることは手本にすべき精神だと思います。

それから、エマラさんの発言の中にフォーマル・エデュケーション（公教育）と、インフォーマル・エデュケーションについての話がありました。センターで言う教育とは、公教育、つまり学校で教わるということと、公教育外の教育になるわけですが、そうすると、「教育」をどう考えるかという視点が問題となります。人間が人間らしくあるためのものが「教育」だとすれば、学校教育だけが教育期間ではありません。一生をかけて人間らしくなっていくということは、どこの場も教育の場となり得ます。そうした観点からすると、むしろ無意図的な教育の場である生活の場に、より大きな教育効果があるということを第二章の講義で学びました。時間が限られていて残念ながらこの点は詳しく触れられませんでしたが、無意図的な教育の場にこそ多大な影響力があることを、私たちは認識していく必要があります。私たちは、生活の場をプライベートな場または憩いの場としか考えていなかったと思います。しかし、そうした場において、無自覚であっても親の意識が確実に子どもに伝わっている。私は、インフォーマル教育の責任や、価値観を育てること、エマラさんの言う、文化的教育、初等教育の重要性に共感しました。

教育において異文化を伝え合ったり、人間関係の中で自分のことをお互いに伝え合うことはとても重要です。当然のことながら識字教育も大切です。ただ、人間社会にはそれぞれトップに立つ人もいれば底辺を支える庶民もいる。相手の立場を思いやることのできる社会の中でそれぞれの立場を生かせばよいのですが、現代社会を見ると必ずしもそうではありません。全員がそうだとは言いませんが上に行けば行くほど、自分を守ろうとするし、他の人のことを考えられなくなる。そういう人間性が問題視されています。どの場面でも人のことが考えられるような、そして共に生き合っているということを考えられる人間性を根底に据えた教育の上に、その次に知識や能力が生かされていくことが、それぞれの立場を生かしていくことになるのではないかと思いました。

私の理解が正しければ、ジャッタさんの発言もおそらく今の話に通じると思います。ジャッタさんの仰るように、生涯を通じて自己実現をしていくことや、お互いの考えを共有することはとても大事です。

ズザナの発言からは、一九九九年の若者たちのフォーラムに参加し、そういう繋がりの中で創設者との縁があって、その頃からもとても変化していることを感じました。いろいろな国に知り合いができると、その国をとても身近に感じますよね。単にどこにどの国があるという情報だけでなく、そこに住む人との関係で身近になっていくことの大切さがあると思います。ストリートチルドレンを自分の意識や関心の中に入れて踊りを教えるなど、そういった、言葉ではない形で子どもたちに思いをかけていくのは素晴らしいことだと思います。

修先生の話の中に、私は触発されるものがありました。昨今は「失敗は成功の元」という考え方が消えつつあります。失敗が失敗のままに終わっている。私たちは、この学びを通してピンチがチャンスになることを学びます。私の例を挙げれば、病気をしたことは最大の不幸だと思っていましたが、その不幸がチャンスに転じて自分自身を知ることに繋がりました。

そのことを思ったときに、修先生が仰ったように、ピンチを教材にして学んでいないから、失敗が失敗のままに終わっている。やはりその失敗がなぜ起こったのかを検証して、それを見ていくことの大切さと同時に、もう一つはその成功を願う中であきらめない気持ちや、自分の知らない自分を知ること、言ってみれば無限の自分の開発に繋がることに喜びを見出せば、成功ということが二義的な価値になるくらいの自分自身の豊かさに人間が価値を感じれば、それは本当に素晴らしい見方に繋がるのではないかと思います。

私たちは、国際会議に出席する経験はそんなに多くありませんが、ウワンさんのお話を伺って、穏やかに言い争いをすることもなく会議ができるのは稀なことなのだと思いました。私たちがそれを今ここで認識することができたことはとてもありがたいです。

生涯教育を定義することはすごく難しいと思います。原論の中で創設者が「生涯教育の定義はないと言われて久しい」と述べています。ウワンさんの話を聞いて、それほど難しいのだと改めて思いました。しかし、野村生涯教育を学んだ立場から申し上げると「生涯教育」は「一生涯」の「教育」と書きます。それは、一生涯をかけて人間らしくなるということです。人間らしくなる教育の段階は、百点、二十点、三十点があるわけではない。段階がある。例えば、自分のことしか考えられなかったのが、自分自身の尊厳に目覚め、他人のことを思いやることができるようになる。そうするとさらに広く、深く、他者を思いやることができるようになる。そうしたそれぞれが人間らしくなる段階もあるという意味において、それぞれの立ち位置の中で、自分が置かれている環境でいかに自分自身が人間らしくなる段階を踏んでいくかということがあって、それがモザイクのように、あるいは、オーケストラのようにハーモニーをなして社会が良くなっていくのだと思いました。

カタソノワさんが話をするタイミングを逸したと遠慮がちでしたが、私はこの会議の中では、それぞれの人が発言をしたいと思ったときがタイミングだと思います。ですから、カタソノワさんが勇気をもって発言してくださったことで、またジョルジーバさんの発言にも、永井さんをはじめ震災で被害を受けた人々、地域、そして日本も勇気づけられると思いました。戦争問題も歴史的な問題も大事なこととして、もっと深く話し合えたらよいと思いました。

明日は最終章を学びます。皆さん、思い残すことがないように発言をしていただければと思います。

ありがとうございました。

11月19日（水）

◆プレゼンテーション

「労働組合の委員長として」　メルコテンダーメイツ株式会社代表取締役社長　渡利幸雄

■講　義　野村佳子生涯教育論

第五章　生涯教育のめざすもの　理事補佐　加藤直美

人間の復活
共存の秩序の確立
新しい文明の創造

第五章　生涯教育のめざすもの　理事長　金子由美子

人間の復活
共存の秩序の確立
新しい文明の創造

■討　議

■まとめ　理事長　金子由美子

プレゼンテーション

「労働組合の委員長として」

メルコテンダーメイツ株式会社代表取締役社長　渡利幸雄

皆さんおはようございます。集中セミナーも最終日を迎えました。こうやって皆さまと一緒に学ぶことで、多くの気づきがありました。ありがとうございました。

私は野村生涯教育センターの人間学研究会という講座で学んでいます。今年の七月まで二十二年間、三菱電機労働組合、ルネサスエレクトロニクス労働組合で中央執行委員長など労働組合の役員を務め、定年を機に現在は復職し、関係会社で社長を務めています。二十二年間の組合活動には多くの課題がありました。都度、野村生涯教育センターに関わっていただき、指導を受けながら乗り越え、今日を迎えました。その一部を、感謝を持ってお話しします。

一九八六年、会社では盛んにアグレッシブに思考し、行動できる社員になるよう号令がかかっていました。しかし、具体的に何をどうしたらよいのかは指示されておらず、変化はありませんでした。私はどうしたら変革ができるか、その種の書物を読みましたがこれだと思うものは見当たりませんでした。そんな折、私たち夫婦仲が極めて厳しい状況にあることを義姉が心配し、野村生涯教育に妻を誘いました。妻が学び始めてしばらくして、私は妻の変化に気づきました。私があれほど言っても何も変わらなかった妻が教育の力で変わったことに驚くとともに私も野村生涯教育に興味を持ちました。私は野村センター主催の全国大会や関西大会に参加をするようになり、興味が増すにつれて、月例の講座にも参加するようになり、私自身の変化を求めて学びを続けてきました。

「心・身・環境一元論」という言葉を初めて聞きました。心と身と環境は一直線に繋がっている。すべては心、意識が動機になっており、意識を正しく整えていくとその意識に従った行動になり、その行動が環境をつくるという理論です。私は、具体的な自己変革の理論に出会った事を確信しました。この理論を企業の活動に取り入れていきたいと強く思いました。私は、一九九二年八月に労働組合の関西支社支部委員長に就任し、翌年の五月に組合の研修会を企画し、創設者を迎えて「豊かでゆとりある人生を歩むためには」というテーマで講演をお願いしました。労働組合の研修会に組合員のみならず会社側の管理職も一緒に聴講するという、これまでにない研修会となりました。以後も野村センターから講師を派遣してもらって講演を継続しました。

その頃、私の息子は中学三年生でした。息子は高校受験を控えていましたが、あまり受験勉強をしないので、「もっと勉強をしないと高校受験に失敗するぞ」「将来、三菱電機に入るためには、いい大学を出ていないと採用してもらえないぞ」と叱りました。息子は黙ってうなずいていましたが、あるとき「これまでありがとう」と言って家を出て行きました。家を出るときの息子の態度がおかしいので部屋に入ってみると手紙が書いてありました。「お父さんの言っていることは正しいけど、僕はその期待に応えられない。ごめんなさい」という出だしで始まる遺書めいたものでした。

私は、自転車に乗り、息子を探して町中を走りました。はじめは「なんて馬鹿な奴だ」「どこまで俺を困らせるのだ」と思いましたが、時間が経つにつれ「間違いだけは起こすな」「生きていてくれ」という思いが強くなり、大きな声で息子の名前を呼んでいました。しばらくして息子は帰ってきました。本当に間違いを起こさなくてよかったと思いました。息子は、屋上から飛び降りようとしたが怖くなって帰ってきたと言いました。私は、いい学校を出ていい会社に入ればそれが幸せだと思っていましたが、この発想は、息子の生きる気力を奪ってしまうことに気づき、愕然としました。息子を追いつめてはいけないので、できる限り息子の言うとおりにしようと思いました。これが親の優しさだと思いました。

私は一九九六年の八月から組合本部役員に就任し、住まいは大阪から東京に移りました。私たち夫婦は創設者の膝元で学べることに大いに興奮しました。一九九七年より創設者は、企業で働く第一線の方を対象に「人間学研究会」を開講され、私は本格的に野村生涯教育論を学ぶ機会を得ました。私はこの学びを企業活動に取り入れたいという動機を持っていましたので、いよいよ本格的に実践する時が来たと思いました。そして、私が事務局長をしている三菱電機関連労働組合連合会（以下、三菱電機労連）からも受講者を派遣しました。一九九八年には創設者を迎えて、三菱電機労連で「家庭の価値と役割」をテーマに講演会を開きました。人間学研究会で、家庭は人間関係の基礎が形成される場であり、次世代の社会を背負う公人を育てる場であるという、これまで全く考えていなかった視点を学び、男性が多い組合役員では普段はあまり話題に上らない家庭の重要性を説いてもらうためにこのテーマを選びました。

第七回国際フォーラムには多数の組合役員とその家族が参加をしました。このように組織内に生涯教育を導入していきました。

そんなある日、私が帰宅すると妻は、息子が免許を取ったので、私に何の相談もなく息子と二人でバイクを買ってきたと言いました。バイクを買ってから二週間後に、息子は自動車と衝突する事故を起こしました。幸い息子は軽傷で済みましたが、バイクは壊れ廃車になりました。この時、妻が理事に「生命に関わるものを夫婦で話し合う事もせずに子どもに買い与え、事後報告を受けたご主人も仕方がないと言って、何も話し合わずに子どもの言いなりになっているのは、筋が通っていない」「立てるべきものを立てていない」と指導を受けました。また「子どもの機嫌を取るような甘さでは、子どもの生き方を狂わすことになり、自らの手で責任を取れない子どもを育てている」とも言われました。

理事からの指導をもとに夫婦で振り返りました。私はたかが50CCのバイクと軽く考えていましたし、節目に息子と向き合って、命の尊さや子どもを大切に思っていることなどを話したことがないことを理事に話しました。理事は「それでは、子どもを自立させるように育てるという親の責任を果たせていない」「以前、息子さんにいろいろ言ったから気力を失くさせたことをマイナスに考えていて、今度は、自分の思いを口に出せず、いい人を演じている」「言うべき事を言わない甘さは企業人としても出ているはずだ」と指摘されました。そういえば息子の問題が起きるまでは、カミソリ渡利と言われていましたが、息子のことがあってからは、物わかりのいい人を演じていたと思います。それ以来、深い洞察力で自己を探求し、自分の動機を正すことの大事さを学びました。

二〇〇三年四月、日立製作所と三菱電機の半導体部門が切り出され、ルネサステクノロジが設立されました。私はその新労働組合の設立準備委員会の委員長となりました。委員会の仕事は遅々として進みませんでした。日立労組も三菱電機労組も長い歴史を持った組合ですから、それぞれが持っている制度、仕組み、考え方は時代にもまれながら洗練され、いずれも企業内組合とはいえ大きな違いがあり、まさに文化と文化のぶつかり合いでした。

私は遅々として進まない状況に嫌気がさし、委員長を辞めようと思いました。センターに出向き金子理事長に指導を乞いました。「自分で枠を作り、自分自身で行動を規定している。誰とも相談することなく、自分一人で考え、辞めようと思っている。人を切り離し、一人で頑張ろうとする個性を見直すことが課題です。嫌になっている理由があるはずです。辞めようとまで思っているなら、失うものはないでしょうから、その理由を正直に素直に相手にぶつけてみることです。覚悟を持って相手に当たってみてはどうですか」と指導を受けました。

また、担当理事からは「渡利さんが日立に言いたい事を言えないように、奥さんに言いたいことを言えてないのではありませんか」と言われました。私は夫婦間でもある程度は気を遣いながら喋るものだと思っていましたが、本当のところは、二人の関係が壊れるのが怖いからだという意識が見えてきました。「夫婦の関係は、本音で言い合って壊れるようなものではありません。妻を信頼できないのは、日立に言うべきことを言えないのと同じです」と言われ、人間関係の原型は母子関係であると学んだ事で、幼少期の私と母との関係がよみがえってきました。「感じたこと、思ったことを正直に言う、それが相手を理解する事であり、自分のことを理解してもらう努力をしていくことです」との指導も受けました。

私はさっそく日立側の支部長と個別に面談をして、自分の思いを伝えました。「議論が遅々として進まず、支部長が自分の支部の事ばかり言っているように思う。それぞれ事情はあると思うが、新しい組合を作るという思いは同じはずではないのか。気持ちを一つに合わせる気がないのなら新しい組合なんか作らなくてもいい。本音を言ってほしい」と話しました。その結果、「どうしたら一つになれるかという事を考える時に来ているると思っている。迷惑をかけないよう内部調整してから会議に臨むようにする」という言葉をそれぞれの支部長から聞くことができました。

その後は順調に進んでいきました。一人の意識が変わればこんなにも多くの人に影響を与えられる。違いがあって当たり前。でも誰もが同じ目標を持っているとの思いがある。自分の色眼鏡で相手を見るので、自分の意識は長い過去からのルーツの価値観やものの見方の影響を受けていると学んでいても、ありのままに見る事がいかに至難か。生活の中の事象から意図的に教育をしていただき、自己の持つ本具の価値を引き出してもらいました。

リーマンショックでルネサスも大きな打撃を受けました。業績は大幅な赤字に転落しました。「会社の危機は自分の危機」「勝ち残りに繋がる生き残りを図る」という思いを労使が共有し、一体となって業績改善策を展開しました。しかし二〇一一年三月に東日本大震災が発生し、日本経済のみならず世界の経済は大きく影響を受けました。その後、タイの洪水が重なり当社も大きな影響を受けました。

東日本大震災が発生した時、ルネサスは労働条件を決める春季交渉の最中でした。私は、労務担当重役に「従業員の安否確認を最優先しながら、各工場の被害状況と早急な復旧に向けた対策に全力をあげることが、今すべきことだ」と申し上げ、春季交渉は中断となりました。被害の概況と復旧へのある程度の方向性が見えた時点で一刻も早く復旧ならびに復興に向けて労使が一丸となって対応するため、中断していた春季交渉を再開し、交渉再開二日後に決着をするという異例の速さで、春季交渉を終えました。

春季交渉の中断を会社に申し出たのは、人の命を中心に据えて物事を考えることができているということであり、異例の速さで決着の判断ができたことは、一刻も早い解決で、組合員の不安感を払拭し、復旧に向けての結束力を高めることが、今最も重要だとの考えに至ったからです。

物事の見方、考え方、さらには、何に価値を置くべきかを学ばせてもらっているお陰だと実感しました。このことは、職場の仲間全員が人間学研究会で学んでいることと深い関係があります。

二〇一二年八月、特別支給金の協議での会社の不誠実な対応に苦慮していることについて指導を受けるために、私はセンター本部に行きました。会社は春の交渉において特別支給金支払いの判断基準を示しており、その基準をほぼクリアする状況にありながら、支払うことができないという回答でした。賃金カットや一時金不支給が理由で生活レベルを削って協力している組合員の思いや気持ちには何の配慮もせず、産業革新機構等からの資金支援が実施されることのみを優先し、特別支給金の支払いができない理由さえ明確に説明しない会社に対して誠実さが感じられず、主張が正しいと思っている組合は、何らかの工夫をして会社は特別支給金を支払うべきだと思っていることを話しました。

理事長からは「何のために働いているのですか、お金のためだけではないはずです。渡利さんは、ルネサスには日本の半導体の復活の願いがかかっていると言いました。この使命感や自己実現、充実した人生を歩むために働いているのではないですか」「渡利さんの発言では、会社に誠意を示してほしいという意図が十分に伝わっていなくて、単に特別支給金の支払の有無に話が終始しているように聞こえます」「渡利さんは、お金に価値を置きすぎているのではありませんか」「純粋に会社の誠意を求めることを優先に考え、あくまでもお金は誠意を示す方法の一つだということを認識すること」「渡利さんは、会社が不誠実な対応をもって幕引きをしようとしていると捉えているようですが、話を聞く限りでは会社は間違いなく良くなってきているように感じます。外部から就任した会長は天の配材ですよ。渡利さんが一生懸命に対応されているその意識と張り合っているということですよ」との指導を受けました。

私は知らず知らずのうちに、自分の見方が正しいという思い込みの世界に入り込んでいました。理事長の指導には目からうろこが落ちる思いでした。立ち止まってもう一度全体を俯瞰する必要を認識しました。とりわけ、会社が良くなってきているという理事長の見方は、私の見方とは正反対でしたので、何をどう見るかがまさにできてないことを自覚させられました。

ルネサス再生に向けた取り組みの最中、二〇一三年九月三十日にルネサスに対して、産業革新機構と事業会社八社から資金支援が実行されました。これまでの労働条件の引き下げの協力や人員削減施策等の対応と今後の再生に向けたさらなる固定費の削減施策等のシナリオが了解された結果です。特に人員削減は約二万人以上という人数規模です。資金支援を受けることで財務基盤が健全になり、事業の継続性は確かなものとなりました。産業革新機構をはじめ外部から経営幹部が派遣され、再生に向けて資金と人材が配置されました。新経営トップ層の実質的キーマンであるＡさんは、ファイナンスの世界で生きてきた四十代の男性で、理屈と数字にこだわりを持ち、そこで働く人の感情は二の次というタイプの人です。海外経験もあり、ドライな経営スタイルです。つまり、株主の方を見ていかに利益を出すかというタイプの経営であり、私にとってみれば初めてのタイプです。どちらかというと日本の企業は従業員を大切にして経営をするので、従業員がついてくるだろうかと心配でした。売上が半減し、戻らないわけだから、設備も人も早期に同期させないと事業継続が再び危うくなる。何より、雇用調整の人数規模が二万人ですから半端ではない。かつて、日本ではこんな規模の雇用調整はしたことがない。本当にできるだろうか。何日も悩みました。企業を存続させないととんでもない規模の人が路頭に迷うことになる。それだけは避けなければならない。雇用を守るという組合の第一義に反し、組合員を裏切ることになるのではないかという思いもありました。欧米のような思い切った雇用調整を、形を変えてやることになる。構造改革をソフトランディングでやっていた前経営陣からハードランディングに舵を切った現経営陣に私自身がついていけず、もがく中でセンターに指導を仰ぎました。

理事長は、「Aさんともっと話をしてみること」「Aさんもルネサスを立て直すとの思いがあって来ていると思います。敵対心は捨てて、あるがままに相手を見ることが大切」と指導をいただきました。その後、私はAさんと話をする機会があり、なぜルネサスに来る気になったのかを聞いてみました。彼は「自分はファイナンスの世界で生きてきた。これからも同じだ。しかし、ルネサスの再生に失敗すれば自分はその世界では生きていけなくなる。なんとしても再生させたい。自分には後がない。再生を本気でやる。長い期間ルネサスにいるつもりはない」と言いました。私は、Aさんが自分のステップアップのために来たのかと思うとやりきれない気持ちになりました。Aさんもルネサスも崖っぷちに立たされていたと思います。ルネサスにとってはこれが再生のラストチャンスです。まだAさんに賭ける気にはなれません。理事長にAさんが話していたことと私の思いを伝えました。理事長は私に「何に引っかかっているのか」と尋ねられました。これまでのルネサスは二度復活の機会がありましたが、少し良くなってくると手綱を緩めてしまい、結果としてまた厳しい状況に陥っていました。Aさんはファイナンスの世界の人で、直接経営をしたことがないだろうから、再生は上手くいかないと思っている旨を伝えました。理事長は「Aさんは自分の置かれた立場を素直に話している」「本気で再生に取り組もうとしている」「彼と（私が）同じ思いでいるのだから共通項はある」「共通項を持ってルネサスの再生を図ることを考えてみてはどうか」と指導をしてくださいました。

Ａさんは、私の話を肯定するので、理解してくれているものと思っていると「それはわかりますが、私の考えは変わりません」という態度です。彼とはなかなかしっくりいかないことも理事長に話しました。理事長は「Ａさんはファイナンスの世界で切ったはったをしていた人でしょうから、交渉は長けているのでしょう」「誠実に接すること、（私が）彼を受け入れる気持ちを持つことが必要だ」と言われました。その指導を踏まえてＡさんを見てみると、銀行を相手にルネサス再生のため受け入れさせるべきは受け入れさせたわけですから、芯の強い人であることがわかりました。私は徐々に、この人ならルネサス再生に向けて最後まで手を抜かずにやってくれるのではないかと思うようになりました。理事長の言うように、彼のルネサス再生への思いは本物で、私が変わらないことには相手との関係は変わらない。Ａさんを受け入れる気持ちで見ていくと、彼の子どものように純粋なところが見え、なんとなく親近感が湧いてきました。徐々に彼に賭けてみようと思えるようになりました。さらに関係の法則をもって取り組んでみると、関わり方によって変化の内容も変わってくる。二度と一時金支給ができない事態を招かない、これ以上人員を削減したり、会社を倒産の危機に立たせない、今回は中途半端に終わらせてはいけない。私の役員任期の残り七ヵ月を、再生に向けてＡさんに賭けてみよう、実践してみようと腹をくくりました。大切なのは従業員に厳しい施策が伴うことを伝え、理解して貰うことです。何度も経営者に裏切られたとの思いを持っているので、この意識を変えるのは並大抵ではありません。実績の積み重ねで証明するしかないと思っていました。そんな折、金子理事長に自分の動機を正してもらい、Ａさんに信頼感を持つことができるようになり、思いがけず会社の業績が好転し、それがしばらく続く可能性も見えてきました。厳しい施策だが今しかないという思いは強くありました。この思いをもって、春季交渉や構造改革を進めていきました。この思いが執行部に伝わり、結果として一時金は満額回答となり、職場では厳しい施策は伴うがその方向性に共感する従業員は増えました。

私は担当理事に「火種が消えてしまったら再生はできないが、火種があるうちは再生はできる。まさに共滅か共存かの岐路にいます。ルネサスの事業存続ではAさんと共に会社の再生をめざし、どこまでAさんを信頼し、一緒に構造改革を進めていけるか、渡利さんの意識が問われています」と指導を受けました。私は一大決心をしてAさんにメールを送りました。「あなたならルネサスを変革させてくれる気がする。あなたを信頼します」Aさんからは「期待に応えられるかどうかはわかりませんが頑張ります」と思いがけず心に響く返事が届き嬉しくなりました。その後は節目ごとに彼と本音で話す機会が増えました。心・身・環境一元論の教育原理に基づいて自分の動機を正して、信頼感を持って相手に自分の思いを伝える。そうやって関係した時に相手が変わることが実証されました。ルネサスは、構造改革にプラスして円安が追い風になったこともあり、業績は回復してきました。これにより、会社存続の確実性は高まり、二万五千人の社員の未来に希望が見えてきました。金子理事長の指導に基づいて判断した内容は正しかった。私がルネサスを退職する日、最後に挨拶したのはAさんでした。Aさんは打ち合わせを抜け出して、私に握手を求めました。私は彼に「構造改革を緩めることなく成し遂げてください。しかし、やりすぎないようにしてください」と言いました。両極にいた人間が固く握手を交わすまでに人間関係ができました。お陰様であり本当に感謝です。

労働組合役員として歩んできた二十二年は、野村生涯教育論を学びながら自己変革に挑戦してきた道のりでもあります。関係、変化、調和という循環の法則を学び、実践してきました。事業の継続が課題であったルネサスは再生の軌道に乗りました。また、循環の法則は私の変革だけでなく、私の横にいる息子も常に同時依存の法則で、マイナス条件をクリアして変革をしてきました。息子は回り道をしましたが、三菱電機に入社し、再婚してかわいい孫もできました。このように足下と会社の両方が同時に調和になりました。心から感謝をしています。

人間学研究会では、日本労働組合総連合会、全日本電機・電子・情報関連産業労働組合連合会、三菱電機とその関係会社、ルネサス、パイオニア、ＮＥＣ、日立、などの労組役員や会社管理職四十名以上が学びました。仲間と共に継続して学べることは本当に喜びです。企業にこの学びを伝えたいという動機が叶って今を迎えている事に感謝と誇りで一杯です。今後はそれぞれが核となり学びが広がり、幸せも広がっていく事を願っています。私のこれまでの変革の道のりは、私の人間性の回復の道のりであり、この十月には、知的障がい者が働く事に喜びを感じ、自立することを目的とした三菱電機の関係会社の社長に就任しました。引き続き、野村生涯教育の学びを継続し、一生涯をかけて自分づくりをしていきながら、次世代にこの学びを伝えていきたいと思います。

ご清聴ありがとうございました。

第五章　生涯教育のめざすもの

人間の復活
共存の秩序の確立
新しい文明の創造

理事補佐　加藤直美

ご紹介いただきました加藤直美です。どうぞよろしくお願いいたします。

私は、現在本部理事補佐と創設者生誕の地、静岡支部の責任者を務めています。静岡には、センターの静岡研修会館と創設者が原論の執筆をした、海の近くの静岡研修会館別館があります。静岡支部は六百名以上の会員がいます。

私が講義をするテーマは「第五章　生涯教育のめざすもの」前半です。

創設者は「五章で成り立つ『野村生涯教育原論』の最終部に入り、第一章から改めて経過をたどってみますと、動機が必然的に目的に到る構成をそこに見ることができます。私にとりまして、生涯教育のめざすもの、つまり目的地は、すでに出発点において定まっていたと言えます」と仰っています。

「最初の動機である一九六〇年代初頭の青少年問題に端を発し、すべての大人社会を含め、そこに人間性喪失の実態を見、さらにこの実態は世界的規模に及んでいることを確認するにつけ、この人間性喪失からの

『人間復活』をめざすことを、生涯教育の第一の目的としました。

一九六九年の初めての世界一周の旅における衝撃的な経験、西洋と日本の歴史的、文化的相違による『文化ショック』と、さらにアポロ十一号の月面着陸の映像との出会いによる『アポロショック』は、私の世界観を変え、グローバル社会、グローバル家族を実感させました。

ここに対立、抗争、戦争と、分断された地球社会で共に生きる方途を見いださなければならないことを痛感しました。

人間一人ひとりが孤絶化の一途をたどる現代社会において、連帯を可能にする『共存の秩序の確立』を、生涯教育の第二の目的としました。

内的には人間性崩壊、外的には生態系破壊といった、共に生存を不可能にしつつある今世紀において人類社会の救済のために、文明史的転換は必須の急務でありましょう。

ここに『新しい文明の創造』を、生涯教育の第三の目的といたしました」と、創設者は、世界的教育改革理念として生まれた生涯教育の歴史的役割を、動機からの必然として以上の三点に要約されました。

野村生涯教育の動機は、ミクロ的人間の問題と、マクロ的地球課題を同時に持ったゆえ、目的に指向したものも常にミクロとマクロの課題の両者であると学びます。

創設者がこの教育活動で最も特長とされたものは「理論と実践を実証を通して確認しつつ進めた作業であり、いわゆる知ることと行うことの知行一致を第一義としたこと」です。

一九八六年に、ハンガリーで行われたユネスコ成人教育家養成のための国際諮問委員会で、創設者は「論に終わらせないこと」「自己を問題の当事者とすること」を提言しました。

そして「立派な論はすでに出尽くしています。しかし、論は実践され、実証されて初めて生きた人間のための価値となり、智慧となるものであります。

また、評論家としてではなく、自己を問題の主体者とすることによってのみ、事象の転回がなされるのです。問題を対象化した評論からは何も生まれないでしょう」と述べています。

創設者は「人間は自然の一物であり、宇宙自然界と不可分の存在であることを確認してまいりました。時間的系列の命の繋がりの中に位置づけられ、空間的系列における宇宙間のすべての存在との関わりの中に位置づけられて生きている。これが生きる基本であります。

こうして宇宙・自然界の法則規範の支配の下にのみ生きる人間であってみれば、宇宙規範はそのまま人間社会の秩序、規範となります。

現代人が縦の命の繋がりを切り、横の関わりを切り、自我を肥大させ、孤立したとき、それは宇宙規範を無視することを意味し、それはそのまま人間の規範崩壊を意味します」と説かれ、さらに「ところが、現代人の中には人間性について自分にそれが失われていると考えている人がいかに少ないかということでありますす。人間性について改めて考えたことなどない人、あるいは社会の人間性喪失を嘆き、批判はするが、自分自身が人間性を失っているとは思ってもいない人がいかに多いことか」と述べています。

次男の問題提起を通して、私も人間性を失っていることに気づくことができました。

次男が幼稚園の年中の時、しゃべらないし、言うことも聞かないいため、私は幼稚園に何度か呼び出されました。しかし、私は次男をしっかり育てたので、息子が園へ行きたがらないのは園に魅力がないから、園の教育方針がよくないから、年少にはベテランの先生をつけるべきだと思っていました。

ある日、園長に「一週間ほど、お子さんの様子を見に来ませんか」と言われました。私は長女を背負って園へ向かいました。眼の前には、マラソンを終えた園児が園庭に集まってラジオ体操をしていました。しかし次男だけは体操をせず、いくら主任が注意しても、身動き一つせず、そのうち「前へ出なさい」と言われて出てきたものの、制服のポケットに手を突っ込んだままその場に突っ立っている姿を見て愕然としました。このままいったらこの子は一体どうなるのだろうと、本当に不安になりました。

幼稚園の家庭教育学級で初めて野村生涯教育の講演を聞いたとき「親が変われば子どもが変わる」という話がありました。次男のことを、幼稚園の責任だとか、子どもたちに対して甘い関わりをする姑が悪いと思っていましたが、次男の姿に不安になった私は、自分の責任があるのではないかと思い始めました。そこから私は講演会がある度に参加し、同じような悩みを持っている母親がたくさんいることを知り、私だけではないんだ、みんな同じ悩みを持っているのだと思うと気持ちが楽になりました。そこから継続して学ぶようになりました。「子どもの教育は、いついかなる時も親の自己教育である」という教育の原則を学び、毎回の講演会が本当に待ち遠しかったことを覚えています。

「『動機は目的を規定する』の言の如く、人間性の失われた不幸や、悲惨な人間社会への痛みを動機として始めたこの活動は、当然、そこに世界的に失われた人間性復活を目的に据えての、このように国際社会ぐるみの活動のプロセスでありました。

教育の本来の意義が失われ、人間を手段として、単に経済社会適応のための知識技術中心の詰め込みであった教育が、いかに人間無視の、人間不在の教育であったことか」と創設者は述べています。

そして「教育は本来、人間そのものを目的とした作業で、人間が人間らしくあるための作業であり、言うならば人間の本質価値を啓きだすための、全人格的教育作業でありましょう。教育の本質を正すことは、即、人間の本質を正すことであります。〈人間〉そのものを知ることに始まり、〈人間〉を知ることに終わる。〈己〉そのものを知ることに始まり、〈己〉を知ることに終わる。己を知ることによって初めて他者を知ることができ、普遍的人間を知ることもでき、さらに世界を知ることができる。ここに初めて自己完成に至る道が見え、したがって教育の歴史的役割とする世界の平和や人類の福祉への道が拓かれましょう」と説かれています。

創設者は、新しい価値について次のように述べています。

「〈新しい価値〉とは、最も古い根源の価値に通ずるものでありましょう。価値に新しい、古いがあるのだろうかという疑問が起こりますが、『温故知新』という言葉があります。不易の価値は常に古く、常に新しい。古いものを古いものとして置くのでなく、変わらない価値を常に新しい革袋に入れる。創造とはそのようにして、常に不易なものを新しく生み出すことでありましょう。

科学技術の驚異的革新は、機械化、スピード化、合理化を進め、技術的にも日々急速に進歩し、情報化社会を出現させ、めまぐるしい情報の渦の中に人間を巻き込み、多くの人々が戸惑いの中で、何が一義で何がどうでもよいことか、真の価値が何であるか、見分けられなくなってしまっています」

そして「情報化社会にあっては、次々に出現する新しい情報や、刷新される先端技術を追い求めるに急で、いきおい追随型になっていますが、そうした方法論を求め、新奇に求めることによって、いつしか根を失った草花のような、枝葉末節的知識氾濫や、単なる繁雑な多様化社会の出現を見るだけに終わってしまっています」と仰っています。

さらに「現代人の多くは、とかく価値の基準を物・金に置きます。価値判断が損得、打算、効率、勝敗といった相対評価によってなされています。

したがって、地位や名誉、財産、成績、学歴といったものに価値を置き、絶対価値となるもの、本質的価値が何であるかの探究がなされていません」と述べています。

「人間を含めあらゆる現象界の存在は、すべて同じものはなく、差と別をもって存在します。しかし相対的社会を生きる人間は、その相違に対して優劣や、好悪や、勝ち負けを基準にした価値観を持ってしまいます。また、人それぞれ、また民族や宗教、国や所や時代によっても、さまざまな価値観の相違をもたらします。しかし、真理は一つであるごとく、絶対価値においては時代や場所、民族や宗教によっても変わらないものがあるはずです」と創設者は説いています。

二〇〇〇年五月、ノルウェー・トロムソにおいて開かれた「平和のための高等教育会議」に招かれた創設者は「宗教間及び文明間における対話」の主題に対して「これはアニミズムの精神を基盤とした日本の精神性を持ち、母性原理を特長とする日本という国の女性からの発言であります」と前置きした上で、次のように述べています。

「個人や民族の背景には、それぞれの宗教があり、文化が存在します。個々人の人間性を造り上げているそれらは、すべて人間個人に収斂《しゅうれん》されています。それゆえ人と人との出会いは、宗教と宗教の出会いであり、文明と文明の出会いであります。

よく〈文明の衝突〉とか、〈宗教間の戦争〉が語られますが、〈文明〉そのものが衝突するわけでもなく、〈宗教〉と〈宗教〉が戦争をするわけでもありません。すべて人間が、文明の名において、宗教の名において、争い、戦っているのでありましょう。

しかし、あらゆる文明、宗教の根源は一つの真実に集約されるものでありましょうから、それゆえ、人間と人間の間に、私とあなたの間に、異質を受け入れ合い、理解し合い、尊重し合う対話が和やかになされたとき、それはそのまま宗教間、文明間の対話を意味しましょう」

創設者は「不易の価値とは変わらない価値を言います。しかし、『温故知新』の言葉や、芭蕉の俳諧用語として知られる『不易流行』の言葉の深い意味が示しているごとく、単に変わらないものということではなく、古いものと新しいものとが、変わらないものと変わるものとが、対極にあるのではなく、根源において一つであるという意味を持ちます。古いものから新しいものが生まれるのであります。ちょうど親から子どもが生まれ、先祖があって子孫がつながるように。

万人にとって不変の道理は、変わることなく永遠に生き続けています。大切なことは、不変の価値の中味を外側や時代の変化に合わせて、つまり、新しい革袋に入れることでありましょう」と述べています。

また「日本の古き良き伝統価値の多くが、新しい革袋に入れることによってまったく近代を超える価値として蘇り、混迷の世界を大きく拓く救いとなることを思います」と続けています。

例えば、物を大切にすることの本質について「古来日本には物を単に物として見るのでなく、物に心を入れて見てきた価値観がありますし、まして地球的視野に立って今後を考えたとき、これは最も重要な価値となりましょう。有限の資源を考慮に入れたとき、まったく新しい価値となりましょう」と仰っています。

日本には伝統的な家族主義があります。創設者は「古い時代の、しかも負の価値として葬られてしまっていますが、新しい革袋に入れる、つまりその家族をグローバル社会に拡大したとき、ポストモダニズムの理想的世界像が描けるのではないでしょうか。家族の特質とする〈無償の愛〉や〈強い連帯（絆）〉〈無条件の信頼〉で構成される〈地球家族〉こそ、日本古来の家族主義の伝統を新しい革袋に入れた価値であることを信ずる」と仰っています。

「過去の日本人の勤勉、質素、謙譲の精神は、生かされている人間という自覚が結んだ、生かしているものとの間の無言の契約のように思われるのです。昔からよく言われておりました『お天道さまに申し訳ないから』という言葉が、それを物語っています。その日本の労働観は、こうした自然との契約であったように思います。精神的にも、肉体的にも、健全な生き方こそ、自然と一体の人間のあるべき姿でありましょう」と創設者は説いています。

「最も基本的な不易の価値を代表するものは〈命ある人間〉」であると学びました。

第三章で学んだように、創設者は「〈生命の永遠性〉において、進化の過程の試練を経た〈強靱な復元力〉において、〈文化遺産の蓄積〉において、〈神秘的メカニズム〉において、こうした人間の価値づけにおいて、名画や名曲を残した著名な天才だけでなく、極々普通の人々をも含めて、私は『人間こそ最高の文化遺産である』と言いたいのです。有名な絵画や彫刻に対して、その希少価値において高価な代償が払われますが、一個の人間の持つ価値は、それとははるかに次元を異にしたもの」だと仰っています。

創設者は「価値の基準が、物質的価値や二義的価値から、人間の生命に転換したとき、すべてにわたって価値観は大きく転換せざるを得なくなりましょう。

生命の尊厳を基礎に置き、人間を最高の価値としたとき、そこに既成の家庭の概念や価値観がまったくの転換を迫られてきます。そこに新しい家庭の概念が生まれ、新しい価値の創出となります。人間の存在と生命の尊さの認識に立ったとき、その人間の発生の場である家庭の既成の概念や価値は、大きく変わらざるを得ません」と述べています。

そして「こうした中で家庭もまたグローバル社会の家庭として、概念の切り換えが必要であろうし、したがって家族もまた、運命共同体としての地球家族ということになりましょう。無限大の宇宙においては、人間一人ひとりが核であり、中心を成す存在であります。まして地球や人類の運命の鍵を握っているその一人ひとりであってみれば、その人間形成に最も深い関わりを持つがゆえに、基礎教育の場となる家庭・家族がいかに重要な役割を持つかを認識したとき、改めて次元を変えた新しい価値として家庭が蘇ります」と説かれています。

一九七九年の国際児童年の年に、ザルツブルクでの精神衛生世界会議において、創設者は「家庭の価値と役割」についてスピーチをしました。

そこで四つの重要性をあげています。

第一に「家庭はパーソナリティの基礎が作られる場」について、創設者は「素質＋環境＝人間形成と言われますが、素質も親が譲り、人間の最初の環境は母親の胎内であり、出生して最初の環境は家庭であります。この胎児期から始まる乳幼児期の教育が、一人の人間の生涯をどれほど大きく規定してゆくことか、長い経験の中で痛感してまいりました。

系統発生四十億年という生命の歴史を縮尺したものが人間の個体発生であります。それゆえ胎児期から始まる乳幼児期は、最も生物的な要素が多く、本能的欲求に満ちた時期でありましょう。

この生物的要素は人間の基本的生命活動を支える土台となるものであり、個体維持も種族保持も、この土台の上に成り立っているのです。生涯の基礎となるこの時代の生物的欲求を充足させることのいかに大切かは、長年青少年や壮年、老人の問題を扱う中で痛感してまいりました。

受胎から乳幼児期の家庭を中心とした教育期間は、まさに『模倣の時期』であります。周りの環境となる人々、特に両親の一挙手一投足をすべて真似て育ちます。形に現れない心の動きや性格の特徴なども全身で受け止めます。

この模倣の時期が基礎となって、その善し悪しが次の児童、青年期の創造や飛躍の時期につながり、壮年期の成熟につながり、そして老年期の仕上げの善し悪しを作り上げることになります。

教育は真似ることから始まります。それゆえ家庭はモデルとなる両親の教育の場ともなり、親子教育の最大の場となります」と説いています。

創設者は、長い人生を歩む上で乳幼児期から生涯を通じて知育、徳育、体育、そして知、情、意のバランスのとれた全人教育の重要性を強調しています。

第二に「家庭は人間関係の原型が作られる場」を「母と子の関係は人間関係の原型（プロトタイプ）であります。その最初の原型において健全なる関係が築かれたとき、生涯における人間関係はより良いものとなりましょう。

『無償の愛』は母と子の間に生得的に備わる至高の愛であります。もの言わぬこの時期の生物的欲求が充たされてこそ、感性を豊かに育み、次に来る知性や創造への意欲も健全に育まれ、青年期の激情を乗り越えることもできるノーマルな開発がなされるはずです。

胎児期、乳幼児期の母と子の最初の原型において、健全な関係が築かれたとき、生涯における人間関係はより良いものとなりましょう」と説かれました。

第三に「家庭はコミュニティの基礎単位」であります。

「家庭は社会の核をなしている最小社会であり、今まで家庭はプライベートの場、社会は公の場と分けて考えられていました。しかし、一人の他人と一人の他人が結婚し、夫婦、親子、嫁姑の家族が生まれます。これはすでに最小単位の小社会となります」

現代の家族像は大きく変化しています。創設者が子どもの頃は大家族が当たり前でしたが、時代と共に今は核家族がほとんどと言っていいほどになってきました。

「一人親、同性同士、共同生活といったさまざまな形が出てきています。単に形式やタイプの変化のみならず、基本的なものまで揺らぎ失われてきている現状です。

ハウスがあってホームがない、建物はあっても家庭ではない、そうした現状。血のつながった者同士が住んでいても心が通じ合わなくなったり、話が通じなくなれば、もはや家庭、家族とは言えなくなります。気づいたときには家族が異邦人となり、家庭は単なる共同宿泊所になっている、そうした家庭が多くなってきた現代社会です。

しかし、人間が生物としてこの世に出生する、その出生に当たっての最も深い関係を持つ家庭、家族、それがどのような形態になろうとも、それがどんなに重要な意味を持っているかを改めてここで確認する必要があります。

基礎単位である家庭の崩壊は、社会、グローバル社会の崩壊に繋がるものであります」と説かれています。第四に「家庭は人間の属性の中で最も不可欠な要素である〔無償の愛〕〔無条件の信頼〕〔強い絆、連帯〕がアプリオリ（生得的）に備わっている場」ということです。

「親と子の愛とは、本来代償を求めない愛――無償の愛でありました。犠牲を犠牲とせず、むしろ自己充実の糧とした親の子への愛。しかし今、無償の愛、代償を求めない愛は、人と人との間に不毛になりつつあります。信頼にしても、肉親の間には無条件の信頼があり、強い絆で結ばれていました。しかし今、親子、家族間でさえ、信頼も絆も脆《もろ》くなり、まして人と人との間に信頼や連帯がなくなり、したがって個々人の断絶、疎外が広まっています。

愛と信頼と連帯、人間に不可欠のものが最も生得的に備わっているはずの家族、家庭にそれが失われたとき、まさに人間性の崩壊であり、そこに家庭崩壊、社会崩壊の連動が起こりつつあります。ここに家庭の価値と役割の復活、まったく新しい価値の創造として提起するものです」とされました。

創設者は「真の自立と社会参加について考えるとき、今日までこの問題を取り上げる前提に、①賃金思想の上に、②従属理論の上に、③狭い日本社会の中で、といったことが置かれてきたきらいがあります。もしこの問題を正しく論議する上で必要な見解をあげるならば」と「男性・女性の特質」「生命の尊厳」「金銭に換算できない価値」「統合の理論」「すでに社会はグローバル社会」をあげています。

「これらを土台に真の自立とは、真の社会参加とは、を考えたいと思います。そこにまったくの発想の転換がなされ、新しい概念が創造できます」と述べています。

「自立の概念は他に依存しないで自主の位置に立つことと言われています。自立は自律を裏付けとして成り立つ。自律、つまり自分の行為を自ら規制することであり、外部からの制御から脱して、自身の立てた規範に従って行動することができて初めて自立は成り立つのです」続けて「しかし、厳密に他に依存しない存在があるだろうか」と投げかけ、二つの据えなければならない前提が必要であると仰っています。

「一つは、本来人間を含め万物万象は、相依相関の関係において共生しているという自然法則の立場に立つことです。その前提に立って、もう一つは、他に依存することなく、自己の責任において立つことであります。

自立には、精神的な自立、肉体的な自立、経済的な自立があります。とかく経済第一主義の価値観の中で、経済的自立が第一条件にあげられますが、果たしてそうでしょうか。

例えば専業主婦は、賃金労働をしていないから無収入です。とすると、立派に家事、育児をして、家庭管理やコミュニティの役割を果たしている主婦は、自立していないというのでしょうか。今までとかく女性の自立、金銭的自立が中心的課題とされてきましたが、最近の社会的変化に見られるものは、男性、女性共に精神的自立が危ぶまれてきているという実態です。

肉体的自立は、生物の掟として徐々に衰え、他の介助を必要としますし、経済的自立も第一線を去れば、そして家計を次世代に渡せば、ある程度の制約は受けざるを得ません。

しかし、精神的自立は、自己の主体性において死ぬまで失うことなく堅持できるものでありましょう」と創設者は述べています。

また「現代人はとかく女性の自立や社会参加を、社会に出て賃金価値の下で男性と肩を並べる相対評価においていますが、それはあくまでも男性理論の下に築いた従属理論ではないでしょうか。

コミュニティの基礎単位であり、複数の家族で構成される最小集団家庭、その内での営みはすでに社会参加と言えますし、金銭に換算できない価値が世の中にあることを知らねばなりません。

自立の概念は、個人から民族、国家集団に至るまでに言えることであり、主体者として生きる人間にとって、最も重要な生きる基本でありましょう」そして、今後の世界が必要とすることとして「従属理論からいって、西洋と東洋、男性と女性、官と民、専門家と素人の対比において、中心となる前者に対して周辺となる後者が従属から脱却し、自発し、自らの足で立つことにおいて、個人も、民族も、自らの尊厳に立ち戻ることが可能となるであろう」と述べています。

創設者は「私たちはとかくボランティアという言葉を、余裕のある者が他者に何かを施すことといった意味に解釈しがちです。

大自然の構造に学ぶとき、共生し、相依相関によって成り立つ自然界は、その客観的、原理的な押さえから、本来ボランティア社会であるといえます。

時間・空間の中に存在する、人間をはじめとする万物万象は、網の目のような持ちつ持たれつのいわば奉仕で成り立つ相互依存の関係においてしか存在し得ない、不可分の基礎原理によって成り立っています」と説かれています。

そして「こうした考えに基づいたとき、ボランティア精神は本来、自然界の一生物である人間の本性に根ざしているものであります。それゆえ、複数の人間の最小集団、家族、家庭は、ボランティア社会の原型であると言えましょう。

人間の本性に基づく奉仕は、精神的、肉体的、時間的、金銭的犠牲を伴うものであります。しかし、その大前提に、人間一人ひとりがいかに多くのものの犠牲の上に生きているか、いかに親、他者、社会、大自然といったものの無償の奉仕の中に生かされているかということを据えなければなりません。

他者への犠牲は犠牲ではなく、自己のいのちを最高に昇華させることであります。生かされている者本来の生き方であり、本質価値を生きることであります」と説かれています。

そして創設者は「ドイツの社会学者フェルディナンド・テニエス（一八五五〜一九三六）が近代化の社会構造の変化を、『ゲマインシャフト（共同社会）からゲゼルシャフト（利益社会）に移行する』と言いましたが、まさに現代社会はそうなってきています。利益社会の特徴は、人間同士が人格の一部で付き合っている社会ゆえ、表面的に良い付き合いのようでも、本質的には人間関係が疎遠になり、個の意識が強くなります。それに対して共同社会は、情的に融合している社会、情的に結ばれていることを特徴とする社会であると言われます。全人格をもって結合する社会で、血縁による村落といった社会を指し、昔の日本社会はまさに共同社会でした。すべてが助け合う社会でした。

ゲゼルシャフト的、利己的、孤絶的現代社会の実態を、これで良いとはだれも思っていないと思うのです。

ゲマインシャフト的共同社会の、助け合う調和の世界へ戻る必要があります。

しかし、古代社会に戻すことが、昔に戻るということではなく、二つの社会を止揚した第三の社会の構築、個が尊重され、全体が尊重され、助け合うことのできる本来のボランティア社会の創造こそ、人類の未来創造でありましょうし、自然界本来の姿への回帰でありましょう」と述べています。


私は次男の問題から「どんな苦しみでも、そこには原因があり、原因探求を自分の中にしていくこと。子どもの問題は、夫婦の問題ですよ」と教えていただいて、今までとは何か違う道筋が見えた思いになったことを思い出します。いただいたテーマに基づいて自分の振り返りをさせていただきたいと思います。

私は、職場で主人と出会い結婚しました。職場のお仲間から姑との同居を心配されましたが、女性の先輩方とトラブルもなくやってきたと思っていましたので、姑ともうまくやっていく自信があるといって、結婚しました。主人は十八歳の時に父親を亡くし、姑と二人で経済的に大変な中を、二人の姉と弟に所帯を持たせた上での私たちの結婚でした。

私は主人の親戚、兄弟たちがみんな近所に住んでいて、家に集まってくることがあり、それをすごく煩わしいと思っていました。また、主人を少しでも楽にしてあげたいと思うなかでも、ガスの生活をしてきた私は、かまどでご飯を炊く生活にまずびっくりしました。結婚当初は姑もパートで仕事をしていたので、私が家事全般をしていましたが、主人が仕事から帰ってくるとさっと姑が出迎えて、主人の世話をやいてくれることから「結婚したのは私なのに…」と思ったこともまったく話すこともできず悶々としていました。一生懸命つくった食事を、主人から「いったいこれは何だ」と言われたりしたときには、お姑さんは何を食べさせてきたのかしらと心の中で呟いて、鬱積した気持ちを抱いていました。また、主人は晩酌をしますが、月末になると家計も厳しくなるので、私は主人のビールを買うのを控えていると姑がビールを買ってきたので、「ケチな嫁だ。ビールくらい買ってあげればいいのに」と思っているはずだと思い込み、どんどん疎外されている感覚になっていきました。

そこに、長男を妊娠した時に姑に喜んでもらえると思って話した時「堕さないほうがいいよ」と言われ、「なんて、冷たいことを」と思い、私はすごく傷ついたことがありました。また主人は仕事で帰宅が遅かったり、徹夜の時もありましたから、私は実家でお産をしたいと願いましたが、嫁にきたのだからと許してもらえませんでした。こんな思いの中で、次男、長女、次女を設けました。そして次男の幼稚園でのことがあり、学び始めた経緯がありました。

私は結婚当初からのことでとめどなく出てくる気持ちを、支部の責任者に何度も聞いていただきました。その中でも、長男の妊娠の時の姑の言った一言を聞いていただくと「まずはお姑さんに聞いてごらんなさい」と言われ、姑に聞きました。すると姑は、主人の前に生まれた二人の男の子を亡くしていることを話してくれました。だから「大事にしなさいよ」という気持ちだったことを知りました。姑がそんな悲しい思いをしていたのかと、自分が被害意識で聞き、本当にひどいことを思っている私だと、初めて思えました。

支部の中に、ご主人がサラ金から次々と借りまくり、苦労しているという方がいらっしゃり、その方に関わるように責任者から言われました。その方の自宅に行くとご主人がお金を使っている理由が、ほとんどがその方のためであることがわかり、その問題について取り組み、帰宅しました。その時、家族旅行の写真を見た時、私だけが笑顔で、主人も子どももつまらなそうな顔をしていることに気づき、関わったメンバーの姿は私だったと気づき、初めてその夜主人と姑に「嫁でありながら、自分の思い通りにやってきました」とお詫びをしました。その時は主人も姑の何も話しませんでしたが、今まで会社での苦労を、酔っぱらって帰ってきては「どいつもこいつも冷たいやつらだ。でも、お前が一番冷たい」と言っていた主人が、それからは少しずつ会社での思いを話してくれるようになりました。

姑は年をとっても元気でいましたが、八十六歳の時、脳出血で倒れ、幸い命を取り留めましたが、意識はほとんどなく、寝たきりの状態になりました。その時、私は学びのおかげ様で「在宅介護をしましょうよ」と主人に言えるようになっていました。主人は「お前がそういうことを言うとは思わなかった」と喜んでくれて、弟夫婦、二人の姉たちと相談して在宅介護に踏み切りました。主人は「親孝行をするなら今しかない」と会社を定年五年前に辞め、夫婦で介護をすることになりました。姑は涙を流して喜びましたが、在宅介護は想像以上に大変な作業の連続で、下のお世話をしていても、また汚された時には「もう施設にいれちゃうから…」と思ったり、邪慳な気持ちが出ると支部の責任者に聞いていただき、その都度意識の入れ替えをしていただきました。姑は少しずつ意識を回復し、意志表示ができるようになりましたが、一九九九年の春、九十歳で永眠しました。

自分の感覚は絶対正しいと思っていた私が、主人と一緒に姑を介護させていただけたことは、理事に指導をいただき、責任者や先輩方にたくさん聞いていただいたからだと思っております。

その感謝をもって私の講義を終わらせていただきます。ありがとうございました。

第五章　生涯教育のめざすもの

人間の復活
共存の秩序の確立
新しい文明の創造

理事長　金子由美子

どうぞよろしくお願いいたします。

このたびはお忙しいところを、海外からお集まりいただきました。五日にわたるフォーラムに参加するために時間を割くのは、皆さんにとって本当に大変なことだったと思います。このフォーラムに参加され、それが収穫になって帰っていただければありがたいと思います。

いよいよ最終章の最終項目の講義となります。私が担当するのは、「第五章　生涯教育のめざすもの　人間の復活、共存の秩序の確立、新しい文明の創造」の「四、地球人としての連帯」、「五、世界の中の日本の役割」、「六、人類の英知の結集」そして「七、新しい文明の創造」です。

野村生涯教育センターの本部と日本国内の各支部では原論を八月を除いた四月から十二月まで、八ヵ月をかけて第一章から第五章までを学んでいます。カリキュラムは、今回の集中セミナーと全く同じです。今回地域の責任者が何名か講義に立ちましたが、その他にも多くの地域の責任者をはじめとする二百数十名の地域のリーダーたちが全国講座で学んだのちに、それぞれの地域に戻って、このたびのセミナーと同じ午前中に講義、午後に全体討議もしくはグループ討議という形式で講座を行います。これから私が講義をするテーマは、皆さんが帰国された後の十二月に学ぶところになります。

私たちはこの第五章を学ぶ時、テーマの「生涯教育のめざすもの」にたどり着いたわけですから、最初の「第一章　生涯教育の道程」で「動機」を学んだところに戻って、動機のごとくに「めざすもの」に至ったふり返りをします。常々創設者は私たちに「皆さんそれぞれ学ぶ動機が違います」と言われてきました。例えば、今回、講義で聞いていただいた話で言えば、子どもの問題、夫婦の問題、嫁姑の問題、介護の問題、借金問題、企業の問題などさまざまです。私の場合は病気の問題でした。それぞれに動機は違いますけれども、学ぶ動機は何でもいいのです。ただし、それぞれの動機において、各人がこの学びを通してどのように目的地に達しているかが問われます。創設者は「一年、二年、十年、二十年と学びを積み重ね、自分のもともとの動機からどれくらい野村生涯教育の『めざすもの』に近づいてきたかを確認しましょう」と言われました。最初に自分にとって不幸だと見ていた問題がどのように解消されていったか、さらにそれがどれだけ野村生涯教育の「願い」に近づいてきているかを、毎年同じ項目を学んで、自分の成長の深さにおいて、自分の他者に対しての思いや社会に対しての願いに、どれだけ変化しているかを確認します。

野村生涯教育の「めざすもの」それはつまり「生涯教育のめざすもの」であり、それはその目的地がすでに出発点において定まっていたということです。動機が目的を志向していたことを、改めてここで確認します。創設者が動機としたものは皆さんと共有してきました。創設者は、一九六〇年代初頭に多発した青少年の不幸の問題に胸を痛めました。人間が人間らしくなくなっていることに対して、本来、教育が人間復活という目的を持っているはずであるにも拘わらず、なぜそのような状況になっているのか。創設者は教育の探究に入り、人間性の荒廃に対して人間性復活を目指しました。そこに時代に目を向け、海外に出て旅をし、また国際会議に出席するうちに、分断、抗争、分裂、孤立化が進む時代はどの国も共通で、規範が崩壊していくことを感じとるなかで、それに対して共存の秩序を模索し、確立を目指しました。

そして西欧文明中心の時代に対して「東洋の補完」と、また男性主導だった社会に「女性の補完」を願い、そこに第三の「新しい文明の創造」を目指しました。そうしたなかで創設者が最も大切にしたのは、この教育活動の特長である理論と実践を、実証を通して確認しながら進めることです。そして、知ることと行うことの知行一致を第一義としました。

これは、この過程のもとに行わない限り「生きた人間」「生きた現実」のための教育とはなり得ない。現代の学問や教育が抽象化、観念化、対象化し、生きた人間から遊離していることを見るにつけ、これを最も重要な課題としました。

創設者が一九六〇年代の青少年の不幸に胸を痛めたということについて、第一章の講義を行った坂本さんは「創設者の胸を痛めた世代は自分の世代だ」と言いました。私も坂本さんと同じように創設者の心を痛めた世代です。私たちの世代の特徴は「三無主義」つまり無関心、無感動、無気力で「しらけ世代」とも言われました。何に対しても熱くならない世代という意味です。

ケッヒラーさんをはじめ皆さんの話のなかで、ＩＳの問題が取り上げられていました。ＩＳはヨーロッパでも日本でも問題になっていて、かなり深刻だと感じました。エマラさんの発言されたことから、イスラムと聞いただけで偏見を持つ人がいることにも、生身の人間関係の中で、私たちは意識を持たなければならないと思いました。最近、日本でも優秀な大学の学生がＩＳに加わろうとしたことがありますが、それは法に触れることだったので、事前に阻止されました。彼らは「就職活動がうまくいかないから」「どうせ二、三年で自殺をするのだから、どこで死んでも同じだ」という理由でＩＳに加入しようとしていたということでした。そのような事実を見聞きする中で思ったのは、言ってみれば、彼らを生んだ世代は私たちの世代だということです。三無主義、しらけ世代の私たちが親となり、その価値観や生活行動が彼らに影響を与えていることになります。すると、家庭において彼らにあまり干渉しないとか、争いを好まないとか、ちゃんと子どもを叱れないという傾向が私たち親の世代にあるわけです。でも実は、この世代はさらに上の世代の影響を受けています。

私たちの十歳くらい上の世代にあたるのが木村理事の年代です。その世代は、戦後十数年経ってから大学生活を送っています。その頃は学生運動が盛んでした。学生運動の目的は「社会を変えたい」という熱い思いがありましたが、そのうちにそれが派閥抗争に発展し、武力闘争にもなり、社会的に大きな問題になりました。やがてそれも沈静化し「社会を変えたい」と思いながら学生運動に参加した学生たちが、体制内に入って大企業に就職していきました。その背中を見ていたのが私たちの世代です。

ですからこれが日本国内での異時的な依存関係で、上の世代の影響を受けた下の世代の私たちがいて、私たちの世代が今度は次の子どもたちに何らかの影響というものを持って生活しています。

少し横道にそれたかもしれませんが、高度経済成長期にあって、生きる意欲をどこに持っていけばよいかわからないなかで、若者の心にさまざまな歪みが生じていました。そうしたなかで私たちは野村生涯教育に出会い、どれほど大事な方向に導いてもらったか。昨日のハーベルスラッドさんの発言から、改めてセンターのメンバーもそれぞれにそのことを受け止めたと思います。

もともと私たち日本人には、大家族主義だった日本の体質がありました。しかし敗戦による伝統的精神性の否定があり、そこに核家族化が進み、西欧の個人主義が日本に入ってきました。西欧における本来の個人主義を、背景の異なる日本人が違った意味合いで受け止めたなかで、私たちは自分一人で何かを成し遂げることに主体性があると錯覚したように私は思います。第一章の講義で坂本さんが話したＤＶＤやポスター制作時の話し合いでは彼にとって必然の気づきがありましたが、やはり他の人と関わる際には自分の考えを明確に持たなければならないという考え方は、ある意味、それまでの〝皆で〟という家族主義的な日本の考え方の否定というなかで出てきたと思います。私たち世代の受け止めた個人主義が人の繋がりをバラバラにし、社会を分断し、分裂していくなかで、その影響を受ける次の世代が生み出される、そうした方向性はさらに進んでいるのではないかと思います。そのなかに自分を「個性的に見せたい」「人とは違うように見せたい」という傾向が強くなっている一面があるように思います。

そうした背景の中で、足下の家族間の連帯が難しくなり、仲間との連帯が難しくなっている。ここに創設者が「地球人としての連帯」を掲げた大きな意味があります。地球人としての連帯を、二十世紀という時代認識からの観点と「自然の構造」の本来的仕組みからの観点、この二つの観点から考える必要があります。

第一章から学んできたように、二十世紀に科学文明が発達する中で、さまざまな恩恵を得て私たちは便利な時代を享受しています。一方で、分断、分裂、抗争、戦争なども進んでいます。時代背景が変わり、一九八〇年代の二極体制から一極体制になり、一九九〇年代には、一極体制に向かうかと思いきや、むしろバラバラになっていった。そういう時代の中で、いかにこの「地球人としての連帯」が必要か。私たちがそれぞれの考えを主張したところで、アポロ一一号の月面着陸によって送られてきた映像により、地球を客観視した初めての世紀である二十世紀は〝運命を共有する人類〟を実感した世紀だと、創設者は読み解きました。

そこに「宇宙時代を生きる自覚は、生命ある私たちが三十五億年の生命の歴史の中で初めて経験する、人類史的、地球史的転換の時代を生きるという認識」が必要だと説いています。なぜならば、二十世紀には人類の明暗があるからです。つまり、月面着陸という偉業を成し遂げた素晴らしい側面と、もう一方では同じ科学技術が、人類を壊滅させることにもなりかねない核を持っているということ。また、便利で豊かな生活になり、人間が四十万キロ離れた地まで行けるようになったのに、身近な人の心は遠く離れてしまっている。こうした明暗を持つ、共滅か共存かの選択に迫られている時代であるからです。

運命を共有している私たちは運命共同体です。今お話ししてきたのが二十世紀の科学がもたらした現実です。そして、こうした現実から私たちが覚醒を得るその大前提として思いを致すべきは、第二章、第三章、第四章で学んだように、自然界の成り立ちから「人間の生命を始めすべての存在は、時間的連鎖の中に、異時的依存関係（時間的変化の中に非連続の連続を続ける）、空間的にも同時的依存関係（時間的同時にあらゆる人的環境、物的環境、自然環境と関係している）の中に共に依存関係において存在している」ということです。

私たちは、それぞれが別々に存在しているように見えていますが、繋がりのなかで存在しています。それは、例えば空気と人間の関係で考えてみるとわかりますが、そこには目に見えない繋がりがある。だから、一人でもその繋がりからはずれたら、すべての繋がりは切れてしまいます。例えば、人体にも胃や腸などの臓器、そして手、足があって、全部機能は違いますが、すべてが繋がって人間の身体を作っています。胃が少し痛い程度ならそこを治せば治りますが、重い病気に罹った胃をそのままにしてしまったら、他の臓器や身体のあちこちまで重大な影響が及んで治療ができなくなるかもしれない。それはすべてが繋がっている、という関係性があるからです。

ケッヒラーさんが文明間の対話の重要性について話してくださいました。それぞれの国、それぞれの民族は、固有の文化やアイデンティティを持っています。特徴あるそれぞれの文化を集合した時に新たにグローバル文明としての新しい文明の創造がなされます。このことを私たちは、今、考えていかなければならないと思います。

私たちは日本人ですから、日本の役割を、日本の文化から見ていきたいと思います。

創設者が世界の中の日本の役割を実感したのは、一九六九年の世界一周旅行と、一九七四年の初めての国際会議出席の折だと仰っています。

一九六九年というと、世界を旅するのに飛行機で行くことがまだ稀な時代でした。初めて世界に出て、世界との比較のなかで日本を見た時の衝撃は、創設者にさまざまな覚醒を与えました。

昨日、マロペさんがボツワナの象の話をしてくださり、そのことから私は日本の熊の話を例にあげ、日本人は「国境を接する」という感覚が希薄だと話しました。国境を接するが故に影響を与え合っている国々の立場をわからないにしても、そこに思いを馳せるような気持ちになりました。創設者には、それに通ずる思いがあったのだろうと思います。

国際社会を生きる上で重要なことは、自己や自国のアイデンティティの確立です。「一つの思想や文化は、その成立にその国の風土、気候、気温、湿度、地理的条件といったものが大きく与って、それらの要素の複合の集積がそこに根づかせた根でありましょう。また、個々人の生い立った土地柄や人情といったものが、思想を培養する働きをする」と創設者は説いています。

基調講演でもお話ししましたように、日本は火山列島で、そして海に囲まれています。全地球の一〇％のエネルギーが日本に集中しているという説もあるそうです。歴史的に見ても、地理的条件から、大津波、台風、火山の噴火、地震などの災害に晒されてきた国です。

こうした自然界のエネルギーによって、例えば火山が噴火して地形をさまざまに変えるといったリスクと裏腹に、日本は風光明媚な土地でもあります。日本人は太古から自然を知り、自然を、山川草木の豊かな国土を敬い、自然災害とも共生してきました。自然災害が多いなかで、予想だにしないような災害が突然発生します。そうしたなかに自然に対する畏敬の念を持つ民族性が日本人にあると思うのです。東日本大震災のとき、略奪も暴動もあまり起こらず、被災者は冷静に秩序を守り、整列して食べ物が支給されるのを待っていました。そうしたことは私たち日本人にとってはそれほど驚くようなことではありませんが、世界の人々から称賛されました。それによって私たちは改めてその精神の価値を認識しました。ある本には、長い歴史のなかで火山列島に生き、頻繁に自然災害が起こるなかで、整然と秩序を守るという精神が培われたということもある、と書かれていました。東日本大震災での福島の原発事故は、自然災害ではなく人為的な災害だということ。そこに近代化をするほどダメージが大きいのだと改めて思いました。

司馬遼太郎氏は、日本の心を端的に表す言葉に「忠恕《ちゅうじょ》」があると言っています。まじめ、まごころ、誠実、思いやり、許すなどの意味がありますが、私たち以降の世代はこうした価値をあまり大事にしなくなり、スピード、効率、便利さなどに価値を置くようになりました。心に持つまじめさ、誠実さといったものをつまらないものと見ていく傾向があると思います。

しかし、日本が持つ土地柄や地理的条件に大きく与る思想や民族性というものが平和を愛し、世界に貢献することに繋がることを創設者はずっと説いてきました。

日本独自の特長として、母性原理の持つ融和、近代を超える新しい哲学、世界文化を包摂する重層文化の三点があります。

日本は多神教的な母性原理の要素を持つ国です。母性原理は、包み込むとか感性的、情緒的。そして〈あれか、これか〉ではなく〈あれも、これも〉というような考え方をします。

「今、世界はまさに個人も民族も国家も、対立、抗争の中にあります。ここにもし母性原理の融和と統合が補完されたとしたならば、世界に大きな救いとなりましょう。

日本の古代七世紀の『和ヲモッテ貴シトナス』『十七条の憲法』の精神は、二十世紀の平和憲法に継承されていることを思います」と創設者は述べています。

日本の平和憲法は一朝一夕にできたものではなく、風土が育んだ、そして長い歴史のなかで醸成された民族性を象徴するものです。

創設者がこの活動をしてきたのには「一国でも平和国家を実現したサンプルがあったならば、それを地球レベルの平和に拡大していったらよいではないか」という思いがあります。

こういった日本の自然の風土のなかには、森羅万象と共に生きるアニミズムの精神があり、それは日本人の命の底に流れ続けるソースであり、精神性です。アニミズムとは、すべての中に心を見るという考え方です。自分の今の生活の中で無自覚にしていることでもそういったものを見ます。

野球はヨーロッパでは馴染みが薄いかもしれませんが、私の息子は野球をやっています。グラウンドに入る時も去る時も必ず帽子を取って一礼します。必ずグラウンドに挨拶をします。こうした所作に日本の古き良き伝統を見ることができます。

これは支配者と被支配者という考え方とはまったく違った協調主義の、家族主義的共同社会をつくり上げてきた源となる精神です。このような精神の土壌に生まれ育った創設者は、庶民の女性の立場から、国家的権力やイデオロギー、政治的背景や意図に立った人々とは全く違った立場からの視点を持ち、世界へアプローチしてきました。

こうした視点を世界へ拡大することの重要さを説くなかで、そこに日本人の性質としての隘路《あいろ》があります。それは世界の中での日本の役割を果たす上での大きな課題として、日本人のグローバル化ということです。

他国との文物の交流や交通網がまだ発達していなかった頃の日本は、日本人だけの社会でしたので、日本人同士だから言わなくてもわかるだろうという阿吽の呼吸や、あまり話をしないことを美徳とする見方がありました。しかし、今の時代を生きる日本人には、会話をして、相手に理解してもらうための努力やわかっていこうと努力するという、重大な課題が課せられています。

〈あれも、これも〉の思想は、島国日本が古代からの外来文化を吸収することで、日本独自の重層文化をつくり上げてきました。創設者は「日本古来のアニミズム（万有精霊主義）的精神を基底に、遠くシルクロードを経、中東、インド、中国大陸を経た外来の文物や、仏教や儒教の思想を取り込み、さらに中世以降、近代西洋科学思想をも取り込み、融合させ、独自の重層文化を創造してまいりました」と説いています。

一九六〇年代に、青少年の不幸から子どもたちが病んでいく姿に心を痛めた創設者が、その原因を探求したわけですが、子どもたちの背後にある大人社会の価値観が変ってしまった背景に、こういった精神が、敗戦によってまったく喪失してしまった。その精神的空白に科学技術文明が怒濤のように日本に押し寄せてきました。多少の差はあっても、いずれの国でも同じだと思いますが、日本ではそうしたなかでまったく変わってきているように思います。日本人の特徴である忠恕の精神には価値が無いものというような流れになっていくなかで、大人の背中から、子どもたちはそういった空気を感じ取っていった。そして拝金主義や物質主義になっていった社会だと思います。

私たちの世代は忠恕の精神といった大事な価値をだんだん大した価値ではないと思っていった世代の過渡期にあるような気がします。それでも創設者は、この日本人の精神は大事だと繰り返し言い続けてくださった。そのことを考えると、一昨日、憲法の問題でライラさんが「どうして日本はそんな大事なものを」と発言をしたことに対する答えが、私たちの世代は伝統的な日本人の精神性を見失ってきているというところにあると思います。創設者が本当に言い続けてくださったから、私たちはそれがどれほど大事であるかがわかります。今の時代だからこそ、忠恕の精神が光を放つほど大切であるはずなのに、私たち日本人がその価値がわからなくなっている。一昨日も申し上げましたが、今の政府のトップは私たちと同じ世代です。私たちが、本当に大事なものを信念としてこの精神をもって日本人自身がもっとグローバル化していく、話し合っていくということの重大さを思います。

統合の時代には、必然的に異質の統合を必要とします。小さな惑星に全人類が住み合うグローバル社会です。まさに統合していかなければならない時代を迎えています。

本来、自然界自体、自然界を見ても異質の統合があります。わかりやすい例をあげると肉体です。各臓器は異質です。異質だけれどもそれらが関連し合い、有機的混合体として人間の肉体を成り立たせています。宇宙の成り立ちも同様です。地球と太陽の絶妙なバランス。そして月とのバランス。生物の有無はわかりませんが太陽系または宇宙全体などで、天体の距離間が少しでも近づいたり離れたりすればそのバランスを保つことはできない。そうしたなかで保たれている生命の存在からしても、本来、自然界は異質なものが統合した姿であるということです。

しかし現実の人間社会はセクト化、細分化、孤立化、対立、抗争を起こし、自然界のあるべき姿から大きく逸脱してしまっています。共生し相関する本来の姿に戻ることこそ、人類に課せられた命題となります。

グローバル社会への移行は、異質の統合のプロセスです。異質の統合の大前提は、一つは相違点を認めることであり、もう一つは一致点を確認することです。

そうした違いの奥に〈いのち〉ある人間の条件として、普遍的平等の価値を持ちます。

今回のセミナーを通して、私たちは個人の心や家族間で、こんなにも一致点を共有できるのかと感じました。

その相違点をありのままに認め合うことがいかに難しいかと思います。このことは渡利さんがプレゼンテーションで四十代の人たちとの一致点を見出し、一つの目的に向っていくということをお話しされましたが、そのようにそれぞれが家庭や仲間の中で調和をめざすことを課題にしています。

今まさに危機的な時代、個人も人類という全体も、運命を共有した唯一の時代です。だれもが自己に責任を持ち、生き残るための責任を果たさなければなりません。そこにすべての英知の結集が待たれます。

そこに英知を結集する必要性があります。

「科学の最大の罪は、分析しっぱなしで、分析したものを再び総合することを忘れていることである」とある科学者が仰ったそうですが、真実は分析と総合の両者の働きによって明らかになるはずです。「智慧」という言葉には、ものの差と別を見分ける分析力と、ものの平等の面を見分ける総合力という意味があります。もともと科学も哲学も芸術も宗教も、人間が究極の世界、未知の世界を求めての探究の、それぞれの異なった道程であると思います。「人間はなぜ生きているのか」を探究する学問を「哲学」と呼び、現象世界を分析することを「科学」と呼び、花の美しさ、世界の美しさを表す音楽、絵画などを「芸術」と呼びました。いずれも初めから分化されているわけではなく、人間の中にあるものです。一度分化したものを総合していくことが大切です。また今はその時代です。

さらに総合的見地から、それぞれの立場、役割、性別、人種、国籍の相違を認め合った上で、それを越えた連携の必要を創設者は説いています。

「際」という語には「出会う」という意味があります。

国際交流は昔から盛んに行われていても、限られた一部の専門分野にとどまっていた時代から、二十一世紀に人類や地球の存亡が問われる危機にある現代に、世界の民間同士の交流、すなわち民際、異なる学問分野が連携する学際、また職業を別にした職種が交流し合う職際、こうしたあらゆる異質が出会い、交わることによって、そこにグローバルな総合智が生まれなければならない。そういった連携の必要があります。

まさにこのフォーラムは、そうしたことの実践の場となっていると思います。

現代は個人の生存と、人類の生存とが重なった世紀です。まさに、今、自分が生きるという個人の目的と全人類が生きるという目的を共有した時代です。自然界の哲理から言っても、個と全体は不可分の関係において存在します。個と全体を表裏一体の関係で捉え、全体的問題を〈私〉に収斂させる、つまり自分の中に全体があり、全体の中に自分がいるという裏表の関係として私を捉えていく。

人類が、そして個人が求めてやまない幸福、自由、平等、尊厳、平和を考える時に大切なことは、生きた人間と切り離して抽象的に考えるのではなく、人間にとって、人間との関係において捉える。つまり個人の〈私〉にとって何かという問題として考える。さらに人類という全体の問題として考えることが大切です。十人十色の幸福感や平等観があると思いますが、それだけにこれらについて考えるときに大切なことは、基本的な観点から論ずる必要があるということです。

一つは、絶対的立場から、本来大調和している宇宙から生まれた生命体は、本具的に幸福、自由、平等、尊厳、平和を本質として持つ絶対価値そのものであるということ。そして、一つは、相対的立場として自分という個人からという立場があります。

幸福

幸福とは、満ち足りた状態にあって幸せを感じること。つまり、幸福は幸福感という感じる心を伴って初めて幸福と言えます。そしてそれは、物質的と精神的の満足のバランスがとれた状態を言います。物質的な面と精神的な二面からと、そして自分と他者との関係から見ていくことが大切です。

例えば、自分が今幸せだからといって、他の人が食べるものに困っていたり、隣に飢えている人がいるのに、それでも自分は幸せだと言うのだとしたら、それは本当に非人間化していると言わざるを得ません。そんなに無神経に幸福感は感じられないと思います。そうしたことに無関心でいられるのは、どれほど罪なことかと思います。

自由

古代からの人間の歴史は、自由を勝ち取るための闘争の歴史、権力者の圧政から自由になろうとした隷属の歴史であったと思います。しかし権力者もまた、次の権力者に自分の座を奪い取られる不自由さがあり、それはさらに悪循環を生みます。創設者の説く真の自由とは、自らの心の内に持つ欲望や不安、恐怖、嫌悪、嫉妬、羨望といった衝動が絶えず渦巻いている、そこからの自由です。私たちは心の中をよくよく見てみると、絶えず人との比較の中で羨ましがったり、恨んだりしていないでしょうか。物、金、名誉といったとらわれからの自由、そうした自縛から解き放たれた自由こそ、真の人間の本質に目覚めた自由であります。

例えば、私はこうやって皆さまの前でお話しさせていただいていますが、先ほど申し上げたように私の中みればこの十年間、人の前で話す不安感、恐怖心の自縛から解き放つプロセスだったと思います。

平等

現象界にあるものは、一つも同じものはなく、すべて差と別を持っています。差別という言葉はあまり良い響きを持っていませんが、ここで言う差別は、善も悪もない、単に違ってある、という現象界の実相です。そしてその奥に差別を越えた一色《ひといろ》の本質の世界があります。人間社会で差別を負の価値として用いているのは、人間が相対物に対して人為的な価値観で優劣や相違点を区別するからであって、人間本来の本質は平等に絶対価値としてあるものです。男女の性差や個性を尊重すること、民族性を尊重することも、年齢差に応じた対処も、すべてそれぞれの差別を尊重するところに平等の理が成り立ちます。

私はこの学びに出会う前、学生の頃は、姉がとても優秀だったので「自分はダメで、姉は優秀だからい い」と比較をして、そのなかで苦しんでいたと思います。しかし、姉と私には差と別がある。既成の価値観で、勉強ができる、できないといった優劣をつけていたのは自分の見方でした。創設者に出会い、自分の尊厳なる存在に目覚めた時に、その比較感が薄れていったように思います。それでも息子が学校に行くようになって成績表を見ると、今までの価値観がムクムクと出てきてしまいそうになる自分を見ざるを得ません。息子の良さをどこかに置いて「こんな成績で大丈夫だろうか」などとつい思ってしまいましたが、いろいろな方に話を聞いてもらうなかで自分の価値観と向き合ってきたプロセスがあります。

尊厳

現代ほど人間生命の尊厳が失われている時代はないと思います。本当に簡単に命が失われてしまうような現代です。先ほどお話しした I S に志願しようとした優秀な大学生は「死にたい。自殺する」と言っていたそうです。しかもその理由は、就職活動がうまくいかないからだったと言われています。それくらい人命が軽視されている現代社会において、創設者は、人間の尊厳の復活こそが第一義だと説いています。

私は病気をして、医師には「一生治らない」と言われていました。身体中が痛くなる病気で、本当に何もできませんでした。親や姉に送り迎えをしてもらわなければ学校にも行けず「人の世話にしかなれない自分は本当に生きている価値があるのだろうか」と悩みました。そこからこの学びに触れ、生命の尊厳を学び、生命に強靭な復元力があること、その一点に自分が生きていることの価値を感じさせていただいたところから、人間としての自分に安堵感を持ちました。そこからいろいろな方に関わっていただくうちに、痛さの中で自分の世界しかなかった私が徐々に徐々に変化をいただき、他者や、社会に関心を持てるように、本当に変わらせていただいてきたことを思います。

平和

「戦争がないことを平和とは言わない」と言われています。地球上の飢餓や病気で苦しむ人、核の脅威、生態系の破壊など、グローバル社会は平和とは言えない状態が多々あります。そこに、平和の砦はミクロの個人の心、さまざまに葛藤したり、比較対照するなかで渦巻く自分の心に平穏をもたらすことに始まり、マクロの宇宙世界に及ぶものでなければなりません。

先ほども申し上げたように、創設者は、一国でも平和国家として築けたのだから、日本はそれを世界に拡大する努力こそが大事だということを伝え続けてくださいました。そのことの大切さを個人レベルでの実践から確認し、自分だけのものから、共に考えられるようになっていく。そうした足下の実践から平和を広げていくこと。私たちは改めてその重要性を考えていきたいと思います。

二十世紀、ルネッサンスの完結について、創設者はさまざまな機会に説いていています。今から四十年以上も前の一九七〇年、第一回生涯教育全国大会で創設者は「人類がすべて共に滅亡しようとしている危機を孕んでいる現代、この最大の危機に瀕したとき、人間は自らの中のすばらしい可能性を引き出せるはずである。物質文明、機械文明に抹殺されかかった人間性の回復、いわゆるルネッサンスとして本当に人間がその本質に戻ったとき、そこに生まれた文化、文明こそ人類共滅の現代の危機を乗り越えていけるものとなろう。つまり現代の科学技術を否定することなく、かつこれをリードしていく文化が生まれてくると思う」と述べています。そして、この教育活動は、理論と実践を実証を通して確認してきた、いわゆる知ることと行うことの知行一致を特徴としてきました。

今回のフォーラムを通して、私たちがいかに機械文明に制せられて、すぐに「できない」と言っているか、そしてすぐに諦めること、観念的には想像できても実行に移せない、あるいは物事をすることの意味が掴めずに事を進めるばかりに陥り、目的を失ってしまう。そういったさまざまなことが、フォーラムの準備の段階でありました。私たちメンバーはこの開催までのプロセスを通ってきました。フォーラムという条件を通して、フォーラムの成功の願いを共有すると同時に、自分を育てながら、共に育ちながら、厳しく向き合い、思いを出し合いながら連携を図っていく。ここまで至るには本当に難しいプロセスでした。そこにはメンバー全員の努力と、その背後に家族の協力があります。そのなかで私たちは、今回のフォーラムを持てたのです。

今の難しい時代の中で、その上で皆さんがここでモザイクのように、それぞれが自分の役割を果たしながら、このようなフォーラムが持たせていただけたことは、本当に感謝です。

本日こうして皆さんと意志が通い合わせられるのは、通訳の方々がその役を果たしてくださって、対話ができているからです。通訳の方々に心から感謝申し上げます。

改めて創設者が始めてくださったからこそ、今、私たちはこのフォーラムを開催できました。そのことに感謝を持って、次に繋げていくことを願いとして講義を終わりたいと思います。

どうもありがとうございました。

討　議

司会（木村理事）　午後の討議を始めたいと思います。「第五章　生涯教育のめざすもの」では金子理事長が講義をされました。質問やコメントがおありかと思いますので、挙手をして自由に発言をお願いします。

直子さんどうぞ。

イエドラ・直子・シマハドリ（野村生涯教育センターインド支部責任者）　本当に意義深いフォーラムに参加することができ、センターの歴史とともにお一人おひとりが学んだ歴史を感じる機会を得たことに感謝します。五日間を通して私が感じたことをお話しします。

まず日本国憲法第九条についてです。何ヵ月以上も前のことですが、タイムズ紙が、二回ほど日本の安倍首相と憲法改正の動きについて組んだ特集記事を、友人は私に見せながら「日本はこうなっているけど、どう思うの？」と問いました。私はその記事を読んで憂慮した部分があったので、これをどうやって説明しようかと思っていた時に、金子理事長が、生涯教育から見た憲法の考え方を明確に書かれた『野村生涯教育だより』を読みました。英文機関紙のノムラセンターニューズにも掲載されていました。それを読んだ友人たちは憲法問題に対するセンターの観点に納得しました。また、アメリカの国際関係論のパデュー教授が、この理事長の記事に書簡を寄せています。これを見るにつけ、発信をしていくことの大切さを思いました。そこで、本日は勇気を持って発言しようと思います。

昨日、ローカル、グローバルという点が議論になりました。皆さんの講義を伺いながら、個人の体験が野村生涯教育の実践を通して深まっていくことを感じました。しかも時間をかけて関わりをいただくことでさらに深まり、自らも掘り下げ、自らを知る努力をしていることがとても強く伝わりました。自己を知るプロセスに価値があることを再び教えてもらうなかで、体験自体は個人的またはローカルなものであっても、同時にそれは普遍的なもので、それがゆえに自己を知るプロセスはおそらくグローバルなものなのだろうなと思いました。

私は、野村センターのインド支部で活動しています。幼稚園から十年生までの学校を、州政府のカリキュラムに従って運営しています。学校のカリキュラムの中に野村生涯教育を直接的に組み込むことはしていませんが、その代わりに、インドではあまりやらないような「全員で掃除をする」「朝と晩にあいさつをして、学校全体で起こったことをみんなと共有する」ことをしています。それはどうしてかというと、自分のクラスのことだけで終わってしまい、他のクラスの様子がどうなっているか気がつかないうちに一日、一週間、一年が過ぎてゆくような状態を打破するためです。学校全体を一人ひとりの教師が見る、つまり学校をあげて「個と全体」を共有するために始めました。その結果、またそのプロセスで、自分の担当外のクラスの子どもの様子も徐々に共有できるようになりました。

私たちの学校は、低所得層の家庭の子どもを対象に、私の夫シマハドリが「質の高い教育をすべての子どもたちに」というモットーのもとに設立しました。インドでは、質の高い教育を受けるには授業料の高い私立の学校に行かなければなりません。低所得層の家に生まれ育った子どもたちにも、本当の意味で教育の機会を与えたいと願い、学校を設立しました。この学校では野村生涯教育の原理に基づいて、先生との取り組みを始めています。

今日の講義にあったボランティア精神についてですが、授業料が安価な分、教師に支払う給与も大変少ないです。そこで、センターから物心ともに援助を受けるなかに、教師にはこの学校の意義を理解してもらっています。そうした事情で、私たちの学校の教師には、他の学校の半分くらいの給与で働いてもらっています。ボランティア精神が無ければ続かないことだと思っています。特に、子どもたちの栄養状態が良くないため、給食を始めました。こうした取り組みには、金子理事長から、保護者も全部学校に頼るのではなく、やはり親としての責任を果たしていくことが大切ではないかとアドバイスを受け、一食分すべてを給食にするのではなく、子どもたちが持参する弁当に一品付け足すようにしました。弁当を作ることで親としての責任を果たしてもらい、足りない分を学校がサポートしようと、まずは教師が毎月お金をプールしてそこからできることとして、一品給食が始まりました。始めた当初は数ヵ月続けばいいと思っていましたが、サポートしてくれる人が増えて、今でも続いていることに感謝しています。

一つひとつのことを野村生涯教育の中で価値づけてもらっていなかったら、単に「よかったね」の一言で終わっていたと思います。自分たちが取り組んでいるプロセスで学んだことは、まず自分の中で価値づけられ、社会の中で価値づけられ、このたびお話をしたことで世界の中でも価値づけられたにちがいないと思います。

司会　どのように価値づけられましたか。

イエドラ・直子・シマハドリ　それぞれの体験は、こんなことがあって困ったとか、夫婦喧嘩をしたとか、教師同士の意見がうまく噛み合わなくて衝突したといったことです。教師との取り組みの中で、自分のこういうところを直していこうなどと話した時に、何十年か前だったら「どうして私の悪いところばかり指摘して、相手の肩を持つのか」などと言われたらそれに返す言葉はなかったと思います。しかし今は、同じ状況でも、一教師が相手教師と衝突したことを課題として、そこから学ぶべきことを導き出すことができる。自分のこういうところが衝突を招いたのだとわかれば、家庭で同じような状況になったときにも解決できるのではないか、という話ができるようになりました。まさにハーベルスラッドさんが言う「野村生涯教育がなかったらどうなっていたか」です。これは私たちの学校でも同じことが言えます。子どもたちが私たちの学校に通い始める前後の家庭の状況を比べると、入学後の方が夫婦、親子の絆が強くなったと言っています。家庭に変化が生じたことにより、教育の価値を感じてもらえたのではないかと思います。

ありがとうございました。

司会　ありがとうございました。ジョルジーバさん、どうぞ。

リリア・ジョルジーバ　労働組合の委員長だった渡利さんのプレゼンテーションを聞いて、野村先生の理論は本当にすべての分野の問題に当てはまるということを再度確認しました。特に、ビジネスの世界にも当てはまるし、すべての社会問題にも密接に関連しているということを感じました。渡利さんは会社の労働組合の委員長として、リストラを余儀なくされ、二万人もの従業員が失業する危機を経験したことを語っていました。こうしたことは、私たちがどこでも直面し得る問題です。ブルガリアでも、一九九〇年代の共産主義からの転換時以来、ずっと同じ問題を抱えています。膨大な数の人々が失業し、多くの企業が倒産しました。しかし政府は、こうした人々の生活を保障するような手立てをとることができませんでした。政府もそのほかの組織もこうした人々が新たな生活環境に適応するような支援はできませんでした。その結果、若者たちの海外流出や無気力化など、社会には大きな緊張が生じました。皆さんの国でも経験するような、精神的な問題が起こりました。

そこで渡利さんに質問です。日本では、社員よりも先に管理職を解雇するそうですが、あなたはその状況をどのように切り抜けたのですか。社員のための仕事を確保したと仰いましたが、私が知る限りでは、給与の補償や、ジョブシェアリングといったやり方があると思います。

会社が移行期にあるときは、ある一定の段階で確実に従業員を増やさなければならないことがあります。しかし、あなたがリストラ後に確保した元従業員の再就職先は、二万から二万五千という数字でした。

破綻寸前の状況でリストラを断行しなければならなかった時期に、あなたは社会問題にもなるほどの事態をどのように切り抜けたのでしょうか。

司会　渡利さん、お答えいただけますか。

渡利幸雄　ご質問ありがとうございます。もう少し詳しくお話しておきますと、もともと五万人弱の企業で売上が半減しましたので、当然ながら全体の規模も半減しないと基本的にはやっていけないという状況でした。人の規模は五万人弱から二万五千人になりましたので、結果的に約半分に縮小したことになります。具体的には、事業分野ごとに他企業に譲渡をしました。当社から事業を切り出して、譲渡して、別の会社と一緒になってもらって、そこでまた働いてもらい、雇用を守りつつ、事業を発展させるという事例が結構多かったです。なかには退職される方もいました。退職者には退職金を支払い、それがなくならないうちに仕事を紹介するといったこともやりました。ほとんどの退職希望者には、会社側が中心になって次の職を探しました。退職希望者の中には自力で職を探すという人もいましたが、大多数の方に次の職を提供することができたと思います。それでも二割くらいの退職希望者には仕事を紹介することができず、現在も職探しをしているのではないかと思います。そのときにできる限りのことはしたつもりでいます。

司会　リリアさん、よろしいですか。ツォンコバさんどうぞ。

マリア・ツォンコバ　いくつかコメントしたいことがあります。

まずは、国際フォーラムとセミナーを同時に開催するというアイデアを称賛したいと思います。このやり方はすべての参加者にとって良い経験になったと思います。国際フォーラムの観点から言うと、ハイレベルな経験豊かで知識豊富なゲストが登壇しました。そして、集中セミナーという側面からも私たちは本当に集中的に多くのことを学びました。参加者にとっては、大変よく集約されたセミナーだと思います。毎月、皆さんがどのように学んでいるのかがよくわかりました。本当にハードワークです。

それからさまざまな支部の講師の方々のお話についてです。皆さんの講義を聞いて、理論と実践がどのように結びついているのか、どう実践されているのかがよくわかりました。この論を通して、些細に見えても、各人のとても興味深い経験を聞いて大変勉強になりました。そして、私も、私とセンターとの関係についてお話ししたくなりました。

恐らくこの哲学から学んだからこそ言えることの一つに、私はさまざまな人々と出会ったり、なにか解決しなければならない問題を抱えたときに、次の三つのことを心に置くようにしています。

一つは、相手の背景を見る。その人の家庭環境を見、社会環境を見て、どのような環境で育ったのかを心に留めます。二つ目は相手が抱える問題の実態を知る。「もしこうだったらどうなっていたか」ということではなく、条件を見据え、問題の本質を見極めることです。三つ目は客観性です。人はみな異なり、同時に人間として平等です。この三つのことを総合して考えるということを学びました。何か解決しなければならない問題に直面した時、この三つが即座に頭に浮かびます。この三つは、私にとって絶対的に必要な情報です。そして、これらはいつも私の生活において実践しているのでほとんど性格のようになりました。このようなものの見方は、もちろん私自身の見方や行動にも同じように当てはまります。この三つを実践することは、物事を受け止めることでもあります。実践したことで私は大きく変わったと思います。

最近経験したことです。私は、ソフィアの中心にある古いマンションに住んでいます。近隣の住民は、生活が厳しく大変な生活をしています。もちろん多くの問題があります。私は管理人のような立場にいるのですが、本当に深刻な問題があります。何度も、ギブアップしそうになります。もうこれ以上管理人を続けるのは無理だと言っても、ご近所の皆さんは辞めさせてくれません。「辞めないで。あなたは、誰とでもうまくやれる唯一の人なのですから」と私に言います。おそらく、私が先に挙げた三つを実践しながら対処しようとするからだと思います。

次に、ブルガリアはヨーロッパの東南にある小さな国です。人口は七百万人弱です。日本や他の国々の人口とは比べようもないくらい小さな国ですが、幸いなことに甚大な自然災害もありませんし、戦争による被害もありません。それはとても幸運なことだと思います。しかし、社会的、政治的に大きな問題を抱えています。

第一に、若い人たちがブルガリアを出ていってしまいます。最も大切な国の宝を失っていると思います。二十五年の間に本当にたくさんの若者が出ていきました。それは二十五年前の民主化、そしてＥＵへの加盟があるからです。ＥＵ加盟自体はもちろん良いことですが、加盟した結果、二百万人以上の若者が自分の国から出ていくということが何を意味するかおわかりいただけるでしょうか。

ブルガリアはＥＵ加盟国の中では一番貧しい国で、しかも悪いことに、ブルガリアでは特に、小さな村の居住者の多くが高齢者で、若者が居ない地域に犯罪率が非常に高くなっています。二週間前ですが、八十歳過ぎの老人が若者に襲われて、わずか五、六千レフ（約三十万円）のために死にかけるほどの暴行を受けました。一日として犯罪がない日はありません。これもひどい問題です。ブルガリアの現状を何とかしなければという動機が、当初よりももっと私の中にあるように思います。そのように感じるのは、これらは私どもの地域の非常にゆゆしく、大変な問題だからです。私は「グローバルに考えてローカルに行動しよう」というフレーズが好きです。私たちの支部の活動は野村センターで言うところの、予防的な側面での実践に焦点を絞っています。

幼稚園から学校までいろいろなレベルがありますが、私たちは校長をはじめ教師たちと共に活動しています。その理由は、子どもたちの八八％が公立の学校に通っているためです。ブルガリアには私立学校やセンターのようなところはあまり多くありません。すべてが国の管理下にあります。ここ二十五年で政権が十五回も変わりました。特に教育という分野で一体どれほどのことができたのか想像できますか。ブルガリアの教育は、まるでお金を産み出すためのマシーンです。さまざまな教科書や教材があって、膨大な知識が提供されています。小学校二、三年生の子どもたちが使う教科書も非常にアカデミックです。低学年の生徒に提供するものとしては非常に違和感があり、困惑しています。また、とても危険なことでもあります。なぜなら、子どもたちは国の掌中にあるからです。母親は毎日仕事に出かけます。そして道徳的に人々を支える宗教もありません。ですから私たちは教師に対して、子どもと対応する時にもっと創造的になるように動機づけをしています。これは私たちの活動の主な目的の一つです。それを目的に掲げる理由は、私はこの教材を全部見て、彼らが子どもに教えようとする理念は何だろうと思ったからです。五、六歳ぐらいから教え始めますが、本当に知識だけなのです。子どもが幼い時から育まなければならない人間としての価値を誰も教えません。そうしたなかで、私たちが教師たちに行っている活動はとても成功していると思います。学校や幼稚園の教師はもちろん、校長たちも関心を寄せています。

私たちが自らの手でブルガリア語に翻訳した原論はとても役立っています。参加者に読んでもらってから討論します。野村生涯教育の理念を取り入れた「自然の知恵」というビデオを作りました。翻訳した原論やビデオが役立っていることの例として、インフォーマルに友人と話し合うと、彼らが本音ではどのように考えているかわかります。そしてこれまでとは違う考え方をし始めています。ですから私たちは手ごたえがあり希望が持てました。こうした機会を教師たちと共有し、関係することで、彼らは成長し、より創造的になり、自分たちが変わることで子どもたちの善なる可能性を引き出していくようになると思います。このことには非常に期待しています。これが、私たちが教師を対象にしたコースを設けた理由です。その影響もそのうち出てくるのではないかと期待しております。

司会　支部の活動の状況がよくわかりました。先ほどライラが挙手していたようですのでどうぞ。

ライラ・タカッシュ　この件については何度も話されていると思いますし、センターの皆さんも心配していることだと思いますので、質問したいと思います。憲法第九条が変わるのは危険ではないかと懸念します。パレスチナは、戦争がいつ起きるかわからないという恐怖を約二年に一度体験する状況にあります。日本もそれと同じような恐怖にさらされるのではないかと心配です。高齢者の皆さまはそれを経験したかもしれませんし、過去の経験をいまだに覚えている人もいるかもしれません。私は先日、ガザが侵攻されたことについて、金子理事長にメールを送りました。私の国では何千人もの市民が亡くなっているのに国際社会はそんなことには目もくれず、私は本当に落ち込みました。亡くなった人の命の価値を軽んじているのだとすれば、私の命も同じように思われているのだろう、と。私は今、故郷を離れて博士論文を書こうとしていますが、それに集中できなくなりました。しかし野村センターのこの勉強で、自分の内面を見て考えることができました。そうすることで、九条が変わることで、戦争を経験した方々は、私たちパレスチナ人と同じように、日本も再び戦争に巻き込まれることを恐れているのではないかと思いました。皆さんは、私よりもたくさん野村生涯教育を勉強していて、経験も豊富でしょう。九条が変わることに、悲惨な結果をもたらさないように、何かできることがあると考えているのでしょうか。もちろん皆さんは考えていると思いますが、どのように対処するかを伺いたいと思います。

司会　憲法改正について、法的に改正しなくても、解釈を変えていくという方向性を私たちはずっと課題にしてきています。このフォーラムを日本で行うという動機の中に、国際的に緊張関係をもたらすかのように危機感を煽るような報道が多くあります。金子理事長は、どうすれば、何に基づいてその緊張関係を超えていく教育作業になるか、またその提示が必要だと考え、今回のフォーラムを東京で開催することを最大の目的としました。初日、日本全国から参加した約千二百名の皆さんと、四日間の集中セミナーでの共同作業により得た宝物を、今後、私たちがどのように発信していくかを考えています。

安全保障の課題は大きい問題ですが、それに制せられることはないと思います。どのように展開していくかを冷静に見極めた上で、自分たちがやるべきことを確実にやる。そのように考えています。

それではシマハドリさん、続けてジャッタさん、ラピトゥコヴァーさんどうぞ。

イエドラ・C・シマハドリ　生涯教育国際フォーラム最終日にあたり、感じたことを少し述べます。このフォーラムを主催した金子理事長、センターの方々には、私と妻の直子と甥のスダカルを招聘してもらったことを感謝します。このたびはたくさん学びました。野村生涯教育についてはこれまでも学んできました。私は一九八三年から、一年以上にわたり大学の研究休暇を取り、野村センターに留学しました。そして妻と共にインドに帰り、学校を創立しました。先ほど妻が話したように、私たち夫婦は学校を通じてこの野村生涯教育を実践しながら普及活動をしています。それは今もなお続いています。私が学んだことを、大学を運営する中でも実践しています。

私は六つの大学で学長を務めてきました。そのときも常に野村生涯教育を実践してきました。インドの歴史の中でも六つの大学で次々に、学長を務めた人はあまりいないかもしれません。普通の教授が大学の学長になったのです。そういう地位につけたのは、私が日本の野村先生との出会いがあったからだと思います。その意味で野村先生をはじめ、野村センターの皆さんに感謝を申し上げます。

本当に幸せなことでありますが、金子理事長という、極めて野村先生の後を継ぐ能力ある方が就かれたということは、私たちセンターにとって、ありがたいことです。野村先生が金子理事長を後継者として紹介したときの様子を私も見ていました。どのようにして金子理事長がセンターを率いてきたか、人々をまとめ、生涯教育論に対してどれほど貢献してきたかを拝見しました。これまで複数の大学で学長を務めた経験を持つ私としては、野村の理論、野村の知識は大学の運営にとって非常に有益だと感じます。私がかつて行っていた活動の方向性は、今とは違っていました。しかし野村先生に出会ったことで、私の考え方、態度、行動は変わりました。生涯教育に触れて、途上国である第三世界に属するインドにおいて生涯教育の実践をしてきたと思います。妻と共にそれができることをありがたく思っています。

スダカルもこの生涯教育の学びに加わり、多くを学んでいると思います。もう一人の甥のサストリーも以前国際フォーラムに参加しました。家族や親戚で野村生涯教育を実践しています。そればかりでなく、金子理事長という我らが尊敬するリーダーは、日本の社会を含め、グローバルな社会において、多くの人々にとって素晴らしい教育をしてきました。我々はその方の後に続いていっているのです。体調を崩して休んだ一日半を除いて、ここでの講義をすべて聞き、それぞれから学ぶところが多くありました。このセミナーに臨む講師の方々の貢献は極めて大きく、心から感謝します。

初日には、金子理事長の九十分にわたる卓越した素晴らしい基調講演がありました。本日午前中の講義も見事なもので、その内容には大変驚きました。教授を務めてきた者としては、彼女の教育に関する知見には本当に驚きを禁じ得ませんでした。教育の発展のためにどれほど貢献してきたか、心からの称賛をし、感謝する次第です。野村センターのすべての方々にもお礼を申し上げます。

司会　ンドング＝ジャッタさんどうぞ。

アンテレーズ・ンドング＝ジャッタ　他の参加者の発言にもありましたように、私も、この機会をいただいたことに感謝の気持ちを述べたいと思います。私は、野村センターに関わるようになってから九年経ちました。そして、この哲学、人生に対するアプローチから得るものは非常に大きいということをいつも心から感じます。前回のフォーラムで「どうすればこのような講座に参加することができるのか」と伺ったと思いますが、それに応えるかのように、みっちりと内容の濃い集中セミナーを催してくださいました。とても見事な講義で、称賛を禁じ得ないのは、女性のエンパワーメントがあって、それが、野村生涯教育の包括的な目的に密接に結びついていることです。西洋とアジアのアプローチの違い、その一つに男性主導型の課題がありますが、その観点から、今回再び参加してみて、女性がリーダーシップを発揮しているのを見て本当に成功していると思います。かつて主に女性は主婦で、家事をしていました。家庭内でいろいろな対立があるのが常ですから、うまく切り盛りするのは難しいです。皆さんのこの活動は、本当にすばらしいと思います。私はここ何年も、尊敬の念を持って偉大なる女性の皆さんを見ています。人間成長という意味で受け止めた事象がたくさんあり、私は自分の立場で即実行できると思いました。私はユネスコを退官したら、野村センターのような活動をスタートしようと約束しました。「退官したら」と申しますのは、ユネスコでの仕事と並行するのは難しいからです。

センターの理想に近づくために私も全力を傾けているということを確認する上でも、私の経験を皆さまと共有したいと思います。

私がいる環境は、大変多文化かつ階層性の組織であるため、雇用が不安定な状況です。国際的な組織にいるからといってすべて上手くいくわけではなく、雇用が不安定な状況においては正規雇用でない人たちもいます。三ヵ月または半年など、短いスパンで契約を更新する人も少なくありません。アフリカ地域では、特にユネスコの現地採用の職員で二十年、三十年働いても年金を受給できない人もいます。

私はこれまで、慈善活動を考えられるような恵まれた人たちに対しては、自分が持っているものを人と分かち合うことを考えようと呼びかけてきました。私はアフリカの現地事務所に籍を置いてから六年間、これを実践してきました。そこで、三つのことを手短にお話しします。

一つめは、誰からもまもなく亡くなるだろうと思われていたある人の命を救ったときの話です。その人はリトアニア出身でした。医師は「いつ彼は亡くなったのか」と私たちに聞くので、「まだ生きています」と答えました。彼を入院させるためのお金を出さなければならなかった。そこで私は事務所のスタッフに「この人を助けなくては」と呼びかけて、皆さんの同意を得て、お金を集めて、彼を入院させることができました。事務所のスタッフはアジア人やヨーロッパ人、アフリカ人とさまざまで、どのスタッフも寄附をしてくれました。

二つめは、癌を患う若い女性の話です。彼女はダカールから遠い故郷にある家に帰りたくないと言うので、「あなたは故郷に帰りたくないのですか」と尋ねました。彼女は「ユネスコが私の家族だからここにいたい」と言います。私は彼女の意向を尊重して、最終的に入院したとき私たちが彼女のためにできることをスタッフに問いかけました。彼女はダカールに埋葬してほしいと言うので、私たちはそれまでの金銭的な援助をすることにしました。そうすることができたのは、事務所のスタッフ全員のおかげです。彼女の両親が葬儀に参列したときに「これまでの出来事は信じられない」と言っていました。入院から棺の用意まで、すべて私たち事務所のスタッフが行ったことについて、彼女の両親は「ここまでしてくれる人たちを見たことがない」とも言っていました。スタッフの皆は慈愛に満ちていました。

三つめの話はもっと興味深いと思います。まだ当事者は生きています。その人は二十年私のいるユネスコ現地事務所に勤めていたにも拘らず全く年金を受給できずにいました。私は彼に同情しましたが、特に何の行動もしませんでした。彼は私の運転手をしていたので、息子も大変お世話になりました。運転手が交代したと知った息子は、前の運転手さんはどうしたのかと聞いてきました。前の運転手は定年で辞めた旨を伝えると、息子は彼に会いたいと言いました。私は他の運転手に、息子が前の運転手に会えるように頼みました。息子が帰って来ると「今日お母さん、正直言って泣いたよ」と言いました。泣いた理由を尋ねると「あの人は心を込めて一生懸命働いたのに何も残っていない。お母さんは彼と話したことある？」と言われ、私は言葉に詰まりました。会いに行ったことがあるかと聞かれても、どう説明すればよいかわかりません。私は息子に「忙しいから話してはいない」と言うと「お母さんが忙しいのはわかっている。ユネスコでお母さんがどんな仕事をしているかも知っている。だけど、お母さんはあの人に何かしてあげられることはないの」と聞かれました。私は返す言葉もありませんでした。翌日、彼は彼なりにいろいろ考えたのだと思います。息子は言いました。「自分はスーツを買いに行きたいから、あの運転手さんに連れて行ってもらえればと思う。あの人なら喜んで連れていってくれるよ」と。私は彼の言うことを了解しました。

ここで言いたいのは、私たちは動機について話していたということです。息子の動機としては、私をその運転手さんに会わせたかったのだと思います。二人が買い物から帰った時に私はその運転手に会いました。そして私の心は沈みました。彼はとても端正な人だったのに、一年後には全く別人になっていました。このことがあって、私は彼のために何かしなければならないと思い、再び自分の仲間たちに呼びかけようと心に決めました。私は仲間に「私たちは幸運だけれども、幸運じゃない人もいる。彼は二十年勤めて定年退職後、借家住まいで立ち退き寸前。しかも新築中の家は収入が絶たれたため未だに建て終わっていない。私たちで資金を集めて彼を助けられないだろうか」と呼びかけ、彼の家を完成させるために支援をすることにしました。皆さんは信じられないと思いますが、私たちは機会あるごとに呼びかけました。呼びかけた人の中には元所長もいます。というのは、ユネスコ自体にこの問題は解決できないことがわかっていたからです。ですからスタッフの私たちがやるしかありませんでした。彼は変わりました。生きる希望を持つことができたのです。

これらは小さな経験かもしれませんが、皆さんと共有したいと思いました。

今朝も皆さんのプレゼンテーションを聞いて心を打たれました。金子理事長の話にも胸を打たれました。どうしたらそれぞれのやり方で新しい文明をつくっていくことができるのか、という話だったと思います。私たちは何か問題に直面した時、その原因を自分以外の人や物のせいにしますが、どんな問題でも自分の問題として捉え、自分にできることを考えるのが大事だと思います。今回は、その力強いメッセージを持って帰りたいと思います。そしてこのことで、人生はより良くすることができるのだという気持ちを増すことができると思います。その変革を生み出していく責任は私たち一人ひとりにあると思います。ですから皆さんが行っている活動は、日本だけでなく、今後、世界全体に影響を与えていくことになると思います。皆さんの活動こそ世界が必要としていることでしょう。自分に直接関係しない問題をも自分の責任として受けとめる。そういう人間性を私たちは失っています。犯罪を見ても人間性が失われていることがわかります。しかし、私たちは人間性を失っていると見て取っても、それを分類するだけではないでしょうか。

もう一つ私が受け取ったメッセージは、何かを始めようとするときに私たちは自分を見つめないということです。スロバキアからの参加者が何かを始めようとしていることを伝えてくれたと思います。今、一人ひとりのチャレンジをスタートしなければいけないと思います。

このセミナーで皆の経験を共有したわけです。それを受けて、次に集まる時には、自分たちは自分の周りの人々を心から感動させることができるほどに変わったと言えるように自己変革に挑戦しなければならないと思います。

ズザナ・ラピトゥコヴァー　ありがとうございます。昨日話したことについて、このような反応が返ってきて、とても嬉しいです。私は皆さんがどのように思われたかを聞いてみたかったのです。

ジャッタさんのスピーチはとても生き生きとしていて、本当に心を動かされました。その前のお二人もそうでした。

ツォンコバさんの発言と考えについて少し話したいと思います。間接的になるかも知れませんが、このことは金子理事長の講義を聞いている時から考えていたことです。昨日も申し上げたように、私はどちらかというと実際的に行動してみて、そして考える人間だと思います。そうしてその後にそのことを理解しようとします。だから日本についての話を聞いて、国の歴史、自然に対する見方の背景にあるもの、アニミズム的な見方、日本の文化や社会やその背景となるものが他の国からの影響でどのように変化したかを伺いました。その影響は、皆さんが肯定的に考えられるものもあれば、いまだに否定的に考えるものもあると。おそらく私たちは歴史を通じてずっとそうだったと思います。そうしたことを伺いながら、スロバキア出身の私は、皆さんの国と歴史について啓発されたと思います。

セミナーの初日に、私はヨーロッパ人として発言しました。ひとくくりにヨーロッパといっても、私たちは単一ではありません。ここでツォンコバさんがブルガリアの国について話したことに関係します。スロバキア出身の私としては、西洋諸国に属しているとは思っていません。私は東欧の出身でスラブ系で、西欧社会とはまったく異なります。

二〇〇四年のことですが、私の国は、突然にＥＵに加盟しました。私はそのときオランダに住んでいました。突然、私は周りの人たちから「いつからヨーロッパに加わったの？」と尋ねられました。その問いに私は「何のことですか。私たちの国は以前からヨーロッパですが」と答えました。つまり「それがどうしたの？」ということです。スロバキアは、ＥＵに加盟はしましたが、今までいたところからどこか別のところに移ったわけではありません。けれども、真実は、こういった影響を受けた歴史でもあるということなのです。その影響の中には良かったものもあれば、良くなかったものも、両方あるのです。

九世紀に遡りますが、私たちの国がビザンチン帝国を頼り、東欧のキリスト教の司祭を派遣してくれるよう要請しました。というのは、フランク王国に植民地化されたくなかったからです。ビザンチン帝国は今ブルガリアで使われているアルファベットを持ちこみました。こうした影響を受けるものですが、私たちはスラブ民族のルーツを守ろうとしました。時にそれは成功しましたが、千年もの間、私たちはハンガリー帝国に支配され、スラブ民族の文化が全く廃れていた時期もありました。こうしたすべての要素が私の中に違いをもたらし、一つの国家のメンバーとしても違いがあるのです。個人としては、私はヨーロッパにも属していますし、古い考え方も持っています。それはヨーロッパの共通の文化を培ってきたと思います。その中でもさまざまな違いがあります。この違いは、今この時のように、結果的に惑星全体の類似点をつくりだしていると思います。そして、金子理事長の講義を伺って、私は日本とスロバキアの類似点についても考えました。本日は、それを皆さんと共有したいと思いました。

司会　ありがとう、ズザナ。アマルさんどうぞ。

アマル・アブゥ・エマラ　このような教育プロセスの機会をつくり、進めてくれた方たちに感謝したいと思います。いろいろと話し合うに従って、私たちが挑戦すべきものが浮かび上がってきているように思います。私たちの前にある挑戦課題を認識すること、それ自体に意義があると思います。なぜなら私たちは認識すること自体を恐れ、問題の存在を見過ごしてしまいがちだからです。そういう意味で私たちがその課題を見つけること自体、私たちの目的、その目的地へ向かう長い道のりのかなりの部分を成就できたと言えると思います。

これまでの討議のなかで私たちは技術的な進歩についても話をしました。Facebookやスカイプなど、画期的で夢のような技術が発展し、それらの影響を受けてきました。しかし同時に、科学技術の革新が戦争、大量破壊兵器、覇権主義などさまざまな問題を隠していることも感じています。テロや宗教の問題もあります。宗教は、審美そして崇高な精神のために必要なものですが、過激派によって間違った方法で狂信的に使われ、非常に悲惨な結果を招きます。宗教は長い間、さまざまな場面で利用されてきました。教会が持つ影響力をキリスト教の布教のために使い、キリスト教徒同士が戦ったり、またイスラム教徒がイスラム教徒と対立したり、そういう戦いがありました。

ですから技術も宗教も、人間性を失うと盲目になります。一番重要なのは、人間でなければならない。肯定的なものは何かを規定するのは人間であるし、肯定的な面を引き出そうとするのも人間です。ですから創設者が仰るように「人間」を第一に考えたいと思います。それなくして、技術に頼り過ぎたり、戦争を始めたり、宗教の過激化などの問題を解決することはできません。これらはもちろんすぐに解決できるような問題ではありません。武力によって問題は解決しません。教育が鍵を握っています。教育こそが問題解決の本質的な鍵を握っています。ですから、教育は人間そのものに一義を置くべきです。

もう一つ皆さんに短いお話をしたいと思います。マロペ先生の話にも関連することです。コーラン、聖典ですが、この中で、神が世界のすべての力をシュレイマンという名の預言者に与えたと説かれています。預言者は空気の分量も左右し、魔法を操り、何でも知ることができ、すべての動物の使う言語も話せるようになりました。預言者は力と権力の象徴でした。あるとき、預言者と預言者の軍隊が道を歩いていました。すると突然、蟻の女王が、蟻の兵士に対して、巣に戻りなさいと言うのが聞こえました。なぜかというと、預言者と預言者の軍隊によって、蟻の巣が荒らされてしまうからです。それを聞いた預言者は微笑んで道を変えました。私たちは時に、この蟻の話からも学ぶことができます。そうでしょう。危機にさらされている象も同じだと思います。長い歴史のなかで、何世代にもわたり、生命は価値あるものでした。もしその価値を保ちたければ、蟻の知恵を持つ必要があります。私たちがみな一つに統合して、さまざまな権力から生命を守らなければなりません。

創設者に次のことをお伝えしたいと思います。創設者は私たちにとても大切な価値を授けました。それは生命を守ること。そして共存することを教えてくれました。私は、この創設者の信託に応えたいと思っています。私たちは野村理事長から受けたものを今後も受け継いでいきたいと思います。

ありがとうございました。

司会　エマラさん、続きがありますか。

アマル・アブゥ・エマラ　一点付け加えたいと思います。新しい文化、共存と生命の文化をつくるためには多様性を維持しなければなりません。そして私たちは「人間」なのだという意識を持って生きていかなければなりません。私たち一人ひとりが、グローバルな文明の中で、それぞれの考え方を持っています。どんなに国が小さくても、それぞれの国の文明を否定してはなりません。どの国もすべて、この歴史の中の文明創造に貢献しているからです。どんなに小さくても、たとえその一つでも否定することは、私たちの文明のとてもとても大切なものを否定することになるからです。ですから私たちはこの人間の文明を大切に守っていかなければなりません。これは将来に向けて優先されるべきことの一つだと思います。ありがとうございました。

司会　今の発言には大いに共感します。それでは生形さん、アダマさん、ユリアナさんどうぞ。

生形・ヴィッティング季世（野村生涯教育センタードイツ支部責任者）　実はまだ全然整理ができていないのですが、あまりに心を動かされたので発言しようと思います。

このたび、国際フォーラム、集中セミナーに参加する機会をいただき、本当にありがとうございました。改めて自分の動機からもう一度探り直してみました。私は子どもの頃に、海外に対する憧れもなければ、大きな野望もなく、国際貢献しようと思ったこともありませんでした。言ってみれば平和な島国日本で育った、ごく一般的な子どもだったと思います。それが今ではドイツに住んで十六年になります。在独日本大使館でもちょっと強面の広報担当として、館内でも日本をアピールするために奔走しているのですが、そこに至るまでにはごく普通の子どもだった私が、母に連れられてセンターに来て青年部で学び、仲間との関わりを受けて、今の自分がある。それを私は今まで、幸運が重なったからだといった程度にしか受け止めていなかったことを、今回、人間の在り方から、最終章の生涯教育のめざすものまでを学んで、「あぁ、こうなるべくしてなったのだ」と強く感じました。

十六年ドイツに住んでいますが、いまだに異文化の中で、西洋の中のドイツで、結構ハードなのですが、暮らす中で時々怒りも感じる時があります。ドイツで生まれ育った人たちにとっては当たり前でも、私にとっては不思議に思うことがあります。日本人の私たちはそれをどのように捉えればいいのか、そして異文化の背景を持っている私が、野村センターで学んでいることをどう実践していけばいいのか、いまひとつ掴みきれずにいました。そして、ドイツ人の夫とはあんなに愛し合って結婚したにもかかわらず長く連れあってくる中に喧嘩が増えてきました。金子理事長には、夫の背景にはドイツの文化があるということを前提に取り組むようにと毎回指導を受けてきました。私はそのことをたしかに理解したと思っていたのですが、今回このセミナーに参加して初めて主人の背景に、主人のこの縦の繋がりが見えてきました。「彼は彼だけれども、私とは違う文化、ドイツの文化の背景を背負った彼なのだ」ということが初めて心でわかりました。今このことに気づいて、スタート地点に立ちました。まだ一歩も踏み出していませんが、このことを学ばせていただいたことは今後の人生においてとても大きな一歩になるなと感じています。これからも皆さんどうぞよろしくお願いします。

アダマ・ウワン　ありがとうございます。皆さんにお礼を申し上げたいと思います。この四日間、皆さんのお話を聞いて、私自身も話したいことが出てきています。これまでにいろいろなことを学び、さまざまな印象を持ちました。

本日のセッションでは、渡利さんがこのプログラムの別の側面を紹介してくれました。これまで多くは、個人的な家庭の問題から学ばれた事例が紹介されました。力強い女性の皆さんのお話を伺いましたが、本日は、男性が抱える問題について伺いました。大きな組合組織の責任ある役職の人が、どうやって学ぼうとしているのか、会社という組織の中でそれをどのように役に立てようとしているのか。企業としての利益と解雇、また雇用を確保し従業員の生活を守るという二重の緊張の中で何を学び、どのように状況を改善しようとしているのか。そして、自分の仲間たちの次の職探しと、管理職への対処、そして彼らの共有財産である製品を守るというその両方に直面して、どのようにこのプロセスから学んだかを伺いました。企業は、それに関わるすべての人のためにあります。というのは、それ自体が、関わるすべての人が生きるために必要な糧を得ることに繋がる理由の一つだからです。ですからその意味でこのプロセスにおいて、渡利さんが常に自分自身の中身を見ていたことは素晴らしいことだと思います。原因を他の人のせいにせず、状況のせいにもせず、自分自身が個人として、人間としてどうすることが最良の解決に辿りつけるのか。野村生涯教育センターは渡利さんに、非常にいい指導をし、寄り添い、啓蒙もしていました。渡利さんはそのポイントを明確にしてくれました。非常に感動的なプロセスをここで聞くことができました。

この数日間はとても集中してお話を伺いました。そして、私たちがそれを垣間見たに過ぎないことも、お話を聞く中でわかってきました。つまり、これは私たちが考えるよりももっと深いものです。さらに知るためにはもっと関わりを持つ必要があります。

私は複合的なアイデンティティを持っています。私は自分のことをその見本みたいなものだと思っています。私はアフリカ出身で遊牧民のフラニ族です。フラニ族は遊牧する小さな民族ですが、非常に自己主張の強いグループです。少数民族ですから、多数派と対決しなければなりません。多数派は「お前たちは努力すべきだ」という気質を持っていることを理解しています。私たちの人生をうまく生きていくためには、努力すべきだということが私たちの精神の支柱になるのです。

私はバンデワガラデントという小さな村で育ちました。マリが植民地化されたことで私たちも植民地化されました。ケッヒラー教授が仰っていた通り、私もラテン語やギリシャ語を大変高いレベルまで学びました。なぜかというと、西洋の教育が私たちにもたらされて、マリという文脈の中で変容されたからです。つまりマリの文化の中に西洋の教育が導入されて、矛盾を経験してきました。私たちは、それを乗り越えなければならなかったのです。その意味で、私には二重のアイデンティティがあるような感じなのです。私はそれを心残りとして思っていません。なぜなら私はさまざまな関わりを得た結果として、ユネスコ生涯学習研究所の所長を務めるまでになったのです。所長として十一年にわたり教育について熟考しました。私がここまでたどり着くことができたということこそが私たちが聞きたいと思う精神の旅だと思います。このようなプロセスこそが、我々を、このことにはどういう意味があるのかという問いに至らしめるものだと思います。考えて、分析して、概念化して、加盟国や関係組織の政策策定のための提言をするのは常にチャレンジなのです。しかしながら実際の実行には至っていません。我々は理念を提示して、それを加盟国が実行することを期待をしています。

我々は一九八九年に、生涯学習を自国の教育に取り入れて実践する国があるだろうかと調査しました。加盟国の国内委員会に対して調査をしたところ、当時は、実践している国として日本とスウェーデンの二ヵ国の名前があがりました。日本については野村生涯教育はすでに話題にのぼっていましたし、社会教育の全体的なシステムという意味でも知られていました。つまり文化そのものが教育であるという側面であり、それは家庭でも、企業でも、一つの継続した学びになっている。残念ながら、具体的なケース、事例はなかなかわかりませんでした。皆さんは、所長である私に対して「どういうふうに学びを実行しているのか教えてください」と常に聞いてきます。今私自身がそれを学んでいる、つまり野村センターがどのようにそれを実践しているのかを、ここで発見しているのです。それはすべての方たちが、一人ひとりが自分自身に責任を持って自己を深く内省して、そして根本的な原因に気づく。そして自らを解放し、自らを教育するための動機を見つけ、それをもとにして行動に移していく。知るということは素晴らしいことです。しかし「知る」ということだけでは十分とは言えません。行動することが大事なのです。そこが重要なのです。私たちは、私たち自身のレベルから行動に移すべきです。

それから「人生」は「学び」なのです。「発見」の連続です。私たちはいつも人生は深く、広く、長くと言っています。また、人生と人間性についてもお話ししたい。人間は、人間性を喪失しています。これは誰もが同意するところです。ですからヒューマニズム（人間主義）そしてユニバーサリズム（普遍主義）は、実際のところ同じものだと思います。皆、肌の色も違えば、国籍も違います。しかし本当は共通する部分がたくさんあるのです。ですから、人道主義に基づいた人間性は私たちに生来備わっているもので、それゆえに私たちはこのことを人道主義のルネサンス、新たなヒューマニズム、と言っていいかもしれません。私たちは相互依存により生じる多様な関係や、依存すること、縦の繋がりの異時的依存関係を理解することで、新たに秩序を復活させることを考えていかなければならないと思います。

他者との関係において「人間性」を考えてみると、実際は最強な人が勝利するわけでも他者を征服できるわけでもありません。自分自身に勝てる人、自分自身を克服できる人が勝者なのです。無関心という壁、不寛容、無感覚を乗り越えるためには「ヘイティングへイトレッド」つまり憎悪を憎むということを言いたいのですが、このことを理解することがとても重要だと思います。そして文化の対話、文化間の交流を考えると、それは素晴らしい挑戦でもあります。私は、人間の理性とはある意味関係性のようなものだと考えます。つまり、自分と人との関わり、自然との関わりを私たちが相互にやり取りする中でお互いに学び合うことを意味します。この他にも考えていることがいろいろあります。どなたかの発言にあったように、終止符を打つのではなく、まだカンマの段階で、我々の学びには終わりはありません。この先も教育は続いていくと思います。

司会　ウワンさんありがとうございました。それではユリアナさんどうぞ。続けて石川さん、當真さん、秋田さん、どうぞ。

ユリアナ・ボンチェバ（野村生涯教育センターブルガリア支部／ヨーロッパ委員会翻訳総局／ブルガリア）　ブルガリア支部のメンバーです。国際フォーラムに参加するのは二回めです。今回もフォーラムに参加する機会を得たことに対し、野村センターに心からの感謝をしたいと思います。次に、素晴らしいゲストの方々には、非常に叡智に富んだプレゼンテーションをしていただき大変感謝します。センターの方々の講義は、私どもに野村哲学を実践することの意義を示してくれました。それぞれの学習のプロセスの事例を共有させていただきました。

渡利さんに伺いたいのですが、プレゼンテーションの中で、個人的な面と共に、ビジネスマンとしての人生の局面についての話がありました。三菱は日本の業界の大きなシェアを占めている世界的な会社だと思います。渡利さんは、人間学研究会は主に企業で働いている人たちのための講座だと仰ったかと思います。より実用的に結果を出すということが事業やビジネスだと思いますし、センターの教育論とは全く違う考え方だと思います。この理論は企業界にも適応するのでしょうか。渡利さんがはじめてこの理論を働いている人たちに提唱した時に、皆さんの反応はどうでしたか。

渡利幸雄　この教育論を初めて執行部の仲間に伝えた時の反応は、今朝のプレゼンテーションでも少しお話したかと思います。この論は普通のビジネスマンにはない視点で組まれています。つまり、男性の理論で組まれているわけではありません。そのため、初めてこの論に触れた人は驚きを感じたり、関心を持つのだと思います。論を学び、皆が同じように職場でそれを実践するのですが、従来、職場では男性の上司に女性の部下が付く、いわゆる男社会です。どちらかというと男性はトップダウンで接しますので、すぐにはこのスタイルは変りません。しかし、この論を学び続けると部下と同じ目線で話をしようという気になります。地位の高い人または権力のある側ができるだけ部下の立場になって話をするように変わってきました。結果として仲間意識が強くなり、一致団結して物事を進める方向に気持ちが固まりました。そういう意味では自ら自分の気持ちを開いて仕事ができます。鎧を着たままで仕事をすると重いですが、鎧を脱いで仕事をすれば非常に仕事がしやすいです。

ユリアナ・ボンチェバ　ありがとうございます。私の質問に十分に答えていただきました。

石川弘子（野村生涯教育センター広島支部責任者）　国際フォーラムとこの集中セミナーに参加できましたこと、本当に感謝します。広島は長崎とともに、原爆が投下された被爆地です。皆さまには関心のある都市ではないかと思います。私は広島に生まれ育ち、この学びに出会った責任をひしひしと感じています。本日まで参加して、とても心が動いたことがあります。

一つは、昨日、ハーベルスラッドさんの「皆さん、センターに出会わなかったらどうなっていたでしょう」という発言を聞いて、私は学ぶ前、どういう意識で生きてきたかをもう一度原点に戻って、自分の価値観の変革を遡りました。

広島は来年被爆から七十年を迎えます。今の日本の政権を担うのは戦争を知らない私のような五十代です。私たちの世代が政権を担うなかで、私たちはどのような意識で前世代が残した精神性を継承していくか、またどのようにして次の世代に渡すのか。その責任の大きさをこの数日で強く感じています。

先ほど「無関心という壁を越えていくことの重要性」という話がありました。終戦直後の被爆地広島では、この先百年は草木も生えないと言われていました。終戦から約十年経った一九五四年に私はこの世に生を受けました。私が物心ついた頃には、原爆ドーム周辺の被爆中心地はすべて整備されて、今では緑豊かな美しい平和公園になっています。被曝によって人類の不幸を背負うことになった土地に自分が生まれたという実感が持てないほど街は整備されています。この学びに出会い、広島に投下された原爆はどれほど悲惨だったたか、そのことに関心を持っていなかったことに対して自分の無責任さを感じ、資料館などで学び始めました。親の世代や先輩、被爆した方々の体験を知る努力をしています。

被爆者が最も危惧するのは、自分たちの経験が風化し、世界が無関心になることです。「原爆投下を二度と繰り返してはならない」という思いを継承することができなくなるのではないか、という危機感を持って、今、広島市は全力で取り組んでいます。次の世代は、被爆した人たちの思い、精神を受け継いで、さらに次の世代に伝えることを必死でやっています。私自身、戦後の経済優先の価値観の中で、スピード化、効率化、何かを成すことを是として労せずして功をとろうという、非常にひ弱で、意志力の希薄な生き方をしてきたことに、この学びを通して気づかせてもらいました。自分が次の世代に対して、失敗させないように、成果だけをあげればよいという価値観での子育てだったことに気づき、今その転換をしている最中です。自分の足で立ち、自分で考え、失敗をしてもその挫折をばねにして生きることが、子どもたちの幸せに繋がっているのだとセンターで学んだことは、私の人生において大きな転換でした。

今、広島支部で、子育てに悩む多くの父母や先生方と関わることで、野村生涯教育が説く、本来逞しさを持っている生命であるがゆえに、どんな困難に出会っても、進化し続けているというこの人間観を学んで子どもを育てるのと、知らないで育てるのでは大きな違いがある、ということを実感しています。野村センターで学んだ人間観において、私たちが自分の中にある尊厳の価値を復活し、人との繋がりを取り戻すような生き方をすることで次世代を本当に逞しく育てることができる。今、それを必死でやらなければならないということを、このたびのフォーラムを通して感じました。そして先ほど直子さんが述べたように、個人的な体験や生き方の転換は、実は普遍的なことを実感しています。それが生きた人間に実証された価値であることに感動しました。この価値づけをし続けていきたいと思いました。

司会　石川さんありがとうございました。日本の教育の問題点について触れてくれました。當真さんどうぞ。

當真正剛　ライラさんの話の中に「憲法が変わることの危険性について戦争経験者はどのように思うか」とありました。一昨日も、「憲法第九条改正をどう思うか」を話題にして、日本のあり方を心配してくれていることがわかり、どうしても発言したくなりました。

玉谷専務理事が戦争を経験した立場から、先日話をされました。昨年、特定秘密の保護に関する法律が成立、公布され、それが戦争当時の治安維持法にそっくりで、ひとたびそうした動きが出ると止められないほど加速することに危険を感じると仰っていました。本当に真剣に考えなければならないと思います。そして今、憲法改正だけでなく、安全保障上の法整備で集団的自衛権の行使を容認する動きが出ています。政府が九条を骨抜きにするような安全保障関連の法整備をしようとしていることに危惧を抱きます。閣議決定で憲法をなし崩しにしてしまうような政府のやり方は、本当に筋が通らないと思います。昨日も少しお話ししたように、日米地位協定によって、言ってみれば無期限でどこでも好きな場所にアメリカに基地を提供できるような状況下で、集団的自衛権の行使が可能になり、さらに日米関係強化をするとなると本当に恐ろしいことになりかねません。日本にある米軍基地のうち七四％が沖縄に集中しています。今後は米軍基地の設置場所が沖縄以外にも広がっていくのではないか、日本全体が沖縄化してしまうのではないかという危機感を持ちます。大切な日本がそんなことになったらすごく心配です。以前私は「沖縄だけがこのような目に遭うのは日本が悪いからだ」というように、国を批判する気持ちが強かったです。センターで自分の考えを出して、議論し、理事長にも向き合ってもらって学ぶなかに、日本が悪いわけではない、日本が沖縄化したら大変だと思うようになりました。日本を思う気持ちを引き出してもらっていると感じます。

いろいろな会合などで安全保障や憲法の話になると「中国に攻められたらどうするのか。日本も武力を持つべきではないか」などという意見が出る一方で「アメリカが日本を守ってくれる」と思っている人もいます。仮に日本が攻められたときにはアメリカが日本を守るとして、ではアメリカが攻撃されたとき、日本はどうするのか、と考えると「やはり日本も武器を持った方がいい」という意見が出てきます。

こうした議論以前の観点として、創設者が仰っているのは、九条を持つに至った日本人の精神性です。九条は押し付けられた云々という議論もありますが、平和を愛する私たち日本人の精神性があるからこそ、それにふさわしい九条があると学んでいます。果たして私にその精神性があるのかと問われても今はわかりません。しかしきっと私の中にあるものを何とか引き出したいですし、今ここで学んでいる一人でも多くの日本人がその精神性を自覚することを通してでなければ、平和への道へ進むことはできないのではないかとも思います。そうしたことをのちほど金子理事長に教えていただきたいと思いました。ライラさんの発言からひき出された気持ちがありましたので発言しました。

司会　ありがとうございました。それでは秋田さん、そして生形昌道さん。

秋田明子（野村生涯教育センター愛知連絡所責任者）　私は今回の国際フォーラム、セミナーに参加できましたことを本当に感謝しています。自然界と人間の関係について学び、講師や参加者の皆さんの話を、人間という共通項に立って、伺うことができました。本日の渡利さんの話では、夫婦の関係が本当に大事だと思いました。

私は昭和十九年、終戦直前に生まれました。高度経済成長期に、物やお金があれば幸せになると思いながら子どもを育ててきました。野村生涯教育を通して、自分の命がどれほど尊いかを教えていただいてまいりました。

現在愛知連絡所では、毎月の講座、読書会などのほかに、学校の教師、生徒、父兄を対象にした講演依頼が度々あります。そうした講演会の際に私が特に感動するのは、野村生涯教育にはじめて触れる子どもたちが、命の繋がり、環境との繋がりの中にある自分の命の尊さを素直に受け止めていることです。生徒たちの感想文には「生きる意味がわかった」「おじいちゃん、おばあちゃんは嫌いだったけど、おじいちゃんおばあちゃんがいなかったら今の自分はいないから、これからは二人のことを大事にしていきたい」など、これからの生き方を変えていくような内容がありました。一度でも野村生涯教育の話を聞くことで子どもたちの人生にどれだけの影響を及ぼすことになるのかと思うと、勇気が湧いてきました。先ほどツォンコバさんも仰っていましたが、子どもたちがこの教育を学ぶことはとても重要だと思いました。

私は自分一人で生きられると思っていましたが、学びによって命の繋がりを実感した時に、私自身の気持ちが安定してきました。自分の命の尊さを理解することができ、本当に感謝しています。未来の子どもたちに向けて、これからまた新たに挑戦をして、地域の活動をしていきたいと思いました。

司会　秋田さんありがとうございました。少し補足します。愛知県豊田市の教育長は、創設者との出会い以来、新任教師への講演や教師の免許更新のための研修などに講師派遣依頼をされ、教育についての講演会を長きにわたり行ってきました。公教育のカリキュラムには組み込まれていませんが、センターはこうした形で公教育機関との交流を行っています。

それでは生形さんどうぞ。

生形昌道（野村生涯教育センター人間学研究会）　私は不動産会社を経営しています。このフォーラムの参加者のなかでは数少ない企業人の一人です。私は弟と一緒に人間学研究会で毎月講座を受講し、学んでいます。このたびのフォーラムでは、五日間にわたって、パレスチナやアフリカなど、さまざまな国や地域の問題、そして教育の問題を伺いました。何とかしなければ、という思いで改めて認識することができました。

会社を経営していると若者と接する機会が多いです。この十年から二十年で若い人のメンタルが弱くなっていると実感します。例えば、日々の業務でちょっとした問題があると、それだけでふさぎこんでしまって出社しなくなります。また、人間関係がうまくいかず、気力がなくなってしまいます。こうしたことは日本全体の傾向でもあると痛感します。企業は人が集まった組織です。私は教育関係者ではありませんが、一人の大人として、また企業の経営者として、人間性を復活させることを前提に、皆で改善していこうという趣旨のもとに、学んでいます。

私はセンターの講座を受講していますので、比較的視野は広く持っているつもりでした。世界中の貧困の問題については、先進国主導の論理でどんどん開発が行われることに心を痛めることもしばしばありました。「自分一人で何ができるだろうか」「遠い国の話に僕が動いたところでどうにもならないのではないか」といった虚無感がありました。しかし、今回参加してみて、いろいろな国の方が真剣に討議をし、そこに信頼関係が構築され、遠く離れた国でも努力をされている方々がたくさんいると感じました。それは本当にありがたいことだと思います。ネットワークを大切にして、私もこれからますます頑張っていきたいと思います。本当にありがとうございました。

司会　コーヒーブレイクまでもう少し時間があります。どなたか発言されますか。それではカタソノワさん、続けて渡利さんお願いいたします。

エレーナ・カタソノワ　話したいことはたくさんあるのですが、一言だけ申し上げます。

このように本当に素晴らしいフォーラムに参加できたことは、私にとってとても光栄なことです。開会式の日、野村生涯教育センターの歴史をＤＶＤで見ながら、本当に懐かしく思いました。画面に映る創設者を見て、ご存命であるかのような錯覚をしました。とても嬉しかったです。残念ながら創設者は亡くなりましたが、皆さんは野村生涯教育論を忠実に実践することで成長しています。実際に各人がこの論を効果的に使うようになったことを、私は本当に嬉しく思います。

この五日間、皆さんのさまざまな経験を伺いながら、私は自国の問題を思い出しました。例えば、本日、渡利さんは男性の立場から、どのように野村生涯教育論を自分の生活に反映させているか、ご自身の経験を語りました。これはとてもとても大事なことです。野村センターの活動に、女性や主婦だけではなく、男性や国会議員が参加していることは知っていますが、男性の立場から、家族の問題や、経営者、そして労働組合のリーダーの問題を話すのを聞くのは初めてです。ロシアは比較的最近市場経済が主流になりました。渡利さんの会社と同様に、ロシアでも職を失った人はたくさんいますから、ロシアの若いビジネスマンにとって、彼の経験はとても大事だと思います。

それから、一昨日、二人のお母さんの話をされた河原さん。産みの母と育ての母。私はこの話に大変感動しました。これは複雑な事情です。ロシアにも孤児がたくさんおり、特別な施設で暮らしています。しかし最近は、子どものできない人や子どもを育てたい人が手続きをして、施設にいる子どもを引き取って育てるようになりました。そうするといろいろな関係の複雑さの中で、精神的な問題など、新たな問題が生じます。自分とは血縁関係のない子どもを育てるときには道徳的な問題が絡んできます。そこで、野村生涯教育論や皆さんの経験が大いに参考になります。その親たちに教えたとしても大きな問題があるため、野村生涯教育論はとても大事です。

教育、特に道徳的な教育についてもいろいろと話をしましたが、今の青年のなかには、十年後、二十年後には政治家になって、世界を牽引する人がいるかもしれません。二十年そこそこで私たちが誰を育てるかによって、私たちが暮らしている世界の運命や国際関係は変わってきます。そう考えると、野村センターの皆さんの青年部や子ども達への教育活動はとても世界的な意味を持っています。本当にありがたいと思います。

今回のフォーラムに参加することで再び日本の友人と会うことができました。海外の参加者とも友人になりました。久しく会っていなかった人たちにも会えました。本当にありがとうございました。

司会　カタソノワさんありがとうございました。それでは渡利さんの発言をもって午後の討議を締めたいと思います。

渡利幸雄　近年、日本は大変大きな曲がり角に来ていることについて私は危惧をしています。これについて少し話したいと思います。

皆さんもご存じのように、日本では衆議院選挙実施が決まりました。衆議院の任期は四年です。現衆議院議員は二年目ですからあと二年の任期が残っています。この時期に総選挙を行う意義は無いと私は思っています。ところが、安倍首相が消費税を八％から一〇％に引上げない決断をしたので、その賛否を問う総選挙をやると言うのです。しかしそれが本心なのかどうかは疑わしいです。今、総選挙をすれば、自民党は間違いなく勝つでしょう。少なくとも大敗はしないはずです。そうすると、選挙をしなければ一期（四年）で終わるかもしれない任期が、これまでの二年と合わせて六年になるということの意味を考えるべきだと思います。つまり、この二年で安倍政権が行ってきたことは非常に良い面もありますが、危惧される面もある。危惧されるのは秘密保護法と集団的自衛権です。先ほど當真さんが、日本全体が沖縄化されることを心配していると述べていました。これも危惧の一つだと思います。

我々は未来の子どもたちに一体どういう国を残していくのかと考えると、表には出ていないですけれども、裏側では日本の方向性を政府は、戦争をいつでもできることが普通の国であり、日本も普通の国にすると考えているというふうに推測をすべきだと思います。どんな理由があれ、戦争は決してしてはいけません。この衆議院選挙で日本の方向性が完全に決まってしまうと危惧します。我々は日々の講義や国際フォーラムなどで勉強をしているわけですから、この先の日本に、一体何を残すのかを真剣に考えて行動をすべきだと思います。次の総選挙では、幸いなことに我々はあと二年待たずに、この十二月に具体的な行動ができるという権利が与えられたのだと思って、それぞれがどうすべきかを考えるべきだと思いましたので、あえて一言お話しをしました。

ありがとうございました。

司会　渡利さんありがとうございました。それでは時間が来ましたので、コーヒーブレイクとします。その後に、五日間に及ぶ国際フォーラムの総括を金子理事長にお願いします。よろしくお願いします。

まとめ

金子理事長

いよいよ最後のセッションになりました。五日間、皆さん本当にありがとうございました。総括も含めてということですが、先ほど、皆さんの発言を聞いて、皆さんが総括してくださったという思いでいます。そうした思いを込めて、皆さんの発言から引き出されたことをお話ししたいと思います。

皆さんがこのたびのフォーラムでたくさんの収穫を得られ、そしてフォーラムと集中セミナーの同時開催を成功だと仰ってくださっていることを本当に嬉しく思います。

まず、ライラの発言から、一昨日も提起された憲法の問題にしても、當真さんが話していた沖縄の実態にしても、日本人として胸が痛みます。先ほど渡利さんが仰っていたように、昨日衆議院が解散して年内に選挙が実施されますが、正直に申し上げて、今の日本ではほとんど選択の余地がないように思います。渡利さんの総選挙の予想も否めません。本当はこんなことを言ってはいけないのかもしれませんが、現与党が勝利を収めたとしても、積極的に現状を肯定したと思われるのは本意ではありません。ですから私はエマラさん、アリさん、ライラに、このように大切な憲法第九条を改正しようとするのかと問われると本当に胸が痛いです。日本人として九条というものが長い歴史の中で培われた精神性に根ざしていると思うがゆえに、十分な議論もないなかで改正の可能性を持つことは疑問です。先ほどパレスチナでは戦争は「二年に一度」だと言っていましたし、またついこの間まで辛い思いをしていたライラの口からそのような言葉が出たときに、本当に何とかできるものなら何とかしたい、何とかしなければいけないと思いました。自分だけでそう思うのではなく、このような投げかけをされることが、私たちにとってどれほど大事なことかと思いました。司会の木村理事も勢い余って発言していましたが、私も九条が改正される流れになること自体が痛いです。最も悲しむべきは、長いルーツを持つ日本人のアイデンティティとして、七世紀から平和憲法を持つに至った精神に対しての自覚がないこと。そしてその体質に目覚めていない。その精神がつまらない価値になってしまったことのほうに、もっと痛みを感じているのです。だからこそ九条が改正されないことを願い、その努力もしたいと思いますし、憲法がどうあれ、私たちがもっと和を愛する精神を復活させていく。日本人が自らのアイデンティティとなっているものに目覚めていくための働きかけは今後もしなければならないと思いました。

それと関連して當真さんがライラの話に触発された発言の最後に「教えてほしい」と言っていたのが少し気になっていました。當真さんは、日本人の精神性や体質について、もっと自分の中から引き出していきたいと言っていました。私は先ほどの発言を聞いて、彼は以前とは変わってきたと思います。昨日の討議で詳しく話しましたが、以前私が「仲井眞知事は沖縄の人でしょ」と言ったときに「本土の奢り」だと言わんばかりの怒りにも似たような答えがとっさに返ってきました。當真さんがそのように反応したので、私は翌日、彼の子どもの頃がどんなふうだったのかを尋ねました。昨日の発言にあったような彼の幼い頃の話を聞く限り、あくまでも私の想像ですが、彼は皆から嫌われたわけではなく、クラスのボス的な子が他の子どもに仲良くしないように働きかけたのかもしれません。結果的に彼が外されたように見えますし、そのことから當真さんの主観では「自分は嫌われるような人間だ」と思っていった。それを聞いて私は彼に「決してそんなふうには思わない」と言いました。すると彼は私の言うことに「あ、そうなんだ」と思えたと。そう思えたことが、彼が「本土の奢りだ」と言ったときの沖縄のことを分ってもらえないといった気持ちは解消されていること、言ってみれば、本日彼が「日本が沖縄化したら大変だ」と発言したなかに、沖縄も含めた全土を「日本」だと見るようになった彼の、被害者意識からの脱却を見ました。彼は「今から引き出していきたい」と言っていましたが、もうすでに引き出されているのですから、その価値づけをしてほしいと思いました。

ジャッタさんの受け止めを伺って、本当に今回のフォーラムをやってよかったと思いました。ウワンさんの発言にも同じように思いました。このたびのフォーラムをこれまでとは違う形で行ったことの総括をしてもらったと思っています。

ズザナが、第五章の講義で日本のアイデンティティの話を聞いて、自国スロバキアのアイデンティティに思いを馳せ、ルーツを大事にしたいという気持ちになったというような発言に、私はすごく嬉しく思いました。それぞれが自分のアイデンティティとなっているものに気づき、国の枠組みだけでなくて、自分のアイデンティティを大切にすることが他者を大切にすることができることになります。そうした社会そのものが、皆を思いやりながら自分も大切にすることができる方向に向かうことだと思ったので、若い世代のズザナのそうした発言を聞いて、私はとても嬉しくなりました。

エマラさんも今回のフォーラムをよかったと受け止めていると伺って、本当に嬉しく思いました。また、宗教が間違った方向で使われることに対する悲惨な状況に胸を痛めていることがものすごく伝わりました。仰るように、人間の中にある信仰心は絶対に大事だと思います。ところが心の中にある信仰心が形に現れて規定を受けた時に、それが争いの元になる。そういう意味で創設者が「人類の英知の結集」で、科学、哲学、宗教、芸術といったものは人間の中にある究極の世界、未知の世界を求めた結果、形として分化していったと述べています。こうした人間の中にあるものを求め、形を探究するあまり細分化されて、結果的に相反するような争いごとになるのは、ものすごく悲しいことです。それはもともと人間が持っているすべて必要な分野だと認識をしなければならないと思いました。分化断絶している社会に共存していくには、多様性を受け入れ、どんなに小さなものでも、存在するものにはすべて意味があるわけですから、それらを受け入れていく努力が必要です。家庭において自分の主張を曲げたり、あるいは相手の主張を受け入れることは難しいですが、自分を理解してもらう努力と、人を受け入れる努力のなかに寛容さが育まれるのだと思いました。

ウワンさんが「どのように実行していくか」について、今回のフォーラムで触発され、その意味合いを考えたという発言を伺って本当に嬉しかったです。また「共通する部分がある」と仰っていて、本当にそうだと思います。私たちはまず違いの方に目を向けがちですが、呼吸をして、目があって、鼻があって、口や耳、手足があってというように共通項があります。こうした共通項はあって当然だと思っているので、本当に一致していくものに目が向かないのです。個人が、自分自身の出会った悩みごとを、出会う必然として受け止め、そのことから自分自身を開発していく。そのプロセスにおいて自分のなかに湧き起こる心の葛藤、または人との葛藤と向き合うなかで引き出される人間関係の問題は、おそらくどの国でもそれほど変わらない。そのことを私たちの共通項として学び合えたことは、大きなことだと思います。

ユリアナの渡利さんへの質問を聞いて「そういうふうに思ったんだ」と思いました。今回のセミナーには企業に勤めている方も労組の人も出席していますが、渡利さんが「男性も勉強している」と発言したことに対して皆さんが新鮮な驚きを感じていたことに、逆に私は少し驚きました。

野村生涯教育センターの人間学研究会の歴史は約二十年です。月に一回この講座で学んでいる研修生のほとんどが男性です。もちろん女性もいますが、渡利さんのお話にあった経緯があって一生懸命になられていったことから、いろいろな方と関わって、少しずつ労組からの参加者が増えていったプロセスがあります。創設者は、渡利さんが労組の委員長を務めていたことで、労組の方々にも会社側の方々にも声をかけるように助言されていました。これだけ痛んでいく社会において、影響力のある人たちが学ぶことがどれほど大事か。ご存じのように、野村センターは女性が多い団体ですので、創設者は人間学の講座を大切に育てていらしたのだと思います。創設者が亡くなってからは、私が人間学の講座に出席しています。利潤を追求し、成果を求める傾向にある男性たちが、創設者の言うことを受け入れたとしても、当時、まだ未熟な私が同じ論を説いて聞いてもらえるだろうかというプレッシャーがありました。しかし、何年か講義やまとめをする中で、たとえどんな肩書きや地位があろうとも、やはりこれは人間の問題なのだと生身で実感してきました。今、区議会議員をはじめとする政治家や教師も受講しています。そういったプロセスのなかで、私も信念にさせていただきました。

渡利さんが人間学への参加をいろいろな方に勧めていたなかに、はじめはトップダウンで来ている人もいましたが、学ぶうちに、企業の中では考えないような人間の問題を本当に考えていったときに、いつもとは異なる視点でものが見えてくる。そうした違った視点から、こんどは企業や労組の問題が見えてくると、特に労組にかかわる人が多いのですが、学んでいる人たちに変化が見られるようになる。その変化を見てとった経営者側の方たちが関心を持ち、今年から学び始めています。相対するような立場の人たちが共通項である「人間」という視点からお互いに関心を持ち始めていることと、それぞれが抱える家庭の問題から、さらに学ぼうと思うように変わってきています。

カタソノワさんの発言にも本当に嬉しく思いました。カタソノワさんは創設者と出会って以来、長きにわたった交流の歴史がありますね。先日群馬県大会にも参加してくださいました。カタソノワさんは県大会のリハーサル時から発表者のことを心配してくださっていました。ところが翌日の本番を見て「たった一日の間で見違えるように変わってびっくりした」と仰っていたことを思い出しました。

また、どういう子どもに育てるかということが、重大事であると受け止めていました。やはり今を見る視点と、また次の今後を見る上での今というものをどう見るかということが大切です。未来を踏まえた幼児部、青年部をどう育てるかという問題。そういう意味でも私たちはそこに視点を定めていきたいと思います。

皆さんの発言は、本当にどれもありがたいです。多くの方が今回、フォーラムをこうした形にしたことを受け止めてくださった。今回のフォーラムをどういう形式にするか、約一年前から議論をしました。実行委員、国際部、その他さまざまな立場の人が意見を出し合い、理事会で決定をしました。正直なところ、千人規模のフォーラムを催すこと、また集中セミナーを同時開催するのは、あの時点ではかなり厳しい、むしろ不可能に近いような思いを持つなかで、今日までのプロセスを歩んできました。さまざまなことが決まらず、進まないこと、共通認識がなかなかできないなか、午前中の講義でも申し上げたように、若い世代が育たなければならないという課題がありました。若い世代の感覚は、時に前世代の方には理解しづらいこともありました。その状況で相克となる。機械文明の中で、創設者が説く「二十世紀のルネサンスの完結」を、具体化したときには本当に大変な作業です。便利になるがゆえにすぐに諦めてしまうことが常になり、精神が弱くなったという話もありましたが、条件が整わないとすぐに諦めてしまうような自分から強靭さを引き出し、そして諦めずに自分の課題を課題としたときに、思わぬ条件が生み出されてくるといった計らいを何度も経験する中で今回のフォーラムがあります。

実はこのセミナー会場もなかなか見つかりませんでした。しかし、今申し上げたような自己教育を通してこの会場と出会いました。一言では語れないくらいさまざまなメンバー同士の切磋琢磨があって、こうして皆さんが喜んでくださったという発言を聞かせていただけた。前回のフォーラムでは、私は教育の分科会に出ましたが、そこでさまざまな方たちが「センターの学びがいかに大切か」を受け止め、声を発してくれたことが私たちそれぞれに響きました。今回、初日のオープンフォーラムと集中セミナーの同時開催は大変かもしれないし、できないかもしれない。それでも頑張って両方ともやろうというエネルギーをこうした皆さまからの声からいただいたのだと思いました。本日の皆さんの発言から、このプロセスがどんなに大きな一歩になったかをつくづく感じました。

こうした一つひとつの積み重ねが、少しでも明るい未来に繋がることを信じ、私たちが次の段階に進むことができるように、また共に頑張りたいと思います。

本当にどうもありがとうございました。

司会（木村理事）

金子理事長、どうもありがとうございました。

この五日間の異文化間のコミュニケーションがスムーズに行われ、またそれぞれが述べたことが通じ合えたのは、本当に同時通訳の皆さんのおかげさまでした。日本語と英語の同時通訳は二チームに、英語からアラビア語の通訳は、レバノンから二人の方に来ていただきました。また、初日の中国語通訳は修先生の教え子さんが務めてくれました。特にこのセミナーでは、前日ギリギリまで講師との取り組みがあり、原稿を作成していましたので、大変通訳泣かせだったと思います。本当に皆さんのおかげですばらしい会議を催すことができました。ありがとうございました。本当に心から感謝します。

第八回フォーラムの最後に創設者は「センターが大きくなることは願っていません」また「私の精神だけでも受け止めてくださって、それで少しでもみんなが安心して暮らせるような世界をつくっていってください」と述べられました。そして今日の金子理事長のまとめの言葉を心に留めながら、第十一回生涯教育国際フォーラム in ２０１４のフォーラム、集中セミナーを滞りなく開催できましたことに感謝を持って締めくくりたいと思います。

本当に皆さまありがとうございました。

第11回生涯教育国際フォーラム in ２０１４の記録

開催日　二〇一四年十一月十五日～十九日
会　場　東京ビッグサイト、東京国際交流館プラザ平成
後　援　外務省、文部科学省、ユネスコ、ＯＥＣＤ
参加国　インド、エジプト、オーストリア、韓国、スイス、スロバキア、中国、ドイツ、ノルウェー、パナマ、パレスチナ、ブルガリア、ベネズエラ、マリ、レバノン、ロシア、日本
参加人数　千二百二十九名（海外参加者二十八名）
参加組織　［国連・国際機関］ユネスコ国際教育局、ダカール・ユネスコアフリカ地域教育事務所、国連訓練調査研究所（ユニタール）、ヨーロッパ委員会翻訳総局
［政府機関］駐日ベネズエラ・ボリバル共和国大使館、駐日パレスチナ常駐総代表部、駐台湾パナマ共和国大使館、中国教育省日本語教育指導委員会、日本政府文部科学省
［大学・学校・研究所］マリノ教育研究所（アイルランド）、パトナ大学（インド）、インディラ・ガンディ開発研究所（インド）、ＩＰＯ（国際進歩機構）（オーストリア）、天津外国語大学（中国）、中国日本語教育研究会、ノルウェー工科大学、ソフィア総合経済大学（ブルガリア）、ロシア科学アカデミー東洋学研究所、日本学術会議、東京工業大学、国際基督教大学教育研究所
［その他］カイロ栄養療法センター（エジプト）、公益社団法人日本ユネスコ協会連盟、グリーン・レガシー・ヒロシマ・イニシアティブ、メルコテンダーメイツ株式会社

〈参考資料〉

生涯教育全国大会および生涯教育国際フォーラム／テーマ一覧

●生涯教育全国大会「生涯教育」

1970年　第1回　地球はひとつ――平和の灯、世界の果てまで
1971年　第2回　限りなき人間の可能性を求めて
1972年　第3回　教育の原点をみつめて
1973年　第4回　教育の新しい世紀を迎えて
1974年　第5回　教育はすべてに優先する
1974年　第6回　平和への創造
1975年　第7回　現代教育を考える
1976年　第8回　生涯教育の今日的課題
1977年　第9回　地球人として　人間として
1978年　第10回　共存の秩序の模索
1979年　第11回　共存の秩序の模索
1980年　第12回　現代の要請
1981年　第13回　宇宙・地球・人間　このすばらしいもの
1982年　第14回　宇宙・地球・人間　このすばらしいもの――その尊厳と存続のために
1983年　第15回　新しい教育の創造にむかって
――少年非行の問題をみんなで考えよう　人間の問題はみんなで考えよう

１９８４年　第16回　新しい教育の創造にむかって
――親として　教師として　社会人として　いま何をなすべきか
１９８５年　第17回　生命の世紀への復活
――今日　教育に問われるもの
１９８６年　第18回　教育の原点　人間の原点を問う
――いじめ・非行の背景にあるものは
１９８７年　第19回　生きる意味を問う
――人間とは、家族とは、家庭とは
１９８８年　第20回　生涯教育のめざすもの
――民間生涯教育二十数年の歴史
１９８９年　第21回　時代と教育
１９９０年　第22回　国際化社会を日本人としてどう生きるか
１９９１年　第23回　いま　なぜ　生涯教育か
１９９２年　第24回　宇宙時代の新秩序の模索
１９９３年　第25回　一国平和主義からグローバル平和主義へ
――明日の子供たちのために
１９９４年　第26回　家庭の価値と役割
――国際家族年に想う
１９９５年　第27回　人間性喪失の現代社会を考える
――私たちは今　何を見失っているのか

1996年　第28回　教育の原点　人間の原点
——いじめの背景をさぐる
1997年　第29回　世界の中の日本の役割
1998年　第30回　地球はひとつ

●生涯教育国際フォーラム「生涯教育」
1977年　第1回　地球人として、人間として
1978年　第2回　共存の秩序の模索
1982年　第3回　宇宙・地球・人間　このすばらしいもの
——その尊厳と存続のために
1986年　第4回　生命の世紀への復活
1990年　第5回　宇宙時代の今日的課題
1994年　第6回　宇宙時代の新秩序の模索
——未来の子供たちのために
1998年　第7回　地球はひとつ
2002年　第8回　未来創造学としての生涯教育
——人類の生き残るための叡智
2006年　第9回　共存の秩序への覚醒
——未来を啓く叡智

２０１０年　第10回　未来創造学としての生涯教育
――二十一世紀の人間復活

２０１４年　第11回　宇宙時代―不易の価値への覚醒
未来への責任

創設者　野村佳子初代理事長の歩み

１９６２年　教育ボランティア活動を始める。

１９７０年　「地球はひとつ」をテーマに第1回生涯教育全国大会を主催。以後、１９９８年まで30回を重ねる。

１９７２年　生涯教育センター設立。

１９７４年　ベルギーでの国際会議に出席。

１９７７年　第1回生涯教育国際フォーラムを「地球人として、人間として」をテーマに東京で開催。

１９７８年　第2回生涯教育国際フォーラムをパリ・ユネスコ本部で開き、以後4年ごとに開催。

１９８１年　財団法人野村生涯教育センター設立。

１９９０年　国際社会学会余暇社会学部会理事に就任。

１９９８年　第30回全国大会記念　第7回生涯教育国際フォーラム「生涯教育国際フォーラム'98」を「地球はひとつ」のテーマのもとに開催。

１９９９年　生涯教育　若者たちの国際フォーラムを「考えよう―自分たちの未来　人類の未来　地球の未来」のテーマで開催。

２０００年　第5回野村生涯教育集中セミナーを16カ国20名の参加者を得て開催。

２００１年　『世界教育年鑑　２００１年度版』（英国・コーガンページ社発行）に、同書の編集者のお一人、ロンドン大学教育研究所デニス・ロートン教授より要請を受け、論文を寄稿。

『野村生涯教育原論』上・下巻の上梓完結。翌年、英語版をイギリスで発刊。

２００２年　センターが創立40周年を迎え、記念式典を行う。同年10月、パリ・ユネスコ本部で第8回生涯教育国際フォーラムを「未来創造学としての生涯教育―人類の生き残るための叡智」のテーマのもとに開催。結果として、これが最後のフォーラム、最後の基調講演となった。

2003年　パレスチナ支部責任者を招聘し、『原論』アラビア語版翻訳検討会議を行う。

世界的教育改革の理念として生まれた生涯教育の推進にあたり、その理念の学習と実践化をはかるべく、創設者　野村理事長は左記の「4つの要点」と「3つの原則」を掲げて、既成の教育の転換を試みました。

◇野村生涯教育の4つの要点

知識の教育から　↓　智慧の教育へ
知育偏重教育から　↓　全人教育へ
伝統文化学習から　↓　文化創造の学習へ
時限教育から　↓　生涯教育（永久教育）へ

◇野村生涯教育の3つの原則

子どもたちの教育は
　いつ、いかなる場合にも親の自己教育である
生徒たちの教育は
　いつ、いかなる場合にも教師の自己教育である
社会・人生にふれ合うすべての条件は
　一人ひとりの自己学習の教材である

理事長　金子由美子の歩み

１９５８年　埼玉県加須市に生まれる。

１９７８年　思春期の頃から〝生きる意味とは〟〝人間の価値とは〟を模索するなか、二十歳のときに、野村生涯教育センター創設者　野村佳子理事長と出会う。

青年部活動に参加し、数年間にわたり青年部責任者を務める。

その後、１９８４〜８６年に、野村センターからの派遣留学生としてカナダ、イギリスに留学。

１９８８年　帰国後、国際部に所属し、野村理事長の秘書を兼任する。

金子亜紀夫氏と結婚。１９９６年に男児をもうけ、以後６年間にわたり幼児教育部の一員としても活動する。

２００２年　創立40周年記念式典の場で、野村理事長より後継指名を受け、同年開かれた第８回国際フォーラムでは、野村理事長より世界各国からの参加者に後継者として紹介される。

２００３年11月　創設者　野村佳子理事長逝去後、同日開かれた臨時理事会の場で承認を受け、理事長に就任。

２００４年　創設者　野村佳子著『野村生涯教育原論』アラビア語版エジプトで発刊。

２００５年３月　当センターが（財）尾崎行雄記念財団より咢堂賞を受賞し、「世界の中の日本の役割　教育の原点・人間の原点」のテーマで記念講演を行う。

７月　生涯教育東北大会（宮城県仙台市）にて初めての基調講演を行う。

以後、第11回宮崎県大会（２００５年12月）、第５回長野県大会（２００６年３月）、第２回群馬県大会（２００７年12月）、第６回静岡県大会（２００８年３月）、第12回宮崎県大会（２０１１

年2月）、第6回長野県大会（２０１３年2月）、第3回群馬県大会（２０１４年2月）において基調講演を行う。

２００６年11月　パリ・ユネスコ本部他において第9回生涯教育国際フォーラムを、テーマ「生涯教育　共存の秩序への覚醒　―未来を啓く叡智」のもとに主催し、基調講演を行う。

２００９年5月　創設者　野村佳子著『野村生涯教育原論』ブルガリア語版発刊に向け、ブルガリア支部より責任者他を招聘し、翻訳検討会議を行う。翌年、同書をブルガリアで発刊。

２０１０年11月　パリ・ユネスコ本部において第10回記念生涯教育国際フォーラムを、テーマ「未来創造学としての生涯教育　―21世紀の人間復活」のもとに主催し、基調講演を行う。最初の著書『命の絆をつなぐ教育』を（株）一葉社より発刊。

２０１１年9月　ドイツ・ケムニッツ工科大学高齢者大学主催の「生涯学習―高齢者のための教育と世代を超えた共同社会」会議に、講演者の一人として招聘を受け出席。「21世紀―かつてない時代を生きる高齢社会における教育」のテーマで講演を行う。

10月　日独交流１５０周年記念行事の一環として在独日本国大使館が主催した講演会に、同大使館より招聘を受け「生涯教育―命の絆をつなぐ教育」をテーマに講演を行う。

２０１２年3月　創立50周年記念式典を執り行う。

２０１３年4月　内閣府より公益財団法人認定を受ける。

２０１４年11月　東京にて第11回生涯教育国際フォーラム in ２０１４を、テーマ「生涯教育　宇宙時代―不易の価値への覚醒　未来への責任」のもとに主催し、基調講演を行う。その後4日間にわたり野村生涯教育集中セミナーを行う。

２０１５年11月　第１回宮城県大会を、テーマ「生涯教育　真の人間教育とは　―グローバル社会を生きる日本人として」のもとに主催し、基調講演を行う。

２０１６年２月　宮崎支部40周年記念第13回宮崎県大会を、テーマ「生涯教育　新しい価値の創造　未来の子どもたちのために」のもとに主催し、基調講演を行う。

２０１７年10月　第１回埼玉県大会を、テーマ「生涯教育　グローバル社会を生きる人間の教育とは　新しい価値の創造」のもとに主催し、基調講演を行う。

【公益財団法人 野村生涯教育センター】
民間人の自発的な教育ボランティアで、56年にわたって生涯教育を推進し、国内・国際的に活発な活動を展開している。
〒151-0053　東京都渋谷区代々木 1-47-13
Tel：03-3320-1861　Fax：03-3320-0360

生涯教育
宇宙時代—不易の価値への覚醒　未来への責任
[第11回 生涯教育国際フォーラム in 2014 記録集]

2018年9月28日　初版第1刷発行
編　　者　公益財団法人 野村生涯教育センター
発 行 所　公益財団法人 野村生涯教育センター
発 行 人　金子由美子
発 売 所　株式会社出版文化社
〈東京本部〉
〒101-0051
東京都千代田区神田神保町 2-20-2 ワカヤギビル 2階
TEL：03-3264-8811（代）　FAX：03-3264-8832
〈大阪本部〉
〒541-0056
大阪府大阪市中央区久太郎町 3-4-30 船場グランドビル 8階
TEL：06-4704-4700（代）　FAX：06-4704-4707
〈名古屋支社〉
〒454-0011
愛知県名古屋市中川区山王 2-6-18　リバーサイドステージ山王 2階
TEL：052-990-9090（代）　FAX：052-324-0660
〈受注センター〉
TEL：03-3264-8825　FAX：03-3239-2565
E-mail：book@shuppanbunka.com
印刷・製本　中央精版印刷株式会社

ISBN978-4-88338-646-8　C0037